国家社科基金成果　三峡大学学科建设经费资助学术专著

武陵文库·民族学研究系列
（第二辑）

主编 曹大明

向心的边缘

容美土司国家认同研究

葛政委 著

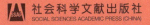

社会科学文献出版社
SOCIAL SCIENCES ACADEMIC PRESS (CHINA)

总　序

李绍明

武陵山是一地理学名词，指我国南部的一座山脉，其来源与汉代于此置武陵郡有关。其系贵州苗岭山脉支脉，发源于梵净山（主峰 2494 米），盘亘于渝湘之乌、沅二江之间，入湘蔓延于澧水之南，止于常德西，平均海拔1000 米左右，为乌江、沅江、澧水分水岭，呈东北 - 西南走向。

武陵山区一带的民族，在汉代统称"武陵蛮"，主要指今恩施土家族苗族自治州及湘西土家族苗族自治州一带的先民。东汉至宋在沅水上游五溪地区的又称"五溪蛮"。

武陵郡始置于汉代高帝时，治义陵（今湖南溆浦南），辖境相当于今湖北长阳、五峰、鹤峰、来凤等县，湖南沅江流域以西，贵州东部及广西三江、龙胜等地。东汉时移至临沅（今常德西），其后辖境缩小。唐改朗州，又复置武陵郡。宋置朗州武陵郡，寻废。总之，历史上的武陵郡即今恩施州南部、宜昌市南部、常德市南部、张家界市、湘西州、怀化市大部、铜仁地区、原黔江地区东部这一大片区域。武陵应先有郡名，然后有山名。

现今上述地区聚居的少数民族主要有土家族、苗族、侗族。除此之外，还有诸如白族、瑶族、布依族等一些其他的少数民族。当然，汉族仍是此地区人口最多的民族。

武陵地区的民族拥有悠久历史，而且世居该地多年，为开辟这片土地贡献甚大。学术界一般认为土家族族源与古代巴人有关，苗族族源与古代"苗蛮"有关，侗族族源与古代百越人有关。如今武陵地区完整拥有汉藏语系之下的四大语族的民族，即汉语族的汉族，藏缅语族的土家族，苗瑶语族的苗族、瑶族，以及壮侗语族的侗族。此四大语族下的这些民族长期在此互动交融，形成既有分又有合，你中有我、我中有你的局面，这在其他地区是较为罕见的。

今天的武陵地区，一般而言，土家族主要居于北部，苗族主要居于西部，侗族主要居于南部。当今除土家、苗族的自治州、自治县外，侗族有芷江、新晃、玉屏、靖州、通道、三江、龙胜、通道等单独或联合的自治县。元明清时期以来，土家族有较大且完整的土司政权；苗族仅有较小的土司及不甚完整的政权，侗族有一些中等土司政权。就民族互动而言，长期以来，土家与苗关系密切，尤其是魏晋以来，"盘瓠种人多势众"，故中原人以为武陵、五溪皆为"盘瓠种"的人群。而元明以来，由于中央王权"以夷制夷"，多以土家土司以统苗众。至于侗与土家亦有密切关系，自五代宋末以来，一些侗族土司北上统治了武陵南沿一些地带，长此以往，有一些亦融合于土家之中。还有一个更大的历史背景，即明末清初武陵地区改土归流，废除"蛮不出峒，汉不入境"限制。土家地区大量吸收了汉文化。而苗因居深山，原社会经济形式较为特殊，受汉文化影响较少，其民族特色保留较多。唯有侗族所受汉文化涵化，介乎二者之间，不如土家，而较苗民为深。

若就文化多样性而言，武陵地区三大少数民族亦各有特色。土家、苗、侗均有自身独特文化，但此三族的文化又有相互交融的现象，且呈现出地域不同的变异。武陵地区有三条江穿流其间，鄂西的清江，湘西的沅江，黔东北和渝东南的乌江，此三江流域所在的三族既有民族的共同性，又有地域的差异性。比如，土家族所谓"北跳丧，南摆舞"，即以清江与沅江（含酉水）流域有所区别，而乌江流域，尤其是酉阳、秀山一带，既有摆手，又有跳丧。在原黔江地区与鄂西地区，土家与苗互通婚姻，彼此界限越来越模糊，只有在姓氏方面遗留一些痕迹。唯有湘西腹心地区的土家族与苗族文化特色较为突出。

武陵民族文化研究，首先可以从多学科多视角出发，仅以一级学科的民族学和社会学（含二级学科的人类学）而言，基础研究仍然相对薄弱。20余年来，武陵地区的民族学、人类学研究已经步入正轨，但相对而言，基础研究仍然不够。比如，迄今为止仍无此区域宏观性的民族志著作，仅有一些中观或微观之作。即使如此，能够称之为范式的民族志或民族学、人类学著作，仍然不多。基础研究十分重要，涉及学科的根本，也涉及对这一区域的科学认识，一切均应从此入手。否则，其成果即成无本之木或无源之水。个人认为，这是武陵地区区域研究仍须注意之点。

　　其次，许多学科均有其应用部分即学以致用，民族学、人类学尤其如此。民族学研究对象是民族及其文化，人类学中的文化人类学（社会人类学或社会文化人类学），着重于民族文化传承与调适研究，在这方面大有用武之地。近期国家倡导物质与非物质文化遗产的保护，是我国建设中国特色社会主义进程中刻不容缓的事，其带有抢救性质，是传承民族文脉的大事，今后仍须努力。当然，社会主义经济建设、政治建设、文化建设、社会建设，还有许多现实的重大课题，这在武陵地区都需要靠大家的不断努力。

　　三峡大学是武陵地区的一所高等学府，面对中部崛起的大好机遇，肩负着更好地服务于地方经济文化建设的重任。该校组织编辑出版武陵文库，是一项系统的文化工程。武陵文库从多角度、多层面展示武陵地区调查资料和学术成果，以便让外界进一步认识它、了解它，支持它的发展。同时对推进武陵地区的学术研究和民族学学科建设，具有深远的现实意义。

　　总之，武陵地区从民族学、人类学的角度而言，是一个富矿。希望有识之士发挥自己的聪明才智，对其进行深入研究和探讨，在不久的将来会有更多的精品力作问世！

序

段　超

　　政委君于 2010 年至 2013 年在中南民族大学师从我攻读博士学位，他思维灵活、悟性超群、勤奋执着，学问日渐精进。政委长期生活在湖北宜昌，游遍了武陵、峡江民族走廊的山山水水，熟悉这一区域的历史与文化，选择容美土司进行研究也就顺理成章。

　　容美土司是湖广四大土司之一，为鄂省影响力最大的土司，其繁荣的民族文化、不断提升的国家认同意识，历来为人称道。作者以"国家在场"为背景，从"主体"的视野去审视容美土司与王朝国家的互动关系，综合运用了文献、考古、口述、碑刻、地方文书等多方面资料，注重民族志描述的"时空感"和"在地感"，全面揭示了容美国家认同的内涵、支持体系、路径与历程、效应与影响、当代阐释与表达等问题。毫无疑问，本书为阐述中华民族多元一体格局的形成、发展、延绵和筑牢中华民族共同体意识，提供了一个生动有机、有重要价值的案例。

　　近几十年来，西方汉学人类学、"新清史"抱怀西方话语，用"colonize"（殖民、拓殖）、"conquer"（征服）来描述中央王朝对西南地区的管治，并试图解构古代中国的认同。尽管本书探讨的是一个中等规模的土司，但通过生动阐述容美土司与"国家"之间的内在关系，展现了一个具有宏观意义的"向心的边缘"，揭露了西方一些不怀好意学者的企图，也让本研究具有了超越个案的意义。

　　回顾百余年的土司学术史，土司学也发展到需要更多丰满、生动、精彩的个案来深化学术发展的阶段。容美土司国家认同研究作为典型的研究个案，完全有潜力成为土司学在当代发展的一个标志性成果。从西南诸土司看，容美土司是土司制度实施最彻底、最完备的土司之一。因其特殊的地缘政治地位以及其对大一统国家的高度认同，在土司制度的地方实践中，容美土司成为历史上我国诸土司中最有代表性的土司之一。从本研究的视野来看，作者抛弃了传统的"王朝/政治制度""王朝/民族政策"研究视角，而以"中心"对"边缘"的整合为背景，从边缘地区族群的主体性角度"自下而上"地审视"边缘"凝聚于"中心"的历史以及向心的边缘的形成，揭示了内在的凝聚机制和规律。

为了剖析容美土司凝聚于中心的历史，作者创造性地提出一个分析国家认同内涵的框架，即"疆域认同是情境、文化认同是基础、政治认同是表征、身份认同是核心"，四者共同构成国家认同的整体框架。这一框架展现了历史时期边缘族群认同国家的多维层次，疆域认同为"祖国"（country）层面的国家认同，文化认同为"国族"（nationality）层面的国家认同，政治认同为"政权"（states）层面的国家认同，身份认同是把认同主体置于国家合理位置的理解。作者运用这一分析框架，对容美土司国家认同内涵进行了全方位的呈现，并据此提出了"国家认同多维一体论"、"多维共振论"与"多维互耗论"等理论。

以往大家会聚焦边缘族群认同国家的历史描述，而不太关注边缘族群认同国家的持续性力量、结构性力量。作者把国家认同当成一种行动模式，在试图回答"国家认同是什么"之后，还回答了"国家认同何以再生产"的问题。作者认为：土司经济、教育文化、土司治理、对外交流四大土司治理结构体系支持着容美土司国家认同的再生产。而在长期的国家认同过程中，一些有利的因子不断地沉积下来，成为国家认同结构的构成要素，并转化为容美土司国家认同的基础性、长期性力量。作者所提出的"国家认同结构支撑论"与"结构沉积论"的理论非常切合历史实际。

在对国家认同内涵、结构进行共同性阐述之后，作者还对容美土司国家认同的历史进行了历史性回顾，即从元代至明初的矛盾式认同、明代前中期的依附式认同、明代中后期的主体式认同到清代初期的错位式认同。容美土司国家认同曲折向前的过程展示了边缘凝聚于中心的复杂性、长期性、沉积性。作者既关注结构的稳定性，又强调策略的主体性，灵动地描述了容美土司国家认同的历程。作者依此提出的"认同类型和变迁论"，表明了边缘族群国家认同是多样的、变化的，国家认同需要不断地积淀，不可能一蹴而就，而是一个慢慢磨合的过程。

令人甚慰的是，在国家认同不断强化的过程中，容美土司文学艺术不断繁荣，土司衙署体系不断完善，土舍阶层不断壮大，土司治理能力迅速提升，土民的族群性不仅为内地所认可，更为王朝国家所认同，长期的国家认同建设还促成了容美土司改土归流的顺利进行。容美土司秉持"开放与包容"的处世态度，在经济、政治与文化上逐步与内地形成了共享机制。作者依此提出了边缘族群与国家主体民族交往的"共享繁荣论"。

历史早已久远，容美土司的遗址、遗迹还静躺于鄂西南的桃源胜地。作者认为应以国家认同为核心的价值体系来指引容美土司大遗址创新性保护与创造性转换。土司大遗址的保护与传承应在借鉴先进遗产保护理念的基础上，尽力将大遗址的普遍突出价值、专项价值、比较价值和地方价值全面系统地呈现出来。作者依此所提出的"国家认同价值体系论"，无疑对大西南土司文化遗产保护利用具有指导意义。

容美土司国家认同论题的展开与论证一气呵成，从疆域、文化、政治和身份四个方面依次展开叙述容美土司的国家认同内涵，从社会静力学的角度描绘支撑国家认同的结构性力量，再从社会动力学的角度梳理容美土司历史上国家认同的变迁，审视容美土司国家认同的效应，探索当前容美土司大遗址国家认同价值的阐释与表达策略，凝练容美土司国家认同的特色、经验与启示。论题框架的逻辑性、论证的严密性、资料的丰富性可圈可点。

习近平同志讲："重视历史、研究历史、借鉴历史是中华民族5000多年文明史的一个优良传统。"历史是一面镜子，知古而鉴今，资政而育人。本书既是一本历史学著作，也是一本民族学著作，对当前促进各民族交往、交流、交融，各民族和睦相处、和衷共济、和谐发展，增强中华民族凝聚力和各民族国家认同，铸牢中华民族命运共同体都具有重要参考价值。

我为政委君取得的学术成绩而感到欣慰。希望他以此为基础，继续努力，争取取得更大的突破。

2020 年 5 月 20 日于武汉

容美土司南府全景

连接容美土司百年关和王朝渔洋关巡检司的汉阳桥

进入屏山爵府的唯一通道（原为铁索桥）　　　　容美土司万人洞水牢

清康熙年间容美土司修建的九峰桥（下桥）

容美土司中府九峰桥

白溢寨帅府藏军洞遗址

容美土司屏山爵府戏楼遗址及摩崖石刻

容美土司南府张桓侯庙遗址

屏山爵府读书台小昆仑

屏山爵府遗址中的石狮

容美土司南府赑屃遗存

改土归流后新设长乐县（清初新建的城墙）

容美土司南府燕喜洞

观音坡麓的天然桥遗址碑刻，白俚俾
争袭惨案发生地

万全洞内的摩崖石刻《万全洞记》

五峰土家族自治县采花乡楠木桥村的古茶园及村落

容美土司细柳城的明崇祯、清康熙奉天诰命碑及护城河（1985 年）

容美土司所属的长茂司覃氏后裔的贞节牌坊

鹤峰县茶山上唱歌

鹤峰县清湖乡傩愿戏

土司时期传承至今的鹤峰柳子戏（2009 年）

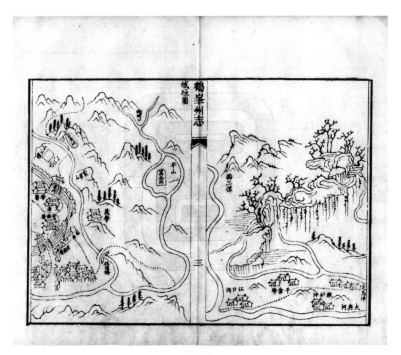

清代中叶的鹤峰州城及屏山

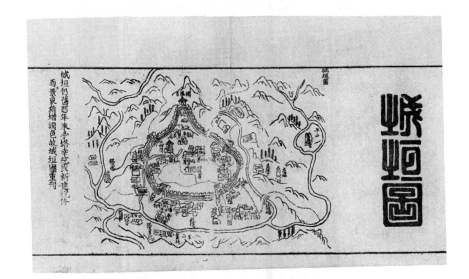

清改土归流后鹤峰州城

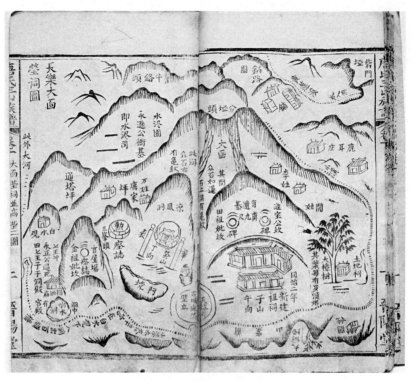

容美土司所属的水泬源通塔坪长官司形胜图

防卫容美土司的梅子八关之一的蹇家园的《蹇氏族谱》

容美土司所属的长茂司覃氏后裔撰写的《晓谷记》

目　录

图表目录

绪　论

一　研究缘由

2015 年，位于武陵民族走廊的永顺老司城、遵义海龙屯、唐崖土司遗址成功入列中国第 48 项世界遗产。[①] 土司遗址因其在"地方族群民族文化传承和国家认同方面的人类价值观交流"[②] 的杰出例证而表达了人类突出普遍的价值。土司遗址既呈现了地方族群文化和王朝主流文化在包容的政治社会环境下传承、交流并相互理解、采借、融合进而共同创新与繁荣的历史，又展现了土司在广大地理空间和长时段历史中维护和发展大一统中国上的贡献。容美土司地处武陵民族走廊最前沿和江汉平原、洞庭湖平原的边缘地带，奉正朔、崇儒学，是边缘族群国家认同的典范。容美土司在促进国家大一统和土、客文化交流上到底有何贡献？其所反映的土司国家认同经验在多大程度上可以推进"土司学"的深入？其经验如何回应西方"新清史"学派所引发的"解构中国"主张？这些或许可以从容美土司国家认同的历史中寻找答案。

（一）对"土司学"的推进

随着土司遗址申报世界文化遗产，土司研究已不再是绝学、冷学。在土司遗址申报世界文化遗产的过程中，土司研究者做了大量工作，[③] 也得以重

---

① 早在 2013 年，上述三处遗址以及容美土司遗址就被列入国家文物局和财政部制定的《大遗址保护"十二五"专项规划》之中。三处土司遗址更早被列入国家重点文物保护单位：永顺老司城（2001 年）、海龙屯（2001 年）、唐崖土司城（2006 年）。另外，容美土司遗址也在 2006 年被列入国家重点文物保护单位，并被列入土司世界文化遗产的补录名单，并同样于 2013 年被列入前述大遗址保护专项规划名录。

② 中华人民共和国文物局：《土司遗址申报文本》，内部资料，2014 年 3 月，第 195 页。

③ 笔者所在的三峡大学研究团队全程参与了唐崖土司的申遗过程，并主持完成了"唐崖土司遗址申报世界文化遗产资料收集整理与研究"课题，与咸丰县人民政府合作主办了两次唐崖土司研究学术研讨会（2014 年、2016 年），为唐崖土司遗址申报世界文化遗产做出了杰出的贡献。

新回顾百年来土司研究的成果，总结过去土司研究的经验和不足。可以说，21 世纪以来，土司研究在前人的基础上取得了长足的进步。在这一背景之下，"土司学"也得以提出并建立。①

"土司学"的提出让我们从学说、学理的角度来反思以前土司研究的不足，并在前人研究的基础上，提出一个崭新的、科学的和系统的土司研究框架。成臻铭先生在 21 世纪初就开始梳理土司研究学术前史。他一方面确定了过去土司研究的代表性著作，②另一方面又开始反思这些代表著作在土司研究中的不足。他认为百年土司研究大都在"朝廷/土司"的框架之下进行制度史和政治史研究，是"自上而下"的研究，土司研究亟须推进到"国家/社会"视角下的互动研究及土司微观层面。③

中央王朝在大西南地区的"半月形"地带实施土司制度，历史上长达 700 余年。长期以来土司研究一直不温不火，直到 2010 年前后，土司研究突然火热起来。从明面上看，这可能是缘于一些事件的推动。一方面可能是国家在东北和西南设立了两个大的研究课题，其中涉及土司研究。2010 年，中国社会科学院和西南多所高校共同攻关国家社科基金特别项目西南边疆项目，经费达数千万元，"土司研究"就是其中的重点子课题。④另一方面，2010 年前后，一大批土司遗址被列入国家文物保护单位、大遗址保护规划名录，2013 年启动土司遗址申报世界文化遗产。从深层次看，土司研究与近年来学术界火热的"认同"研究

---

① 成臻铭先生最早提出"土司学"的概念，他在《论土司与土司学——兼及土司文化及其研究价值》（《青海民族研究》2010 年第 1 期）一文中把土司学的历史建构过程分成1908～1959 年、1960～1979 年、1980～1998 年、1999～2009 年四个阶段，并将其定性为同"敦煌学""红学"一样的专门学，初步提出了土司学的研究对象、内容、价值等。

② 成臻铭先生在《清代土司研究——一种政治文化的历史人类学观察》（中国社会科学出版社，2008）中，确定了以前土司研究的五部代表性著作：余贻泽的《中国土司制度》（1944 年）、江应樑的《明代云南境内的土官与土司》（1958 年）、吴永章的《中国土司制度渊源与发展史》（1988 年）、龚荫的《中国土司制度》（1992 年）、李世愉的《清代土司制度论考》。他认为这五部著作代表了以前土司研究的状况和水平。

③ 成臻铭：《清代土司研究——一种政治文化的历史人类学观察》，中国社会科学出版社，2008，第 6～7 页。

④ 笔者那时正在云南大学攻读民族学硕士，笔者的老师们如方铁、王文光等都在做相关方面的研究。"边疆学"渐成气候，云南大学甚至设立了"边疆学"的博士点，并与中国社会科学院的李国强、马大正教授等学者共同招收博士研究生。这是因为很多土司地处边疆地区，"土司学"与"边疆学"又有交叉的地方。

相关，而土司研究显然可以从历史事实中呼应这一问题，以史为鉴、以史咨政。

中国社会科学院的李世愉先生回应了成臻铭先生的"土司学"构想。他认为建构"土司学"有必要，但任重而道远。[①] 说"有必要"是因为形势使然：从学理上看，原有土司研究虽然有所创建，但研究视角老化，研究内容单一，研究空间有限；从现实来看，土司研究需要回应边疆治理、土司申遗、文化遗产保护与开发、国家认同等现实问题。说"任重而道远"是因为传统的土司研究视野以及土司研究的基础已不能满足土司研究需要解决的理论和现实问题。2012 年，李世愉先生开始主持国家社科基金重大招标项目"中国土司制度史料编纂整理与研究"，并在 2015 年完成课题的中期检查。谈及土司档案整理与利用不足的问题，李世愉先生指出：这些基础问题不解决，土司研究自然很难从根本上推进。[②]

长江师范学院李良品教授等也撰文指出了土司研究在概念、对象、理论、方法等方面存在的问题，[③] 这些问题也始终困扰着土司研究的科学发展。从概念上说，存在土司及相关概念定义不准、定义泛化的问题。成臻铭先生对土司定义的"七个世"[④] 过分强调了土司的地方特征，规避了从土司制度的高度来审视土司，反而把土司的类型及存在时间模糊化了。他认为"宋代就出现了抚慰型土司和政务型土司"，还把藏族地区的僧官、一些由本地人担任职官的卫所、土司属下的一些土都司和守备、北方蒙古地区的盟旗、土屯都纳入土司研究范畴中，[⑤] 这样的定义和分类很容易让学界感到混乱。从研究理论与视野来说，应该有宏观、中观和微观以及类型比较视角下的土司研究。宏观的涉及中国古代治边思想及衍化，中观的涉及土司制度通史，微观的涉及土司制度在地方的实施情况以及土司行政等。近十年来，这

---

① 李世愉：《关于构建"土司学"的几个问题》，《云南师范大学学报》2011 年第 2 期。
② 李世愉先生在《研究土司制度应重视对清代档案资料的利用》（《青海民族研究》2013 年第 1 期）中指出中国第一、第二历史档案馆保存有大量明清土司档案，有珍贵的价值。2013 年之后，在课题的支持下，这些档案资料正在复制、整理之中。
③ 李良品、李思睿：《构建"土司学"的几点思考》，《青海民族研究》2014 年第 2 期。
④ 即"世有其地、世管其民、世统其兵、世袭其职、世治其所、世入其流、世受其封"。
⑤ 成臻铭：《清代土司研究——一种政治文化的历史人类学观察》，中国社会科学出版社，2008，第 17～18 页。

三个层面的土司学研究进展较大。① 当然还存在土司类型比较、土司制度与古代其他边疆治理制度比较、土司制度与国外类似制度比较以及土司专题研究等需要开拓的领域。

云南师范大学邹建达教授提出了土司研究碎片化的问题，尽管批评性的语句较多，却是十分中肯的。② 从以往研究看，历史学中"采集蝴蝶标本"式的研究以及选择性证明并不罕见。这种现象的出现与研究者没有受到正规的学术训练有关，也与土司学者缺乏对基本概念和制度的准确认识有关。西南地区因为山川阻隔，主流文献对地方的记录远远不如北方。南方对民族地方档案及人类学田野调查的重视更甚于北方。近30年来，历史学中的华南学派吸收借鉴西方社会年鉴学派的思想以及人类学思维，从历史人类学的视野出发做出了许多精彩的研究，影响颇大。以往土司学研究大都是历史学以及民族史研究的成果，破碎化的研究自然大行其道。

李世愉先生指出，土司申遗成功后，土司研究需要注意"概念、制度和态度"，从而进一步提升土司研究水平。③ 如果能够做到这三点，土司研究自然就有了很好的基础。一是对概念的规范。要明确和科学定义"土司""土司制度""土官""土官制度"等土司研究的基本概念。中国明史学会会长商传先生就曾指出，一些学者由于对土司概念的认识存在误区，而将西北和东北的"番夷"纳入土司之列，混淆土司、土官、夷官等不同概念，而《明史》中已经明确记载土司仅存在于湖广、四川、贵州、云南、广西五省。④ 二是对土司制度的认识和判断。土司制度本身就包含军事制度、承袭制度、职务制度、朝贡制度、赋税制度、科举制度等，研究空间巨大；⑤ 同时，土司制度本身就是一个不断完备的过程，是动态调整与变化的。尽管元代就实行土司

① 近十年来，土司研究逐渐活跃，研究视野不断开阔，例如，方铁教授对古代治边思想及其衍化的研究，李世愉先生对土司制度研究的一些提法，三个世界土司文化遗址的微观研究。这些研究已经大大提升了土司学的研究水平。
② 邹建达先生在《土司研究应避免碎片化》（《遵义师范学院学报》2015年第3期）中历数以往土司研究的种种问题，如"研究缺乏整体性，史料运用破碎化，土司文化研究的破碎化"，十分全面。
③ 李世愉：《深化土司研究的几点思考》，《辽宁大学学报》2015年第4期。
④ 商传：《从土官与夷官之别看明代土司的界定》，《云南师范大学学报》2014年第1期。
⑤ 已有学者注重对这一方面的研究，如李良品的大部头著作《土司时期西南地区土兵制度与军事战争研究》（重庆出版社，2013）。

制度，但是制度本身并不完善，元代界定土司的标准与明代土司制度完善之后的标准有较大区别。三是对待土司的态度问题。学者们是否能坚持中立的态度来对待土司研究也关系到"土司学"的科学发展。同样，对土司制度的"泛化"和"美化"，其背后隐含的学术态度是需要学者们谨慎对待的。

那么，作为个案的容美土司国家认同研究在多大程度上可以回应"土司学"提出的上述问题，或者土司个案研究之于"土司学"整体研究的意义是什么？可以从三个方面来回答这一问题。

一是个案的超越性问题，或者说容美土司的研究在多大程度上可以超越其个案本身。著名学者费孝通先生通过类型比较来提升其村落研究的代表性，他觉得越来越多的不同类型的村落研究总能反映出复杂中国的特点。在《江村经济》《禄村农田》等个案不断呈现之后，人们对中国的认识也不断加深。费老的微型社区研究尽管受到英国人类学家埃蒙德·利奇的质疑，但他仍然深信做个案研究对于认识中国具有重要意义。受功能学派的影响，费孝通先生更懂得部分之于整体的意义：从整体审视部分，从部分分析整体，从而能够超越个案。同样，不断积累的中、微观的单一土司研究能更细致地反映中国土司制度实施的面貌，从而为土司学的进一步研究提供素材。

二是个案的代表性问题，或者说容美土司在多大程度上可以反映出"土司学"研究的一般性问题。容美土司是土司学理想的研究对象。首先，容美土司是土司制度实施最为彻底的土司之一。湖广土司因为邻近中原，加之地缘政治因素，中央王朝特别重视对这一区域的治理。中央王朝对这一地带的管控十分严格，土司制度的实施也较为深入。容美土司作为湖广四大土司之一，其土司制度也较完备。其次，容美土司的存续与土司制度的实施历程较为一致，即设置于元代，在明初快速发展，完备于明代中叶，改流于清初，其见证了一个完整的土司制度过程。再次，容美土司与汉地文化交流频繁，最能体现土司制度促进文化包容、文化交流与国家认同的特点。最后，容美土司在文治武功上也极具代表性。容美土司所呈现的家族文学以及征调军功在土司里都是十分突出的。正因为容美土司的代表性，其对推进土司学的中、微观研究是十分有意义的。

三是容美土司的国家认同价值。历史上容美土司对王朝国家特别是"王朝正朔"的认同十分典型。从文化层面看，容美土司对内地文明的认同较深，土、客文化交流频繁、深入；从历史层面看，容美土司田氏再造了族谱，重塑了根基历史；从政治层面看，容美土司对明王朝较为忠诚；从身份层面看，容美土司田氏已把自己当成汉地人士，不与当地"蛮田"合族。容美土司所包含的国家认同内涵是全方位、多角度和具有深远影响的。

（二）对"解构认同"的警惕

尽管"新清史"很少关注土司问题，但其牵涉的史学观、国家认同问题对土司学研究有借鉴意义。土司研究或许也可以在一定程度上回应西方"新清史"解构中国和混淆国家认同的一些问题。

"新清史"是从声讨"汉化"开始的。20 世纪 90 年代，美国匹兹堡大学历史系罗友枝（Evelyn Sakakida Rawski）质疑 30 年前美国中国史研究著名学者何炳棣的"汉化"中华帝国框架，[①] 并展示了一些代表"新清史"的新的研究思路和观点。罗友枝沿着柯文的"在中国发现历史"[②] 的思路，强调大清国历史进程中的满人特质和满洲元素，从而从全新的角度去说明清王朝是怎样的一个存在，草原民族、农耕民族对清王朝是怎样的认同，清王朝又如何获得多民族的国家认同。与此同时，美国中国史研究专家柯娇燕（Pamela Kyle Crossley）的《半透明之镜：清帝国意识形态中的历史与身份认同》、欧立德（Mark C. Elliott）的《满洲之道：八旗制度和中华帝国晚期的族群认同》、罗友枝的《最后的帝王：清代皇族社会史》、路康乐（Edward Rhoads）的《满与汉：清末民初的族群关系与政治权力（1861—1928）》四书中深化了对清朝国家认同相关问题的认识，[③] 并提出了许多新颖的观点。尽管他们都认为自己的研究完全超越前人，但这本身是一个"解构传统中国"的套路，需要引起我们警惕。

---

① 罗友枝比较关注何炳棣《论清代在中国历史上的重要性》（《亚洲研究杂志》1967 年第 2 期，第 191 页）中"清朝成功的关键是于满族作为统治者早期的汉化"的观点，换句话说，清王朝正是塑造了一个"汉化的正统"，从而得以让国家得到合法的认同。

② 林同奇在《"中国中心观"：特点、思潮和内在张力（译者代序）》（〔美〕柯文：《在中国发现历史——中国中心观在美国的兴起》，中华书局，2002）一文中系统评述了美国对中国近几百年来历史的四种研究范式，分别是"西方中心观"的"冲击 - 回应模式""传统 - 近代模式""帝国主义模式"和柯文的"中国中心观模式"。

③ 这四本书是"新清史"学派的"四书"，尽管柯娇燕并不认同自己是"新清史"学派的一员，参见侯德仁《柯娇燕：我对"新清史"研究的保留意见》，《中国社会科学报》2014 年 9 月 1 日，第 A05 版。

　　"新清史"的研究视角是值得土司研究者借鉴的。一是"新清史"研究者对非汉文文献资料的重视不只是为了进一步丰富和完善研究资料，更是为了实现从非汉文化的视角来理解清朝国家认同问题。借助丰富的满文档案、史料以及藏文、蒙古文、维吾尔文文献资料，可以通过其他的叙事主体来进行话语分析，从而得以窥见某一类人或群体的集体意识和行为意义。[①] 例如，清朝军机处的满文档案所体现出来的"国家"意识与一般汉人儒家文化认同的"国家"自然是有区别的。二是通过非正史文献来分析不同主体的认同意识。"新清史"研究者对民族语言档案、皇帝《起居注》、后宫女子传记、大臣传记、亲王传记、在京外族王族回忆录、太监回忆录以及满、蒙、藏等民族的相关传说等资料都十分重视，并用历史人类学的方法来审视和品读这些资料。三是去把握不同人群对国家认同的具体认识及区别，从而从更广阔的视野来理解清王朝及其国家统治。这自然让历史变得更加生动、真实和更易被人理解。

　　"新清史"的研究指向是"国家认同"问题。国家认同的对象是"中国"还是"大清帝国"，或者说不同群体对"国家"内涵的认识是怎样的？"满族汉化说"的支持者何炳棣论证的是清王朝试图建立一个儒家意义上的"中国"。在国家意识形态上，宋代对儒学进一步发展的"程朱理学"成为满族汉化的重要标识。正是这样，儒学承认的大一统的正朔王朝得以塑造。罗友枝强调清朝试图建立的是一个"超越中国"的大清帝国，是以满族为中心的多民族帝国的统治模式。正是"满族的非汉化主张"维持着这一统治模式，从而让非汉民族也认同大清帝国。两者都可以选择性地找出许多有利于自己的证据。柯娇燕试图"建构性"地探讨国家的"意义"，从主观而不是客观层面来定义国家。她通过探讨乾隆皇帝身份的多元性、混融性和复杂性，展示了不同群体视野中的皇权，其背后衍射出来的是清王朝国家的多元意义。乾隆皇帝在汉人面前以儒家大一统的"仁君皇帝""十全老人"的面貌出现，在蒙古人面前则以"可汗"形象出现，在藏族那里又变成了"转轮圣王"，在满族那里又成为"八旗"的首领，呈现出清朝皇权的"同

① 中国社会科学院李世愉先生主持的"中国土司制度史料编纂整理与研究"国家社科基金重大课题中也涉及相关满文档案资料的整理与研究。

心性"和"共主性"。① 也就是说，国家认同的表现并不是一致的，这取决于对"皇权"意义的理解。同样，地处不同边缘地区的土司对元王朝、明王朝和清王朝又是如何理解的？如果学界能够推动这些问题的研究，将能很好地与"新清史"对话。

统治者又如何塑造国家认同？中国学者郭成康在《也谈满族汉化》中深化了何炳棣"清朝统治成功的经验主要是'汉化'的观点"，同时也回应了罗友枝的观点。他认为清王朝"汉化"自然是清朝成功塑造国家认同的主要方式，只不过，"汉化"并不是被动的，而是主动的，是批判、重塑和改造同时进行的。② 满族文化在保持个性的同时，凭借政治优势主导"汉化"的进程。"新清史"学派并不同意这一观点，除罗友枝以外，欧立德积极探讨清朝统治成功的"满洲之道"。他认为清朝皇帝通过政治建构，制造满人、蒙古与汉军八旗军队的区别，通过八旗制度纯化满族人，强化民族等级划分，从而实现满族的统治之路。③ 米华健（James A. Millward）则提出一个问题：满人是中国人吗？他认为这是清史研究的一个中心问题。④ 米华健关注欧立德、柯娇燕关于满人族性在国家建构、满汉关系中的作用机制以及八旗制度在建构满人族性中的作用。"新清史"学派认为皇帝正是通过八旗制度以及对满人族性的维护才得以维持国家的运行。南开大学常建华先生认为，无论是传统的"汉化"的汉族中心观还是"新清史"的满族中心观，视野都有局限，应该从国家认同的角度来审视清朝统治的成功及其特色。⑤ 国家的存在需要合法性和人民的认同，所以统治者要千方百计来实现这一条件。清朝要接续明朝的治统，并逐步把儒学作为国家的意识形态，换取汉人的文化认同和国家认同。而明朝治统本身就蕴含着多民族国家的因素，故还能赢得许多边缘族群的认同。清代把明代处于边缘地位的满

① 〔美〕柯娇燕：《中国皇权的多维性》，载刘凤云、刘文鹏编《清朝的国家认同："新清史"研究与争鸣》，中国人民大学出版社，2010，第53~70页。

② 郭成康：《也谈满族汉化》，载刘凤云、刘文鹏《清朝的国家认同："新清史"研究与争鸣》，中国人民大学出版社，2010，第71~92页。

③ 〔美〕欧立德：《清八旗的种族性》，载刘凤云、刘文鹏《清朝的国家认同："新清史"研究与争鸣》，中国人民大学出版社，2010，第93~128页。

④ 〔美〕米华健：《评〈满洲之道〉》，载刘凤云、刘文鹏编《清朝的国家认同："新清史"研究与争鸣》，中国人民大学出版社，2010，第407~416页。

⑤ 常建华：《国家认同：清史研究的新视角》，《清史研究》2010年第4期。

族、蒙古族置于王朝统治的中心，这让西南诸土司在国家认同上难以适应。土司制度的实施本身也是实现国家认同的一种政治制度，从这一点来看，土司制度在塑造族群性、"汉化"以及国家认同等问题上与"新清史"学派可以很好地对话。

"新清史"在理论上和方法上总是推陈出新，令人眼花缭乱，在中国历史学界、土司学界、海外汉学研究等方面影响颇大。其对边疆学研究也起到了推动作用。中国人民大学刘凤云先生认为"新清史"学派在族群认同、族性理论的指导下，发展出"晚期帝国"模式、"内陆亚洲"等概念，引发了清朝国家认同、民族认同、边疆问题的统一聚焦。① 但是，"新清史"那种断然否认"汉化"、"把满洲人当成非中国人"、"把中国看成是内陆亚洲帝国的一部分"、过分强调清朝的满洲历史、认为"满汉并未全面融合"的观点明显带有西方话语的偏见和见不得光的图谋，如果我们一味去迎合，会使我们失去中国研究的主体性，产生对中国国家历史认同的迷茫。而这些问题与土司学的问题如出一辙，也是土司学向纵深推进的方向。对这些问题的研究，也有利于土司学从更大的范围、纵深的角度对国家大一统机制及其延续、发展和变迁进行研究，从而发展相关的学术理论，与"新清史"对话。

（三）容美土司国家认同研究的意义

容美土司是西南地区最为重要的土司之一，其与中央王朝互动的历史尤其具有代表性。从主位的角度来考察容美土司认同国家的历史，可以推进一系列土司学术问题的研究，回应西方话语的边疆学研究，探索中国学术话语，对当前国家认同建设具有重要的现实意义。

推进土家族研究进程。土家族是一个极具汉文化特质的族群。早年潘光旦等学者通过民族溯源的研究来思考土家族族群性特点。② 20 世纪末，有学

---

① 刘凤云：《理论与方法的推陈出新：清史研究三十年》，《史学月刊》2013 年第 1 期。
② 新中国成立初期，应民族识别的要求，对各民族进行溯源是民族研究者的重要任务之一。在奠基性的土家族族源论著中，潘光旦先生的《湘西北的"土家"与古代的巴人》众所周知。这种溯源研究最大的逻辑问题是以现有民族话语思维架构远古，因其本身的局限性而产生的学术争议也较多。参见潘光旦《湘西北的"土家"与古代的巴人》，载中央民族学院研究部编《中国民族问题研究集刊》第 4 辑，1955。

者提出"武陵民族走廊"概念，① 试图从更宏观的角度来审视土家族的族群性特点。以往的土家族研究大多忽略了中央王朝对土家族族群性的政治建构和土家族的主体选择。本书可以弥补上述缺陷，推进土家族研究。

丰富土司研究的内容。土司研究经历了政治制度、政策史、土司社会文化研究等阶段，但始终缺少有深度的民族志式的研究。西南诸土司社会内部差别大，土家族地区土司之间的差别也较鲜明。本书将文献与民族志相结合，重新审视容美土司的典型性、特殊性和重要性，厘清其与中央王朝的互动关系，有利于将土司研究推向深入。

进一步丰富和发展"多元一体"理论。中华民族作为稳定的历史共同体，是中央王朝不断经营和边缘族群主动选择的结果。容美土司作为"内地边缘"的一个典型土司，其与中央王朝的互动关系具有典型性。通过本书的研究，探讨边缘凝聚于中心的机制，有利于进一步丰富和发展"多元一体"理论。

为我国制定和完善少数民族国家认同的政策提供借鉴。少数民族强大的国家认同是我国社会稳定和国家强盛的重要保障。边缘族群与中央王朝的良性互动蕴含丰富的政治智慧。本书对容美土司与中央王朝的关系进行研究，可为我国制定和完善民族政策提供一些重要的历史启示。

抵制西方民族/边疆话语的渗透。西方学者以及一些汉学学者戴着西方的有色眼镜，坚持西方话语霸权，对中国史特别是民族史、边疆史进行"污名化"。无论是近些年来声势颇大的历史学界的"新清史"学派，还是某些西方汉学人类学家，许多著作的叙述总让人感觉不太舒服。例如，明王朝在湖广、贵州和云南屯军的史实总被西方学者用"colonize"（殖民、拓殖）、"conquer"（征服）来描述，② 而不顾自秦汉以来形成的"大一

---

① 土家族学者黄柏权先生最早在 2006 年申报的国家社科基金项目中首次明确了"武陵民族走廊"的概念，但是这一概念更早是由费孝通先生在 1992 年《武陵行》（《瞭望周刊》1992 年第 3、4、5 期）一文中提出来的。这一概念的提出明显是应对单一民族研究的局限性及民族研究对其他民族的无视造成狭隘的民族观。"民族走廊"概念的引入，对于推进土家族学术研究具有巨大的作用。

② John E. Herman，"The Cant of Conquest: Tusi Offices and China's Political Incorporation of the Southwest Frontier," in Pamela Kyle Crossley, Helen F. Siu, and Donald S. Sutton, eds., *Empire at the Margins Culture, Ethnicity, and Frontier in Early Modern China* (University of California Press, 2006), pp. 135 – 170.

统"的历史背景和历代中央王朝集权的成就，以及地方社会经济文化大发展的事实。

二　学术回顾

容美土司国家认同论题的学术回顾包括两个方面的内容。一是通过对土司国家认同方面的研究回顾，凝练出不同区域、不同时期土司国家认同的内涵、特点，寻找出容美土司国家认同在这一论题中的价值及研究方向；二是通过对作为研究对象的容美土司的研究回顾总结出容美土司的构架、特色，寻找出容美土司在这一论题中的代表性及研究方向。

（一）土司国家认同研究

"土司"这一概念在学术界争议不断，陷入了唯名论、唯实论争论的旋涡。唯名论者认为只要是元、明、清的少数民族"土官"，就可以当成"土司"，于是把蒙古、西藏、缅甸的土官以及内地边缘地带的土卫都当成土司，[①] 这种看法把土司的范围明显泛化了。唯实论者认为只有达到王朝土司制度要求的才能是土司，如承袭规范、履行纳赋和征调义务、"土流参治"等，这种看法不顾元、明、清三朝土司形态的发展、变迁过程，标准过于严格。"土司"之"土"，指的是古代边缘族群统治阶层，又叫"寨长""头人""蛮酋"等；"土司"之"司"，自汉代始便是一种职官，是王朝任命的管理一方或者专门事务的职位。余贻泽、吴永章等学者认为土司制度源于汉唐，建于元，定型于明，败于清，续至民国。元代以土酋首领领其地，封官治地。蒙古军队攻占云南后，采用"土官治土民"的办法，广泛设置宣慰司、安抚司、招讨司和长官司来"以土治土"。明清两代沿袭元代的做法，只是前述职官由兵部管辖，同时又设置了土知府、土知州、土知县、土巡驿、土巡检，属吏部管辖。[②] 因此，土司是指在王朝设置下边缘族群民族统治者担任特定职务的土官。土司与土官既有交集，也有区别。土司一边连

---

①　成臻铭先生是泛土司论的支持者，他把土司分成七种类型，即抚慰型土司、政务型土司、僧官土司、羁縻卫所土司、土弁型土司、札萨克土司、土屯型土司。参见成臻铭《清代土司研究——一种政治文化的历史人类学观察》，中国社会科学出版社，2008，第13～18页。

②　土司学者余贻泽认为土司制度建立于明代，因为土司有其官位、衔级、赏罚、黜陟之典。参见余贻泽编著《中国土司制度》，正中书局，1944，第10页。

着中央王朝,一边联系着边缘族群,成为"王朝中心"与"西南边地民族"之间的纽带。厘清土司概念是土司国家认同研究的逻辑起点。

传统上研究者们更多关注"土司制度"。这些研究者从王朝治边政策来理解土司,也就是中央王朝是如何利用土司制度来实现大一统的,是如何让边缘凝聚于中心的。这在本质上就是"中央王朝如何加强西南边缘民族的国家认同"的问题。从正史《明史》《清史稿》到后来的土司学者佘贻泽、江应樑、吴永章、龚荫、李世愉的著作,无不是从政策这一角度来探讨王朝政策对于国家共同体形成和发展的影响。

清朝张廷玉编纂的《明史》就说明了明清两代王朝设置土司的目的。"迨有明踵元故事,大为恢拓,分别司郡州县,额以赋役,听我驱调,而法始备矣。然其道在于羁縻。彼大姓相擅,世积威约,而必假我爵禄,宠之名号,乃易为统摄,故奔走惟命。然调遣日繁,急而生变,恃功怙过,侵扰益深,故历朝征发,利害各半。其要在于抚绥得人,恩威兼济,则得其死力而不足为患。"① 这是王朝的治边政策,实施土司制度,既可以得"赋",又可以得"役",节省国家投入的同时又收获其他好处。但是,这一政策也容易导致边地土司"恃功怙过",故"利害各半"。从更高层面看,《明史》所反映出来的自秦汉以来的"大一统"意识和多民族国家的建构意识是土司设置的理论前提。在具体方法上,土司制度对此前历代治理西南边地的政策进一步完善,是为了加强西南民族的国家认同。

佘贻泽先生从长时段来考察中央王朝加强西南诸蛮关系的政策。"汉初,郡县之。两晋以后,各自为政。唐宋仅为羁縻之策。至元封官较杂。明时始成土司制度,其他时叛时伏,征讨顺降之事,记载甚多,无须叙述。总之西南民族,虽代受中央政府封赐,因少干涉其内政及不为开化之故,致仍为落后民族,累为边患。"② 他认为西南虽然累成边患,但不能与北边诸族相提并论。"西南民族不过恃险自雄,待时而动。中央政治修明,威力强盛,则为官治民,无敢携贰。若中原多事,纲纪不振;善者则保御一方,不善者则称兵为患。有时亦因受流官压迫,挺(铤)而走险者。"③ 但这都是内患而非外患。佘贻

---

① (清)张廷玉:《明史》卷310《土司》,中华书局,1974。
② 佘贻泽编著《中国土司制度》,正中书局,1944,第10页。
③ 佘贻泽编著《中国土司制度》,正中书局,1944,第10页。

泽认为土司制度秉持了古代中国"顺民性、省民力"的治边传统。

江应樑在《明代云南境内的土官与土司》中也认为土司制度是"中国封建统治者对少数民族一种特殊的政治统治方式，……羁縻之方其源虽甚早，而此种方式之成为一种政治制度，所见记录则以明代较为完备"。① 江应樑把土司制度当成促进国家整合和统一的政治制度，其中云南省因为偏远及历史传统而成为土司制度实施最为集中的地区。江应樑把云南分为内地区（内域区）、羁縻土司区（西南夷）两类区域，前者设土官，后者设土司，前者属吏部，后者属兵部。此外，还有第三类称作"御夷区"的区域，即名义上是府州而实际上委官设治都全同羁縻区，或名义上是土司区而另有一种政治制度使之接近内地区，前者称为"御夷府州"，后者称为"御夷长官司"。② 值得注意的是，江应樑在探讨土司制度国家认同意义的同时，也特别关注土司制度对土司地区经济发展和文化交流的意义。统治者通过隔绝、孤立和分化政策来阻碍羁縻土司区之间的经济交往，却促进了内地与羁縻土司区的经济文化交流。例如，明代屯田所带来的移民和先进生产技术、土司进贡促进土司区与内地区的贸易，从而发挥了积极的文化经济交流的作用。③

之后，吴永章、龚荫又将国家治理角度的土司制度研究推向一个新的高潮。吴永章回顾了自秦汉时期开始的中央王朝处理南方少数民族的治理政策，从而推导土司制度的历史渊源。吴永章先生其实是在探讨历代中央王朝是如何治理南方少数民族的或者说如何加强南方诸族对王朝的凝聚力，以致统一多民族国家的形成的问题。吴永章特别强调明代土司因其制度完备而具有的典型意义。④ 与吴永章同时代的龚荫先生继承了云南江应樑先生的云南土司研究，写出了《明清云南土司通纂》（1985 年），不久他又在此基础上进一步撰写出土司研究巨著《中国土司制度》（1992 年），这部巨著成为中央王朝/民族政策视野下研究土司现象的代表性作品。

---

① 江应樑编著《明代云南境内的土官与土司》，云南人民出版社，1958，第 1 页。
② 江应樑编著《明代云南境内的土官与土司》，云南人民出版社，1958，第 2 页。之后，有学者不同意江应樑对"土官、土司"的二分法，"土司"概念又陷入唯名论和唯实论的争议之中。
③ 江应樑编著《明代云南境内的土官与土司》，云南人民出版社，1958，第 22～25 页。
④ 吴永章：《中国土司制度渊源与发展史》，四川民族出版社，1988，第 157 页。

从清代张廷玉到土司学研究者佘贻泽、江应樑、吴永章、龚荫，王朝/政策视野下的研究都基于国家治理和大一统多民族国家形成这一逻辑起点，并通过加强南方诸族国家认同来促进国家凝聚。但是，他们在评价土司制度对于国家的意义时，又常常陷入不能自拔的矛盾陷阱之中。龚荫先生的观点颇具代表性，他认为土司制度有利有弊。"利"表现在：使国家空前统一、增加封建王朝收入、促进少数民族地区社会安定和经济发展、促进少数民族地区文化教育发展、土司武装在保家卫国中做了贡献；"弊"表现在：土司制度具有封建割据性、土司残酷压迫百姓、土司野蛮掠夺土民、土司荒淫腐化。[①] 换句话说，土司制度既有利于国家认同的一面，又有不利于国家认同的一面。之所以这种割裂式的、形而上的且带着现代人价值评判观的研究越来越让人无法理解，是因为这种研究是对土司现象的评判，而不是对土司的地方真实场景、动态变化和统一多民族国家的具体凝聚机制的细微分析，这种研究方式在方法论上已越来越狭窄。成臻铭先生认为他们的这种政治制度史或政策史的土司研究是"居高临下"的，缺少对基层和实证的关注。[②] 近年来，越来越多的学者从地方"小传统"视野、地方社会和国家在场、社会礼仪与文化整合、宗族社会与国家认同、国家的"地方化"和地方的"国家化"等角度来探讨土司之于统一多民族国家的意义，这些角度最终都可以归结到"认同"之中，因此，强调"认同"主体性的而不是现象性的"国家认同"视野成为土司研究的重要方向。

体现"主体性"的国家/地方、王朝/土司、中心/边陲视角成为土司国家认同研究的方法论基础。从地方和边陲的视角来展示土司制度实施背景下的"边缘"的"国家化"过程，可以揭示边缘凝聚于中心和土司时期大一统国家的政治、文化和社会机制。近几十年来，随着历史学与人类学的密切结合，这方面的研究在方法论上逐步成熟，且产生了不少优秀的研究成果。20世纪90年代以来，历史人类学的华南学派、中国台湾和香港地区以族群论为工具的历史研究者都注重从边陲的角度来审视历史上中国大一统格局的产生、存续和发展机制。科大卫（David Faure）、弗里德曼（Maurice Freedman）、陈

---

① 龚荫：《中国土司制度》，云南民族出版社，1992，第153~167页。
② 成臻铭：《清代土司研究——一种政治文化的历史人类学观察》，中国社会科学出版社，2008，第2~3页。

春声、郑振满、刘志伟、温春来、张应强、谢晓辉、王明珂等学者既从边陲的视角，又从自己独特的角度来探讨边陲凝聚于中心的历史。

他们的研究不局限于土司时期，但他们的研究视角和方法同样可以为土司研究所利用。弗里德曼从人类学的角度探讨华南边陲凝聚于国家的宗族机制，"宗族的关键成员对国家的态度是矛盾的，他们能够缓和抑制（国家与社区）公开冲突，他们能够调解以及使国家对他们社区征收税收变得温和，他们能够把官僚体系的荣誉带到社区，也使他们增强反对这一体系（国家官僚体系）的力量"，[①] 这种视角被不少土司研究者所关注。陈春声、郑振满则从民间信仰的角度来讨论福建边陲之于国家的关系，"民间信仰研究中经常遇到的问题之一，就是'国家'与'民间社会'的互动关系。……我们更关心的是民间信仰所表达的百姓关于国家与王朝的观念"。[②] 这与杜赞奇提出的"权力的文化网络"的视角有些类似。中国台湾地区的王明珂则从历史记忆的角度来讨论边缘与中心的关系。他在《英雄祖先与弟兄民族》中提出了西南族群在"英雄徙边记"和兄弟神话中的英雄历史记忆，这在湖广土司地区也普遍存在。对土司内部宗族、信仰和历史记忆的研究可以很好地展示地方的自主性。

约翰·赫尔曼（John E. Herman）、谢晓辉、温春来、陈贤波、吴雪梅、李翘宏等学者都以历史人类学的视野直接讨论土司与王朝的互动关系，从各自的角度展示西南诸土司特别是湖广土司的国家认同问题。像约翰·赫尔曼这样的西方学者抱着西方的偏见审视西南土司与中央王朝的关系，并以西方话语进行解读，这种"中华帝国—对外扩张"的学术思路早已为人唾弃。谢晓辉延续了王明珂华夏边缘的思路，在其《延续的边缘：宋至清湘西开发中的制度、族类划分与礼仪》中从人类学的视角重新探讨武陵边缘地区的族群分类历史、武陵民族对族群文化的自我表述以及王朝制度在武陵边地的拓展。谢晓辉既探讨了武陵"边缘性"维持的原因，又探索了国家在边地的国家认同建设问题。"湘西的重要性在于它位于进入西南的孔道上，成为沟通与驾驭云贵的重要基础，对王朝而言，重要的是云贵大道的畅通，而

---

① 〔英〕莫里斯·弗里德曼：《中国东南的宗族组织》，刘晓春译，上海人民出版社，2000，第 154 ~ 155 页。

② 郑振满、陈春声主编《民间信仰与社会空间》，福建人民出版社，2003，第 3 页。

不是直接开发苗疆。王朝无需将其纳入直接统治之下，以夷制夷，区别于内地的土司制为当时的最佳选择，故在一定程度上纵容了湖广土司对苗疆的扩张，在客观上延续其边缘性。"① 谢晓辉从地缘政治、族群竞争和国家在场来解释湘西"被边缘"的原因。温春来和陈贤波都试图探讨贵州西北部民族地区在历史时期是如何纳入国家大一统之中，地方族群又是如何在这一背景下表述自己的。温春来从文字推广、礼仪制度、编户制度等角度来探讨中央王朝对黔西北彝族地区的整合。② 吴雪梅从乡村社会的视角探讨了改土归流后国家权力的文化网络在清江流域建始县景阳清江河谷的下沉。③ 景阳河地区位于建始县南部，多受容美土司侵扰，明末清初最终被容美土司吞并。景阳河社会是典型的边缘社会。清政府在平定土司后又重新在这一区域进行乡村基层社会建设，这包括设立里甲制度，推行赋役制度和乡村教育，传播儒家文化和观念，实施大清基层司法制度，等等。这些措施旨在促进国家权力下沉到王朝边缘地区，促进边缘族群的国家认同。中国台湾学者李翘宏指出："正因为几百年来武陵山区位居中原和西南的中介地带，正因为土家族领袖和精英长期在高度政治化的环境下学习汉文化，土家族的文化主体对文化歧视与权力关系有着深刻的感受。"④ 也正是如此，土家族对王朝中央国家的认同有厚实的文化认同基础。这些研究都试图展示地方在国家认同中的主体性。

需要补充的是，国家在场也是土司研究的基本前提之一。彭福荣先生认为，"研究我国的土司问题必须以国家存在为前提"，⑤ 这是由土司的本质决定的。土司在名义上是中央王朝实施土司制度的产物，是任命土酋大姓来治理地方的边地政治制度。在实际层面上，国家权力在土司进行直接或间接的灌输或渗透也是常态。土司应对国家权力的过程，也是实践国家化的过程。近年来，随着土司学的发展以及土司申报世界文化遗产的成功，土司国家认

① 谢晓辉：《延续的边缘：宋至清湘西开发中的制度、族类划分与礼仪》，博士学位论文，香港中文大学，2007，第 251 页。

② 温春来：《从"异域"到"旧疆"：宋至清贵州西北部地区的制度、开发与认同》，生活·读书·新知三联书店，2008，第 310 ~ 318 页。

③ 吴雪梅：《回归边缘：清代一个土家族乡村社会秩序的重构》，中国社会科学出版社，2009年，第 74 ~ 100 页。

④ 李翘宏：《土王的子民：中国土家族的历史文化研究》，博士学位论文，新竹清华大学，2007，第 13 页。

⑤ 彭福荣：《国家认同：土司研究的新视角》，《广西民族研究》2012 年第 3 期。

同研究已经成为土司学研究的重要内容。这也显示出国家框架成为土司研究的基本前提。

从已有研究成果看，土司研究需要过渡到"土司与国家互动研究框架"下。单一的中央王朝视角或者地方视角都不能满足需要。选择"土司—国家"的"认同"框架，并充分运用族群、宗族、信仰、文化及国家在场等视角，就可以很好地推进这一论题的研究。

（二）容美土司研究

湖广地区是我国土司制度实施最为完备的区域。在遴选由哪些土司遗址代表中国土司申报世界文化遗产的过程中，"由于申报遗产地位于西南山区最接近中央政权核心地区的地带，具有地理和文化前沿交汇带的显著特点，属较早并完整、规范、有效推进土司制度的地区"，[①] 故在反映中央王朝推行土司制度以及对西南民族进行有效管理方面具有代表性。正是因为如此，以容美土司为代表的湖广土司能较好地反映和展示土司国家认同研究问题。

1. 容美土司全面介绍及综合性研究

20 世纪 80 年代末 90 年代初，鹤峰县、五峰土家族自治县编纂的县志以及王承尧的《土家族土司简史》都对容美土司进行了综合性介绍。《鹤峰县志》简单地对容美土司的历史沿革、疆域、承袭、贡赐、官制、兵制、礼制、刑制、经济进行了介绍，内容较为全面、真实、凝练，但又过于简单，且未能对土司遗产进行描述。[②]《五峰县志》则以"土司时期社会状况"为标题对容美土司的东部疆域、历史沿革、宗法权势、制奴刑律、兵事使役、治学要略、经济及容美土司"改土设流"进行了介绍。内容较为全面，但是显得浅薄且存在讹误，如容美土司治下有盘顺土司、衙内仅次于土王的职官名旗鼓、土司出则土民皆夹道伏、土司经济为封建农奴制等。[③]《土家族土司简史》中对容美土司有关沿革世系的介绍要严谨得多，可惜对容美土司的众多方面都没有介绍。在"容美土司"一节中，王承尧重点介绍了容美土司田氏及世系、五峰长官司张氏及世系、石梁下峒长官司唐氏及

---

① 中华人民共和国文物局：《土司遗址申报文本》，内部资料，2014 年 3 月，第 60 页。
② 湖北省鹤峰县史志编纂委员会编纂《鹤峰县志》，湖北人民出版社，1990，第 100～102 页。
③ 湖北省五峰土家族自治县地方志编纂委员会编纂《五峰县志》，中国城市出版社，1994，第 101～105 页。

世系、水泄源通塔坪长官司唐氏及世系，特别介绍了容美土司田氏与水泄源通塔坪唐氏在明末仇杀，造成万人伤亡、数百里人烟殆尽的惨事。① 进入 21世纪后，鹤峰县本地专家祝光强、向国平、向端生等以巨大的热情撰写了《容美土司概观》《容美土司简介》等著述，全面地介绍了容美土司的方方面面。特别是祝光强、向国平两位先生利用工作之便收集了容美土司的许多资料，并对容美土司的许多问题进行了研究。在《容美土司概观》一书中，两位先生对容美土司的历史发展、社会制度、土司文化、历史遗迹、土司人物进行了系统的研究。在容美土司历史发展的两个章节中，两位先生把容美土司先人的历史追溯到古代的巴人，推测出历史上存在一个"容米部落"，② 并把容美土司历史发展过程中的"白俚俾之乱"、田世爵励精图治、田九霄和田九龙的征倭、田舜年在明末清初的经营、容美土司改流等土司重大事件作为土司发展的重要节点。在社会制度的章节，重点描述了其封建经济及土司政治、军事和外交。在土司文化的章节，介绍了土司自然崇拜和崇虎信仰、民俗文化及土司戏曲和文学。在土司历史遗迹章节，粗略介绍了容美土司的司署遗址、桥梁建筑遗址、洞府遗址和边关隘口遗址。在土司人物章节，则介绍了容美土司的众多土司主、诗人以及舍人向日芳。《容美土司概观》是对容美土司介绍最为全面的一本书。之后，鹤峰县又出了一本由向端生、夏德术主编的小册子《容美土司简介》。③ 另外，李荣村撰写了长篇文章《元明清容美土司兴亡史（1308～1734）》，④ 对容美土司的历史发展做了粗略的介绍。

2. 容美土司族属及世系研究

容美土司族属的问题涉及两个方面的内容，一是容美土司田氏以及所属的张氏、唐氏、刘氏土官的族属，二是容美土司时期所属人民的族属。

对于容美土司田氏，受潘光旦土家族族源巴人说的影响，鹤峰本地专家祝锋在《容美土司田氏源流考》一文中认为容美土司田氏属于"容米

① 王承尧、罗午:《土家族土司简史》，中央民族学院出版社，1991，第49～55页。
② 祝光强、向国平:《容美土司概观》，湖北人民出版社，2006，第6～12页。
③ 向端生、夏德术主编《容美土司简介》，白山出版社，2016。
④ 李荣村:《元明清容美土司兴亡史（1308～1734）》，载《蒙藏学术会议论文集》，台北:"中国文化大学"出版社，1988。

部落"，大约在元代土司主决定改为田姓。① 其中，元至正年间田光宝正式使用汉语名字，其父亲被追溯为"田先什用"，其爷爷还是叫"墨施什用"。祝锋完全否定了《容阳堂田氏族谱》中有关田氏源流的记录，指出容美土司田氏先人不是田行皋，② 而是田弘正，③ 以穷历史本来面目，从侧面论证了田氏为土家族的观点。不管如何，民国《容阳堂田氏族谱》还是在史实的基础上建构了田氏完整的世系脉络。而五峰司张氏、水浕司唐氏、石梁司唐氏、长茅司覃氏被认为是土司时期容美土司的外姓强宗土官大姓，是"典型的土家族"。④ 但对这些土官姓氏的族谱、世系等方面的研究严重不足。例如，湖北鹤峰县麻寮所唐氏、湖南石门县添平所和安福所的覃氏以及水浕司、石梁司唐氏在土司时期是什么关系，又为何有的被识别为土家族，有的又被识别为汉族。这些土官大姓的族属问题还没有弄清楚。

而对于土民的族属问题，在后来的民族识别中，在土司时期居于容美土司的人们的后代都可以被认定为土家族，而实际上当时容美土司土民的情况非常复杂。一是既有一直生活在这一区域的被文献记录为"蛮"的族群，也有容美土司从外地掳掠过来的汉民和自愿到容美土司从事商贸或避乱的汉民，还有在元代就迁徙过来的蒙古族和云南白族。这些情况在容美土司的后续研究中都逐步展现出来。

3. 相关历史问题研究

学者们对容美土司的历史区域、容美土司历史分期、土司文化改革、改土归流等历史问题进行了集中探讨。

现在流传的容美土司区域地图⑤大都是基于鹤峰县百顺桥碑碑文而推测

① 祝锋：《容美土司田氏源流考》，载《容美散论》，中国文史出版社，2003，第79~81页。
② 田行皋在唐代曾为施州刺史，在湖北省巴东县野三关镇柳家山有田行皋碑，距容美土司边境数十公里。碑文曰："唐明宗二年岁次甲辰八月十八日戊辰竭节忠义功臣银青光实禄大夫检校尚书右仆射使持印溙万州诸军事守溙州万州刺史兼御史大夫上柱国田行皋。"
③ 容美土司田氏先人田弘正（今河北大名县人）之说法源于清代文士在《容美纪游》中"宣慰使田舜年，其先世田弘正，唐魏博节度使"的记录。
④ 湖北省五峰土家族自治县地方志编纂委员会编纂《五峰县志》，中国城市出版社，1994，第100页。
⑤ 容美土司区域图最早出现在《容美土司史料汇编》一书中，后来又在《容美土司概观》等书中出现。

画出的。张华和祝锋根据清代康熙三十二年容美土司主田舜年刊刻的碑文来研究容美土司的区域。[①] 这是容美土司所管辖区域最大的时期，也是容美田氏土司多年来通过军事扩张、买管汉地、联姻扩地等方式不断向外拓展的结果。[②] 对于这样的区域，当时的土司主田舜年也不愿意承认，他自己认定的容美土司区域是西起奇石关、北到邬阳关、南到大崖关、东到百年关的区域，区域范围包括今鹤峰县及五峰县绝大部分区域，这一考虑是非常真实的。一方面，容美土司的区域存在一个历史衍化且逐步被王朝固定化的过程；另一方面又不可能完全按照"长阳西设八关，以备峒蛮"的王朝约束，这样容美土司区域逐步约定为王朝和土司都可以接受的区域，只是以往的研究并没有揭示这一关系。

至于容美土司的历史分期，祝光强和向国平把容美土司的历史分成部落时期、兴起时期、兴盛时期、衰落时期和改土归流五个历史时期。[③] 对于容美土司的分期，最有争议的是明代土司主田玄的"自汉历唐、世守容阳"的说法，但这样去推导出一个"容米部落"并与容美土司建立一种联系是不太科学的。土司存在的前提是中央王朝的认定和设置，而不可能自己任命自己为土司。容美土司的初设、定制和改流的节点是非常清楚的。至于哪一时段为兴起期、哪一时段为兴盛期，则要根据土司本身发展及社会时势背景来综合判定。

许多土司学研究者和地方史志研究者都非常关注容美土司中期的田世爵文化改革事件。因为白俚俾的争袭手段极为残忍，对容美土司造成了几乎致命的后果。田世爵吸取教训，对土司进行文化改革，此后容美土司才走上了一条民族融合的道路，这也是容美土司特色形成的至关重要的历史事件。祝光强、向国平在《容美土司概观》中专门设"白俚俾之乱""田世爵励精图

---

① 百顺桥碑存于鹤峰县县城东40公里与五峰土家族自治县交界的百顺河的五峰一侧，但被鹤峰县收藏。百顺河一带是通塔坪水泝司所在地，碑上刊刻了容美土司任命的50余名官员以及相应的29个地名，这些地名涉及鹤峰、五峰、长阳、巴东、建始、恩施地区。之后，五峰县又发现了存于湾潭镇树屏营村的容美土司主田舜年撰写的《新改荒路记》，其附录的官员名字以相应属地与百顺桥碑对应，完全可以推测出清代初期容美土司管辖的范围。

② 张华、祝锋:《从百顺桥碑文上的地名看容美土司的疆域》,《湖北少数民族志》1984年第1期。

③ 祝光强、向国平:《容美土司概观》,湖北人民出版社,2006,第6～102页。

治"两个小节来描述这一重要历史事件，而其他研究土司政治、戏曲、文学、艺术等问题的章节也大多提及这一事件。田世爵的文化改革是多方面的，涉及对文化学习的倡导、选送土舍到司外上学、与司外人员加强文化交流、崇尚国家主流文化等。

许多学者较为关注容美土司的改土归流问题。鄂西土司大多主动呈请改土归流，容美土司、施南和东乡土司却是拟罪改流，且对"容美稍用兵"。祝光强、向国平、范植清、张祖诚、张捷夫等对容美土司改土案以及与改土归流直接相关的土司案进行了细致的研究。他们都认为改土归流是大势所趋，容美土司也不可能置身事外。但是，容美土司曲折离奇的改土归流过程却吸引了学者的注意。祝光强和向国平回顾了容美土司改流案的详细过程，对这一牵扯甚广的案件做了细致的描述和分析。① 张捷夫分析了容美土司在明末清初政治乱局中为保全自己而做的许多自相矛盾的举动，例如，吴三桂攻入湖南时，容美土司主田舜年派兵杀死红砂堡的清军守兵，并接受了吴授予的"都统承恩伯印"和敕谕；而当清兵攻占湖南常德一带时，容美土司又调转枪头，攻打吴军。② 容美土司在明末清初政治乱局中屡屡冲破王朝为土司设置的框架。虽然经历了冲突，但是范植清认为对容美土司的改流不是灾难和浩劫，而是水到渠成的。③ 这一见解是十分有见地的。

4. 相关政治经济问题研究

学者们从不同角度对容美土司的官制、承袭、兵制、礼制、刑制、经济形态和对外关系进行了探讨。至于官制，容美土司本身就经历过"黄沙寨千户""容美洞等处军民总管府""容美洞军民宣抚司""容美宣慰司"等。根据百顺桥碑又可以直接看到容美土司治下有土知州、土长官、土经历、土千户、土指挥、土参将、土百户等职官的记录。④ 近年来新发现的材料又为土司内部职官研究提供了更多证据。对于容美土司的承袭，大家较为关注容美土司田氏、石梁下峒唐氏、水浕源通塔坪唐氏和五峰张氏等土司的世系承袭关系以及在承袭过程中发生的争袭事件。实际上，有关这方面的材料还需

① 祝光强、向国平：《容美土司概观》，湖北人民出版社，2006，第85~99页。
② 张捷夫：《容美土司案发生的背景及其经过》，《历史档案》1989年第4期。
③ 范植清：《容美改土归流新议》，《中央民族学院学报》1990年第6期。
④ 钟以耘、龚光美主编《鹤峰县民族志》，国际文化出版公司，2001，第43页。

要更为深入的田野调查,例如,石梁下峒唐氏和水浕源通塔坪唐氏是何关系?为什么五峰、鹤峰两县交界的百顺河流域的水浕源通塔坪唐氏又迁徙到五峰县天池河流域的水浕司?这背后涉及土司内部承袭关系的问题。至于兵制,容美土司借鉴了卫所军民一体、寓兵于农的制度,并实行旗长制,注重训练和军事纪律。① 这些描述大都基于地方志和《容美纪游》,需要放到更大的背景中去讨论。至于礼制和刑制,容美土司素以严明著称。至于容美土司的经济形态,祝光强、向国平把容美土司的经济形式概括为以封建农奴制经济为主、以封建地主经济为辅的经济形式,农业、手工业和商业经济都有一定的发展。② 田敏先生在《从〈容美纪游〉看容美土司的社会经济结构》一文中对土司社会的构成及经济形式进行了深入和完整的讨论,③ 大大深化了对容美土司社会经济的认识。④ 成臻铭则考察了清代容美土司的自署职官系统运行,"清代湖广土司自署职官系统具体运行状态中土司衙署办公存在有不确定性:致仕宣慰使钳制已袭宣慰使并使其衙署成为执行机构,衙署按一定礼数接待贵宾,其每一次行动均牵扯到各旗,宣慰使衙署及中军五营均能很好使用旗的功能;经历司从属于宣慰司,有一定文化修养见过世面的舍把出自经历衙署,颇得土司信任和各旗尊崇,在土司政治舞台上发挥着重要作用"。⑤ 最后,容美土司的朝贡、征调以及与周边土司、卫所和经制州县的关系则是容美土司研究的热点问题。祝锋对容美土司与中央王朝的关系和周边地方的关系进行了概述。⑥ 瞿州莲根据顾彩的《容美纪游》来探讨容美土司的对外政治策略,她认为"容美土司曾经采取了'订立盟约、联姻和亲'的策略,较好地处理了与周边土司的关系,增强了自身的实力,维护了领土边境的安全"。⑦ 另外,赵秀丽、谭志满等学者也探讨了容美土司的对外关系。

---

① 祝锋:《容美散论》,中国文史出版社,2003,第42页。
② 祝光强、向国平:《容美土司概观》,湖北人民出版社,2006,第102~112页。
③ 田敏:《从〈容美纪游〉看容美土司的社会经济结构》,《民族论坛》1997年第3期。
④ 岳小国:《清代鄂西与川边改土归流之比较研究——以容美土司与德格土司为例》,《湖北民族学院学报》2010年第5期。
⑤ 成臻铭:《清代湖广土司自署职官系统运行状态初探——主要以容美土司康熙42年事为基础》,《湖北民族学院学报》2002年第6期。
⑥ 祝锋:《容美散论》,中国文史出版社,2003,第46~53页。
⑦ 瞿州莲:《从〈容美纪游〉看容美土司的对外策略》,《中南民族大学学报》2011年第1期。

5. 土司遗址研究

祝光强、向国平把土司遗址分为司署遗址、桥梁建筑遗址、洞府遗址和边关隘口遗址四类。其中司署遗址包括中府、屏山爵府、天泉、南府、北府、帅府；桥梁建筑遗址包括九峰桥、龙溪桥（得胜桥）、百顺桥、天心桥；洞府遗址包括果老洞、情田洞、万人洞、万全洞，并分别有《情田洞记》《万人洞记》《万全洞记》的碑文。边关隘口遗址包括容美土司四关及《捷音者叙》碑文。① 早在 20 世纪 80 年代，王晓宁、邓辉、祝光强等就对屏山（古名平山）进行了系列考古发掘，对爵府遗址进行了考古调查，② 对天心桥、爵府衙署、屏山万全洞以及容美土司田舜年时期的重要将领向遇春、向文宪和向日芳三个墓进行了发掘，且发现了向文宪的墓志铭。21 世纪初，随着对土司遗址保护的重视，容美土司大遗址保护也被提上政府议程。2006 年，容美土司遗址被列入第六批全国重点文物保护单位，之后，又被列入国家大遗址保护范围。对容美土司的专业考古得以逐步开展，对土司遗址的认识与研究不断进步。

6. 土司文学艺术研究

对容美土司的文学艺术研究主要集中在两个方面，一是对容美土司诗人群所著的《田氏一家言》的研究，二是对容美土司戏曲艺术的研究。

容美土司文学是容美土司研究的热点之一。陈湘锋、李传锋、田虞德、李诗选、向国平、龚光美、周西之、熊先群等专家对《田氏一家言》进行了全方位的考察和研究，成果丰硕。《田氏一家言》的发现本身就是一个传奇。容美土司改土归流之后，土司田氏被安插至广东、陕西，《田氏一家言》不知踪影。在五峰土家族自治县的长乐坪镇洞口村，隐居着田氏土司的侧支后人，他们把《田氏一家言》偷偷地保存了下来。到民国时，原有单本已残损不堪。田氏后人田登云、田培林对原本进行了抄写，保存了《田氏一家言》的部分诗稿。这一部分佚诗与在《长乐县志》等史志中记载的《田氏一家言》合并后大致可以窥见清初编辑的《田氏一家言》的面貌。2015 年，五峰人李诗选在上海图书馆又意外发现了《田九龄诗集》《田国华诗

---

① 祝光强、向国平：《容美土司概观》，湖北人民出版社，2006，第 192～216 页。

② 王晓宁：《容美土司平山爵府遗迹调查》，《中南民族学院学报》1989 年第 5 期。

集），从而对《田氏一家言》的编辑过程有了新的认识。陈湘锋先生的《〈田氏一家言〉诗评注》、田虞德的《〈田氏一家言〉解读》、贝锦三夫的《田子寿诗集校注》、向国平的《远去的诗魂——中国土家族"田氏诗派"初探》、周西之的《寻找湮灭的辉煌——〈田氏一家言〉丛论·校注·赏析》等著作把《田氏一家言》研究推向一个又一个高峰。当然在《田氏一家言》之外，顾彩的《容美纪游》也是研究容美土司的重要文艺资料。李金花的《士人与土司——从清代游记〈容美纪游〉看人类学的他者观》通过呈现17世纪末18世纪初处于满族统治下的汉族文人对帝国内部被视为"蛮夷"的土司的表述，来分析此一时期中国士人的他者观念，[1] 也是很有见地的。

学者们较早关注容美土司的戏曲活动及其对后世的影响。卢海晏、夏国康、赵平国、陈鹤城、向国平等学者对容美土司的戏曲活动进行了深入的探究。卢海晏先生在研究恩施南剧的过程中，为弄清楚南剧的源流而对容美土司的戏曲艺术与南剧的传承关系进行了深入的探讨。他从南剧的民间名称"人大戏"、南北上路声腔、戏班、演艺环境四个角度来探讨两者之间的关系，认为容美土司的戏曲活动与南剧有一定的渊源，但对南剧形成起重要作用的还是18世纪乾隆年间的江湖社职业艺人。[2] 而夏国康在看了卢海晏的资料后，梳理了容美土司戏曲活动对南剧形成的具体影响，他认为容美土司戏曲已达到了多声腔台的演唱水平，南剧的声腔与容美土司戏曲活动有继承关系，并且容美土司较早培育了戏曲班子和民众对戏曲的爱好。[3] 赵平国和陈鹤城对容美土司引进戏曲的细节进行了描述，"'鸡林之贾'的舍把——唐柱臣"在土司主的示意下引进戏曲《桃花扇》，[4] 进而从这一角度来探讨容美土司对戏曲的引进和传承及其影响。

从以上研究可以看出，容美土司研究已达到一定的水平，但是还缺乏质量高的、主题鲜明的、权威的研究成果。有些成果还停留在对个别历史、文化现象进行简单的考证和论述上，未能把容美土司放在王朝大一统的背景

---

① 李金花：《士人与土司——从清代游记〈容美纪游〉看人类学的他者观》，博士学位论文，中央民族大学，2011。

② 卢海晏：《南剧资料汇编》，内部资料，1987，第14页。

③ 夏国康：《容美土司的戏剧活动与南戏的形成》，《鄂西大学学报》1988年第S1期。

④ 赵平国、陈鹤城编著《鹤峰柳子戏》，国际文化出版公司，2001，第26~28页。

下，对其典型性、特殊性和重要性，特别是容美土司国家认同的相关问题进行研究，也未能把文献、口述史、考古、地图技术等结合起来运用，研究深度还不够。本书在"国家认同的原生论、工具论"的指导之下，揭示容美土司在元明清时期与中央王朝的关系，中央与地方、地方与地方、土司内部结构的互动关系，以及如何抉择、策略和主体性，从而揭示土司制度背景下认同国家正统的进程、机制、规律和影响。

三　研究理论与方法论

（一）国家认同研究理论

"认同是人们意义和经验的来源。"① "认同"（identity）一词最早源于弗洛伊德提出的人格结构理论，他提出的"依附性认同"和"工具性认同"，显现出认同的主动性和防御性因素，但多数认同的动机还是规避痛苦的情感和保持自尊感。② 认同也可以表述为个体对其社会位置的表达、社会和文化对个体影响的表达和集体认同。③ 认同包括支配性的合法性认同、污名化的排斥性认同、引导性的计划性认同。④ 认同力是一个国家重要的软实力，"探索具体社会背景下国家认同建构的有效路径，已成为学术界一个长盛不衰的重要论题"。⑤ 国家认同的概念则取决于我们对"国家"一词的理解，国家是"民族"（nationality）、"政权"（states）、"祖国"（country）、"王朝国家"（dynastic states），就意味着不同"真谛"的国家认同。从内容上看，国家认同还涉及身份认同、文化认同、政治认同、民族认同、公民认同、制度认同、地域认同、社会认同等诸多内容。

国际上，国家认同理论有两大流派，一是民族主义（nationalism）理论流派，二是自由主义（liberalism）理论流派。在中国，"民族主义"流派更

---

① 〔美〕曼纽尔·卡斯特：《认同的力量》，夏铸九、黄丽玲等译，社会科学文献出版社，2003，第 2 页。

② 〔美〕南希·麦克威廉斯：《精神分析诊断：理解人格结构》，鲁小华、郑诚等译，中国轻工业出版社，2015，第 148 页。

③ Timothy J. Owens, Dawn T. Robinson, and Lynn Smith-Lovin, "Three Faces of Identity," *Annual Review of Sociology* 36（2010）.

④ 〔美〕曼纽尔·卡斯特：《认同的力量》，夏铸九、黄丽玲等译，社会科学文献出版社，2003，第 4~5 页。

⑤ 金太军、姚虎：《国家认同：全球化视野下的结构性分析》，《中国社会科学》2014 年第 6 期。

深入人心。

民族主义流派认为国家是实现民族文化传承和民族使命的制度性组织。个体通过明确其民族国家来实现自身的价值，从而形成了国家认同。对民族主义流派而言，国家认同成为民族认同的延续形式，国家认同与民族认同具有同一性。通过对民族历史、宗教、语言、习俗的寻根行动，来确定国家作为"父母"的形象，且不可改变。民族主义流派的代表人物有本尼迪克特·安德森（Benedict Anderson）、安东尼·史密斯（Anthony D. Smith）、厄内斯特·盖尔纳（Ernest Gellner）等。

本尼迪克特·安德森的想象共同体理论广为人知。他说，民族"是一种想象的政治共同体——并且，它是被想象为本质上有限的（limited），同时也享有主权的共同体"。① "民族被想象为一个共同体，因为尽管在每个民族内部可能存在普遍的不平等与剥削，民族总是被设想为一种深刻的，平等的同志爱。"② 正如他所说："没有什么比无名战士的纪念碑和墓园，更能鲜明地表现现代民族主义文化了。"③ 民族自我意识的产生也是国家认同意识的建构过程。当然，大规模的民族认同还需要"资本主义、印刷技术和多样性语言"这三者的重合。这样，历史记忆、宗教、语言和习俗等就内化为个体的忠诚和情感了。

1983 年，本尼迪克特·安德森的《想象的共同体——民族主义的起源与散布》和厄内斯特·盖尔纳的《民族与民族主义》出版，成为民族主义的两本代表性著作。厄内斯特·盖尔纳与本尼迪克特·安德森一样关注文化与民族主义的关系，但是前者强调民族的共同文化基础，后者强调公民之间的伙伴情感。厄内斯特·盖尔纳认为，民族主义都基于政治和民族单位一致的政治原则。在这一原则之下，民族主义可以是一种情感或运动。民族主义者的情感源于破坏这一政治原则的愤怒情绪；民族主义运动被这种情感所激

---

① 〔美〕本尼迪克特·安德森：《想象的共同体——民族主义的起源与散布》，吴叡人译，上海人民出版社，2011，第 6 页。

② 〔美〕本尼迪克特·安德森：《想象的共同体——民族主义的起源与散布》，吴叡人译，上海人民出版社，2011，第 7 页。

③ 〔美〕本尼迪克特·安德森：《想象的共同体——民族主义的起源与散布》，吴叡人译，上海人民出版社，2011，第 9 页。

励。① 厄内斯特·盖尔纳还分析了农业社会与工业社会的文化在民族主义形成中的区别，文化在传统社会中的主要作用是确定并维持个体在群体中的位置，在工业社会中文化不再是地位的指标，而反映集体的状态，从而得出了民族主义主要是工业社会的产物的结论。

1991 年，英国政治社会学家安东尼·史密斯撰写的《国家认同》（*National Identity*）一书出版，又大大丰富了国家认同理论民族主义流派的内容。安东尼·史密斯认为人类身份认同可基于家庭（familial）、领土（territorial）、阶级（class）、宗教（religious）、族群（ethnic）、性别（gender）等多种要素，且这些具体分类方法在历史过程中会变迁。② 安东尼·史密斯认为东亚地区存在一种基于族群的民族模式（an ethnic model of the nation），强调共同的血缘关系和本土文化，表现为对血缘世系、语言、习俗、传统、价值观的重视。③ 他认为民族认同的要素有历史形成的领土、共同的神话传说和历史记忆、共同的大众文化、所有成员所具有的法律权利和义务、共同的经济。④

自由主义流派认为国家是保护私人利益、防止相互侵占而形成的制度性组织。国家认同则是公民将国家作为可以满足自己的利益而认可的政治权威的对象。自由主义流派强调个体选择意志，而忽略国家的情感归属。自由主义流派认为国家认同的基础在于宪政、人权、公平正义、程序和规则等。在这一背景下，国家认同是可以改变的，这取决于国家的样态。自由主义者认为国家应为个体服务，国体应保证个人利益。自由主义流派的代表人物有弗里德里希·沃特金斯（Frederick Watkins）、夏皮罗（Schapiro）等。

弗里德里希·沃特金斯回顾了西方两千年来自由主义的历史变迁，其核心是"法律之下的自由"（freedom under law）。他说："自古希腊、古罗马时期以来，法律之下的自由这一概念，便一直成为西方政治生活最为明显的特点。"⑤ 自由主义是西方的传统，却不是东方的传统。沃特金斯敏锐地观察到："远东各民族思想的特点，是尽可能不去做明确的逻辑区分，强调表

---

① Ernest Gellner, *Nations and Nationalism* (Basil Blackwell Publisher Limited, 1983), p. 1.

② Anthony D. Smith, *National Identity* (University of Nevada Press, 1991), p. 4.

③ Anthony D. Smith, *National Identity* (University of Nevada Press, 1991), p. 11.

④ Anthony D. Smith, *National Identity* (University of Nevada Press, 1991), p. 14.

⑤ 〔美〕弗里德里希·沃特金斯：《西方政治传统——现代自由主义发展研究》，黄辉、杨健译，吉林人民出版社，2001，"引言"第 2 页。

面不相干的事的内在统一性，这种现象，反映的是由伦理而不是法律去维系的社会正常的需要。……相反，西方思想的特点则为争讼。自古希腊时期以来，西方人便认为，发现真理的基本工具是逻辑；而逻辑程序的本质，乃是以一套明晰定义了的范畴替现实进行分类。"① 这是西方自由主义产生和传承的政治传统。在自由主义盛行的背景下，个人不太强调对国家的情感归属，但是要对国家法律和制度有起码的遵守。国家认同的法律和制度基础是自由主义者国家认同的前提。

民族主义和自由主义都是国家认同建构的重要视角，前者从历史记忆、宗教、语言、习俗等文化传统来审视国家认同，后者从法律、政治制度、民主权利等角度来审视国家认同。两者相互补充、相辅相成。另外，借鉴族群认同理论，国家认同也可以分为原生认同和工具认同。在原生论那里，国家被表述为基于民族的 "the same blood and common fate" 的共同体；在工具论那里，国家被表述为基于情境的政治理解。② 因此，族群认同的原生论和工具论在一定程度上也可以解释国家认同的许多问题。

（二）历史人类学方法论

在一定程度上来说，历史人类学既是一种研究视角，也逐步成为一种成熟的研究方法论。

历史人类学的方法注重从小地方、微观视角来探讨地方背后的宏大叙事。就像埃曼纽·勒华拉杜里的著作《蒙大犹:1294—1324 年奥克西坦尼的一个山村》，以对宗教审判的详细记录作为主要研究资料，通过一个小地点、小视角去探讨地方社会的背景，进而讨论 13 ~ 14 世纪法国乡村社会的文化与观念，从而得以超越地方。③ 本书也注重从微观视角和地方视角入手，去探讨国家在地方的政治、文化权力下沉及其地方机制，也探讨地方在王朝国家背景下的 "国家化" 进程及规律。

历史人类学的方法还注重从结构视角去理解事件或历史。法国社会学派

---

① 〔美〕弗里德里希·沃特金斯:《西方政治传统——现代自由主义发展研究》，黄辉、杨健译，吉林人民出版社，2001，第 6 ~ 7 页。

② Viera Baèová, "The Construction of National Identity on Primordialism and Instrumentalism," *Human Affairs* 1 (1998): 29 – 43.

③ 〔法〕埃曼纽·勒华拉杜里:《蒙大犹:1294—1324 年奥克西坦尼的一个山村》，许明龙译，麦田出版社，2001。

的费尔南·布罗代尔（Fernand Braudel）在《菲利普二世时代的地中海及地中海世界》《历史学和社会科学：长时段》① 中对历史与时间、事件与结构、多元历史与统一结构等问题进行了理论分析。他提出的长时段历史、中时段历史和短时段历史给我们提供了一种对待历史的态度和方法，即要通过历史来分析历史事件背后持续存在的历史心态和结构关系，而不要被个别和偶发事件所左右。另外，美国人类学家马歇尔·萨林斯对历史与结构的分析也独具匠心。在《历史的隐喻与神话的现实》（*Historical Metaphors and Mythical Realities*）② 与《历史之岛》（*Islands of History*）③ 中，他突破了列维·斯特劳斯不太关注历史的结构人类学的局限，创造性地把共同性的历史和历史性的历史结合起来分析，把结构作为历史情境的基本支配力量，从而让我们可以从历史根本上去理解历史。他对库克船长之死的精彩分析就是运用历史人类学研究方法的经典案例。本书也注重从结构与历史的视角去理解容美土司国家认同的历史，不唯事件，不唯偶然，注重发掘事件背后的心态和多个事件背后的整体结构。

四　研究思路、框架与资料

（一）研究思路与框架

以国家在场为背景，从地方角度，以社会动力学的视野来考察土司内部、土司与王朝国家关系深化的历史，展现中央与地方的互动过程、动因、相互影响及地方"国家化"过程。审视容美土司国家认同背景、认同内涵、认同形式、认同基础、认同的变迁、认同的功能与效果、容美土司大遗址遗产价值，从而揭示出土司制度在历史时期凝聚边缘的机制、经验，回应"新清史"中的西方偏见，推动展现中华民族凝聚力的事例研究，促进国家认同价值的弘扬。

本书分为八章。第一章对容美土司的区域认同及其地缘政治价值进行研

---

① 〔法〕费尔南·布罗代尔：《论历史》，刘北成、周立红译，北京大学出版社，2008，第3～61页。

② 〔美〕马歇尔·萨林斯：《历史的隐喻与神话的现实》，刘荣华译，上海人民出版社，2003。

③ 〔美〕马歇尔·萨林斯：《历史之岛》，蓝达居、张宏明、黄向春、刘永华译，上海人民出版社，2003。

究。第二章对容美土司国家认同基础的文化认同进行讨论，涉及土司地区的民间信仰、土司文学发展和戏曲艺术。第三章对容美土司国家认同表征的政治认同进行讨论，涉及土司的纳贡、科举、征调与反叛等。第四章对容美土司国家认同核心的身份认同，即土司对于土家族历史的重塑进行分析。第五章对容美土司国家认同的支持体系——包括经济、教育、政治和外事体系——进行分析。第六章对容美土司的族群认同与国家认同的关系、族群对国家认同的类型及历史的变迁进行概括。第七章对容美土司国家认同的效应、价值及经验进行总结。第八章对容美土司的文化遗产价值及其弘扬进行探讨。这八章全面系统地展示了容美土司国家认同的内涵、基础、变迁、效应、经验等，从而试图去探讨边地土司的"国家化"经验及其当代价值。

（二）资料来源与利用

作为历史学与民族学、人类学共同的课题，在资料的收集、选取和运用中，我们既要有历史学对资料考辨的态度，也要有人类学的宏大视野，注意资料来源的多样化，扩大资料总量。选择信度较高且代表性强的资料来说明问题。运用文献、实物和口述三重资料论证法，注重三重资料的实地核对和时空感。运用历史人类学的方法，尽量去发掘历史事件、实物背后的结构化历史和持续性的文化心态。对文献资料要注意在田野调查中寻找到在场感和整体感，对资料进行生动且富有理解力的解读。

1. 官方典籍史料

在西南诸土司中，有关容美土司的文献记录较多。正因为如此，文献资料在本书研究资料中占有主导地位。在《元史》《新元史》《明史》《清史》《明实录》《清实录》《（嘉靖）湖广总志》等官方典籍中都有对容美土司所属的长官司的诸多记载。已有前辈对容美土司的部分正史资料进行了整理。例如，中南民族大学范植清和杨小华两位教授曾把《明实录》有关鄂西的史料集中摘录，编辑了《〈明实录〉鄂西史料辑注》（内部资料，1993），鄂西土家族苗族自治州民族事务委员会编辑了《鄂西少数民族史料辑录》（内部资料，1986），王承尧先生辑录选注了《土家族土司史录》（岳麓书社，1991），李良品先生编辑了《二十五史西南地区土司史料辑录》（中国文史出版社，2006）等，这些资料都把有关容美土司及其所属土司的文献记录收录其中。

地方史志是容美土司研究的中坚资料来源。乾隆六年版的《鹤峰州志》和咸丰年间的《长乐县志》两本方志对容美土司的研究最有意义。改土归流后只过了七年《鹤峰州志》就刊印了，这本《鹤峰州志》并不成熟，却因刊载了大量清政府改流容美时的原始文告等记录而显得尤其珍贵。《长乐县志》因有容美土司后裔田泰斗参与编撰，刊载了大量与容美土司相关的原始材料。光绪版《鹤峰州志》和民国版《鹤峰县志》对研究容美土司也十分重要。另外，明朝刊刻的《慈利县志》《巴东县志》和清朝刊刻的《长阳县志》《宜都县志》《恩施县志》《施南府志》《建始县志》《巴东县志》《宣恩县志》《桑植县志》《慈利县志》《宜昌府志》《来凤县志》等对容美土司研究都有重要价值。

2. 文人著述

容美土司以文学闻名于世，其流传却十分有限。清代康熙年间，容美土司田舜年搜集整理先人诗词约 2000 首编辑成卷，并命名为《田氏一家言》。《中国丛书目录及子目索引汇编》（南京大学图书馆编印，1982）载："《田氏一家言》，田舜年编，康熙年间刊本。《秀碧堂诗集》（一卷），田玄撰。《镜池阁诗集》（一卷），田霈霖撰。《止止亭诗集》（一卷），田既霖撰。《敬简堂诗集》（一卷），田甘霖撰。《紫芝亭诗集》（一卷），田九龄撰。《楚骚馆诗集》，田宗文撰。《田信夫诗》（一卷），田信夫撰。《白鹿堂诗选》（七卷），诗余一卷，填词一卷，田舜年撰。"也就是在《清史稿艺文志拾遗》（王绍曾，中华书局，2000）中的"丛书部·氏族类"中所说的"《田氏一家言》八种十七卷。田舜年编，康熙刻本"。这就是完整的《田氏一家言》。但是，有人推测因容美土司末代土司主田旻如听信风水先生之说而毁掉土司文化遗产，《田氏一家言》刻本也可能不存于世。至今也未能发现，这不能不说是一个遗憾。

现存的《田氏一家言》都是五峰土家族自治县长乐坪镇洞口村容美土司田氏旁裔保存的手抄本，并于 1983 年之后为学者们熟知。目前《〈田氏一家言〉诗评注》（陈湘锋、赵平略，中央民族大学出版社，1999）、《远去的诗魂——中国土家族"田氏诗派"初探》（向国平，湖北人民出版社，2003）、《〈田氏一家言〉解读》（田虞德，湖北人民出版社，2011）以及相关的研究论文都是基于"长乐坪《田氏一家言》手抄本"。只不过，这一版本整理出来的存诗仅 352 题 514 首，词 8 题 9 阕，仅为《田氏一家言》刊刻本的 1/4 左右。幸运的是，2005 年，五峰土家族自治县李诗选先生在上海图书馆找到明代田玄刊刻的《田子寿诗集》（八卷）和《田国华诗集》（一卷）善本，前者存诗 534 首，后者存诗 125 首，这大大地加深了我们对容美土司文学的认识。

《田氏一家言》并非容美土司文学的全部。田舜年还撰写了《容阳世述录》《廿一史纂要》《六经撮旨》《古城记》《许田射猎传奇》等重要著作。容美土司所属的唐姓、张姓土司也酷爱文学。例如，田舜年在《五峰安抚司列传》中写道："张廷玉，于嘉靖年间，同司主田九霄征倭，传子张彬。彬子张应龙生子八人，正八峰诸子彬彬儒雅之时，故张氏亦以教子为事。其子张之纲、张之纪、张之翰、张之儒、张之宜、张之彩、张之藩等皆弟兄立社，人人有集，与长、宜、枝、松友朋唱和，子侄列于庠者十余人。"[①] 容美土司田氏长乐坪后裔还涌现出田泰斗、田峄南等诗人。另外，清代士人顾彩与田舜年唱和产生的《容美纪游》也是容美土司重要的文人著述。南明太史严守升撰写的《田氏世家》以及孙斯亿、孙兆如、毛廓庵、文安之、雪斋等汉地文人的著述也有一些有关容美土司的内容。

3. 谱牒、碑刻和摩崖石刻

容美土司的重要族谱都有保存，例如：容美土司《容阳堂田氏族谱》、麻寮千户所《晋阳堂唐氏族谱》、五峰长官司《清河堂张氏族谱》、长茂司《覃氏族谱》、梭草关巡检司蹇氏的《蹇氏族谱》等。在这些族谱中，《容阳堂田氏族谱》《晋阳堂唐氏族谱》质量最高。五峰长乐坪田氏后裔所存的民国版《容阳堂田氏族谱》堪比正史。《容阳堂田氏族谱》共十卷，编纂恢宏，内容丰富。以卷二为例，载有"宗祠条规""祭礼""田氏宗祠清明祭文""田氏宗祠冬至祭文""教家""五峰长乐坪香炉祖宅""五峰长乐坪洞口白燕寺祖墓图""容美土司田氏通族世系启源总图""容美土司田氏历代诸公之职衔""容美土司田氏历代诸公事实考""覃恩敕命""清康熙帝御制碑文""清康熙帝御赐宗派""民国甲申创修族谱续派"十四篇内容。《晋阳堂唐氏族谱》绘制了容美土司南部数十个关隘以

---

① （清）李焕春主修《长乐县志》卷 4《沿革志》，咸丰二年（1852）。

及容美土司中南部主要的地名、交通路线等。这些族谱提供了地方化的、富有时空感的研究资料。

早在 20 世纪 80 年代，鹤峰县的有识之士就将容美土司的重要碑刻移植进碑林馆进行集中保护。21 世纪之后，随着容美土司大遗址保护工作和民众对土司文化认识的加深，不断有新的碑刻、摩崖石刻被发现。目前，鹤峰、五峰两县直接涉及容美土司的碑刻、摩崖石刻达 60 多处。第一类为墓文，具有代表性的有《田行皋迎仙碑文》《田九龙墓志铭》《向文宪墓志铭》《镇国将军唐国政茔墓文》《向文宪墓碑文》《容美副总兵官桂崇皋墓文》《祭拔贡生田泰斗一山太老夫子墓文》等。第二类是中央王朝敕文，分别是《田玄及夫人田氏奉天诰命碑文》《田楚产及夫人向氏奉天诰命碑文》。第三类是名胜文，具有代表性的有《平山万全洞碑记》《情田洞记》《红茅尖》《捷音者序》《晓谷记》等。第四类为土司建筑和道路铭文，如《架屋辩》《百顺桥碑文》《九峰桥碑文》《福田寺碑文》《新改荒路记》等。第五类为土司边界文，包括五峰 2 块、鹤峰 1 块的《汉土疆界碑文》。第六类为匾，有《田楚产夫妇匾文》和《刚氏夫妇匾文》。这些碑刻、摩崖石刻与容美土司有直接关系，是研究容美土司的实物资料，真实客观，印证力极强。另外，在族谱和地方志中也载有部分碑刻文。

4. 田野调查资料

因工作与研究的便利，笔者几乎自驾车跑遍了鹤峰和五峰两县的所有乡镇。自 2012 年起，笔者先参与到土司遗址申报世界文化遗产的工作中，自 2015 年起，又参与到"中俄蒙万里茶道（鄂西南段）"的申遗工作中，并承担了几个县市申遗的联络工作，2016 年，又承担了鹤峰与五峰两县的文化生态保护区规划编制工作，这为田野调查的深入提供了不可多得的条件。

在普遍调查的基础上，又选择了鹤峰县溇水中游河谷的容美镇、南渡江下的五里乡以及五峰土家族自治县的采花乡、五峰镇和湾潭镇作为重点田野调查区域。容美镇是容美土司中府的所在地，目前人口 4 万余人。中府遗址已然很少，但容美镇郊外还保存有屏山爵府、细柳城、云来庄、九峰桥、万全洞、万人洞等土司遗迹。南渡江下的五里乡是容美土司南府所在地，人口近 2 万人，其"南府及连三坡古茶道"正是"中俄蒙万里茶道"世界遗产申报的遗产点。五峰土家族自治县的采花乡是容美土司长茂司的驻地，人口近 4 万人，汉土疆界碑、白溢寨府都保留在这里，采花古茶道及村落也是"中俄蒙万里茶道"世界遗产申报的遗产点。五峰镇是五峰司及水浕司土司衙门遗址区域，人口近 3 万人，也是古长乐县城驻地，保留了水浕长官司唐氏坟园。湾潭镇是水浕司、石梁司早期治所的所在地，人口近 2 万人，保留有唐姓祖茔、百顺桥、《新改荒路记》摩崖石刻等土司遗址。这些田野调查区域为容美土司研究提供了不少一手调查资料，笔者在调查中也寻找到民族历史研究的时空感、地方感和生活感。

第一章

作为情境的疆域认同：边疆、王土与屏翰

疆域是容美土司国家认同的情境性前提。疆域并不仅仅为一片地域，还涉及疆域上的族群、社会、文化、政治、地缘政治关系等，疆域的空间是立体和历史的。在中央王朝的视野中，从"化外之区"到"内地边缘"，从"王朝内疆"到"王朝屏翰"，疆域在王朝地缘政治和容美土司的认识中有特殊的定位与丰富的意义。容美土司在与中央王朝的互动中，首先要处理"土疆"与"汉疆"的关系问题。特别是在"蛮不出境，汉不入峒"的边地政策下，容美土司努力与地方交好。汉土疆界向来是模糊的，从未阻隔土、客交流。容美土司疆域超越了"家乡（country）认同"的意义，而在凝聚大西南上有了"国家疆域整体"的意义。

第一节　容美土司的疆域与沿革

自元朝至大三年（1310）至清朝雍正十三年（1735），容美土司跨越了三个朝代，历经425年。400多年的时间里，容美土司的疆域也不断变迁。在疆域的变迁中，土司与王朝逐步达成默契。明代中叶之后，容美土司的基本疆域也得以确认。这一变迁生动地展示了一个游离于华夏中心的"边缘"在土司制度的实施背景下，不断凝聚于华夏中心的过程。

（一）容美土司的构成及疆域

正如清代政治家魏源所说："无君长，不相统属之谓苗，各长其部，割据一方之谓蛮。"① 经过唐宋的发展，彭、覃、田、向等大姓家族在湖广西部高地一带快速发展，并逐步割据地方，形成了以家族大姓为特色的"蛮"姓社会。《明史》载："大姓相擅，世积威约。"② 容美土司地域上的"溇中蛮""澧水蛮"，自汉唐起就生活在这一区域里并影响社会的构成。正如

---

① （清）魏源：《圣武记》卷7《雍正西南夷改流记上》，中华书局，1984，第283页。
② （清）张廷玉：《明史》卷310《土司》，中华书局，1974。

《清史稿》所载:"湖广之田、彭……远者自汉、唐,近亦自宋、元,各君其君,各子其子,根柢深固,族姻互结。"① 故可以说,大姓的存在和发展直接影响土司的构成及其发展。

在容美土司地域里,田、向、唐、覃、刘、张六大姓在元代以前就在这里生息繁衍,并聚族而居,影响巨大。若从容美土司所属的湖广土司地区看,彭、覃、唐、向、田五姓又是自唐以来这一区域的强宗大姓。土司制度实施后,这些大姓逐渐受封,成为土司的基本构成单位。可以说,大姓家族史是理解容美土司内部疆域及其构成的一把钥匙。

明代,容美土司所在的鄂西南土司区明显受到这些豪族大姓的影响(见表1-1)。从表1-1中可以看到:一是从明代史料所记载的鄂西南土司姓氏构成来看,覃氏、田氏、向氏三大姓氏基本占据了土司构成的主体;二是高级别土司与其所属土司之间的姓氏是交织着的,这也反映出土司内部姓氏族群的居住格局;三是因"同姓不婚"原则,可以推测这几个土司大姓之间频繁缔结姻亲,从而促进了利益联盟的形成;四是不同姓氏由于资源竞争、承袭争权又可能引发斗争关系。发育成熟的大姓社会也支持了整个土司制度在鄂西南山地区域的实施。

表1-1　明代正史所载鄂西南土司(含容美土司)的构成及姓氏

土司	姓氏	土司	姓氏
施南宣抚司	覃氏(属施州卫)	忠路安抚司	覃氏(属施南)
东乡五路安抚司	覃氏(属施南司)	建南长官司	牟氏(属忠路司)
摇把峒长官司	向氏(属东乡司)	忠孝安抚司	田氏(属施南司)
上爱茶峒长官司	向氏(属东乡司)	金峒安抚司	覃氏(属施南)
下爱茶峒长官司	不详(属东乡司)	石关峒长官司	不详(属金峒司)
镇远蛮夷长官司	不详	西坪蛮夷长官司	不详(属金峒司)
隆奉蛮夷长官司	不详	中峒安抚司	不详(属施南司)
散毛宣抚司	覃氏(属施州卫)	忠建宣抚司	田氏(属施州卫)
龙潭安抚司	田氏(属散毛司)	忠峒安抚司	田氏(属忠建司)
大旺安抚司	田氏(属散毛司)	高罗安抚司	田氏(属忠建司)
东流蛮夷长官司	田氏(属大旺司)	木册长官司	覃—田氏(属高罗司)
腊壁蛮夷长官司	田氏(属大旺司)	思南长官司	田氏(属高罗司)
唐崖长官司	覃氏	漫水安抚司	向氏

---

① (清)赵尔巽等:《清史稿》卷512《土司一·湖广》,中华书局,1977。

续表

土司	姓氏	土司	姓氏
沙溪宣抚司	黄氏	活龙坪安抚司	秦氏
卯洞长官司	向氏	镇南长官司	覃氏
百户长官司	向氏	水浕源通塔坪安抚司	唐氏（属容美司）
容美宣慰司	田氏	椒山玛瑙安抚司	刘氏（属容美司）
五峰石宝安抚司	张氏（属容美司）	市备长官司	田氏（属容美司）
石梁下峒安抚司	唐氏（属容美司）	意利洞蛮夷长官司	覃氏（属容美司）
长茅长官司	覃氏（属容美司）	玉江司	田氏（属容美司）
盘顺长官司	不详（属容美司）		
施都司	覃氏（属容美司）		

资料来源：胡挠、刘东海《鄂西土司社会概略》，四川民族出版社，1993；龚荫《中国土司制度》，云南民族出版社，1992。

　　尽管容美土司与其所属土司的构成随着时间的推移而不断变迁，但是"一主四从"的格局是其基本构成形态。在明代绝大多数时间，容美宣抚司及所属的椒山玛瑙、五峰石宝、水浕源通塔坪、石梁下峒四安抚司构成容美土司的基本司属形态。容美土司的核心区域——溇水河谷地带由田氏与向氏的联姻体控制。原来在核心区的大姓张氏、刘氏大约在明代前中期就早早地被挤出了这一地带，并去五峰县的天池河流域寻找生存空间；原来在核心区的大姓唐氏被迫从容美土司南府一带转移到五峰湾潭镇的百顺河流域，后又被迫到五峰县天池河流域。也就是说，容美土司所属的椒山玛瑙、五峰石宝、水浕源通塔坪、石梁下峒的刘姓、张姓和唐姓土司除刘姓不知所踪外，唐姓和张姓土司都是从容美土司核心区迁移出来的。[①] 这些大姓的出走过程，也是容美土司势力扩张和疆域拓展的过程。到清代康熙年间，更大范围内的向姓、刘姓、黄姓、谭姓、覃姓、郑姓、秦姓等地方大姓逐步被纳入容美土司的统治体系之中（见表1-2）。兴盛时期，容美土司的构成也最为复杂。实际上，容美土司的实际构成与文献记载的情况有时有一定的出入。例如，在强盛时期，容美土司竟然把大崖关外的麻寮千户所的疆域纳入其疆域之内，可见容美土司疆域的伸缩性。

　　需要动态地去审视容美土司的疆域，无限夸大或无限缩小其疆域均不

---

① 可以从地方史志、族谱和田野调查中去探索容美土司内部大姓的关系史，这些描述正是根据大量信息综合判断而来，田野调查更像"悟"的过程。

妥。首先，在地方实施乡里制度之前，地方疆域的边界是非常模糊的。王朝只是在经制州县、卫所所在地与土司疆域的重要关口、隘口进行管控，并没有划定清晰明确的边界。其次，游耕的生计制度让土司在疆域方面有相当的侵略性。1949 年以前，鹤峰县还普遍实施轮歇烧畲、刀耕火种的耕作方式，百姓中流行"火烧一面坡，乱撒几斗谷，任禾支生长，秋后就去收"的俗语。再次，土司内部政治竞争使其内部疆界不断变化。洪武年间，五峰张氏土司的属地还在鹤峰县西北的北佳坪。崇祯年间，五峰张氏土司衙门已迁徙至天池河流域的五峰县五峰镇。明天启七年（1627），容美土司趁乱越过土司东部的菩提隘①，其势力全面进入天池河流域和五峰长乐坪台地。最后，王朝和土司都有对疆域的界定，并且随着时间的推移，这一界定越来越清晰。

表 1 - 2 清代康熙年间容美宣慰司土司构成

土司	土官	土司	土官
椒山安抚司	刘跃龙	金厢木梳平长官司	邓高桓
五峰安抚司	田曜如	长茅关长官司	覃颖哲
水浕安抚司	田圆南	玛瑙寨龙长官司	刘守柏
石宝深溪长官司	张六谦	下峒平茶长官司	唐公介
备征所千户	田丰年	南里长官	向登程
蒲龙长官	郑希高	南团千户	谭天辉
桃符口长官	向宗显	龙家坝知州	龙进云
寨龙指挥	刘方品	王家村千户	黄祖□
支洞长官	郑楚文	大里长官	黄太学
支柘平百户	谭播楚	茶寮长官	黄子贤
备征百户	向文宪	□阳千户	黄文光
连天副长官	覃希皇	蛮红洞长	史希纯

资料来源：五峰县湾潭镇《新改荒路记》《百顺桥碑文》。

在容美土司司主田舜年撰写的《容阳世述录》中，田舜年描述的容美土司疆域大约 3000 平方公里，地跨鹤峰县、五峰县及长阳县、建始县、巴东县局部。田舜年在《容阳世述录》中写道："东南四百里至麻寮所；北五百里至石梁五峰等司连添平长阳渔阳关界；北六百里至桃符口清江河边巴东

---

① 菩提隘为明初设立在长阳县西南部的防守土司的"梅子八关"之一，位于现在栗子坪村上风垭隧道附近，是湾潭镇翻越独岭山脉进入天池河流域的垭口。

县界。其清江以外插入县志者,军政不兴焉,以军阵隶司而粮纳县也,上自景阳大里建始县界,纵横又连施州卫界。西三百里自奇峰关至忠峒桑植界;西南四百里自朱泉关至林溪连山羊隘界;南三百里自石柱泉下知州连九女隘界;外有插入慈利县长阳宜都等县田地,与县民一例当差者不兴焉。"①

田舜年所处的清代初期是容美土司势力最鼎盛的时候,其控制的疆域面积也最大。明末清初,"川东十三家"农民军在峡江地区横行,经制州县关隘大多废弃,容美土司大肆滋扰汉边,侵削周边。土司的疆域甚至超越了《容阳世述录》自述的土司疆域。根据五峰县湾潭镇茅庄村的新改荒路碑和鹤峰县燕子镇百顺河边的百顺桥碑两块重要的碑上的碑文,可以窥见容美土司散布于鄂西南诸多县区的疆域。

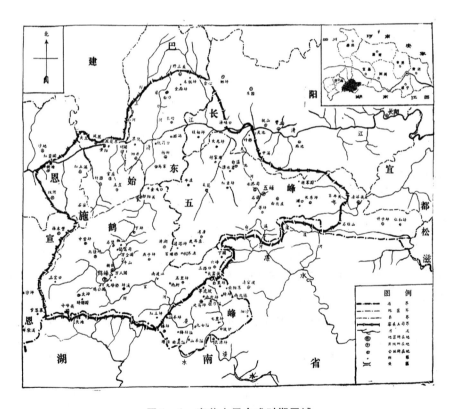

图1-1 容美土司全盛时期区域

---

① 五峰长乐坪民国《容阳堂田氏族谱》卷3《容美土司疆域》。

39

碑文上涉及五峰县的地名有:通塔坪、长茂司、帅府、麦庄、五峰、水泾、石梁、大村、龙虎坪、白溢寨、大龙坪;涉及鹤峰县的地名有:留驾司、下洞坪、石宝寨;涉及巴东县的地名有:马老头、金厢坪、木梳坪、平茶、南里、南团、浦龙、桃符口、连天关、石井;涉及建始县的地名有:寨陇、带里、大理、新隆、尹家村、茶寮河;涉及长阳县的地名有:长滩、枝柘坪;涉及恩施市的地名有:红毛峒;涉及巴东县的地名有:桃符口;涉及湖南石门县的地名有:深溪;另外还有王家村、龙家坝、南里等无法确定的地名。①

一般用"四关四口"来厘定这一时期容美土司的边界。容美土司东边是"百年关"和"洞口"。百年关位于五峰县长乐坪镇的东端,处在长乐坪②台地的边缘,可俯视明朝设立的渔洋关巡检司。洞口村位于长乐坪镇和长乐坪台地的中心地带,长乐坪集镇就在洞口村。洞口村为容美土司东出土司的重要节点。容美土司的南边是"大崖关"和"三路口"。大崖关是鹤峰县"关内""关外"的分界点,是容美土司进入麻寮千户所的必经垭口,关口外山峰壁立,山前为川前山道和低山河谷,有九十九道"之"字形山道从山上台地进入"山前川道区"。三路口就在大崖关山后2公里处,三路口海拔较高,地势平缓,为容美土司南出土司的重要节点。西边是"奇峰关"和"三岔口"。奇峰关位于鹤峰县太平镇西部,是西去忠峒土司(今宣恩县沙道沟镇)的必经之路,三岔口又是容美土司西出奇峰关的重要节点。容美土司的北边是"邬阳关"和"金鸡口"。从"邬阳关"上可以俯瞰清江河边的金鸡口,其关口包括贯垭、庙坪、土地垭,其中庙坪为土司驿站。"金鸡口"则位于清江支流咸盈河(鹤峰县)、茶辽河(建始县)、支锁河(巴东县)交汇之处的深切峡谷中,是一个"一脚容踏三县"的地方。"金鸡口"是容美土司北出进入峡江走廊的必经之地。"四关四口"之内是容美土司疆域的基本范围。

----

① 百顺桥碑在鹤峰县燕子镇百顺村百顺河桥头,碑文为容美土司主田舜年所撰,康熙二十九年立;又参见张华、祝锋《从百顺桥碑文上的地名看容美土司的疆域》,《湖北少数民族》1984年第1期。新改荒路碑位于五峰县湾潭镇茅庄村树屏营,碑文也为容美土司主田舜年所撰,康熙三十二年立。两块碑的碑文都为容美土司田舜年所撰,前后相距仅3年。

② "长乐坪"是指五峰东部山区中的一块高山台地盆地,这块"坪地"面积较大,有"三十五里长乐坪"之说,包括杨家坪、狮子包、大松树、洞口、卸甲坪等地。

（二）容美土司世系沿革

从上述事实出发，容美土司并不是田氏单一土司，而是一个土司的组合。以前的研究更加关注容美土司田氏，而不太注意容美土司所属土司唐氏、刘氏、张氏的世系沿革。容美土司至少包括王朝国家长期认可的"一主四从"，即容美田氏土司、椒山玛瑙刘氏土司、五峰石宝张氏土司、石梁下峒唐氏土司、水浕源通塔坪唐氏土司，后两者并不属于一个家族。并且，这些土司在历史潮流中不断受到冲击而有所变化。除此之外，容美土司在王朝交替之际，还自设了许多小土司，如五峰县采花乡境内的长茅关覃氏土司、五峰县五峰镇附近的向氏土司等。

1. 容美田氏土司

容美田氏土司自元至大三年（1310）至清雍正十三年（1735），存续时间达 425 年。

元代容美田氏土司设置粗略。元代，容美土司地域形成了"十七洞"地方势力，这让朝廷非常不安，发兵讨伐。至大元年（1308）五月，归州巴东县唐伯圭言，"十七洞之众惟容米洞、冈告洞、抽拦洞有壮士兵一千，余皆不足惧也，若官军讨之，可分四道：其一，自红砂寨，直趋容米、玩珍、昧惹、卸加、阿惹、石驴等洞；其一，从苦竹寨，抵桑厨、上桑厨、抽拦洞；其一，由绍庆至挈摩、大科、阳蔓师、大翁迦洞；其一，征又巴洞问十万大帝什用，洞兵接应，如此可平"。[①] 到元末明初，容美田氏土司逐步兼并或管控其他势力，并迅速崛起，"容美洞"成为溇水中上游地区最强大的"蛮酋"。元至大三年（1310），四川行省绍庆路所隶"容米洞"田墨，联合诸蛮，攻劫麻寮等寨，朝廷为了招抚田墨，"立黄沙寨[②]，以田墨施什用为千户"，[③] 容美土司以"容米洞""蛮酋"的名义出现在正史记载中。

---

① 佚名：《招捕总录·四川》；也可参见《新元史》卷 248《云南湖广四川等处蛮夷列传》。据田敏先生考证，红砂寨即巴东南部的红砂堡，第一条路是官兵设定的由北向南的路；"大翁迦洞"位于宣恩县中东部，第二条路是由西向东的路；"苦竹寨"即桑植县东的苦竹溪或慈利县的苦竹山，第三条路是自东向西的路；"又巴洞"在宣恩县，第四条路可能是接应南方官兵的道路。参见田敏《土家族土司兴亡史》，民族出版社，2000，第 7~8 页。

② "黄沙寨"为今鹤峰县城容美镇附近的黄鸳寨。后述"靖安"为今鹤峰五里乡，"麻寮"为今鹤峰关外的走马镇，"太平"为今鹤峰太平镇，"台宜"为今石门县的太平镇、壶瓶山镇，一并注释。

③ （明）宋濂：《元史》卷 23《武宗本纪》，中华书局，1976。

泰定三年（1326）四月，"容米洞蛮田先什用等结十二洞蛮寇长阳县，湖广行省遣九姓长官彭忽都不花招之，田先什用等五洞降，余发兵讨之"。[①] 元至正十年（1350），朝廷升容米洞为"四川容美洞军民总管府"，[②] 管控湘鄂边山地区域。至正二十七年（1367），"改容美洞等处军民宣抚司为黄沙、靖安、麻寮等处军民宣抚司，以田光宝掌司事，并立太平、台宜、麻寮等十寨长官司"。[③] "容美洞"在武陵东北部的湘鄂边山区的扩张使之在这一地区"蛮酋"中势力最大，田氏逐步成为这一地区的首领"蛮酋"。从土司级别上讲，元代容美田氏的地位及声势，远不及湘西北的永顺、保靖土司，也低于鄂西南的散毛覃氏土司，其土司形态较为简单。

明代，土司制度逐步成熟，容美田氏土司的设置也逐步稳定下来。明洪武六年（1373），"容美洞宣抚使田光宝遣弟光受等，以元所授宣抚敕印来上，命光宝为四川行省参政，行容美洞等处军民宣抚司事，仍置安抚元帅治之，并立太平、台宜、麻寮等十寨长官司"。[④] 洪武七年（1374）十一月，朱元璋"诏置容美洞宣抚司及家乡寨、五里自崖、椒山玛瑙等处、水浞原（源）通塔坪、石梁下洞（峒）、五峰石宝六长官司"。[⑤] 永乐年间，明王朝对西南的土司进行了重新设置，学界称这一设置为"永乐定制"。"永乐定制"不仅指土司等级的规定，也包括永乐四年（1406）颁定土司麾下诸土官的品秩，以及参用"流官吏目"于土司衙门的制度。之后，容美土司内部等级变得森严，土司制度逐渐确定下来，容美土司的政治形式就长期稳定下来了。"永乐定制"下，鄂西南诸土司品秩普遍下降。"永乐四年（1406）复置容美宣抚司，属施州卫，西南有山河，即溇水之上源，东入九溪卫界，西北距卫二百十里，领盘顺、椒山玛瑙、五峰石宝、石梁下峒、水浞源通塔平（坪）五长官司。"[⑥] 其中的

---

① （明）宋濂：《元史》卷30《泰定帝本纪》，中华书局，1976。
② （明）宋濂：《元史》卷42《顺帝纪》，中华书局，1976。
③ 《明太祖高皇帝实录·吴元年正月壬午条》。
④ （清）张廷玉：《明史》卷310《湖广土司》，中华书局，1974。
⑤ 《明太祖高皇帝实录·洪武七年十一月甲寅条》。
⑥ （清）张廷玉：《明史》卷44《地理志》，中华书局，1974。《来凤县民族志》载："卯峒土司经历了大盘峒、盘顺府、向亚甲峒、盘顺安抚司到卯峒安抚司几个演变过程。"卯峒土司位于湖北来凤县、湖南龙山县及重庆酉阳县接壤地区，卯峒土司与容美土司之间隔着散毛、忠峒、忠建、漫水等土司，不大可能受容美土司管辖，应为《明史》的误记。参见向子均、周益顺、张兴文主编《来凤县民族志》，民族出版社，2003，第21页。

"盘顺土司"因其地处酉水流域,不太可能统领,应为《明史》误载。永乐五年(1407),明王朝设置了石梁下峒、椒山玛瑙、水浕源通塔坪三个长官司,隶容美土司。同时,明王朝又以太平、台宜、麻寮三蛮酋为基础,设立了添平、安福、麻寮三个千户所,隶九溪卫。到明代永乐年间,容美土司在王朝视野中不再是远遁游离的"蛮酋",而变得逐步清晰起来,容美田氏土司成为"永乐定制"下与施南、散毛、忠建土司并列的施州四大土司之一。

明永乐至弘治年间,容美田氏土司经历了田胜贵、田潮美、田保富、田镇、田秀五任司主的稳定时期。弘治十八年(1505),土司庶子白俚俾的争袭震动了容美土司,并在很大程度上改变了容美土司。容美土司田秀庶生长子白俚俾杀父轼兄,主政容美十一年,后被凌迟处死。[①] 新任土司田世爵励精图治,提倡儒学,与内地交好,认同王朝,容美土司开始了大规模的"内地化"和"国家化"过程,并在这一过程中逐步强大起来。[②]

明嘉靖至清康熙年间,容美田氏土司经历了田世爵、田九霄、田九龙、田宗愈、田楚产、田玄、田舜年七任司主的强盛时期。特别是明朝灭亡(1644)之前,土司主田楚产、田玄两父子先后以武力振兴容美土司,统一全境并效忠朝廷,于1640年之前成为鄂西南最强大的土司。1640年,田玄任上,容美土司终于升为宣慰级的土司,这既与容美土司的势力增长有关,也与其效忠朝廷的意识与行动相连。这一阶段,容美土司逐渐成为明王朝可以依靠的力量,并在王朝国家空间中得以充分发展其经济、社会和文化,成为与湖广永顺、保靖、桑植并列的四大土司之一。

清康熙至雍正年间,容美土司在清王朝的"改土大略"中风雨飘摇。在经历"汉土疆界案"之后,容美土司在"改土归流"的王朝大略中被加以诸多罪名,终于在雍正十三年(1735)"改土归流"。

若从王朝承认的视角来订正容美土司的世系沿革,从1310年立"土千户"始至1734年土司灭亡,容美土司大概经历了15代23个土司主或代理掌职,历时425年。容美田氏土司世系沿革如下:

---

① 五峰长乐坪民国《容阳堂田氏族谱》卷 3 《世家》。
② 葛政委:《多维视野下的容美土司国家认同内涵研究》,《中南民族大学学报》2017 年第 5 期。

1. 墨施什用（"作麦色什"或"田墨施什用"）→2. 田先什用（田乾宗）→3. 田光宝（明初由军民府级升为宣抚司）→4. 田胜贵（1406年"永乐定制"为宣抚司）→5. 田潮美→6. 田保富（1489年"致仕"，传位田镇）→7. 田镇（无子）→8. 田秀→9. 白俚俾（乳名，庶子争袭，酿成惨案）→10. 田世瑛（代理司主职位）→11. 田世爵→12. 田九霄（1556年始任司主，有征倭大功）→13. 田九龙（卒于1609年）→14. 田宗愈→15. 田宗元（庶长子）→16. 田楚产（1609年之前代理司务，而后宗元被乱民所杀，返司任司主）→17. 田玄［另作"畑元"，崇祯十三年（1640）容美升宣慰司］→18. 田霈霖（长子，无子）→19. 田既霖（次子，无子）→20. 田甘霖（又次子）→21. 田舜年→22. 田昞如（丙如、炳如）→23. 田舜年（夺其子昞如之司主印）→24. 田旻如［另作"明如"，雍正十一年（1733）容美宣慰司亡］

自"永乐定制"之后，田氏世系沿革秉持嫡长子继承制，也有兄弟承袭及庶子争袭事件，但总的趋势是世袭制度日益严格，世系沿革规律逐步显现。当然，从容美土司主位表述的角度来看，还有另外一种版本（见表1-3）。

表1-3　容美田氏土官诸公事迹

朝代	土官	事迹
唐	田行皋	元和元年（806），从高崇文讨平刘辟，授施、溱、溶、万招讨把截使后，加兵部尚书、金紫光禄大夫、施州刺史，仍知溱、万、溪、溶四州诸军事
宋	田思政	一云元祐间袭授镇南等处军民五路都总督，一云元夏时袭授容美等处军民五路都总管，未知孰是
宋	田崇钊 田伯鲸	二人皆思政以后袭职者，年代辈次无可考
元	田乾宗	辈次亦不可考，以其子光宝于明洪武元年（1368）授宣慰使，故断为元时人
明	田光宝	乾宗子，洪武三年（1370）三月，遣弟光受等以元所授诰敕印章诣行在请换，上命光宝为四川行省参政，行容美等处军民宣慰使事，仍置安抚元帅治之。五年（1372）二月，遣子答谷朝贡
明	田胜贵	光保子，袭父职以后，峒蛮向天富作乱，牵连革职。永乐三年（1405）复下诏招抚，授为宣抚使
明	田潮美	胜贵子，袭父职，天顺元年（1457），以老疾，请子保富代职，诏从之

续表

朝代	土官	事迹
明	田保富	袭父职。成化五年(1469),礼部奏,容美宣抚司田保富等遣人进贡方物不及数,恐使者侵盗,宜停其赏。仍移知所司从之。弘治二年(1489)保富已致仕,与本册长官田贤各进马,为土人谭敬保等赎罪。刑部言,蛮民纳马赎罪,轻者可原,重者难宥,宜下按臣察核。八年贡马及香,礼部以香不及数,马多道毙,又无文验,命予半赏。保富卒,子镇袭
明	田镇	事迹无考
明	田秀	镇弟,镇无子秀袭职。弘治十八年(1505),以子祸卒
明	白俚俾	秀庶子,弑父篡位
明	田世爵	字廷器,号龙溪,秀第七子。秀有庶长子,乳名白俚俾,谋篡袭,因秀外巡,乘间杀其嫡长,并弟五人,而嗾其党,弑秀于观音坡之河侧,世爵尚在襁褓,乳母覃氏与其夫贺某,后赐姓名田胜富者,以己子代,而负世爵奔桑植。白俚俾觉,追弗及。时本司舍人名麦翁宗者,赴桑植请兵讨贼。比兵至,而白俚俾已赴武昌请袭,仅诛其党数人。会土经历向大保俾,告变于抚按,而桑植申文亦至,乃下白俚俾狱。验治磔死。正德二年(1507)世爵袭职,九年(1514)由桑植回司任事。嘉靖间,因与土官向元楫累世有仇,觊元楫幼,佯为讲好,以女嫁之,谋夺其产,因诬元楫以奸。有司激变,令自捕元楫,下狱论死。世爵遂发兵,尽俘向氏,并籍其土。久之,抚按词知,责与元楫对状。世爵不出,阴与罗峒土舍黄中等谋叛。于是湖广巡按御史周如斗请移荆南道,分巡施州卫,以便控制,调广西清浪等戍军,以实行伍。疏下,督臣冯岳等议,岳等言,施州地势孤悬,不可久居,戍军亦非一时可集,当移荆翟守备于施州,九永守备于九溪,上荆南道亲巡历。至世爵骄横,有司不能摄治,独久系元楫何为? 宜假督臣以节制容美之权,问世爵抗违罪状,如不俊,即绳以法。从之。世爵自是敛戢,狱得解。后以随总督胡宗宪征倭,卒于芜湖。年八十有三
明	田九霄	号后江,世爵长子,从世爵征倭,世爵卒于军中,袭职。诏赐红纻衣一袭,以浙江黄宗山之捷也。九霄赏罚严明,与土卒同甘苦,所向有功。然为人刻深毛鸷,每叱驭出,民皆闭户,鸡犬无声。嘉靖四十一年(1562)卒
明	田九龙	字子云,号八峰,九霄同母仲弟。九霄忌诸弟才俊,九龙深自敛戢,耕读于龙潭坪之后山,今俗称二令坪是也。九霄病,知诸子不才,遗命九龙袭职。九龙胆识过人,喜读书,好义爱客。万历三十七年(1609)卒,年八十有三
明	田楚产	字子良,号郢阳,九龙嫡长孙,父名宗愈。先是九龙以年老,为宗愈请给冠带,摄事,未几病卒。九龙又为楚产请给冠带,以备承袭,年益髦。其庶长子宗元,纠弟宗恺等,控于上台,诬宗愈庶出,楚产非嫡长孙,纳贿贪缘,虽有田楚皋、田大玉等,不避捞掠,力为争辩,终不能解。楚产携妻子出亡忠峒十余年,及九龙卒,宗元为众愤所戮,宗恺亦死,上台乃檄楚产回司袭职。为人言笑不苟,多善政,惟构争时,宵小乘间攘窃帑藏,告讪急于赋敛。一日饮舍人家,为叛奴所戕。年五十有一

续表

朝代	土官	事迹
明	田玄	字太初,号墨颠,楚产长子,爱民恤邻,忠峒田桂芳、施南田懋薬、东乡田绳武诸土司皆得其扶持力。与桑植向一贯,捐宿隙而恤其子,人尤伟之。闯、献寇起,从征助饷,晋授宣慰使,加太子太保、后军都督府。崇祯十二年(1639)上疏,言六月间,谷贼复叛,抚、按两臣,调用土兵,臣即捐行粮战马,立遣土兵七千,令副长官陈一圣等将之前行。悍军邓维昌等惮于征调,遂与谭正宾结七十二村,鸠银万七千两,赂巴东知县蔡文升,以逼民从军上报,阻忠义而启边衅。朝廷抚按核其事,而时事日非矣。玄天性忠义,燕京失守,其甲申除夕诗有"矢志终身晋,难忘五世韩"及"何事都门下,犹多不罢官"等句。时,大清正朔未及,洪光时玄犹以蜡丸奏事,一时避寇氛者,如彝陵文相国、松滋伍计数十辈,多挈眷相从,馆餐不倦。其华阳诸藩及华容孙中丞之避居九、永诸卫者,不时存问。隆武二年(1646)卒,年六十有五,诰封龙虎将军,赐祭六坛
明	田霈霖	字厚生,号双云,玄长子。年二十补澧州博士弟子,寻改长阳学。父玄随征立功,霈霖赞襄之力居多,晋授容美等处军民宣慰使,加太子太保、荣禄大夫、后军左都督,赐蟒玉正一品服色,后寇氛益炽,缙绅之避难者,霈霖待之,一如玄时。尝遣千户罩应祥间道赴闽粤行在陈方略。无何,残寇一只虎由清江窜入,霈霖不及备,遂受其蹂躏,不一年,忧愤以卒,年三十有九
清	田既霖	字夏云,玄次子,年十四补长阳博士弟子,以兄霈霖无子袭职,时大清定鼎七八年矣。诸残寇降明者,荆侯王光兴等十余家,穷蹙窜西山,借明朝为名,征粮索饷,施、归、长、巴之间受其扰害。羽翼未岁,既霖投诚我朝,晋授容美等处军民宣慰使,宣慰使加少傅兼太子太傅,赐蟒玉正一品服色。丙申年(1656)卒,年三十有八
清	田甘霖	字特云,号铁峰,玄三子,年二十补博士弟子,以兄既霖无子袭职。残明降寇之为勋镇者籍容美。奉本朝正朔为口实,拘之于皖国公刘体纯营中。督部李荫祖奏闻,奉世祖章皇帝恩旨,有田甘霖能否脱归,星速奏闻之谕,后多方解脱,栖迟澧阳者四年乃归任事,凋残之余,经营安集,并创立学宫。康熙间吴逆窃叛,胁授伪命,乙卯年(1675)卒,年六十有三
清	田舜年	字韶初,号九峰,甘霖子。初受吴逆伪敕,后缴换袭职,屡奉檄从征,著有劳绩,能文章,所交多一时名士。有《廿一史纂要》《容阳世述录》《许田射猎传奇》诸书行世。康熙四十五年(1706)在武昌卒,年六十有七
清	田旻如	舜年子,初为通州州同,承袭父职。康熙五十二年(1713),左都御史赵申乔劾奏,奉恩旨原宥,令其改过自新。雍正十一年(1733),湖广总督迈柱,复列款参奏。奉旨,令其来京讯问,旻如托词支延,大府复委员频催。旻如于是年(1733)十二月十一日自缢,土目土民遂将部印一十八颗,解赴荆州,公恳改土归流

注:族谱虽然在民国年间才由五峰长乐坪洞口村容美田氏土司后裔编纂,但其中的《田氏世家》是由南明太史严守升撰写的。《田氏诸公事实考》作为撰写《田氏世家》的基础资料,出现时间应在《田氏世家》之前。《田氏诸公事实考》是田世爵倡导的"文明化运动"的重要成果,这一运动的重要成果就是对家族的历史进行重写。这里的许多事实有改动,但改动后的家族记忆也是一种"真实"。

资料来源:五峰长乐坪民国《容阳堂田氏族谱》卷首《自周以及秦汉田氏诸公列传》。

2. 容美土司从属土司沿革

容美土司有诸多从属土司，既有王朝承认的土司，也有地方自设但不被王朝承认的土司。道光八年（1828）四月，容美土司从属的五峰张氏安抚司后裔张世绳编纂了《清河堂张氏族谱》，[①] 族谱中附载了容美土司及从属土司的《土司五姓传》，这五姓分别是容美宣慰司田氏、五峰安抚司张氏、石梁安抚使司唐氏、水泙安抚使司唐氏、椒山安抚司刘氏、长茅司覃氏，即田、张、唐、刘、覃五姓土司。结合《长乐县志》《鹤峰州志》等地方史志记载，可以窥见容美田氏土司的从属土司的历史和世系沿革。

椒山刘氏土司世系沿革。椒山司大概位于鹤峰县城北边椒山（留驾司）一带，其世系及起立时间一直不明。[②] 《明史》载：永乐五年（1407），"设石梁下峒、椒山玛瑙、水泙源通塔平（坪）三长官司，以向潮文、刘再贵、唐思文为之，隶容美"。[③] 史志中有关椒山玛瑙刘氏土司的记录非常少。《清河堂张氏族谱》又载："刘元敏因剿贼有功升安抚之职。裔刘起沛、刘跃龙世代为田土司门婿，因田氏争袭，刘氏有功于伊，誓容美长女世代与刘姓结亲。雍正十年（1732），田氏将唐公远之女与刘长子川喜，是年冬容美即改土也。"[④] 因为椒山刘氏土司所在的留驾司离容美土司中府仅十余公里，故其地一直被容美土司裹胁。容美土司田氏以刘氏为世婿，与其他从属土司相比，椒山刘氏土司仅存虚号而已。椒山司从洪武年间之后为长官司，直到明末，升为安抚司，至改土归流前。由于资料奇缺，其世系沿革不甚清楚。

五峰张氏土司世系沿革。五峰司，洪武年间设置为"五峰石宝长官司"，其地先在鹤峰县容美镇以北的北佳坪、下坪一带，明代弘治年间，徙至五峰县五峰镇一带。《张氏家乘》载："其祖由剑南落籍，于西蜀之石宝

---

① 五峰县五峰镇道光《清河堂张氏族谱》仅1册，92页。这部短小精编的族谱从民间的视角记载了正史和地方史志未曾记载的事件及事件的细节，价值巨大，特别有助于研究容美土司与其从属土司的关系。厘清容美田氏土司与从属土司的关系，是理解容美土司内部治理的关键要素之一。

② 王承尧辑录选注《土家族土司史录》，岳麓书社，1991，第50页。

③ （清）张廷玉：《明史》卷310《湖广土司》，中华书局，1974。

④ 五峰县五峰镇道光《清河堂张氏族谱·土司五姓传》。

寨徙五峰，其祖于唐宪宗元年随高崇文讨刘辟有功，封为土司。"①《五峰安抚司列传》载："五峰司张友富者，为伊司之始祖，元夏时，容美之五峰石宝安抚司也。至于张仲山，洪武六年（1373），因洞蛮向天富之故，始一例改降长官，传张再武、张永宗。"②唐代并无土司，把张友富认为始祖，仅为攀附。五峰土司可订正的始祖为张仲山，洪武五年（1372），"五峰石宝长官张再武亦以袭职请，从之"。③综合《清河堂张氏族谱》《长乐县志》等资料，对五峰张氏世系考订如下。

1. 张仲山→2. 张再武（洪武六年因"向天富叛乱"，降为长官司）→3. 张永宗→4. 张昊（助白俚俾争袭，后被田世爵所杀）④→5. 张世瑛（旧居鹤峰县北佳坪，而买管长阳有粮之地芝麻坪居焉）⑤→6. 张朋（性质朴，好读书，手不释卷。教廷玉祖学诗学礼，严于趋庭步履之间，是以廷玉祖于嘉庆时能建功勋）→7. 张廷玉（诰封夫人为田氏，精音律、工经史，胸藏甲兵，晓畅军机，嘉靖年间奉调征倭，运筹帷幄，决胜千里，临敌对垒，勇冠三军，为行营大总管，胡宗宪深器之）⑥→8. 张彬→9. 张应龙（姚田氏，字云泉，仪表魁梧，谈吐风生，喜读善辞赋交游，缙绅食客满庭而劳于王事。名重麒麟，安靖边土，惠泛临邑，教子义方，功名各遂，至今口碑。子八人，正八峰诸子彬彬儒雅之，亦以教子为事。其子之纲、之纪、之翰、之儒、之宜、之鼎、之仕、之彩，皆教以诗书，子侄入长阳县庠者十余人。其司治、街市、寺观、桥道可称仅见）→10. 张之纲（字衷孚，性刚寡欲，虚心经史，不嗜珠玉金帛，处事接物必畅必快。先娶田氏，乃容

---

① （清）李焕春主修《长乐县志》卷4《沿革志》，咸丰二年（1852）。

② 宜昌市档案局、宜昌市地方志办公室：《（同治）宜昌府志》，内部资料，2002，第1071页。

③ （清）张廷玉：《明史》卷310《湖广土司》，中华书局，1974。

④ 《清河堂张氏族谱》载，"张昊乏嗣，先朝弘治年间事也，葬红沙堡，椒山族姓年年祭扫"，即可推测明弘治年间，五峰司还在容美中府附近。

⑤ 五峰县五峰镇道光《清河堂张氏族谱》载："祖廷玉公之胞弟廷碧者，因本支祖世瑛公将原五峰司之北佳坪遗弃，买管长阳之安德乡，土名芝麻坪以作衙基居住以避嫌疑，搬移至外，随来者亲生嫡子、得力的中军旗职、门役人丁俱系异姓，其族舍疏远旁支、赐姓功家百姓、庄丁俱在老衙居住办事。如遇节会，按期来辕伺候朝敬，其有老司田地、衙署还属我先人管理承守，只送容美附近些微之地。"

⑥ 新司廷字派只有廷璇、廷珘系官房子弟。长廷玉做官，次廷碧、又次廷璇为舍；又有廷武、廷献系高庄舍把。在万历之后，廷献、廷周在容美效用，未出新司且时世不同。这清楚地反映了五峰张氏土司与容美田氏土司的关系。

美司官之女，早亡无子；又娶唐氏无子，一女嫁石梁唐司官之子，先父母而亡，葬五峰楼上）①→11. 张之纪（之纲弟）→12. 张福谦（字子牧，入赘椒山刘司官家，被刘姓唆，族人叛，故将北佳坪田地并族姓、赐姓人等俱送田氏，后身陷刘贼营中，幸六谦公检囊赎回。因见人民逃亡，抑郁而终）②→13. 张彤越（张彤越在途次袭，实际未去履职）→14. 张彤弨③（姚唐氏，水浕司唐继勋之女）→15. 田曜如（康熙三十年即1691年，容美土司主田舜年以其三子田曜如曾为之纲婿，使袭五峰安抚司职）④→16. 田召南

五峰张氏土司的世系在与容美田氏土司的交织中不断变迁。而之前的记录或研究一直非常混乱。⑤长期以来，容美田氏土司试图控制五峰张氏土司。明弘治以后，张氏土司在原长阳县地买管土地，修建衙门，从而开拓出一片新的土司区域。"田世爵强横，弃旧居之北佳坪，而买管有粮之芝麻坪居焉，即今之县署地也。"⑥之后，张氏土司在五峰县的天池河流域以及鹤

---

① 五峰县五峰镇道光《清河堂张氏族谱》载："崇祯年间之纲公之世，五峰容美世代联姻娅之好，郎丈相契，将原日五峰牙床一张送与双云；即田沛霖，弟夏云即既霖，特云即甘霖，俱为官后，有诗句相酬'古奇下榻事，移惠未曾闻'之句。"张之纲公常与椒山安抚刘宗邦扶田楚产争袭容阳土司，百折不回。田楚产得之，以其爱子田圭为婿。田圭著有《紫芝亭诗集》。

② 五峰县五峰镇道光《清河堂张氏族谱》载："五峰老司邻近族人头目与族官拜年贺新，福谦公梳头未立，刘舅与公素不相睦，即唆使族人投入容美为民。是日，公回新司开篆，办事之人报知，公即修书差役送入容美：首叛族姓二十户、长差十名、军牢十名，子孙世袭此役，其余未叛族人及百姓人等并送入容美为名民，随才器使。"五峰张氏土司与容美田氏土司矛盾激化。福谦公在任时，五峰衙署已被姚黄、张献忠所焚，五峰司之危而不振者从此始矣。

③ 因张福谦在鹤峰县刘家为女婿，其弟张六谦掌握五峰司实权。张福谦子张彤越在外袭职，之后，张六谦让其子张彤弨抢袭，这把容美田氏土司惹怒了。康熙甲寅年，容美土司田九峰利其世爵，举兵掳之，并其子宏道、其叔祖嗣谦与叔彤庭及百姓人于伊司，同水浕唐继勋、石梁唐公廉共灭之，将嗣谦与彤庭禁锢于彭家湾。另外，张宏道，聘石梁唐司官之女，未婚，甲寅年被田土司掳入中府与父同时诛灭。

④ 张六谦袭五峰之所属之石宝长官司又数年。雍正二年（1724）九月，张茂谦子张彤柱袭深溪、石宝长官司职。

⑤ 虽然王承尧在《土家族土司史录》（岳麓书社，1991，第52～53页）中对五峰张氏世系的考证基本是正确的，却把五峰司与石宝、深溪土司混为一谈，并极少去展示五峰刘氏土司与容美田氏土司之间的土地、婚姻、政治关系，故让人很难去理解张氏土司的世系沿革。

⑥ （清）李焕春主修《长乐县志》卷4《沿革志》，咸丰三年（1853）。

峰县的北佳坪一带的"飞地"发展。容美土司则试图以其更强大的势力和
通婚策略来控制张氏土司。

水浃源通塔坪唐氏土司世系沿革。洪武七年（1374）设长官司，其
地先在五峰县湾潭镇百顺河流域的大面地区，与鹤峰县交界，后迁徙至五
峰县天池河流域的水浃司、白溢寨地区。"《水浃唐氏墓志》称：'其祖唐
进宝由四川徙居水浃园（源）为土官'。"① 唐进宝长子为唐国政，为麻寨
千户所一世祖。《晋阳堂三山族谱》称："（麻寨所）一世祖为唐国政，未
入版图（羁縻土官），殁葬大面（五峰湾潭）大木岭，后裔多有因功封受
土官者。"② 唐国政的坟茔在五峰县湾潭镇锁金山村。唐进宝次子为唐赛
龙，被认为是水浃源唐氏土司一世祖。容美土司田舜年所撰写的《水浃安
抚司列传》中载："水浃唐赛龙，伊司一世祖。伊司为施州卫所辖散毛宣
抚司属官，或者以地方隔越，相传沙溪为容美所属，以地近于散毛，遂易
之而隶于容美，世为容美属官。"③ "唐赛龙，姒向氏，子斌（无后，由次
子宣承职），进宝公之子，字国锋，智勇绝伦，才识超群。于洪武六年
（1373），与向兴辅同迁水浃园（源）通塔坪，授土司兵部大冢长官印
信。"④ 也就是说，元末明初的水浃源通塔坪唐氏土司的一世祖唐赛龙和麻
寨千户所的一世祖唐国政是兄弟。⑤ 综合各方面信息，对水浃源通塔坪唐氏
土司世系沿革予以订正如下：

1. 唐进宝→2. 唐赛龙→3. 唐斌（无子）→4. 唐宣［赛龙公次子，职
袭兄位。永乐四年（1406），同江夏侯征"峒蛮"向天富阵亡，印信遗
失］→5. 唐思文（姒田氏，袭父职，克勤先业，复颁印信）→6. 唐海权
（姒向氏）→7. 唐祖录（无子）→8. 唐应袭（随司主九霄征倭寇建奇

① （清）李焕春主修《长乐县志》卷4《沿革志》，咸丰三年（1853）。明洪武年间，唐进宝
自四川重庆府巴县大栗树迁居于长乐大面水浃源大木岭落业，钦赐诰命，授职"防边疆
使"。唐进宝，姒田氏，元末自川发迹。

② 同治八年五峰县湾潭镇《晋阳堂三山族谱·总序》，此谱为清乾隆五十七年续修谱。

③ 宜昌市档案局、宜昌市地方志办公室：《（同治）宜昌府志》，内部资料，2002，第1072~
1073页。

④ 同治八年五峰县湾潭镇《晋阳堂三山族谱·总序》，此谱为清乾隆五十七年续修谱。

⑤ 笔者在调查时寻问五峰县湾潭镇唐氏后裔，他们说："麻寨所和水浃司的祖先是兄弟，但是
双方并不认同对方是兄弟。"其中的背景是：明王朝设立麻寨所就是为防控土司的，故在国
家的制度设计上，兄弟必须对立。

功）→9. 唐宗宪→10. 唐镇邦（姓田氏，字翼明，绊胡浓眉，面貌雄伟，才智过人，奉命征讨，屡建奇功，封安抚使司，不幸为人暗杀，其所建白溢大岩帅府，至今尚留遗迹，为五峰、长阳两地人士乐道。唐镇邦是明末清初时期容美土司内外经营的重要助手）①→11. 唐继勋（镇邦长子，为农民军所杀，次子袭职）②→12. 田图南（田舜年孙，田晒如子）③

　　水浕源通塔坪唐氏土司世系与麻寮千户所世系源出一处，司所相邻。但是，一边是土司，一边是卫所，两者性质不同，职能不同。在容美土司从属土司中，水浕司唐氏和五峰司张氏土司实力较强，难以受容美土司控制，但两者都因受其压迫而迁徙至更远处。

　　石梁下峒唐氏土司世系沿革。石梁司位于五峰县五峰镇西南部，天池河流域上游，是容美土司非常神秘的从属土司。从目前掌握的资料看，石梁下峒唐氏与水浕司唐氏在家族源头上没有联系，属于同姓不同家族的世系。容美土司田舜年撰写的《石梁安抚司列传》及《长乐县志》对石梁下峒唐氏土司有较多描述，正史及《实录》仅有记录条目，故目前对石梁下峒唐氏土司世系沿革的探求受资料制约较大。综合各方面资料，对石梁下峒唐氏土司世系沿革考证如下：

　　1. 唐元德（元夏为石梁下峒长官）→2. 唐福光→3. 唐朝文→4. 唐永恭→5. 唐思显→6. 唐渊→7. 唐世冠→8. 唐胜富→9. 唐宗宪→10. 唐正袭（嘉靖中年，从田九霄随胡宗宪征倭）→11. 唐本龙→12. 唐宗尧（娶容美土司田九龙之女）→13. 唐文选→14. 唐承祖（崇祯年间，同容美土司田元从征助饷，剿贼护藩，以功晋安抚司。尝与添平所争边，仇杀不解）→15. 唐居仁（与容美土司田甘霖投诚清朝，领印袭职）→16. 唐公廉（跟着水浕司唐继勋攻伐容美土司，被容美土司田舜年所杀）→17. 田庆年（田舜年弟）→18. 田焜如（唐居仁外甥）

　　石梁下峒土司唐氏的来源十分神秘。田舜年在《石梁安抚司列传》中

---

① 唐镇邦因征调播州杨氏土司有功，升长官司为安抚司职。后因好奇，纳刘二虎逃军（川东十三家农民军之一），竟为所刺而死。

② 藩镇吴三桂反清，唐继勋与石梁司唐公廉归附吴军，并纠众攻容美。容美土司田舜年领兵灭之，其孙袭司职。

③ 田舜年灭唐氏土司，以其孙袭职。

称:"石梁下峒长官,非如椒山五峰降职例也,俱不详其姓氏所自。"① 因五峰没有留存石梁下峒土司唐氏的族谱,其世系沿革显得十分单薄。

除此之外,容美土司自设的五峰采花乡的长茂长官司、五峰县五峰镇石桥沟村的向家司、鹤峰县容美镇屏山村的向百户以及与容美土司关系密切的麻寮千户所等世系沿革也非常重要。在后续研究中对相关世系资料也会有所运用。

容美土司"一主四从"的土司世系沿革展现了其内部构成的不均衡性和历史发展的曲折性,但正是这样,容美土司展示了一幅幅生动的地方与中央、边缘与中心持续互动的画卷,并让我们看到了容美土司国家认同的生动过程。

第二节　容美土司疆域的地缘价值

武陵民族走廊自古以来就是中原通往西南的大通道和中原防御西南诸族的缓冲地带,容美土司就处在这条民族走廊的东部边缘上。容美土司所在的山区处在江汉平原和洞庭湖平原的边缘,又处在武陵山区的前沿。武陵民族走廊东边的平原地区是中央王朝的粮食主产区,明清时期有"湖广熟,天下足"的说法,是王朝稳定的基石;容美土司以西的地区是诸"蛮夷"的分布区,是国家潜在的动乱地区。在武陵民族走廊地带设置土司带,建设王朝的"屏翰",有利于在中原与西南之间建立起一道铜墙铁壁,一方面防止西南地区动乱波及中原,另一方面防止中原人口流失。容美土司疆域的地缘政治也基于这一格局。

(一) 容美土司的地缘政治价值内涵

要从地理格局、王朝认识、区域民族格局、文明特性四个视角来分析容

---

① 宜昌市档案局、宜昌市地方志办公室:《(同治)宜昌府志》,内部资料,2002,第 1072 ~ 1073 页。洪武六年(1373),溇水河流域"峒蛮"中以向天富为首的澧州峒蛮叛乱,引发湘鄂边山区的大混乱。朱元璋派征南将军卫国公邓愈至澧州,遭营阳侯杨璟等讨散毛、柿溪、赤溪、安福等 39 洞,平之。而容美土司"一主四从"除了石梁司之外,疑容美或其麾下小土司可能参与叛乱,故各土司降一级。也就是说,洪武年间,容美田氏、椒山刘氏、水浕唐氏、五峰张氏四家势力分别驻扎在鹤峰的溇水河流域以及鹤峰与五峰交界的百顺河流域,五峰县天池河流域仅石梁唐氏在此。这样就可以理解五峰张氏迁居天池河流域时必须买管长阳土地了。

美土司的地缘政治价值。武陵民族走廊东北部地区,又被称为"两湖西三角",[①] 这一地带是中原去往四川盆地和云贵高原孔道的必经之地。两湖平原沿峡江、清江、溇水、乌江、酉水等通道可以进入大西南。

从地理格局看,容美土司所在的湘鄂边地区是中原通往大西南孔道的重要区域。清江和峡江是通往大西南的北路通道。顾祖禹在《读史方舆纪要》中指出,"(施州)卫外蔽夔峡,内绕溪山,道至险阻,蛮獠错杂。自巴蜀而瞰荆楚者,恒以此为出奇之道。盖施、夔表里大江,而清江源出彭水,中贯卫境,至夷陵宜都而合大江,其取径尤捷也",[②] 与施州邻近的夔州"府控带二川,限隔五溪,据荆、楚之上游,为巴、蜀之喉吭"。"夔州者,西南四道之咽喉,吴、楚万里之襟带也。"[③] 清江下游的"长阳为楚北僻邑,川岩险阻,实四达之国也。西通巴蜀,东接荆宜,北控东归,南连鹤乐,冲衢要津,纵横交错,商贾络绎,往来奔会,踵相接焉。其地皆崇山复岭,鸟道羊肠,逼窄陡峻,莫可攀跻"。[④] 酉水流域则是巴蜀通往荆楚的南路通道。古代巴蜀沿乌江而进入重庆秀山盆地,再转酉水而东至洞庭湖,这条战略通道从南边连接起两湖地区和巴蜀地区。溇水是洞庭湖平原进入施州,再进入黔江至巴渝地区的便捷通道。两湖西三角地带作为武陵民族走廊的部分,既有通道的便利,又有地理的阻滞。一方面,两湖西三角地区山环水复,交通险阻,阻隔了四川盆地与两湖平原的联系;另一方面,两湖西三角地区蛮獠错杂,民族情况复杂,文化与平原迥异,这也阻碍了山区与平原的经济文化交流。

容美土司疆域在地缘上与民族走廊类似,在地理上属山地环境,在人口上迁徙频繁,在政治上属于权力的边缘,在文化上多元文化交汇,[⑤] 是典型

---

① 中国台湾学者黄开华认为:湖广土司,可分三部,一为鄂西之施州卫军民指挥使司部分,二为永顺军民宣慰司部分,三为保靖州军民宣慰司部分,此三角地带西与重庆东南之酉阳、贵州东北之铜仁犬牙相错,苗种甚繁,而其中生苗尤善凭借复杂地形,窃发作梗,其叛乱行动,往往与贵族苗相呼应,因而形成湖广西侧难治之三角地带。参见黄开华《明代土司制度设施与西南开发》,载《明史论丛之五:明代土司制度》,台北:台湾学生书局,1968,第62页。

② (清)顾祖禹:《读史方舆纪要》卷82《湖广八》,中华书局,2005。

③ (清)顾祖禹:《读史方舆纪要》卷69《四川四》,中华书局,2005。

④ 向禹九编《长阳文艺搜存集》,陈金祥校注,云南人民出版社,2008,第31页。

⑤ 葛政委、黄柏权:《论民族走廊的形成机理》,《广西民族大学学报》2013年第2期。

的"内地的边缘"。南明太史严守升在说到容美土司的地缘时,认为:"容阳诸峰,人迹罕通,雁飞不到,而田氏世守其中。自汉历唐,迄今千百年,列爵分土,阶极公孤。"[①]"天下自守相外,列爵画疆者,十五都会,所在有之。独容阳田氏动人想慕,如方丈在海中欲至不能得者,为其阶极公孤尊,且大则然欤。抑藩屏王室忠贞世笃,太常纪勋,玺书世珍则然欤。"[②] 南明相国文安之在《〈秀碧堂诗集〉序》中也认为容美土司地处"西南胜境,巫黔奥区,云关辟于五丁,宝笈曾藏于二酉。千树花林,种自先秦之世;万古池穴,潜通小有之天,陶公愿蹑于清风,杜老缅怀乎福地,岂不以危梁飞瀑,界隔仙凡,东柯西枝,径迷往复者乎?"[③] 江苏无锡文人顾彩说:"容美宣慰司,在荆州西南万山中,距枝江县六百余里,草昧险阻之区也。……屏藩全楚,控制苗蛮,西连巴蜀,南通黔粤,皆在群山万壑之中。然道路险侧,不可以舟车,虽贵人至此,亦舍马而徒行,或令其土人背负,其险处,一夫当关,万人莫入。"[④] 一方面,容美土司十分闭塞,难以到达,但又与内地保持密切联系;另一方面,容美土司虽属边疆,但又邻近中原和平原地区。

容美土司地域的地缘政治地位让中央王朝特别看重和倚重这一地区。中央王朝试图在这一地带建立起王朝繁荣富庶之地在西南部边缘地带的屏障。中央王朝在注意"内化"两湖西三角地带"诸蛮"时,又在这一地带建构起一种"边缘性",即中央王朝通过土司制度的实施来教化"诸蛮",并在王朝边缘地带人为地建立一种地理、军事和社会屏障。谢晓辉认为:"湘西之所以一直保持边缘性,与历史上湘西一带地处西南这些曾经的王权和中原王朝之间的地缘政治相关。"[⑤] 在这种地缘政治中,湘鄂西高地的原居民和外来流民都被组织进入这种特殊的制度之中,并成为王朝可以倚重的力量。

---

① (明)严守升:《〈田氏一家言〉叙》,转引自鹤峰县、五峰县统战部等编《容美土司史料汇编》,内部资料,1984,第129页。

② (明)严守升:《〈田氏一家言〉又叙》,转引自鹤峰县、五峰县统战部等编《容美土司史料汇编》,内部资料,1984,第130页。

③ (明)文安之:《〈秀碧堂诗集〉序》,转引自鹤峰县、五峰县统战部等编《容美土司史料汇编》,内部资料,1984,第133页。

④ 高润身主笔《容美纪游注释》,天津古籍出版社,1991,第1页。

⑤ 谢晓辉:《延续的边缘:宋至清湘西开发中的制度、族类划分与礼仪》,博士学位论文,香港中文大学,2007,第10页。

这种地缘政治价值也被容美土司自己所认可。康熙二十年（1681），容美土司宣慰司田舜年向康熙皇帝表达忠心，在《披陈忠赤疏》中他说道："臣驻扎楚蜀咽喉，北通川夔，南接滇黔，密迩寇仇。数年以来，大义名号，兵不解甲，马不卸鞍，食不下咽，率众堵截；不费朝廷一矢一粒。"[①] 田舜年以其在地缘政治上的价值和地位，既向中央王朝表达忠心，也在要求中央王朝认可自己的政治地缘价值，给予更多优待。这一地缘价值既表现在地理上，也表现在区域族群关系上。

对中央王朝国家来说，湘鄂边还具有作为中央王朝屏翰西南诸族群的天然屏障的重要作用。在主要为山地和丘陵地形的南方地区，少数民族众多，长期以来，中央王朝在少数民族地区的基层行政力量明显不足。《明史》载："西南诸蛮，有虞氏之苗，商之鬼方，西汉之夜郎、靡莫、邛、莋、僰、爨之属皆是也。自巴、夔以东及湖、湘、岭峤，盘踞数千里，种类殊别。历代以来，自相君长。原其为王朝役使，自周武王时孟津大会，而庸、蜀、羌、髳、微、卢、彭、濮诸蛮皆与焉。"[②] 在唐宋时期，西南地区就有云南的大理、贵州水西地区的罗氏鬼国，贵州北部播州地区的杨氏蛮酋，贵州东部思州地区、湖南西南部靖州地区的杨氏峒蛮，广西地区诸峒蛮等地方势力，这些地方势力时叛时服，对中央王朝国家及华中平原、四川盆地地区人民生命财产安全构成了"威胁"。当西南"诸蛮酋"动乱时，中央王朝必须阻止其进入中原腹地，这最后的屏障就是湘鄂边三角军事地带。另外，中央王朝在这里设置土司带也可以阻止中原人口向西南地区迁徙而造成中原人口的流失。中央王朝需要在武陵东缘地域建立起一道屏障，以预防西南诸族动乱而进入王朝核心地区。与容美土司邻近的唐崖土司，中央王朝就曾授予其"楚蜀屏翰"的称号，这充分说明了这一地带土司的地缘价值。历史上，容美土司曾经参与平定西南"诸蛮"的多次叛乱，但更重要的是，保持地方的稳定并震慑西南"诸蛮"，使其不敢东侵两湖平原。故容美土司在明清成为中央王朝平衡地缘政治的力量，"夫容美壤接荆梁，非若雕题交趾之处遐域也。土司躬膺茅社，非若独苗猺犵之别为族类也"。[③]

---

① 鹤峰县、五峰县统战部等编《容美土司史料汇编》，内部资料，1984，第17页。
② （清）张廷玉：《明史》卷310《土司》，中华书局，1974。
③ 蔡镐：《鹤峰县志》卷1《沿革志》，民国12年（1923）。

从文明特性上来说，容美土司所在的山区与平原在历史上形成了天然的文明互补的关系，且牢不可破。

文明的互补首先体现在物质上。鄂西"诸蛮"在宋代时就为了盐而掠夺汉地，《宋史》在记录鄂西南的"蛮酋"时描述："蛮无他求，唯欲盐尔。"① 顾彩在《容阳杂咏》一诗中也写道："与人钱钞都抛却，交易惟求一撮盐。"② 不止是盐，宋代以来，鄂西南山区族群还缺少铁器、布匹、白银、陶瓷、纸品、金银珠宝等物资，但富有平原地区人们所需要的药材、珍稀皮草、茶叶、蜂蜜等。康熙四十三年（1704），顾彩在容美土司南府时，"君（田舜年）以新茶，葛粉、竹鼠、野猪腊、青鱼鲊、虎头脯饷余寓中。（自后，每有佳馔及土物必遣人相馈）"。③ 这种物资的交易甚至已经超越了自然经济的形态，转而发展为土司商品经济的贸易。④ 清代初期，容美土司总人口在 2 万余人，而茶树面积竟达万余亩。顾彩在《容美纪游》一书中写道："诸山产茶，利最溥，统名峒茶，上品者每斤钱一贯，中品者楚省之所通用，亦曰湘潭茶，故茶客来往无虚日。"⑤ 容美土司改土归流后首任知州毛峻德统计了鹤峰县域的茶园面积，据乾隆六年（1741）版的《鹤峰州志》载，"原报茶山捌拾壹顷陆拾贰亩捌分捌厘伍毫，每亩科粮肆合贰勺捌抄口，共科粮叁拾肆石玖斗叁升柒合壹勺肆抄柒撮捌圭"，⑥ 其茶山近万亩，而鹤峰仅占容美土司疆域面积的一半左右。这些茶叶除了满足土司用于进贡之外，还与内地进行交换。土司制度在茶叶商品经济发展上起了关键作用，土司正是通过动员土民大规模种植茶叶来促成大宗物资的生产与交换。可以说，山区与平原之间的物质互补关系源自天然，又受土司制度影响，从而强化了山区与平原之间的经济关系。改土归流之后，随着清江航运的开发，容美土司地域的"铜、铁、香、粗纸、桐油、木油、菜油、麻油、芋、茶、黄腊、炭、煤、漆、硝、豹皮、狐皮、獭皮、葛粉、蕨粉、洋芋粉、苞谷

---

① （元）脱脱：《宋史》卷 493《南蛮一》，中华书局，1977。
② 高润身主笔《容美纪游注释》，天津古籍出版社，1991，第 94 页。
③ 高润身主笔《容美纪游注释》，天津古籍出版社，1991，第 29 页。
④ 葛政委、李凤林：《"茶叶之路"：容美土司的茶叶种植、道路与贸易》，《三峡论坛》2016 年第 6 期。
⑤ 高润身主笔《容美纪游注释》，天津古籍出版社，1991，第 90 页。
⑥ （清）毛峻德纂修《鹤峰州志》卷下《物产》，乾隆六年（1741）。

酒、冻绿皮、线麻、桐麻、大麻、椰皮"等山地货物都随着水流向平原流动。①

文明的互补关系也体现在文化上。山地文明往往难以形成文明的中心，而要依赖于平原或盆地地区。历史上，容美土司所处的鄂西南山地也长期受巴楚文化影响并受益。文化借鉴在容美土司自明代开始的"文明化运动"中扮演着关键角色。从地缘上看，容美土司的文化学习一方面得益于地理上邻近中原文明中心，容易获得学习中原文化的机会；另一方面，历史上中原地区的动乱总会让内地的文化人士由于避祸进入武陵山区，并把内地的文明带进山区。前者明显地体现在容美土司宗教文化上，后者则体现为明末清初动乱时大量内地文人、戏曲人士、工匠等进入容美土司地域。改土归流后首任鹤峰知州毛峻德清晰记载了容美土司中府及附近的寺观："杉树观、玉田寺、广□寺、百斯庵、斗姆阁、文昌庵、紫云宫、福田寺、龙门观、地藏庵。"② 顾彩在《容美纪游》中也对上述部分寺观进行了描述，例如："中府，为宣慰司治城，环城皆山，寓余于龙溪之百斯庵。"③ 此外，顾彩还多次提到"土人最信关公"。这些外来宗教在向土司地区传播的过程中，与土司制度紧密结合，形成了与内地紧密联系但又不同于内地样态的宗教信仰。而在王朝动乱时期，大量平原人士避祸山里，把内地文明带入土司。顾彩曾亲历外地匠人、商人迁入土司，"客司中者，江、浙、秦、鲁人俱有，或以贸易至，或以技艺来，皆仰膳官厨，有岁久不愿去者，即分田授室，愿为之臣，不敢复居客位"。④

总的来说，容美土司疆域的地缘政治内涵是多维的。从地理格局上看，容美疆域是两湖平原通往大西南的孔道之一；从地缘政治来说，容美土司疆域是作为"王朝屏翰"而存在的；从区域民族格局看，容美疆域是防备西南潜在动乱的前线和防止中原人口流失的保障；从文明特性来看，容美疆域上的山地文明处在平原文化的边缘，却与平原文明紧密联系、不可分割。

---

① （清）李焕春主修《长乐县志》卷8《物产》，咸丰二年（1852）修，同治九年（1870）补修刻本。

② （清）毛峻德纂修《鹤峰州志》卷下《祀典》，乾隆六年（1741）。

③ 高润身主笔《容美纪游注释》，天津古籍出版社，1991，第35页。

④ 高润身主笔《容美纪游注释》，天津古籍出版社，1991，第47页。

（二）王朝对容美土司疆域的管控

王朝对土司疆域的管控力度受诸多因素影响，故随着时间的推移，王朝对土司疆域的管控力度也不一样。总的来说，这一管控力度是不断加大的。

元朝中央政府对湘鄂边高地的管控非常乏力。

明王朝注重对西南地区的经营，对湘鄂边区域的管控力度逐步加大。明朝自建立始，就在容美土司周边设置卫所和巡检司，试图推行"土蛮不许出境，汉人不许入峒"的边地政策。① 虽然这一政策在阻碍土、汉交流方面作用有限，但是其对土司的"震慑"作用很大。

在容美土司东部靠近清江干流和支流的关口，明王朝设立了"梅子八关"，即白石关、梭草关、旧关堡、蹇家园、渔洋关、长毛关、百年关、菩提隘八个关口，并设置巡检司。《长阳县志》载：长阳县"旧关堡、梭草关、菩提隘等处与峒獠接壤，明设三巡检司，添弓丁以守关隘"。② 巴东县则在连天关、石柱关等地设置了巡检司。中央王朝试图设置巡检司来捆住容美土司的手脚，让其无法舒展开来。明天启年间，除渔洋关和白石关之外，其他六关逐渐为容美土司所侵占。以菩提隘为例，"明天启七年（1627）容美司乱，菩提隘巡检退保斯地"。③ 明王朝在五峰采花乡栗子坪独岭山脉山口设立的菩提隘被容美土司侵占，退守至渔洋河上游、百年关外的渔洋关。明末清初，渔洋关为吴三桂所占，后又被"川东十三家"所占。直到清康熙年间，清王朝又在渔洋关重设巡检，防备土司，"康熙年间，王家冲始有开垦住种者，又历数年而水田街渐有负担贩鬻来自他邑者，披斩荆棘、兴作田园，驱蛇虫于沮，逐虎豹于山，而流寓者争赴焉。于是，设巡检一员，营弁二员，兵丁五十名，所以堵御容美土司者至备"。④ 也就是说，这些关口不是一成不变的，而是动态的。

在容美土司南部地带，卫所成为管控容美土司疆界的主要力量。在鹤峰民间，人们称鹤峰五里乡大崖关以外为"关外"，而鹤峰走马镇又称大崖关

---

① 陈丕显主修《长阳县志》卷5《地理五》，民国25年（1936）。
② 陈丕显主修《长阳县志》卷5《地理五》，民国25年（1936）。
③ （清）杨福煌：《渔洋沿革考》，载（清）李焕春主修《长乐县志》卷14《艺文志》，咸丰二年（1852）。
④ （清）杨福煌：《渔洋沿革考》，载（清）李焕春主修《长乐县志》卷14《艺文志》，咸丰二年（1852）。

以内为"关内"。明清时期，这一区分形象地反映了土司与卫所的区别。在澧水及其支流，中央王朝在关键的关口位置设立了以九溪卫为核心，以麻寮、添平和安福千户所为节点，以百户、关隘为支点的卫所控制地带。其中九溪卫始建于明洪武年间，兴屯斋粮，置卫控蛮。"明洪武中，命东川侯等讨夏得忠，立栅守御，其地扼要，为诸溪所汇，堪控制苗蛮。后因遍设卫所，遂于前置卫名九溪卫焉。"① 另外，"外令安福、添平、麻寮三所二十隘口把守，以防容美、桑植土司"。② 尽管这种防控仍然是间接和被动的，但是明王朝还是在澧水中游地区完成了防控土司的布局，并努力增强卫所与土司的疆域意识。"凡建一城，必有疆域，以专职守，有道、里以明界至，不容混乱不清也。永卫隶在慈境，其寄庄参杂于寨隘，屯田坐落于州县，相距五六百里不等。非卫地之偏廓也，以其包各属而见为辽邈耳。"③

位于"关外"的麻寮所则是直接防控土司的千户，其与容美土司的关系更为复杂。"明洪武二年（1369），唐涌纳土投诚，敕赐铁券，驻扎山峒，永镇诸蛮，土封武德将军。外捍石、慈、九、永，内控容美、桑植、永顺、中峒一十八土司。"④ 从地缘价值上讲，麻寮"跨蜀道而雄楚甸，川流潊溁而萦洄九溪，形出天堑，势若建瓴"。⑤ 麻寮所辖一所十隘，额定官军1110名，设世掌所印正千户1名，额掌隘印正百户10名，"驻扎山峒，世守边疆，以捍内而卫外也"。

麻寮所属下的"十大关隘"在疆域上直接与容美土司相接，故成为防控容美土司的直接力量。"至疆圉险要，则靖安隘把守容美要路虎把渡；青山隘把守容美要路小隘口，樱桃隘把守容美要路隘峪二，梅梓隘把守桑植要路榆树垭；曲溪隘把守容美要路曲溪坪；九女隘把守容美桑木关、下梯口；拦刀隘把守容美要路大面里；山羊隘把守桑植要路山羊坪；黄家隘把守容美要路大隘口；在所隘则护守所汛杨柳峡。棋布星罗，并力疆圉，有紧荷戈，是以国家无边鄙之虑，无事秉耒，是以间阎有三九之余。"⑥ 可以说，容美

---

① （清）杨显德：《九溪卫志》卷1《建置》，北京图书馆藏康熙年间版。
② （清）杨显德：《九溪卫志》卷1《建置》，北京图书馆藏康熙年间版。
③ （清）杨显德：《九溪卫志》卷1《疆界》，北京图书馆藏康熙年间版。
④ （清）杨显德：《九溪卫志》卷3《麻寮所附》，北京图书馆藏康熙年间版。
⑤ （清）杨显德：《九溪卫志》卷3《麻寮所附》，北京图书馆藏康熙年间版。
⑥ （清）杨显德：《九溪卫志》卷3《麻寮所附》，北京图书馆藏康熙年间版。

土司的南路要道全为麻寮所所控制。南路是容美土司最便捷、最重要的经济文化交流通道。从中府出发,经南府,出大崖关,至麻寮所,东边不远处便是澧水支流溇水的通航点宜沙,从宜沙坐船,可达津市,通洞庭湖,以至全国各处。因此,麻寮所对容美土司发展而言,影响甚大,故容美土司一直试图与其交好。

《晋阳堂唐氏族谱·麻寮地舆志》载:"本所属地,幅员辽阔,居其地者,随时改易,版章一定,纲举目张,而庶事可次第列矣。夫壤接荆梁,非若雕题交趾之介处遐域也。躬膺茅社,非独苗猺犵狑之别为族类也。盖其先山深林茂,所谓狐狸居而豺狼嗥也,材武之士,乘中多故,斩荆辟莱,驱狐狸豺狼而有其土地,虽不能如尉佗之制七郡,窦融之保西河,而窜处既久,夜郎自大,朝廷以御蛮当顺其情,假其名爵羁縻勿绝,久之蛮触互争递为废兴,累代兵燹之余文献有未足征,其间,或置或废,或析或并,在某代为某名则阙疑焉。兹据本所世汰,皇恩颁给铜符铁券方印号纸,分布所隘管辖军民,官不支俸,军不请饷,自备器械,镇守十八峒,控制诸关,作荆、澧、枝、宜之藩篱,为石、慈、九、永之锁钥。其地形势四至,周围莫不千有余里也。爰以大略志之。本所署地在所坪,今鹤邑治中也。原界不可限定,略举四至。东至添平所;西至桑植上、下二峒,连顺宝、茅岗司;南至九溪、永定二卫,北至容美、石梁、东乡、散毛等处。"[1] 可见,麻寮所唐氏对其疆域防控土司的地缘价值也有清晰的认识。麻寮所唐氏也在这种地缘建构中成为"关外",与"关内"建构了更多的社会和族群边界。

在容美土司西部是施州卫及其所属的其他土司。早在洪武十四年(1381),中央王朝就设置施州卫军民指挥使司,属湖广都司。嘉靖《湖广图经志书》载,"在卫治设置有布政分司、按察分司、守备都司、卫治和镇抚司等衙门。施州卫设有左千户所,右千户所和中千户所。另外还设有施州仓、施州马驿、三会驿、使馆、经历司等功能机构",[2] 而容美土司就归施州卫管辖。但是,施州卫地处土司与边缘民族的汪洋大海之中,

---

① 鹤峰县走马镇《晋阳堂唐氏族谱》卷1《麻寮地舆志》,同治七年(1868)。
② (明)薛刚纂修嘉靖《湖广图经志书》卷20《施州卫》,书目文献出版社,1991。

控驭能力不足。"朝廷原设州卫，未一统辖各土司，先年卫官犹畏国法，遵例钤制夷汉，不许出入，地方得宁。自正德年间兰鄢叛乱，调取土兵征剿，因而□知蜀道险易，熟谙州县村落，致惹后来不时出没为害，流劫地方，杀掳人才，奸人妻女，遂将所劫子女财帛，分送施州卫官，遂与土官习为表里，违制结渊，深为缔好，故纵劫掠，事无忌惮。名虽本管，实同窝主。"① 从地理上看，鄂西南土司中，容美土司与施州卫较远，施州卫对容美土司控驭力较弱。特别是在明末清初，"川东十三家"在峡江走廊地区活动，施州卫与农民军大战，损失惨重，卫治废弛，故容美土司基本不受其节制。

除施州卫之外，容美土司更外围的位于澧水流域的永定卫、澧州守御千户所、重庆黔江守御千户所、奉节的瞿塘卫，以及隆庆五年（1571）才在长阳县榔坪一带设立的百里荒千户所都可以威慑容美土司。

清王朝对容美土司疆域的管控严厉。清王朝定鼎中原之后，试图迫使容美土司回归到明代中期时的疆域范围之内。正因为如此，清代康熙年间，容美土司与长阳县、建始县、巴东县的土、客民争地矛盾加深。这一现象在清康熙、雍正年间的"汉土疆界案"中得以生动体现，这在后文中将有所展示。

总的来说，元代对湘鄂边高地的管理松散，明清两朝则大大加强。在这一区域，土司、卫所和经制州县三种地区管理制度长时间并存，不同类型社会在同一区域互动，不同行政力量相互制衡，不同族群相互影响，并在这一过程中展示这一区域的地缘政治价值和疆域的再塑造。

第三节　容美土司的地域认同

地域认同是"家乡"（country）层面的认同，可作为国家认同的原生性层面和情境性前提。实际上，传统的地域缺少"边界"的内涵，正如英国学者安东尼·吉登斯（Anthony Giddens）所说："传统的国家有边疆（frontiers），但是没有边界（borders）。"② "容美土司的疆域认同蕴含着模糊

① （明）刘大谟、王珹：嘉靖《四川总志》卷16《经略志》，北京图书馆古籍珍本丛刊，1942。
② 〔英〕基思·福克斯：《政治社会学》，陈崎等译，华夏出版社，2008，第18页。

的边界意识和明确的国家整体性意识。"①正因为如此,传统国家更需要边地民族去维护国家疆域的整体性。容美土司的地域认同既体现在维护国家疆域整体性上,也体现在维护本地区疆域的稳定性上。前者体现在容美土司维护王朝疆域的整体性上,后者体现在容美土司守土有责、维护本地区疆域的稳定性上。

(一)"乡土"与"王土"

作为国家认同较低层次的地域认同,意味着对于国家责任的认可。古代中国普遍认可"普天之下,莫非王土",可见疆域对于传统中国的意义。在传统国家中,疆域作为国家经济和政治统治的自然延伸,可被视为财富和实力的象征。②历代中央王朝都非常重视疆域经营。

从容美土司的角度来审视其"国家"意义层面的地域认同,其内涵是非常丰富的。

一方面,地域认同体现在对"家乡"或"乡土"的热爱上。容美土司所在的湘鄂边地区山高谷深,地瘠民贫,是中央王朝难以直接控制或管理的地区。在"客位"叙述中,湘鄂边高地一直被形容为"苦地"。在南明太史严守升那里,容美土司地域是"容阳诸峰,人迹罕通,雁飞不到"的地区;在清初无锡文人顾彩那里,容美土司地域是"草昧险阻之区";在明代华容文学家孙斯亿那里,容美土司地域是"徼外之武溪"的区域;在明代山东琅琊人殷都那里,容美土司地域是"楚西徼"之地;在清代南郡文人伍鹭那里,容美土司地域是"楚西南奥区,鸟飞犹是半年程浑乎天际"的遥远山区。可见,很长时间内容美土司地域被客位书写为"化外之区""徼外之地",是与内地不同的边疆。容美土司的"邻居"添平所自称:"本所地方,介在荒服,古五溪三苗地也。山川最为险峻,山多田少,地瘠民贫。"③然而,对于"自汉历唐,世守容阳"的容美土司田舜年而言,家乡"环境皆山",却"不仅人有知遇,而山川与人更有知遇也",④充满了土司对家乡山

---

① 葛政委:《多维视野下的容美土司国家认同内涵研究》,《中南民族大学学报》2017 年第 5 期。

② 周光辉、李虎:《领土认同:国家认同的基础——构建一种更完备的国家认同理论》,《中国社会科学》2016 年第 7 期。

③ 鹤峰县走马镇《晋阳堂唐氏族谱》卷 3《添平所志附》,同治七年(1868)。

④ (清)田舜年:《晴田峒记》,载鹤峰县太平镇的情田洞康熙庚申(1680)仲秋壁刻。

水的深切情感和热爱。

容美土司对家乡的热爱也在《田氏一家言》中得到生动体现。在田氏诗人那里，容美土司地域虽然为"西楚奥区"，但又为"世外桃源"。明清容美土司三位诗人创作的《山居》一诗最能体现这一情怀。明代中期诗人田九龄在《山居》一诗中描述这种悠然自得的生活："风高木叶落，江净白鸥迟。独步南山下，东篱菊几枝？"① 田九龄以拟古的手法表达了对"世外桃源"般的家乡的热爱。之后，明末土司诗人田圭也写了一首《山居》："编竹为篱壁，自爱朴而古。烟云绕我庐，跌坐鸣天鼓。一溪鸦背绿，两岸木兰花。有酒常自酌，宛然古陶家。"② 田圭又以"世外桃源"来比拟家乡。明末清初诗人田舜年也写了《山居》一诗："学得寻仙法，无烦一念中。直觉诗难尽，还将画比工。逡巡无事酒，斟酌喜花风。静约烟罗月，残霞未敛红。着眼天无限，无非静者供。对云觅好句，临水认欢容。鸟语杂分籁，溪烟淡著松。辋川真景色，一半或堪踪。一榻宜闲性，残书日半窗。村农勤觅酒，熟客厌惊龙。水落添清响，樵吟送远腔。但能闲作赋，何必近三江。带影寻溪上，闲心数泳鱼。选藤充几杖，第石伴图书。小山能频至，孤游胜索居。虽云殊汗漫，自喜得常如。性不欺云壑，情憨景自新。山山堪作画，岸岸可垂纶。兀坐琴三弄，闲吟酒一巡。红尘都不染，即是古皇民。"③ 三首《山居》继承了陶公之风，视"西楚奥区"为"桃源胜地"。正如田九龄在《登五峰》中所写："何年五老幻西隈，天削芙蓉倚玉台。叶叶涌如从地出，峰峰飞似自空来。长星好是虞庭度，佛骨居然慧顶开。欲向此中搏鹄骑，昆仑玄圃漫悠哉？"④ 田九龄游览苏、浙、湘、赣，更懂得对家乡的热爱。这一情怀在土司后代中影响深远。

另外，地域认同还体现在视"土疆"为"王土"上，并认可"守土有责""为国守疆"等国家疆土意识。这一认同是容美土司重视儒学、对外频繁交流、表述土司家族英雄历史的结果。在儒学的熏陶下，容美土司认可"普天之下，莫非王土"的疆土观念，并在一系列文献中得到体

---

① （明）田九龄：《田子寿诗集校注》，贝锦三夫校注，中国文史出版社，2016，第304页。
② 田虞德编著《〈田氏一家言〉解读》，湖北人民出版社，2011，第222~223页。
③ （清）李焕春主修《长乐县志》卷15《艺文志》，咸丰二年（1852）。
④ （明）田九龄：《田子寿诗集校注》，贝锦三夫校注，中国文史出版社，2016，第282页。

现。

内地儒士对容美土司"列爵守疆"非常认可。严守升在《〈田氏一家言〉又叙》中写道："天下自守相外，列爵画疆者，十五都会，所在有之。独容阳田氏动人想慕，如方丈在海中欲至不能得者，为其阶极公孤尊，且大则然钦。抑藩屏王室忠贞世笃，太常纪勋，玺书世珍则然钦。"① 严太守非常推崇田氏"藩屏王室，忠贞世笃"，世守容阳，为国守边。

容美土司家族对"为国守疆"也十分认同。田楚产在田宗文《楚骚馆诗集·跋》中写道，"余家叨沐国恩，世守疆界，所谓便纤绮、甘肥脆者，又其故态。余叔则卓不受变，如蝉蜕污泥，自致尘盖之表。高山仰止，景行行止。异地异世尚有遐思"。② "为国守边"是容美土司国家正统意识的重要内涵之一。

在清代田舜年的《披陈忠赤疏》《请诰封》《恭报颁到印信疏》等文献中也能审读出容美土司的"地域认同"与"王土认同"的统一性。

田舜年在《披陈忠赤疏》中向康熙皇帝奏道："臣驻扎楚蜀咽喉，北通川夔，南接滇黔，密迩寇仇。数年以来，大义名号，兵不解甲，马不卸鞍，食不下咽，率众堵截；不费朝廷一矢一粒。至于焚札、杀使、种种守节，事难悉数。臣力已竭，臣心已白，臣节已全。今恢复荡平，正赏罚惟公，黜陟攸明，激扬万方，风励群臣之日，诚恐天高日远，万里孤臣，世效犬马，一腔葵赤，无由上达。"③ 明末清初，农民军"川东十三家"在峡江地区活动，与土司矛盾加深，鄂西南诸土司与农民军大战，损失惨重，容美土司也不例外。故为王朝守土、守边是土司国家疆域认同的重要体现。

从容美土司主体上看，容美地域既是"乡土"，也是"王土"。虽然容美土司处在"西南奥区"，但土司对"乡土"的热爱无与伦比，"桃源"不仅是土司"自安"的意象，而且是容美土司对家乡的真实情感的体现。容美的"乡土"，也是王朝国家的"王土"，守土安民就成为容美土司最为重要的职责和认同国家的重要体现。

---

① （明）严守升：《〈田氏一家言〉又叙》，转引自鹤峰县、五峰县统战部等编《容美土司史料汇编》，内部资料，1984，第130页。
② 田虞德编著《〈田氏一家言〉解读》，湖北人民出版社，2011，第29页。
③ （清）李焕春主修《长乐县志》卷14《艺文志》，咸丰二年（1852）。

（二）守土有责与保家卫国

容美土司的地域认同体现在守土有责和保家卫国上。清代岳州常道姚淳焘在《宣慰土司田九峰二十一史纂·序》中写道："田子披览之下，见古者山陬海澨，有奉职勤王，铭劝天室者；有夜郎自大，抗天拒命，冥冥焉不戢自焚者；有世笃忠贞，分茅锡土，传之无穷者；有叛服不常，初终异辙，尝试天威，陨其世，堕其绪者。其间是非祸福，一一澄观而静验之，于以敦修目好，力帅诸司，永承帝眷。"[①] 从中可以看出，容美土司在儒学的影响下，奉大统，为国守疆。

保持疆域的稳定是守土的基本责任。稳定的疆域是土民安定生活的保障。容美土司一方面加强对疆域社会的管理，使原来流动的社会趋向稳定；另一方面，防备外来动乱影响土司。

容美土司加强了对疆域的管理。容美土司施行严格的编户制度、等级制度、礼仪制度和训练制度，这使土司社会治理能力变得强大。以编户制度为例，土司社会不是内地经制州县，而是军民编户，实行军旗制。"容美土司抑勒土民，分风、云、龙、虎等字为旗，旗有长，上有参将、游击、守备、千、把总各官下，又有大头目分管旗长，若千户皆有执照。至五峰、水浕、石梁各司兵，皆听容美调遣，调以箸则饭者至，调以帚则扫数全出。自高古村、菩提寨以西皆有哨台，有警，放狼烟，此起彼应，半日即达于容美司治。"[②] 可以看出土司的动员能力非常强。容美土司还在重要关口布置重兵，防止土司人口"出关"，却试图让更多汉民"进关"。土司对社会的管控是非常严格的。可以说，在土司制度实施前，这一地域的社会整合从未如此深刻，土民与疆域的关系从未如此固定。

容美土司积极为国守疆。容美土司曾参与平定播州宣慰司杨应龙、水西和永宁土司的叛乱，抵抗侵害土司的农民军"川东十三家"以及抗击东南沿海的倭寇等。

明嘉靖年间，"卫兵不足用，于是调各地客兵，调兵可考者：京营神枪手三千，辽东义勇卫虎头枪手三千，涿洲铁棍手三千，河间府叉尖儿手三

[①] 蔡锟：《鹤峰县志》卷13《艺文志》，民国12年（1923）。
[②] 蔡锟：《鹤峰县志》卷14《杂述志》，民国12年（1923）。"高古村、菩提寨"即今五峰土家族自治县西部五峰镇高古村、采花乡栗子坪村。菩提寨，一作菩提隘。

千……定保二司兵三万，容美等司兵一万，永顺宣慰司兵三千，保靖宣慰司兵三千"。① 土司田九霄带兵从土司东境出发，从宜都乘船往江浙一带抗倭。田九霄、田九章兄弟带的土兵在总督胡宗宪的组织之下取得抗倭的胜利。明王朝因容美土司主田九霄抗击倭寇的功绩"乃赐犒军银一万七千。而公辞曰：'土人效力疆场，犬马微劳，分所宜也，不敢受赏'。但朝廷能念累世边臣，赐复洪武初年军民宣慰旧职"。② 容美土司田氏把为国守疆当作自己的义务。甚至，土司"过赶年"的习俗还保持着土司抗倭的历史记忆。"除夕具盛馔，阖家相聚饮食，谓之'吃团年饭'。而容美土司，后则在除夕前一日，盖其先人随胡宗宪征倭，于十二月二十九日大犒将士，除夕倭不备，遂大捷。后人沿之，遂成家风。"③ 这一历史记忆逐步转化为土司的英雄历史，而这更激发了其对国家疆域的整体性认同。

明万历年间，贵州播州杨应龙叛乱，"五峰司张廷玉字吉士，晓畅军机，嘉靖间曾随胡宗宪征倭寇，其后张应龙字云泉亦精武略，万历间有从支可大征播州土司，杨应龙功，然皆博通典籍，兼工词翰，以诗书为世业，故其后裔至今有习武者，亦有好文之彦"。④ 又有《张氏族谱》载："万历二十七年（1599），张应龙从征播州土司杨庆龙，获其弟兆龙，侄朝栋妾田雌凤有功，加封武略将军，复安抚使司官。"⑤

明崇祯末年，李自成、张献忠的农民军在鄂西、川东一带活动，其党侵扰容美土司，土司被虏，衙署焚毁，人民逃散。

"明崇祯七年（1634），流寇自楚入蜀，由巴东过建始，众数十万，居民屠戮大半，自是往来不绝。十七年（1644）献贼大驱荆民入蜀，路出建始，又肆杀掠。卫有土司之扰，里民之变，此时流寇尚未入卫，以犹僻处故也。改鼎后，闻献余孽，上自川东，下达彝陵，尽为贼薮。丁亥五月，一支虎即李过（闯王爱将，后降福王，赐名赤心者）始率十三家余烬入卫地，肆屠掠，与土司战于城南，大破之，遂移营容美。戊子，自容美转屯施南

---

① 陈懋恒：《明代倭寇考略》，人民出版社，1957。
② 五峰县长乐坪民国《容阳堂田氏族谱》卷3《世家》。
③ （清）李焕春主修《长乐县志》卷12《习俗》，咸丰二年（1852）。
④ （清）李焕春主修《长乐县志》卷16《杂纪志》，咸丰二年（1852）。
⑤ 五峰县五峰镇道光《清河堂张氏族谱》。

司，赖有朱经略招之出，后乱兴山。"① "时巴东大江以北，属体纯、天保，大江以南属王光兴兄弟，清江以南属容美土司田甘霖。光兴既遁入施州卫，于是体纯、天保遣共将刘应昌等四人，将锐卒二千渡江，昼伏夜行，不四日抵容美，掳田甘霖及其妻子以归，遂尽逐江南民北渡，时顺治十五年（1658）正月也。容美以金银数万赎甘霖，乃复遣还。"②

明末清初，容美土司在土司、卫所、清兵、吴三桂、南明王朝等多种势力中周旋。但在外在势力的影响之下，土司内部也开始分崩，容美土司田氏再难控制住司内大姓力量，内部冲突激化。而在危难之时，土司主田舜年以其铁腕手段保土安境。田舜年用武力控制了所属土司。对于五峰张氏土司，他举兵掳之，将五峰安抚司张彤弨及其子张宏道、其叔祖张嗣谦、其叔张彤廷及百姓百人迁于容美土司中府看管，并让其子田耀如承袭张氏土司，从而取得对五峰安抚司的控制。③ 对于石梁唐氏土司，田舜年借石梁司主唐居仁叛清，追毅已袭职的旁系唐公廉，以己子田焜如为居仁外甥应袭的理由并吞石梁安抚司。④ 对于水浕唐氏土司，在"三藩之乱"平定后，田舜年为扼阻唐氏后裔袭职为水浕司主，乃改以唐镇邦旁系孙辈唐遇隆为水浕安抚司辖下的通塔坪长官。田舜年以其孙田图南袭水浕宣抚司职。⑤ 而对于椒山司，田舜年以三女婿刘天门为椒山安抚。椒山土司毗邻容美土司中府，一直受其控制。田舜年通过整合土司内部力量和控制土司疆域，以期在风雨飘摇的清初动乱时局中能从容应对。

而这一时期也是容美土司疆域扩张的时期。自明天启七年（1627）容美土司田氏家族势力越过独岭山脉的菩提隘之后，田氏土司力量直接进入天池河流域，并逐步向长阳县清江支流泗洋河流域和渔洋河流域以及建始县、巴东县清江以北地区渗透，并引发了多起汉、土"争边"案。以巴东县为例，清康熙七年（1668）《大中丞林公批》中称："巡抚湖广等处地方都察院右副都御史林批。据巴东县为照额丈量无虚国赋事。奉批：汉土边疆尺寸

① （清）罗德昆纂修，王协梦协修《施南府志》卷17《武备志》，道光十四年（1834）刻本。
② （清）齐祖望：《巴东县志》卷4《事变志》，康熙二十二年（1683）刻本。
③ （清）李焕春主修《长乐县志》卷4《沿革志》，咸丰二年（1852）。
④ （清）李焕春主修《长乐县志》卷4《沿革志》，咸丰二年（1852）。
⑤ （清）李焕春主修《长乐县志》卷4《沿革志》，咸丰三年（1853）。

难容紊越。巴东容美地虽相连,汉土各别。野三、连天两关,红砂一堡旧基现存,舆图难改。致何物容美蚁弁,借名开荒?欲以汉人为土民,汉地为蛮地,不轨实甚,且称戈永顺,屡谕不息,独不思水西、乌岩之前鉴不远。该弁不及两土之一舍把耳,何自取犁扫之祸乎?仰布政司,即行查明严饬,务遵汉土旧制,永保身名,如敢仍前不悛,搀越疆界,侵害新附残黎,国法具在,断不姑容,噬脐莫及,悔之晚矣。仍取该府县回文缴。"① 土司越界是因为时局和守土保境之需,而清地方政府的事后追溯并没有看清这一点。

明末清初朝代更替之际,白田楚产、田玄父子向外开拓疆域,至清康熙年间,田舜年基本完成了对土司疆域的认定,即所谓"四关四口"之内的地区,并写入《容阳世述录》。在复杂的政治变局之中,田舜年惨淡经营,成效卓著,故能于湖广土司中"最为富强",并在保家卫国与守土有责中艰难前行。

第四节　模糊的边界与汉、土"争边"

土司的行政区域及其疆界一直是学术界难以深入的一个问题。土司与经制州县、卫所之间的边界一直是非常模糊的。元代土司边界难考,至明代地方史志中逐有记载,渐有规范,最为简略。清初,仍袭明制。土司模糊的边界不仅妨碍管辖,流弊繁多,而且造成许多"争边"事件,引发大规模仇杀、械斗,导致百姓流离失所,土司对内地信任下降,影响极坏。容美土司在北、东、南方向都有争界。"争边"可以说是容美土司政治生活中的大事,例如,容美土司北部与建始、巴东两县围绕清江河谷的争夺,东部围绕清江支流泗洋河、天池河上游的争夺,南部与麻寮千户所的争夺。明代对土司"争边"事件大多听之任之,清代则加以纠正,并立下汉土疆界碑,以绝后患。

(一) 从巴东至长阳:汉、土"争边"

早在明代嘉靖年间,巴东邓天益向荆南道报奏容美土司侵占巴东"后四里"地区。巴东县地跨长江和清江,有"前四里"和"后四里"② 之分,

① 鹤峰县、五峰县统战部等编《容美土司史料汇编》,内部资料,1984,第9页。
② 同治五年(1866)刊刻的《巴东县志·舆地志》有"承前清制,编户八里,以前四里(在市、长丰、清平、安居)并为一里为前里,以后四里(前一、二都,后一、二都)并为一里称后里"之语。

"前里"与"后里"地区风俗迥异。"邑前后八里，前四里俗尚与鄂郢略相似，而民较醇朴，无江汉间淫靡风，畏官长，急公役，少争讼，颇以衣冠文物相高。后四里古为蛮彝，椎髻侏语，信鬼尚巫。小忿易讼易解，解则匿不肯赴公庭勾摄，经年不结，但甘俭朴，惯劳苦，深山野处，混沌未凿，多有老死未见官府者，其居处、服食、婚丧、交际、节序、好尚，类有异同。"①实际上，巴东县南部与容美土司北部同属清江河谷地区，故习俗相近，清江河谷民众交往甚密，容美土司也把清江河谷北岸的民众视为自己的土民。

明代嘉靖年间，容美土司势力越过溇水上游的邬阳关进入清江河谷，并逐步控制建始县和巴东县的清江河谷地区。明代嘉靖二十二年（1543）的《邓天益奏》中，就记载了容美土司侵占巴东后四里的事件："嘉靖十三年（1534），容美宣抚田世爵，纵令土目田文祖、张琦、周万雄统兵出境，杀死本县应捕刘聪、火甲罗廷瑞、吴鲜九等数命；掳民丘六、刘荣等百余家，并绑弓兵汪高进峒。即报连天关通申各弁上司，复蒙分守上荆南道康参议，设法严行禁治，聊息数年。岂料嘉靖二十一年（1542）十二月十五日，蓦被田宣抚亲统兵甲一千余人，前至长阳、巴东二县交界地，名盐井寺驻扎，使令土军虏掠各都民陈铁、高妙德、胡时富、汪七等一百余户，席卷回峒，欲将后四里、民田占为彝地。"②虽然邓天益奏报，但明王朝无暇顾及。

至清康熙十九年（1680），巴东知县齐祖望与容美土司就巴东后四里"争边"事件进行辩论、协商。在齐祖望的《移明古制》《请严边防》两份文书中，详细和清晰地记载了清政府对这一"争边"事件的态度。

康熙十九年七月，齐祖望时任巴东知县，他一边布置防备巴东县北的"川东十三家"的王凤岐、杨来嘉，一边想解决自明代延续下来的土、汉"争边"纠纷。齐祖望烦乞容美土司查照，与容美土司商议边界一事，并提出了几个问题，一是容美土司为何要将经制州县里的人编入军户或民户，设立里甲，二是容美土司为什么要侵占巡检司关口红砂堡，且不允许清政府派兵安塘汛守，三是容美土司为何要称侵占的"县、卫土地"为"世土"。容美土司回复巴东县的意见主要有几条。一是对于边界上的土民，"军属有容

①　（清）廖恩树：《巴东县志》卷10《风土志》，同治五年（1866）修，光绪六年（1880）重刻本。

②　鹤峰县、五峰县统战部等编《容美土司史料汇编》，内部资料，1984，第1页。

美，赋属有司，命官设职军民二字"。① 在容美土司与建始、巴东、长阳、石门、慈利、施州交界的地区，多者几里，少者一里，再少者几户，或编入容美土兵军户，或编入容美土司民户。《百顺桥碑文》《新改荒路记》也有对容美土司自设职官的记录，康熙年间容美土司在巴东县清江河谷就设有"金厢木梳平长官司邓高桓、南团千户谭天辉、蒲龙长官郑希高、桃符口长官向宗显、连天副长官覃希皇、马老头长官向登甲、支洞长官郑楚文"等。② 元代中央王朝曾授予容美土司"军民府"，故土司将土民编入军户或民户都有由来。二是容美土司认为"红砂堡在本司咫尺之内，巡检之设，不知始于何时"。③ 又说清代初期"川东十三家"的王凤岐侵占巴东，在红砂堡安堡安塘。深层意思即"侵占红砂堡为迫于形势"。三是容美土司认为自己不敢觊觎"王土"，为防控边民生事而侵占土司邻近地方。容美土司回复巴东县道批说："朝廷之王土，本司何人擅敢冒认，天理良心，国法难欺"，"但恐蛮民难驯，终久必为滋事，有负上宪怀来之盛意"。④ 而这些辩称都是表面的，实际上在明末清初的乱世中，容美土司必须富强自己、保全自己，故不断向周边扩张，对土司邻近地区的土民进行编户。

康熙二十年（1681）七月，齐祖望奏报请严"土、汉边防"。具体措施有以下六条。一是对容美土司侵占的连天关以北、桃符口以南13图土地人民，酌拨官兵150名，分设红砂堡、连天关、桃符口、苦竹溪等汛。二是加强对县属土官的管理。"土官不缮俸禄，如有罚俸降俸等罪，俱免处分；应降一级、二级、三级，调用者，止降一级留任；应降四级、五级调用者，止降二级留任；应革职者，止降四级留任；如遇贪酷不法等罪，仍行革职。"⑤ 三是对容美土司"遣发土目到县地""令巴民馈送丝花（银）"等，伏候宪夺。四是对巴东县"沿边人等，躲避差役，逃入土彝峒寨潜住，究问情实

① （清）齐祖望：《移明古制》，康熙十九年，载宜昌市档案局、宜昌市地方志办公室《（同治）宜昌府志》，内部资料，2002，第1063页。
② 鹤峰县燕子镇百顺村《百顺桥碑文》，康熙二十九年（1690）。
③ （清）齐祖望：《移明古制》，康熙十九年，载宜昌市档案局、宜昌市地方志办公室《（同治）宜昌府志》，内部资料，2002，第1064页。
④ （清）齐祖望：《移明古制》，康熙十九年，载宜昌市档案局、宜昌市地方志办公室《（同治）宜昌府志》，内部资料，2002，第1064页。
⑤ （清）齐祖望：《请严边防》，康熙二十年，载宜昌市档案局、宜昌市地方志办公室《（同治）宜昌府志》，内部资料，2002，第1062页。

发边卫永远充军"。① 五是"僧道将寺观各田地,若子孙将公共祖坟山地,
朦胧投献王府,及内外官豪势要之家,私捏文契典卖者,投献之人,问发边
卫,永远充军"。② 六是"汉人私出关堡者,连天关巡检司及守御千把总,
拿送有司,审明发落。土人私入关堡者,巡检及千把总,审无别项情弊,相
应径行量责逐出境外"。③ 这种"勒石通衢、汉土相禁"的边界问题处理方
式是"汉不入峒、蛮不出境"边地政策的现实体现。

康熙二十八年(1689)八月,朝廷通过查验,认为"洪武初,邑西南
五百里,距施州容美宣抚司二十里许,设连天关巡检司巡检一员,弓兵一百
名,皆驻扎关隘,防守诸彝出入,为民保障。嘉靖四十年(1561),后一都
民邓天益奏,于邑西南五百里金鸡口设立红砂堡,拨远安所千户一员,旗军
五十三名防守等语,及查荆州府申赍总志内,亦载备明晰,与县志无异。是
红砂堡、连天关等处,向来原设有官有兵,为汉地而非土境也,明矣。今于
红砂堡等处设兵驻守,不过遵循旧制,原非创举。而该土司从前谓不当于彼
处设兵驻守,不亦狂悖乎?"④ 故要求容美土司"要仰该土司即便遵照。嗣
后务须恭顺,安分守尔土业,毋得再肆争端,饶舌鼓唇,妄行狂吠,自取咎
戾"。⑤ 自此,自明代而起的容美土司与巴东县争边事件告一段落,而此时
更大的"汉、土争界"案又在长阳与容美土司交界的地方酝酿。

康熙四十九年(1710),荆州府对自明代以来土司侵占的长阳县土地进
行清查。这其中纠纷较大的在清江支流泗洋河与天池河上游流域,大概是
东、北至棕溪河,西至采花楠木桥村后荒,南至水泻司的地域范围,在独岭
山脉以东的河谷地区。容美土司与长阳县的边界之争要比巴东县复杂得多。
湖广督臣杨宗仁委令升任枝江县知县的陈德荣、宜都营守备苏门辉、荆州道

---

① (清)齐祖望:《请严边防》,康熙二十年,载宜昌市档案局、宜昌市地方志办公室《(同
治)宜昌府志》,内部资料,2002,第1062页。
② (清)齐祖望:《请严边防》,康熙二十年,载宜昌市档案局、宜昌市地方志办公室《(同
治)宜昌府志》,内部资料,2002,第1062页。
③ (清)齐祖望:《请严边防》,康熙二十年,载宜昌市档案局、宜昌市地方志办公室《(同
治)宜昌府志》,内部资料,2002,第1063页。
④ 《大中丞王公檄》,康熙二十八年,载宜昌市档案局、宜昌市地方志办公室《(同治)宜昌
府志》卷10《兵防》,内部资料,2002,第473页。
⑤ 《大中丞王公檄》,康熙二十八年,载宜昌市档案局、宜昌市地方志办公室《(同治)宜昌
府志》卷10《兵防》,内部资料,2002,第473页。

高淳、荆州府知府王景皋、长阳县知县李恂与土司一起进行会勘。

自明代嘉靖年间开始，在鹤峰、五峰相邻地区的百顺河流域的水泾司、深溪河流域的石梁司以及鹤峰北佳坪的张氏土司就开始迁入天池河流域，建立衙署，并不断向原属于长阳县的天池河和泗洋河流域渗透。明正德年间，五峰张氏土司五世祖张昊助庶子白俚俾争袭，田世爵回司袭职后将其杀死，并葬在巴东县红砂堡。远族张世瑛承袭五峰长官司，张世瑛"袭长官司职，田世爵强横，弃旧居之北佳坪（今鹤峰县北），而买管长阳有粮之地芝麻坪居焉，以作衙基居住以避嫌疑"。① 明代天启七年（1627），容美土司田氏侵占独岭山脉的垭口，侵占垭口下的菩提隘巡检司，开始大规模蚕食天池河流域。同一时期，容美土司翻越湾潭河上游的分水岭，进入泗洋河上游地区，侵占了泗洋河上游的长茅关（今采花乡长茂司村）巡检司及下游不远处的蹇家园（今采花乡星岩坪村）巡检司。明末清初，容美土司侵占了"梅子八关"的三个关口，整个清江支流天池河的河谷和泗洋河的河谷都落到了容美土司的势力范围之内。康熙四十九年（1710）显然不可能追溯到明代中叶，而更像清查清初自田舜年任土司主之后侵占的长阳土地。

容美土司主田旻如较为配合清政府的这次土地清查。田旻如曾在康熙四十二年（1703）入禁廷作为容美土司在京城的质子。康熙四十五年（1706），容美土司主田舜年于武昌病死。康熙四十六年（1707），田旻如奉旨回容美土司袭职。雍正元年（1723），湖广总督杨宗仁参奏田旻如不忠，但雍正帝朱批说："田明（旻）如之心迹，朕所悉知，方将感恩戴德不暇，岂尚有不法之行为？此皆不知大体，武臣起好大喜功之念，复贪羡容美富庶，而怀图利之心，所以议论纷纷，何得轻信，妄生事端耶？"② 田旻如得到了清王朝的重用，应"感恩戴德"。田旻如也自信于朝廷对自己的优待。雍正二年（1724），田旻如向雍正帝奏请赏赐御翎折。③

---

① 参见五峰县五峰镇道光《清河堂张氏族谱·五峰安抚司族姓人物传》。
② 《湖广总督杨宗仁奏》《朱批谕旨》，载鹤峰县民族事务委员会编《容美土司史料续编》，内部资料，1993，第11页。
③ 田旻如：《湖广容美宣慰使田旻如请赏赐御翎折》，雍正二年，载鹤峰县民族事务委员会编《容美土司史料续编》，内部资料，1993，第12~13页。

雍正三年（1725），经过十多年的争讼，案卷重重，府县与地方终于确认了最后的方案。根据"汉土疆界碑"①所述，"争边"的土地可分为三类。一是康熙六十一年（1722）容美土司田舜年的女婿椒山土弁刘跃龙试图复垦的"江南一十四契田地"，包括清江南岸的王家平、双土墓、阿儿平、土地堂、蔡家坡、鹅颈项、朱墟底、白果树、龙平、褚墟底、新寨平、恩一甲等处。二是用价银180两买管的柑子园、渔翅滩等处田地，有买管印册为证。三是明末清初容美土司水浕司侵占的白溢、麦庄两地。其中柑子园、渔翅滩、麦庄在今五峰县傅家堰乡一带；白溢即五峰采花乡白溢坪村。府县与容美土司商议了不同的条款以应对不同类型的土地。第一类，府县要求容美土司无条件退还。查各契文，年远无印，无法征信。撕毁一十四契，长阳民依旧住种管业。第二类，府县原价回赎，土司领价退田，饬令长民有力者管业。第三类，仍归属土民和土司，并在附近勒石定界。汉、土"争边"终于告一段落。

（二）汉土疆界碑的矛盾与疆域认同

雍正三年（1725）八月，两块硕大的汉土疆界碑在泗洋河流域的漂水岩和天池河流域的竹桥矗立。土、汉边界迎来了短暂的平静。据其后湖北署理总督臣傅敏、巡抚臣宪德再次向雍正帝奏报："有容美土司田旻如与长阳县民互争白溢、麦庄、柑子园等处地土一案，经前任督抚委员勘审，于雍正三年（1725）二月内据布政司具详，将王家坪等一十四处田地具归长民管业；其柑子园、鱼翅滩等处，据土舍称用价一百八十两所买，应令长民赎管纳粮；至白溢、麦庄二处，据土民供，自明末被土人占去，今验其衙舍墓表，皆土官旧址，且报有秋粮九十六两，应仍归容美土人耕种完粮等由，经前督臣杨宗仁批允，勒石定界，取具依领其报在案。"②并且田旻如非常重视，他委令伊弟田琨如等移送退赎柑子园、鱼翅滩，并造具画册前来，职等随将赎田价银180两交给该土员领收讫，住种土人已经搬移。即使对容美土司不友好的地方官员派人探查，也得出土司履案的实际："今臣等查得容美一司素称强悍，而田旻如为人虽贪暴诡谲，然未敢越出汉地，妄生事端，即

---

①　有两块汉土疆界碑，一块立在五峰县采花乡白溢坪下的漂水岩，属泗洋河支流渔泉河；另一块立在五峰县五峰镇竹桥，两块碑立于雍正三年，内容完全一样。

②　《议覆谭一豫条陈容美土司事宜折》，雍正五年，载鹤峰县民族事务委员会编《容美土司史料续编》，内部资料，1993，第15页。

与长民互争田土，一经委勘，已即遵法退还。"①

然而，事情并没有得到解决。雍正四年（1726），就在渔泉河漂水岩稍下游的蹇家园又发生了汉、土"争边"案。作为长阳防备土司"梅子八关"之一的蹇家园，自明代起，汉、土就在此杂居。"蹇家园"本名"梭草关"，又因蹇氏世袭于此，故名。《明太祖实录》载："洪武十七年（1384）正月，己酉，湖广左布政使靳奎言：'归州所辖长阳、巴东二县，居大江之南，地连容美诸洞，其蛮人常由石柱、响洞等关至巴东劫掠。有土民谭天富者，常率众击败之，归所掠男女二十二人，斩首十三级，生擒四人。事闻于朝，已蒙赏赉，然天富止能自保其乡，他所被寇者，须报州县移文军卫，发兵剿捕，动经旬日，贼已遁去，臣愚以为若于蛮人出没要路，如椒山寨、连天关、石柱、响洞、蹇家园等处，选土民为众推服如天富者，授以巡检，俾集乡丁，自为保障，则蛮人不敢窃发矣。'从之。"② 《蹇氏族谱》载："至于长阳之祖朝壁公世袭梭草关检，于清任贵州柔远所游击参将，长阳田地悉为容美侵占，后子孙回籍与容美□□□□□。"③ 也就是说，蹇氏为长阳本地土民，在洪武年间被选为巡检。清初，蹇家园为容美土司所侵占。雍正四年（1726）"长阳知县募民垦种，有蹇姓族众回蹇家园籍领垦。旻如遣人诱以多金，令其远去。蹇姓坚执不从。旻如带领千余人亲到白衣（溢）、麦庄，声言巡边，喝令土人勿得粜粮与蹇姓。适蹇姓粜有内地谷米。田旻如纵人抄抢，并农器什物，丝毫无留"。④ "又上年（雍正五年，1727）三月，土人向彩等率众争夺蹇家园、上洪宇等处，将民人蹇凤家抢掳、阻垦，经长阳县解任知县李恂率同该汛把总段士章拿获土人向彩、田允如、桂连并先经被掳在土之民人覃显勋等。"⑤ 督抚又委令荆州道高淳、荆州府知府王景皋协同黄

---

① 《议覆谭一豫条陈容美土司事宜折》，雍正五年，载鹤峰县民族事务委员会编《容美土司史料续编》，内部资料，1993，第16页。

② 杨小华：《〈明实录〉鄂西史料辑注》，内部资料，鹤峰县民族事务委员会编印，1993，第14～15页。

③ 五峰县采花乡长茂司村《蹇氏族谱》，乾隆七年毛草氏版，田野调查过程中收集，不完整，仅34页。

④ 李荣村：《元明清容美土司兴亡史（1308～1734）》，载《蒙藏学术会议文集》，台北："中国文化大学"出版社，1988。

⑤ 《湖广湖北巡抚臣宪德奏》，雍正五年（1727），载鹤峰县民族事务委员会编《容美土司史料续编》，内部资料，1993，第13页。

陂县知县纪逵宜查勘、勘审,最后议定塞凤管业塞家园地方,住种土人现在搬移。[①] 雍正五年（1727）,清王朝就多次朝议湖广土司的改土归流问题。

汉土疆界碑刻载:"查得土人不得擅买汉地,定例昭然;汉人亦不得越种土司之地,以致滋事,务期勘明,分守界限,庶可汉、土相安。"[②] 这与明代以来的"蛮不出境,汉不入峒"的地缘政治策略如出一辙。汉土疆界碑是明代以来区域地缘政治安排的一种具体实践。明代施州卫指挥金事童昶[③]在《拟奏制夷四款》中说道:

> 施卫所属田覃二姓,当宋元未分之前,其势甚盛,故屡为边患。自国朝永乐以来,二氏子弟分为十四司,传之后世,亲者渐疏,遂为仇敌。势分而患少。盖彼弗靖。则环视他司,有内顾之忧。此与主父偃令诸侯王得以户邑分子弟同意,真制夷长策。国朝设立关隘,把截甚严。至今尚传"蛮不出境,汉不入峒"之语。永乐二年（1404）,令守臣招抚,不意渐徙内地。如:施南金峒等司,则入施州地矣,弘治间,忠路、忠孝又徙施州都亭。施南唐崖又侵黔江之夹口。夫轶侵其地,其贪未厌,而守土不之问,势可畏也。宜先事制之。国初,土官袭职属吏部。三年（1405）,改兵部。七年,子绝许弟任袭。永乐十五年（1417）,例出十年者,亦准袭。天顺二年（1458）,许会奏就彼处冠带。弘治二年（1489）,许年未十五者亦管事。五年,令土官袭,于本卫习礼三月,回司理事。今皆荡然。[④]

实际上,汉土疆界碑正是这一"制夷之策"的具体安排,其目的在于:一是防止中原人口向山区流动,保证中原的富庶;二是防止山区边缘族群干扰内地、扰乱边地;三是让土司去防备更边缘地区的动乱。其手段在于明确

---

① 《湖广湖北巡抚臣宪德奏》,雍正五年（1727）,载鹤峰县民族事务委员会编《容美土司史料续编》,内部资料,1993,第13页。

② 参见五峰县采花乡漂水岩《汉土疆界碑》文。

③ 童昶,字明甫,施州卫（今湖北恩施）人,明朝将领。初为卫指挥金事。代宗景泰至英宗天顺年间（1450～1464）,参与镇压大藤峡等处壮、瑶等族起义,升靖州营参将。迁淮河镇总兵,博学,有文武才,著有《周正考》《施州卫志》《大田所志》。

④ （清）张金澜:《宣恩县志》卷20《艺文》,同治二年刻本。

汉、土边界，管控汉、土杂错，以息事宁人，保障安宁。汉土疆界碑的作用在于：一方面通过明确边界强化了边缘族群的地域认同，另一方面中央王朝通过纠纷的处理来强化其仲裁人角色，让边缘族群认识到边缘地区也为"王土"，也是国家疆域整体性不可分割的一部分，这正是容美土司国家认同的基本情境性前提。

第二章

作为基础的文化认同：
信仰、文学、艺术与儒学

文化认同（cultural identity）"是指个人或群体对某类文化的归属感，文化认同既是国家认同的内容、基础，也塑造着人或群体的国家认同观念"。① 从国家认同层面看，容美土司的文化认同主要呈现在以儒学为核心的国家主流文化认同上，也涉及内地信仰与习俗、文学与艺术、生计与技艺等方面的认同。钱穆说，"中国古人，不仅无鲜明的民族观，抑且无坚强的国家观"，② 他认为中国古人创造出一套"融凝"的文化系统，这套文化系统之下的"中华民族，遂能更融凝，更扩大，成为一更新更大的民族"。③ 实际上，以儒学为核心的民族观与国家观的基本思想即"家－国天下"④ 和"五服"观⑤。对于中国古代

----

① 葛政委：《多维视野下的容美土司国家认同内涵研究》，《中南民族大学学报》2017 年第 5 期。
② 钱穆：《民族与文化》，台北：东大图书股份有限公司，1989，第 8 页。中国的多民族构成的国家实体是在历史的衍化中形成、夯实和发展的，以儒学为核心的文化观与民族观在这一进程中发挥着关键性的作用。这与欧洲的"民族国家"的文化发展脉络是完全不同的。也就是说，有的文化认同会引导国家去分裂，有的文化认同却可以让国家更凝聚。
③ 钱穆：《民族与文化》，台北：东大图书股份有限公司，1989，第 9 页。
④ 《明宣宗实录·宣德三年二月条》载："四夷非可以中国概论，天地为之区别，夷狄固自为类矣。夷狄非有诗书之教，礼义之习，好则人，怒则兽，其气习素然。故圣人亦不以中国治之。若中国乂安，声教畅达，彼知慕义而来王，斯为善矣。然非我族类，故其心叛服不常，防闲之道，不可不谨。故国家置边圉，简将帅，励兵甲，严守备，使不能为中国患而已。盖圣人以天下为家，中国犹堂宇，四夷则藩垣之外也。堂宇人所居有礼乐，有上下，藩垣之外草木昆虫从而生长之，亦天道也。夷狄为患，必乘中国之弊，使朝廷之上，君臣同德，法度昭明，中国安，兵食足，边圉固。彼虽桀骜，何患之能为？是故能安中国者，未有不能驭夷者也，驭夷之道，守备为上。春秋之法，来者不拒，去者不追。盖来则怀之以恩，畔而去者，不穷追之，诚虑耗弊中国者大也。"
⑤ 《史记》卷 4《周本纪》载："夫先王之制，邦内甸服，邦外侯服，侯卫宾服，夷蛮要服，戎翟荒服。甸服者祭，侯服者祀，宾服者享，要服者贡，荒服者王。日祭，月祀，时享，岁贡，终王。先王之顺祀也，有不祭则修意，有不祀则修言，有不享则修文，有不贡则修名，有不王则修德，序成而有不至则修刑。于是有刑不祭，伐不祀，征不享，让不贡，告不王。于是有刑罚之辟，有攻伐之兵，有征讨之备，有威让之命，有文告之辞。布令陈辞而有不至，则增修于德，无勤民于远。是以近无不听，远无不服。"

王朝国家而言，天下即一家。这意味着"家内秩序被拟制地扩大而建立国家秩序"。① 依照文化的标准，中国的模式，对人群"有'内外'、'生熟'之分，内部人群又进一步划分成已经被教化的和未被教化的"。② 因此，中国的"国家认同与文化、文化认同与国家"的内在关联性是非常强的。

在西南诸土司中，容美土司把学习内地文化、促进土司与内地文化交流作为土司重要的策略来实施。从信仰上看，一方面容美土司大量接受内地信仰在土司地域的传播，一些内地信仰与土司社会高度融合，完成了"在地化"的过程；另一方面内地信仰在土司的传播也是国家权力的"文化网络"在土司建立的过程，为土司"国家化"的重要内涵。从文学上看，容美土司家族文学是在土司与汉地文人唱和的过程中形成的，土司家族文学呈现文学主体性不断增强的清晰的发展脉络。从戏曲来看，土司把对歌舞热爱的传统与对汉地戏曲艺术的学习、创作相融合，发展出具有汉土融合特色的戏曲艺术。容美土司素以文化繁荣著称，这是容美土司国家认同的特色。

第一节　关公信仰的"在地化"

容美土司地区的宗教信仰十分庞杂，既有体现族群认同的向王信仰、祖先崇拜，又有体现国家主流文化认同的佛、道、儒教认同。从明代中叶开始，来源于汉地的宗教信仰在容美土司成为主流信仰，并与土司制度融合，完成了"在地化"的过程。

（一）关公信仰在容美土司的传播

从已有文献记录和田野调查发现可知，容美土司汉地民间信仰十分发达。因为土司的推崇，大量的佛教寺庙、道观、关庙、三官庙等汉地信仰设施得以在土司修建，大量土民开始信奉汉地传播而来的信仰。这两类信仰可以分为"出世"的佛、道教和"入世"的关公信仰，来自内地的信仰并不是简单地横向传播，而是与土司社会不断融合，完成"在地化"的过程，这一过程也是关公信仰向容美土司传播的过程。

关公崇拜起源于隋唐时期，"主要依据是佛教天台宗实际创始人智𫖮率

---

① 〔日〕尾形勇：《中国古代的"家"与国家》，张鹤泉译，中华书局，2010，第182页。
② 〔美〕乔纳森·弗里德曼：《文化认同与全球性过程》，郭建如译，商务印书馆，2003，第96页。

先对关羽的神化和利用，即中国佛教史上的关羽'护法玉泉说'"。① 明清时期，王朝推崇关公信仰，民间广建关公庙，关公信仰迅速在全国甚至世界蔓延，关羽从战神衍化为财富、人身、行业和日常生活的保护神。历史上关公信仰在中华文化圈流传，并与各地社会文化相结合，持续着这种信仰的"地方化"过程，关公信仰也因此更具地方性的意义。杜赞奇曾考察华北平原"关帝神化"的语义内涵，探讨中央王朝如何利用关公信仰来教化华北的民众，并促进国家权力的文化网络在地方的建构。② 明代中叶以后，在中央王朝的号召和土家族地区土司上层的推动下，关公信仰也完成了这种信仰的"地方化"过程，成为土家族地区土司社会的主流信仰之一。

在土司时期以前，鄂西南地区可能也存在关公信仰，但这可能是鄂西南民族的诸多信仰之一。而明清时期，关公信仰成为土司社会的主流信仰，其与土司高度融合，并沉淀为土司国家认同的重要文化因素之一。来自江苏无锡的顾彩在游历容美土司之时曾发出"土人最敬关公"的感慨。在《容美纪游》中，他描绘了多幅容美土司中府关公信仰兴盛的场景：

> 逾一寨，抵南府，寓〔余〕于张桓侯庙（土人最敬关公）。③
> 关帝庙在南门内龙脊上，甚壮丽。④
> 石阙以上为下平山，高处有关夫子庙，庙前对峙二奇石，穴石施栋，以起戏楼（守关沈千总奉主命设中伙于庙，候余久矣，至则饱餐，乃扶掖余上山，始得平地）。⑤

---

① 蔡东洲、文廷海：《关羽崇拜研究》，巴蜀书社，2001，第44页。相传湖北当阳市玉泉寺为关公羽化之地，故当阳市也为关公信仰兴盛之地，容美土司地区邻近当阳，明代关公信仰在容美土司地区得到广泛和深入的传播。同治《当阳县志》卷8《祀典下》载："关帝庙在治西五里，即陵寝也。陵之有庙始于明成化三年（1467），县令黄恕请于朝立庙，春秋祀。"

② 〔美〕杜赞奇：《文化、权力与国家：1900—1942年的华北农村》，王福明译，江苏人民出版社，2008，第139~148页。本章主要从容美土司主体的角度来阐述容美土司对中华文化的认同，但若从王朝国家角度来看，杜赞奇的"国家权力的文化网络"也是一个可以较好应用的概念。明清时期，关公信仰之所以得到国家的大力支持，与其试图通过关公信仰来促成地方对国家的忠诚的目的相关。

③ 高润身主笔《容美纪游注释》，天津古籍出版社，1991，第26页。

④ 高润身主笔《容美纪游注释》，天津古籍出版社，1991，第53页。

⑤ 高润身主笔《容美纪游注释》，天津古籍出版社，1991，第59页。

十三日，以关公诞演戏于细柳城之庙楼，大会将吏宾客，君具朝服
设祭，乡民有百里来赴会者，皆饮之酒，至十五日乃罢。"①

顾彩在南府、中府、屏山爵府、细柳城四地都观察到土司信仰关公的情
景。这与在容美土司地域的田野调查情况也较为一致。根据《鹤峰州志》
《长乐县志》上的记载以及田野调查，至少有 14 座明代建成的关公庙分布
在容美土司主要的聚落点，在五峰县五峰镇的白溢寨、石梁司，采花乡的长
茂司（长茅关），以及鹤峰县的五里、太平、走马、容美镇中府、细柳城和
屏山等地都发现了关公庙遗址。目前，随着考古发掘的推进，容美土司南府
和爵府的关公庙遗址已经被清理出来。

关公信仰在容美土司的广泛传播离不开容美土司对关公信仰的认同。这
背后的原因是多方面的。

首先，容美土司认同关公信仰"忠义"的教化作用。在明代中期以前，
容美土司常发生土司争袭与争边事件，十分悲惨。明嘉靖年间（1522 ～
1566），容美土司发生了"白俚俾争袭、弑父杀兄"的惨案，震惊土司。当
时还是襁褓的土司主的儿子田世爵被部下舍人送至桑植躲避。田世爵长大后
在朝廷的帮助下回司袭职，并深刻反思这一惨案。"公（田世爵）痛惩乱贼
之祸，始于大义不明，故以诗书严课诸男，有不嗜学者，叱犬同系同食。"②
也就是说，容美土司认为，"大义不明"是土司不断发生惨案的原因，故大
力推行儒学。关公信仰所崇尚的"忠诚""义气"正是容美土司教化所需要
的。除了对土司、土舍的教化之外，土司时期关公庙在容美土司人口聚居点
的均衡分布也说明了土司通过关公信仰教化土民，以促进土司对土民的
管理。

其次，容美土司认同关公信仰蕴含的"勇猛精神"。湖广诸土司以军职
土司为主，崇尚"武功"是容美土司的基本特征之一。《长乐县志》也认
为："土司多尚武。"③ 方志、谱牒记载了容美土司尚武的情况，如："明朝
中叶，容美土司司主田九霄随父率领苗蛮兵将，在抗倭活动中奋勇争先，斩

---

① 高润身主笔《容美纪游注释》，天津古籍出版社，1991，第 78 页。
② 五峰长乐坪民国《容阳堂田氏族谱》卷 3《田氏世家》。
③ （清）李焕春主修《长乐县志》卷 16《杂纪志》，咸丰二年（1852）。

首级五百八十级。"① 清代初期，在与桑植、忠峒土司的较量中，容美土司"有罗文虎者，素骁勇，率土兵突围，赴中府谓援，敌断其一臂，犹格杀数十人乃毙，解围后舜年斩先退土民两人以殉罗葬"。② 在土司训练中，"其兵皆素联系，闻角声则聚。无事，则各保关寨。盔，重十六斤，衬以厚絮，如斗大。甲，重三十斤，利箭不能入。火枪，打百步。一人博虎，二十人助之，以必毙为度。纵虎者，重罚。猎他兽，亦如之。得禽，则倍赏当先者"。③ 尽管容美土司以"儒雅"著称，但仍对"武功"非常重视。一方面，容美土司需要用武力保卫自己不受周边土司、卫所势力的侵扰，服从王朝的征调；另一方面，容美土司需要以勇猛的精神去应对山地生态环境。关公身上所蕴含的勇猛、好战的精神气质与容美土司所需要的正好一致。

再次，关公信仰是汉地和土司共同认可的文化。自宋代崇宁年间，宋王朝封关公为"崇宁真君"以来，中央王朝屡次加封。明代就曾三次加封关公，"明洪武元年（1368），复原封汉寿亭侯。嘉靖十年（1531），复原封前将军假节钺。万历四十二年（1614），封三界伏魔大帝神威镇远天尊关圣帝君"。④ 清代更加推崇关公，"大清顺治九年（1652），敕封忠义神武关圣大帝。乾隆五十三年（1788），敕封忠义神武灵佑关圣大帝。嘉庆十八年（1813），敕封忠义神武灵佑仁勇关圣大帝。道光元年（1821），敕封忠义神武灵佑勇威显关圣大帝。咸丰元年（1851），敕封忠义神武灵佑勇威显护国关圣大帝"。⑤ 在明清衙署设置文、武两庙成为标配，武庙即"祭祀关公"。中央王朝对关公信仰的推崇也影响到容美土司。明代中期容美土司诗人田九龄⑥曾游历汉地宜都，写下了《宜都关公祠》一诗："魏寝孙祠已不延，神宫犹挹蜀江天。可怜百战三分地，不见中兴一统年。剑气尚吞吴日月，旌旗长带汉云烟。灵符四七无重谶，莫羡云台画像贤。"⑦ 诗中把关公与明朝

---

① 五峰长乐坪民国《容阳堂田氏族谱》卷3《明太史华容严守升撰田氏世家》。
② 蔡韫：《鹤峰州志》卷13《艺文》，民国32年（1943）。
③ 李荣村：《元明清容美土司兴亡史（1308～1734）》，载《蒙藏学术会议论文集》，台北："中国文化大学"出版社，1988。
④ （清）李焕春主修《长乐县志》卷11《礼乐志》，咸丰二年（1852）。
⑤ （清）李焕春主修《长乐县志》卷11《礼乐志》，咸丰二年（1852）。
⑥ 《宜昌府志》云"容美司以诗名家，自子寿始"，"子寿"即"田九龄"。
⑦ （明）田九龄：《田子寿诗集校注》，贝锦三夫校注，中国文史出版社，2016，第204页。

"云台像"中的忠臣一并列举，以喻"效忠王朝"。容美土司大力推进关公信仰在土司的传播，这也容易得到中央王朝的认可和土司内部的认同。

最后，关公信仰有利于维护容美土司统治的合法性和权威性。这表现在多个方面。一是在容美土司内，关公信仰有很强的"仪式感"，这一点非常重要。顾彩在容美土司游历时，曾亲眼看到容美土司主田舜年在五月十三日关公诞日"朝服设祭"，在仪式活动中，大会将吏宾客，表演地方戏，而土民"百里来会"，如举行庆典一般。关公信仰的仪式感可以调动土民对"关公"的信仰热情，进而使其更加认同土司统治的合法性及王朝权威。在实践层面，土司统治阶层大规模动员甚至强制土民参与关公祭祀仪式。土民对关公的信仰并非完全自愿和自发，土司王的倡导、动员甚至强制起着非常重要的作用。土民自裹粮食，行百里参加祭祀，完全是土司统治阶层的动员、引导、强制的结果。土司动员、强制土民参与关公祭祀仪式说明容美土司关公信仰更具社会性，而不是个人信仰行为。在容美土司官方举行的"一年两度"土司官方关公祭祀仪式中，"仪式感"极大地调动了土民的热情，大大增强了土司合法统治的象征性。二是在容美土司内，关公信仰有很强的"官方性"。从关公庙的修筑上看，大部分关公庙都有官方的背景。一方面，容美土司的关公庙是经过官方精心布局的。明朝修建的14座关公庙较为均衡地分布于容美土司的主要人口和政治聚集点。五峰县的白溢寨和石梁司原来就是容美土司北府和石梁土司的治所，是土司衙门和土司行辕驻地。鹤峰县的五里、太平、走马、容美镇是容美土司的主要经济节点和人口聚居地。土司社会有其特殊的政治结构和社会构成，土民不大可能自发地修建规模较大的关庙。而同期汉地既有官修的关庙，也有民间社会团体修建的关庙。作为边缘族群的容美土司如此大规模地修建关庙，并非中央王朝强制，而是容美土司有意为之，这本身的意蕴与汉地倡修关庙不同。另一方面，关公庙由土司派专人管理，还作土司驿馆之用。容美土司派遣关庙附近的土目或专职宗教人员管理关庙。顾彩在容美土司游历时，常住关庙之中，住进关庙就会得到当地土目的细心照顾，可见，关庙有驿馆之用。容美土司时期，十余座佛寺分布于容美土司，外地僧人纷纷进入，有的关庙也被僧人监管。

正是在以上背景下，关公信仰迅速地融入土司社会，"国家"意义的关公信仰完成其"地方化"过程，"地方化"的关公信仰饱含"国家"的意味。当在地理上邻近容美土司，发祥于当阳玉泉寺的关公信仰传入容美土司时，其倡导的忠义、尚武精神得到容美土司的高度认同，关公信仰在容美土司的传播水到渠成。

（二）关公信仰与土司制度的融合

关公信仰在与土司制度融合中所表现的张力令人惊诧，其张力至少表现在两个方面。一方面，中央王朝通过关公信仰来提倡"忠君爱国"观念，教化边缘族群，消解边缘族群的"离心力"和"蛮夷性"，建构土司对中央王朝的向心力和国家认同。容美土司也通过关公信仰来表达"国家在场"，展示土司对中央王朝的向化忠君之心，并在"王朝屏翰"中来定位自己在中央王朝国家体系中的位置。容美土司进而通过关公信仰把土司与国家紧紧地联系在一起。另一方面，关公信仰"地方化"的过程也是边缘族群整合自身社会的过程。容美土司统治者利用这一外来强势文化符号整合地广人稀、交通阻隔、强姓林立的土司社会，既可以从关公信仰的文化符号中得到合法的统治权威，又可以利用这一文化的"忠信仁义"和"武勇"来教化、整合土司社会。

关公信仰在容美土司的"地方化"过程展示了不同于族群边界论者的事实。著名的族群边界论学者巴斯曾说："族群是一个归属性和排他性的群体，它取决于边界的维持。"[1] 而容美土司利用关公信仰来表现"地方"与"国家"、土司与王朝的一致性，其边界非常富有弹性和包容性。关公信仰的传播过程也是边缘族群融入王朝国家的过程，是"中华民族多元一体格局"形成的生动体现。

从个体层面说，关公被信奉为保护土民的神。土舍和土民对关公信仰的认同是关公信仰与土司制度融合的微观层面。在容美土司东部的采花长茂司地区，有这样一个反映关公保护土民的故事："话说长阳的白莲教来到了采花，引来官兵围剿，当官兵到泗洋河时，突然看到河对面一个擎天巨人横刀立在面前，简直就是一个活关公。关公牵着一匹赤兔马，赤兔马对着那些官兵嘶叫。官兵们吓得不得了，个个不敢向前迈一步。总兵只好收兵。百姓听

---

[1] Fredrik Barth, *Ethnic Groups and Boundaries：The Social Organization of Culture Difference* (Boston, M.A.：Little Brown, 1969).

说关公保护了山寨，争相到关公庙来还愿，此后，关公庙的香火更旺了。"①
这个故事生动地展示了关公被人信奉的原因。

从土司层面说，关公信仰成为土司内部势力的黏合剂。在土司内部，存在田、向、覃、刘、唐、张等大姓。田氏很难直接控制境内的大姓势力。一方面，这些大姓同姓聚居，人口众多，田氏很难用强力控制。例如，鹤峰县容美镇屏山村的容美土司屏山爵府所在地为向姓聚居地，向姓势力强大，田氏通过婚姻等方式去团结向姓。另一方面，这些大姓与容美土司域外势力保持着紧密联系。例如，清代初期，五峰采花的覃氏长官司的覃氏来源于容美土司的邻居添平千户所（见表 2 – 1），水浕长官司唐姓又与麻寮千户所关系密切。

表 2 – 1　五峰土家族自治县采花乡覃氏源流

世代序号	姓名	覃氏世系源流及主要事迹
1 世祖	覃汝先	施州长官
2 世祖	覃伯坚 覃伯圭	长子伯坚，授行军总管守施州 次子伯圭，协助兄长守施州，都尉
3 世祖	覃仕魁	伯圭长子。生于宋宁宗己未年(1199)，宋嘉熙年间，随大军征伐有功，授封兵马大元帅，驻守施州忠建(宣恩李家河)。随覃友仁在长阳拓展，元至元二十八年(1291)，终于家，葬蹇家园。谱载葬长阳星寨坪，即现在的采花乡星岩坪村。
4 世祖	覃友仁	配唐氏。长子。生于宋理宗淳祐元年(1241)，卒于元仁宗延祐三年(1316)。宋亡，武陵峒蛮乱，其父亲覃仕魁派其统兵从忠建追寇至麻寮，后又迁至石门北部
5 世祖	覃绪祖	配陈氏。长子。生于元至元二十九年(1292)，元仁宗延祐四年(1317)，向元缴印，袭父职，镇守添平所
6 世祖	覃添顺	配唐氏。长子。添平所正千户，封武德将军
7 世祖	覃文孙	配王氏，系常德卫指挥所之长女。长子。生于元顺帝至正十二年(1352)。洪武七年(1374)袭武德将军，掌印千户
8 世祖	覃纯武	长子。生于洪武二年(1369)，卒于永乐十六年(1418)。永乐二年(1404)袭父职
9 世祖	覃昊	长子。生于洪武丁卯年(1387)，卒于正统己巳年(1449)

---

① 五峰镇采花乡长茂司村谭德清（1955 年生，土家族）讲述。

续表

世代序号	姓名	覃氏世系源流及主要事迹
10 世祖	覃禹玄	长子。明英宗正统元年(1436)袭父职
11 世祖	覃毅恭	长子。生于景泰庚午年(1450),明英宗天顺六年(1462)袭父职。无嗣,弟毅宽袭职
12 世祖	覃善祖	毅宽长子。生于明成化壬辰年(1472),卒于嘉靖壬辰年(1532)
13 世祖	覃世魁	配伍氏。长子。生于明正德戊辰年(1508),卒于正德辛未年(1511)
14 世祖	覃继诏	配陈氏。长子。葬斗溪口活宝溪
15 世祖	覃宗文	配唐氏。长子。葬斗溪口活宝溪
16 世祖	覃光胜	配陈氏。长子。葬鹤峰州城对岩八峰山
17 世祖	覃祚玉	配王氏。光胜之子。葬采花乡白鹤村
18 世祖	覃家祁	配唐氏。长子。迁前坪核桃坪,葬前坪枫香岭。其弟覃家祉系朝廷敕封长茂司最后一任土司
19 世祖	覃声瑛	配桂氏。家祁长子。葬前坪枫香岭
20 世祖	覃庆琏	配安商珍、毛氏、张氏。声瑛之子
21 世祖	覃远德	配向氏。庆琏四子。生于乾隆庚寅年(1770),卒于甲寅年(1794)。年仅24岁。向氏生于乾隆癸巳年(1773),卒于道光丙申年(1836),葬楠木桥牌坊坪。向氏孀守节抚子。贞节牌坊表彰其事
22 世祖	覃长新	配万氏、陈氏。远德之子。又名覃晓谷,撰有《晓谷记》碑文。生于乾隆癸卯年(1783),卒于咸丰甲寅年(1854),葬楠木桥牌坊坪。三例修职郎
23 世祖	覃文韬 覃文权 覃文徽	文韬系长子,配尹氏。诰授五品奉政大夫。生于嘉庆丙子年(1816),卒于同治壬戌年(1862),葬楠木桥乌龟包。文权系次子,配刘、范、龚、奉、王氏。五品盐知事衔。文徽系四子,配李、吕氏。生于道光壬寅年(1842),卒于同治甲子年(1864)。葬石良司
24 世祖	覃章勖 覃章烈 覃章贞	章勖为文韬长子。生于道光丁酉年(1837),卒于咸丰丁巳年(1857),葬田家湾。授军工六品衔。章烈为次子,生于道光己亥年(1839),卒于同治癸酉年(1873),葬前坪枫香岭。授理问衔厅。章贞为三子。生于光绪壬午年(1882),卒于光绪丁未年(1907)。葬堰岭。为监生
25 世祖	覃遵义	章勖长子。生于咸丰丁巳年(1857),卒于光绪戊戌年(1894)。为国子监

资料来源:覃建军、覃远照、覃士才《中华覃氏志·五峰卷》,内部资料,乙未年桂月;五峰县采花乡前坪村《覃氏武德堂四修清查谱》,民国15年(1926)。

容美土司田氏必然需要讨好这些大姓势力。于是,大姓之间的盟誓成为容美土司整合司内势力的一种方式。史志中有许多记录容美土司"设誓"

的场景。例如，在改土归流前夕，容美土司末代土司田旻如召集土司大姓盟誓，抵御清军：

> 斯时，旻如苟有人心，一奉恩旨，即应就道，奈何一再檄催，及委官守催，犹以赈恤灾民为词，欺诳奏闻。且于迁延时日之中，与其弟畅如、琰如及中军向日芳，旗鼓田安南等商谋，于拾壹年之霜降日，宰牛歃血，与各土众誓曰"如遇官兵，协力堵御，官不上前，听民杀之；民不上前，官即杀之"等语。①

遍布土司的关公庙无时无刻不在提醒"忠义"，而"设誓"又在表达这一精神。关公信仰就像大姓之间、土舍与土民之间的黏合剂，整合土司内部的各类力量，成为土司制度实施过程中具有特色的文化内涵之一。

从国家层面说，关公信仰在容美土司的流传也是国家主流文化在土司内部建立"权力的文化网络"的过程，是国家治理的有效手段。关公信仰既是佛教的信仰，也是儒教的信仰。传播关公信仰是国家治理地方较为缓和的方式。宗教信仰在政治治理中通过三种方式发挥作用："第一，权力直接依靠宗教，如神权政治就是如此；第二，宗教可用来使统治精英合法化；第三，宗教可为谋求权力的人提供受他们操纵的深层结构、信仰和传统。"② 尽管中央王朝的治理并没有直接依靠关公信仰，却让关公所体现的"忠义"精神成为土司内部各势力共同接受的价值观，并逐步成为土司社会的心理结构。

在土民、土司与国家三个层面形成一致性的"国家认同观念"，这是关公信仰在容美土司传播中承担的历史使命。总之，土司时期，除关公信仰之外，大量内地信仰向土司内传播，对土司地区社会文化产生了深远的影响。"佛教、道教传入鄂西地区较早，主要是土司时期传入。"③ 在容美土司中府及近郊就有百斯庵、云际庵、法华寺、文殊寺、真武庙、城隍庙、桓侯庙、

---

① （清）毛峻德纂修《鹤峰州志》卷上《容美土司改土记略》，乾隆六年（1741）。
② 〔英〕特德·C. 卢埃林：《政治人类学导论》，朱伦译，中央民族大学出版社，2009，第80页。
③ 胡挠、刘东海：《鄂西土司社会概略》，四川民族出版社，1993，第80页。

关公庙、文庙等寺庵和道观。饱受灾难的容美土司第二十任土司主田甘霖（1612～1675）甚至皈依佛教，他在《田氏一家言·选佛堂诗》中写道："为僧不复念牛衣，三纪参禅了妄迷。"[①] 只是佛教是"出世"的，而关公信仰更多是"入世"的，其对土司社会文化及土司国家认同的影响更大。

第二节　土汉唱和的家族文学

"容美土司田氏家族不仅是军事家族，更是'文学世家'。"[②] 在武陵山区土司中，容美土司不仅以"武功"著称，在文学上更有特色。尽管明清时期四川酉阳冉氏土司、石柱马氏土司在文学创作上也有突出成就，"但从诗人之多、作品之丰、水平之高乃至影响之大等方面看，都不及容美土司田氏诗人群的创作"。[③] 田氏文学世家的产生基于土汉文化交流，这不同于一般文学世家的产生逻辑。[④] 土司与汉地的文化交流促成了容美土司文学世家的产生。

文学世家的形成过程又夯实了土司认同国家的文化基础。一方面，家族文学本身就是土司学习内地文学、主流儒学的结果；另一方面，家族文学又在塑造和表达"国家观念"，从而体现出文学对国家认同的促进作用。

（一）土汉文化交往下的"文学世家"

容美土司文学世家是指自明嘉靖年间至清康熙年间容美土司出现的田九龄、田宗文、田玄、田圭、田商霖、田霈霖、田既霖、田甘霖、田舜年六代九位田氏家族诗人。田氏诗人"在容美土司形成了一次绵延将近两百年的

① 胡挠、刘东海：《鄂西土司社会概略》，四川民族出版社，1993，第81页。
② 赵秀丽：《论"文学世家"容美田氏家族成因》，《民族文学研究》2012年第6期。"文学世家"一般是指在直系血缘上的两代及以上出现知名文学家的现象，文学世家一方面讲究时间上的传承性，另一方面讲究家族方面的内部性。在中国文学的浩瀚历史中，文学世家并不多。
③ 王峰：《〈田氏一家言〉背景分析》，《江汉论坛》2002年第11期。
④ 梅新林教授概括了文学世家的三种生成模式，一方面，是两汉至南北朝时期，得益于经学博士制度和九品中正制的"经学—文学世家"和"门阀—文学世家"的双重演进模式，延续至隋唐时期；另一方面，是两宋至明清时期，得益于科举制度和科宦世家推动的"科宦—文学世家"模式。而土司文学世家的形成逻辑显然不同于梅新林教授概括的三种。参见梅新林《文学世家的历史还原》，《中国社会科学》2011年第1期。

家族文人创作高潮"。① 这九位诗人也被称为"容美土司田氏诗人群"。② 根据新近的发现，容美土司田氏在五峰土家族自治县长乐坪镇的后裔也在清代中后期产生了几位诗人，包括田峄南、田泰斗、田崇寿、田浩如、田卓然、田礼耕，这些人自然也应纳入容美土司田氏文学世家之内。因此，容美土司"田氏诗派"包括田氏土司的九位诗人以及容美土司田氏后裔的六位诗人。

容美土司田氏文学世家的产生是土汉频繁、深度交往的结果，田氏土司文学是土汉文化交流的结晶。这表现在多个方面。

1. 田氏家族文学由土、汉共同创作、编纂，并在土、汉两地得以传承与传播

明朝万历年间，容美土司首位大诗人田九龄拿着他的诗稿向恩师华容人孙斯亿求序。孙斯亿在《〈田子寿诗集〉序》中写道："近体绝句，多唐遗音；歌行，实效四子；乐府古诗，悉可造文选。每囊以示予，予辄评纂久之，子寿益进。"③ 后在孙斯亿的推荐之下，他又要到了下雉吴国伦、西陵殷都、巴陵杨邦宪、博南周绍稷的序言。田九龄与孙斯亿密切合作，对诗集进行了初步编纂，但并未付梓。田九龄逝世后，其子田宗鼎与孙斯亿之子孙羽候继承前辈事业，"其古选、近体已削成'一家言'，而诗始善"，却仍未付梓。④

与此同时，田宗文（字国华，田九龄的侄子），也因土司争斗而避居澧水。嘉靖三十八年（1559），因父亲田世爵在抗倭中辞世，田九龄为袭土司职的长兄田九霄不容，被迫离开容美。后田九霄病死，遗命仲弟田九龙袭职。又因田九龙的长子田宗元和庶长子田宗俞争权，田宗文不愿卷入其中，故随田九龄远居澧州。在两人的居室"离骚草堂"里，叔侄两人

---

① 邓斌、向国平：《远去的诗魂——中国土家族"田氏诗派"初探》，湖北人民出版社，2003，第 5 页。

② 曹毅：《容美土司田氏作家群》，《民族论坛》1994 年第 1 期。

③ （明）田九龄：《田子寿诗集校注》，贝锦三夫校注，中国文史出版社，2016，序，第 19 页。

④ （明）田九龄：《田子寿诗集校注》，贝锦三夫校注，中国文史出版社，2016，序，第 25 页。可见田九龄之子田宗鼎又对其诗进行了进一步编纂，应承其父志，定诗集为《一家言》，需要注意的是，这与清代田舜年编纂的《田氏一家言》不是一个概念。而在之前，在孙斯亿的推荐之下，吴国伦为田九龄诗集作序，曰"生名九龄，字子寿，因题之曰《田子寿集》"，又可参见本注条序，第 21 页。

进入了创作的黄金时期。① 田九龄把自己的内地朋友，特别是华容孙斯亿一家，介绍给田宗文认识。孙斯亿自然接受志趣相投的田宗文。这一友情甚至延续到孙斯亿的儿子孙羽候那里，他也为《楚骚馆诗集》作序。田九龄与田宗文叔侄性敏好学、重文耽诗、志向坚定，成为容美田氏文学世家的开创者。

明代天启七年（1627），容美土司第17任土司主田玄②在袭职两年之后开始整理刊刻田九龄的《田子寿诗集》和田宗文的《楚骚馆诗集》，③这比田舜年编辑《田氏一家言》早了60年，这也是田氏诗集首次刊刻。

康熙十八年（1679），容美土司主田舜年开始编纂《田氏一家言》，可以说这是容美土司最大的文化盛事，也是明清时期武陵民族走廊首屈一指的文化编纂工程。田舜年得到了与孙斯亿同属于华容县的南明太史严守升和寓居容美的南明相国夷陵文安之的帮助。严守升在《〈田氏一家言〉叙》中勾勒了容美土司家族文学发展的脉络，"乃田氏世集异书产词人，与天下诸名家倡和。亿自嘉隆子寿先生与吾邑孙氏云梦山人颉颃王李，继起者，太初使君家声益振，有丈夫子三人，长双云，次夏云，又次特云，古称三珠不訾也。特云座上常满，刻烛成诗，迥绝一时。今韶初使君，其家嗣也，克昌世业，刚大塞于天地，而诗文又冠古今，卷帙盈筒，烂然如万花谷矣。爰辑高曾以来，傍及群从著，为《田氏一家言》，属予题序"。④ 严守升认为田九龄（字子寿）开先风，继起者田玄（字太初）、田霈霖（字双云）、田既霖

---

① 以田宗文为例，从其诗中可看出与之唱和的文人有：田九龄、从兄国承、从弟玉弦、云梦师、龙君超、九君善、龙君赞、陈智夫、冯老师、彭东泽、伍仪部、龚孝廉、龙云舆、周明府、张明府、陈明府、周太霞、余斗山、张叔见、张叔成、殷夷陵、郭美命、虞子墨、陈长阳、伸公、郭仁翁、孙习孺、陈广文、刘功甫、林扶京、李似默、毛茂才、罗泰阶、伍景光、玄璞子、慧真禅师、碧霞元君、女道士贞一、方道与、艾和甫、姜元浑、张郡丞等，这里面绝大多数人为内地人士，可反映出土、汉频繁交往的景象，可参见邓斌、向国平《远去的诗魂——中国土家族"田氏诗派"初探》，湖北人民出版社，2003，第69页。

② 田玄（1590～1646），容美土司首位"在任土司"的大诗人，著有《秀碧堂诗集》。

③ 2014年，五峰土家族自治县退休干部、文史工作者李诗选先生在上海图书馆发现了明朝田玄刊刻的八卷本《田子寿诗集》和一卷本的《田国华诗集》。这一发现大大弥补了田舜年编纂的《田氏一家言》编纂篇目的不足，其中田子寿诗由129首增加到534首；田国华诗由84首增加到125首。这一发现也改变了我们对《田氏一家言》的认知，也说明是土、汉共同创作和传承了这一份珍贵的文化遗产。

④ 陈湘锋、赵平略评注《〈田氏一家言〉诗评注》，中央民族大学出版社，1999，第430～431页。

（字夏云）、田甘霖（字特云），集大成者田舜年（字韶初）。在田舜年编纂之前，其父田甘霖在晚年就积极搜集族人诗稿，他在《悲哉行》中写道："夏云仲兄以先大人《意笔》《草笠浦》二集，命甘抄录。甘因搜先长兄双云遗稿附编，存者无几。盖甘童子时尚能多记，今则忆少忘多矣。不禁怆怀。"① 可以说，田舜年继承先志编纂文稿，其父则为编纂奠定基础。

田舜年任容美土司主之时，清军与南方各势力争斗，大量内地文人进入容美。田舜年正是利用这样的机会，收留了大量汉地文人，这为其编纂《田氏一家言》提供了人才条件。夷陵文安之（字铁庵）、华容严守升（字平子）等文学才子边编、边阅、边评，为《田氏一家言》的编纂做出了杰出的贡献。田舜年搜集了大约 4000 首诗，付梓不到 2000 首。② 在众人的努力下，《田氏一家言》以很高的水平刊刻了。按照五峰土家族自治县李诗选先生查询的 1982 年南京大学图书馆出版的《中国丛书目录及子目索引汇编》条目，查找出田舜年编纂的《田氏一家言》清康熙年间刊本，其序列如下：③

> 《秀碧堂诗集》一卷　　（明）田　玄　撰
>
> 《镜池阁诗集》一卷　　（明）田霈霖　撰
>
> 《止止亭诗集》一卷　　（明）田既霖　撰
>
> 《敬简堂诗集》二卷　　（明）田甘霖　撰
>
> 《紫芝亭诗集》一卷　　（明）田九龄　撰
>
> 《楚骚馆诗集》一卷　　（明）田宗文　撰
>
> 《田信夫诗集》一卷　　（明）田信夫　撰（附子珠涛诗二十四首、
>
> 欢余吟）
>
> 《白鹿堂诗选》七卷、诗余一卷、填词一卷　　（清）田舜年　撰

---

① 陈湘锋、赵平略评注《〈田氏一家言〉诗评注》，中央民族大学出版社，1999，第 387 页。

② 2004 年，李诗选先生在五峰土家族自治县湾潭镇树屏营发现了《新改荒路记》碑，田舜年在撰写的碑文中道："□□□□□□四千有余，失计二三千有余，□□□□千首未有之持见，至余不才不德而成之。"

③ （明）田九龄：《田子寿诗集校注》，贝锦三夫校注，中国文史出版社，2016，代前言，第15 页。要特别指出的是，田舜年在编辑《田氏一家言》的序列时，把爷爷放在第一位，两位伯父放在第二、三位，父亲放在第四位，自己放在最后，其顺序体现了儒家的"孝"的思想。

历史总喜欢和世人开玩笑。田玄刊刻的田九龄《田子寿诗集》和田宗文《楚骚馆诗集》已找到刻本,田舜年编纂的《田氏一家言》却仍无刻本面世。现在面世的《田氏一家言》除少数诗文被《宜昌府志》《长乐县志》等史志记载外,绝大部分由容美土司在五峰土家族自治县长乐坪的田氏后裔保存,且都为抄本。

五峰长乐坪洞口村的田氏家族正是容美土司田九龄的后裔,为田楚庚的后代,并传承了诗学传统。"田楚庚,容美土司楚产派也,祖子寿前明万历中长阳县学生员,著有紫芝亭诗草,父宗阳,官游击,至楚庚时长于武艺,为容美左营参将,时西林鄂相国尔泰总制云贵奏请将滇黔土司改革。楚庚恐容美亦如之,遂迁于今邑之长乐坪而隐居焉,子劝,容美复委以左旗千户职,坚辞不受,至孙瑞霖时,容美果因田明(旻)如被湖广督迈柱参劾,遂至改土徙其眷于广东、陕西,而楚庚独享隐居之乐,不与难云。"① 正是因为田楚庚的先见之明,容美土司田氏一支隐逸在五峰县长乐坪。这支人一方面让《田氏一家言》得到保存,另一方面其中也出了许多文人。五峰县长乐坪镇洞口村民间医生田培林搜集整理了其祖人的抄本,并编成18卷,卷1至卷12即清代田舜年编纂的《田氏一家言》,这些诗文后来被《容美土司史料汇编》收录,研究《田氏一家言》的著作也都以此为蓝本。卷13至卷18为清代中后期长乐坪容美土司后裔的作品。清嘉庆至同治年间,长乐坪洞口村除产生了田泰斗的《望鹤楼诗钞》(420首、223题)之外,还产生了田峄南的《醉仙亭诗集》、田卓然的《天声录诗文集》、田礼耕的《率性录诗集》等共计诗178首、文30篇。② 这些文学成就是田氏家族文化中兴的见证。

田氏后裔文学也倾注了内地人士的心血。来自云南保山的首任长乐知县李焕春非常器重容美土司后裔文学家田泰斗。作为知县,他非常了解长乐县的由来,故对田氏家族文学十分敬畏。他说:"曹子建跨七步之奇,以有孟德之父也,杜子美为诗中之圣,以有审言之祖也。然风雅继美,固在家学渊源。而累叶以诗才擅者,自古恒鲜。况其在世守茅土,僻处要荒,非如经生

---

① (清)李焕春主修《长乐县志》卷13《人物志》,咸丰二年(1852);五峰长乐坪民国《容阳堂田氏族谱》卷5《田楚庚公隐逸》。
② 田虞德:《〈田氏一家言〉解读》,湖北人民出版社,2011,第13页。

攻习举业，兼通词翰者乎！"① 他认为田泰斗正是继承了田氏家族文学，厚积薄发。他一方面邀请田泰斗修《长乐县志》，"壬子春，正邑选拔田君泰斗来，请以身任其事，相约分修诸人至局兴事"，② 另一方面又把田氏家族文学编入《长乐县志·艺文志》中，这不仅保留了不少容美田氏家族文学作品，而且推动了洞口村田氏去搜集整理先辈的诗词，为《田氏一家言》抄本的流传提供了机会。

自土司时期始至清代后期，湖南华容孙氏家族、湖北夷陵文安之、江苏无锡顾彩、云南保山李焕春等内地文人与容美田氏深度交往，为容美田氏家族文学的创作、传播做出了杰出的贡献。可以说，容美田氏家族文学也是土汉文化交流的结晶。

2. 田氏家族文学的发展历史及阶段性特点，也反映了容美土司文化融入汉地的历程

田氏家族文学发展经历了初创期、兴盛期和余音期三个阶段。③ 初创期即明代嘉靖、隆庆、万历年间；兴盛期即明天启、崇祯至清顺治、康熙年间；余音期即清嘉庆、道光、咸丰至光绪年间。每一个阶段田氏家族文学的特点都是不同的。

初创阶段即从容美土司田世爵大力学习汉地文化始，至其子、孙两代。尽管这一时期田氏家族文学出现了田九龄、田宗文叔侄两位诗人，但不能忽视容美土司自田世爵以来文化转向的大背景。这一时期，容美土司主要是学习汉地文化，故其创作带有浓烈的模仿味道。

明朝万历年间，巴陵人杨邦宪认为田九龄的诗造诣"迤逦长虹，点缀黻藻，优而游之"，"是与世俗尘凡为永隔"，"以李为杜，以足骚坛雅意"。④ 虽然田九龄的诗追求高雅，但其个人生活十分穷困，"此子寿公古人中求之也"。田舜年也认为其祖田九龄"其诗冲融大雅，声调谐和，殆与

---

① 李焕春：《望鹤楼诗钞·序》，载（清）田泰斗《望鹤楼诗钞》（内部资料），五峰土家族自治县新华印刷厂，1999，第7页。
② （清）李焕春主修《长乐县志·序》，咸丰二年（1852）。
③ 田虞德先生把田氏家族文学分为启蒙初创期、中兴鼎盛期和后期衍生期。
④ （明）杨邦宪：《田子寿诗集·序》，载（明）田九龄《田子寿诗集校注》，贝锦三夫校注，中国文史出版社，2016，序，第27页。

'七子'① 相近"。② 而与容美田氏交好的华容孙氏家族孙羽候称:"子寿之明,超然众咻,绝类离伦。"③ 故田九龄的诗大多"超然世外"。田九龄的侄子田宗文的诗文风格与之相似。其家族文学的特点有四。

一是以遁居避世、孤苦飘然作为其创作态度。田九龄和田宗文在容美土司受到排挤,故遁居于外。田九龄是田世爵的第六子,④ 从小就被土司主田世爵送至内地学习。他崇拜李、杜、屈,在内地广泛游历。孙斯亿在《田子寿诗集序》中云:"子寿少游吴越,经天台,临沧海,大观远览,思放气豪。"⑤ 田宗文则以"楚骚馆主"自称,心中感慨自己的遭遇与屈原类似。田世爵去世之后,田九龄、田宗文虽出自土司,生活却也清苦,但两人不受生活束缚,在创作上仍追求唐诗经典主题。两人既不关心土司事务与国家政治,也不关注民风民俗,而一心沉溺于秦汉文章与唐代诗词,在孤苦中度过大半人生,在诗词上进行飘然世外的创作。

二是创作集中在山水、怀故、别离等狭窄的主题上。这与田九龄和田宗文的人生经历及所处的自然社会人文环境相关。一方面是山水诗。容美土司正处在武陵山区向江汉平原和洞庭湖平原过渡的地带,其山势险峻,风景秀美,能激发诗人的创作情怀。正如田舜年所说:"不仅人有知遇,而山与人更有知遇也。"⑥ 容美土司诗人对山水有着特别的关注。有趣的是,田九龄和田宗文两位诗人不仅写故乡山水,也写祖国山河。田九龄在游历中写下了大量山水诗作,如《洞庭湖》中的诗句"南望苍梧锁白云,九嶷秋色碧氤

---

① 明代吴国伦曾作《田子寿集序》,吴国伦为明代"后七子"之一,强调"文必秦汉,诗必盛唐",强调仿古。"后七子"的主张受到了公安派攻击,他们反对拟古,主张"独抒性灵,不拘格套",在创作方面,主张清新活泼。吴国伦认为田九龄为"诗异",因其"游诸名人达士间",即田九龄的诗与"七子"相近。

② (清)田舜年:《紫芝亭诗集小叙》,载(明)田九龄《田子寿诗集校注》,贝锦三夫校注,中国文史出版社,2016,序,第31页。

③ (明)孙羽候:《田子寿诗集序》,载(明)田九龄《田子寿诗集校注》,贝锦三夫校注,中国文史出版社,2016,序,第25页。

④ 田九龄墓在鹤峰县中营镇锅厂湾"六老爷坟坪",县博物馆保存有两块田子寿墓碑,小碑载"皇明万历十九年",大碑载"皇清万历十九年……乾隆二十九年三月吉日立","皇清"应是故意写错的,立碑人为田赛年。

⑤ (明)田九龄:《田子寿诗集校注》,贝锦三夫校注,中国文史出版社,2016,序,第19页。

⑥ (清)田九峰(田舜年):《情田洞记》,情田洞摩崖石刻位于鹤峰县城西太平镇附近的大寨山西侧情田洞中。

氤"，《西宁曲》中的诗句"祁连山下晓霜飞，满目风烟塞草腓，最苦回头天末望，玉关哀雁几行归"，《登五峰》中的诗句"何年五老幻西隈，天削芙蓉衣玉台，叶叶涌如从地出，峰峰飞似自空来"。[①] 田九龄的诗纵横山水之间，体现了深深的山水情怀。另一方面是友情诗，既有亲情，又有友情，既有聚合，又有别离。在友情诗中，田九龄就写下了与其老师"云梦师"[②]的多首师情诗，令人感伤。《田子寿诗集》就收录了《云梦师游自衡岳寄以诸稿奉酬一律》《王弇州先生自郧镇游太和山云梦师行且往谒憾不能从》《闻云梦师游华岳恨莫能从》《八日寄寿云梦师》《华容哭云梦师》《云梦师寄游太和近作兼附弇州公诸刻》《改岁感忆兆孺师却寄》七首。[③] 容美土司诗人走出土司，还缺少对国事和百姓的关注，故事的主题相对集中，这也反映出土司大规模初步学习内地文化的状态。

三是在创作方法上以"以古拟今"为主要形式，且形式大于内容。田九龄和田宗文都热衷于拟古，仿效古人，创作诗文。在《拟古十九首》中，田九龄将"以古拟今"发挥到极致。田九龄以南朝萧统乐府《古诗十九首》为参考，表达自己流落土司之外的痛楚与超越、沉沦与觉醒。在《拟古十九首·其一》中他写道："岁暮百草萎，忧思翻展转；已矣勿复道，明德以自勉。"[④] 在《拟古十九首·其十九》中他又写道："徘徊望天末，忧思宁断绝；愿因南流景，特此昭颜色。"[⑤] 田九龄心中的忧思与寄托是如此清晰。田宗文也与其"六季父"类似，在《病起思亲感作》中他写道："病起春将尽，愁多思亦危。可怜望云日，正是倚门时。泪逐杨花落，心随塞雁迟。题诗聊自遣，醉舞不胜悲。"[⑥] 也同样表达了愁苦与自思。

四是作品冲融大雅。田舜年在评价先世田九龄的诗时说道："所交与唱和

---

① 邓斌、向国平：《远去的诗魂——中国土家族"田氏诗派"初探》，湖北人民出版社，2003，第48~49页。
② "云梦师"，即孙斯亿，字兆孺，号云梦山人，湖南华容人。著有《鸣铗集》《浮湘稿》《中州北游稿》等数十卷，协助钟崇文纂修隆庆《岳州府志》18卷，藏天一阁。
③ 王弇州，即王世贞，明代文学中"后七子"的领袖，提倡"文必秦汉，诗必盛唐"，田九龄也受其影响。
④ （明）田九龄：《田子寿诗集校注》，贝锦三夫校注，中国文史出版社，2016，第48页。
⑤ （明）田九龄：《田子寿诗集校注》，贝锦三夫校注，中国文史出版社，2016，第60页。
⑥ 周西之、李诗选校注《田国华诗集校注》，中国文史出版社，2017，第86页。

者,多当时名士,为诗冲融大雅,声调谐和。容美司以诗名家,自子寿始。"①
田九龄为何追求阳春白雪,这与其土司贵族身份以及交往之人有关。田九龄
为土司主田世爵第六子,而田世爵是非常有作为的土司,他开创了土司强盛
的新局面,故作为儿子的田九龄有清高的心理。田九龄又与汉地文人广泛交
流,文人唱和,为一大雅事,其作品也弥漫着"雅"的格调。田宗文也在
诗的创作过程中"冥搜玄索,追踪先哲,轶驾时流",②其诗风格也与其叔
类似。

　　田九龄、田宗文是容美土司走出大山的第一批大诗人。两人因其土舍
身份和避司经历而十分苦闷、彷徨,故其诗也集中在山水、别离两大主题
上。若把田九龄、田宗文认定为第一、二代诗人,那么田玄可认定为第四
代诗人。若以田玄为中心,又形成了祖、子、孙三代诗人群体,并且田玄
可以称为真正的"土司诗人"。③之后,田霈霖、田既霖、田甘霖、田舜
年曾袭土司宣抚司或宣慰司职。正是因为这特殊的情形,容美土司田氏
家族文学经历了其文学最为兴盛的阶段。这一阶段的文学特点有以下四
个方面。

　　一是在诗的风格上,既恣意汪洋、豪宕宏大,又隽永清新、丝丝入扣。
与田九龄、田宗文的"土舍诗人"不同,这一阶段的诗人为"土司诗人",
可谓春风意气。田玄的《春游作歌招欧阳子》就显现出恣意汪洋的特点:
"吾辈意气堪千古,不谓朝英暮就腐。我今为赋好春歌,东皇靡丽盈烟浦。
好景专待韵人笔,奚翅神工与鬼斧?癖诗癖酒癖烟霞,佳客焉可负贤主!欧
阳子,吾与子游,从来相伴楚庄周。何如策非马之马,乘虚无不系之舟?来
共溪光泛绿蚁,泉声迎籁和鸣鸠!子有才有学,得山川之艳冶益优;子病渴
病愁,得山川之蓄变以瘳。慎勿效水上之慵鸥,骋志于吴桐蜀弦,负此明媚

---

① 宜昌市档案局、宜昌市地方志办公室:《(同治)宜昌府志》(内部资料),2002,第617~
618页。

② (明)田楚产:《家叔国华诗集跋》,载周西之、李诗选校注《田国华诗集校注》,中国文史
出版社,2017,第151页。

③ 田玄,字太初,明万历十八年(1590)生,明天启五年(1625)袭容美宣抚司职,卒于清
顺治三年(1646)。在《田氏一家言》中,田玄所著《秀碧堂诗集》置于丛集之首。据新
近的发现,田玄组织刊刻了《田子寿诗集》《田国华诗集》。可以说,田玄是一位真正的
"土司诗人",他的创作达到了土家族文学发展史上的又一高峰。

不再之春游，徒使吾对孤榻而长讴！"① 严守升评注这首诗"放荡不羁有仙才"。田玄认为自己和好友欧阳子一样，意气风流，才华横溢，耽癖诗酒。田玄的诗又隽永清新。他继承了先辈们诗作创作的传统，在《竹下芙蓉》一诗中，他写道："冷艳翛翛欲忆谁？秋风丛里敛长眉。浅红一抹胭脂晕，绝是潇湘不语时。湘裙淡染鹦哥绿，粉颊微施小茜红。不知何事秋风里，半掩羞容愁杀侬。"② 以物言情，寓情于物，把所思所想委婉表达出来，又丝丝入扣。

二是在诗的主题上，既有山水、离别的传统题材，又有时政题材，后者成为这一阶段诗词的一大特色。明崇祯十七年（1644），也是清世祖顺治元年，这一年发生了"扬州十日、嘉定三屠、四川屠杀"等惨案，被称为"甲申国难"。当崇祯皇帝在煤山自缢的消息传至容美土司，田玄与 3 个儿子各创作了《甲申除夕感怀诗》10 首，共 40 首，并命名为《笠浦合集》。南明相国文安之读后感言："一唱三各皆国愁。"③ 清代康熙年间，湖北江陵人张旋均和黄冈人王如琰编纂《湖北先贤诗佩》，收录了田玄《甲申除夕感怀诗》10 首中的 4 首："飞光悲腊尽，一夕尚今年。坐叹龙髯杳，谁攀羲辔还？旧恩难遽释，孤愤岂徒悬！纵说青阳好，笙歌辍市廛。""儿童未解意，柏酒过相劳。曾饱谁家粟，难看改岁桃。酸心听画角，伏枕厌铃鐙。逆数经年过，惊心转泛舠。""遗人辞故主，拥鼻增辛酸。矢志终身晋，宁忘五世韩。趋新群动易，恋旧抗怀难。何事都门下，尚多不罢官。""隔宿分新旧，斯时匪往时。闲心嗟过客，冷眼盼残棋。虚抱三闾憾，谁将一木支。许多慷慨意，寂寂压双眉。"④ 明代文安之曾这样评注田玄的这几首诗："慷慨悲歌，珠玑萃于一门，三复诸作，一往情深。"这一时代的诗人身处变革的年代，即使避居桃源的容美土司也受到影响，大量时政诗反映了那个时代，也反映了那个时代土司的思想与情怀。

---

① 邓斌、向国平：《远去的诗魂——中国土家族"田氏诗派"初探》，湖北人民出版社，2003，第 83 页。

② 邓斌、向国平：《远去的诗魂——中国土家族"田氏诗派"初探》，湖北人民出版社，2003，第 84~85 页。

③ 陈湘锋、赵平略评注《〈田氏一家言〉诗评注》，中央民族大学出版社，1999，第 206 页。

④ 祝注先：《湖广地区最早的土司诗人田玄》，载鹤峰县民族事务委员会《容美土司研究文集》（内部资料），1991，第 84~85 页。

　　三是在诗的创作方式上，交游天下、咏酬唱和是其重要的创作方式。这一阶段有三段佳话。首先是田玄父子与南明相国文安之的诗文唱和。[1] 文安之与田玄父子多相唱和，诗文颇多。文安之又受田舜年之邀，编辑和点评《田氏一家言》，交往之深，山高水长。田玄在《寄怀文铁庵先生》《答田玄寄文铁庵先生》《送文铁庵先生往施州》，田霈霖在《奉陪相国铁庵文夫子观雨中白莲分赋二首》，田甘霖在《过文铁庵先生旧寓署地有怀》《松山怀文铁庵先生长律》《感怀文铁庵先生》《哭文相国时困巴东作》等诗中表达了土司诗人与文安之浓浓的情怀。文安之也创作了许多诗文答谢土司诗人朋友，如《同容美宣慰田双云观雨中白莲分赋二首》《遣戍毕节有作寄达容美宣慰田特云》等，文安之死后被埋葬在容美土司中府之后的紫草山，正对着容美土司田氏家族坟地，这足以说明他们之间的友谊。其次是容美土司主田舜年与严守升、蒋玉渊、毛建会等汉地文人的交往。田舜年任土司主时，正是清军大举南下的时候，大量内地文人流落土司。当严守升到达容美时，田舜年将精心编纂的《田氏一家言》呈请他指正。严守升大叹"始知世上客，不如山中人"，当即写下了《〈田氏一家言〉叙》《〈田氏一家言〉又叙》，并在叙中概括了田氏文学的特点："吾楚气薄于洞庭之东，而西南九嶷二酉为坟典丘索所依，对峙者，容阳诸峰，人迹罕通，雁飞不到，而田氏世守其中"是田氏文学的地理特点；"自汉历唐，迄今千百年，列爵分土，阶极公孤，勋纪琬琰，风景山河，不与人间沧桑同换"是田氏文学的历史特点；"大约天下作诗者，概为制料干禄，分去大半，而山中人颛志肆力，旬锻月炼，世擅厥美"是田氏文学创作的家族心理特点。[2] 严守升与容美土司诸公关系密切，他甚至为容美土司历代诸贤写了列传，并由《田氏家谱》流传下来。最后是田舜年与顾彩的交往。除了散落的诗文之外，最大的成果就是《容美纪游》这本奇书。康熙四十三年（1704），江苏无锡人顾彩受田舜年的邀请进入容美土司，时长近半年。顾彩说："余自十五年前，闻毗陵

---

[1]　文安之，号铁庵，宜昌市夷陵区文家畈人，明天启二年进士，清军入关后，任南明东阁大学士等职，长期在鄂西南地区协调各方力量抗击清军，故与田玄、田霈霖、田既霖、田甘霖多有交集，结下了深厚的友谊。

[2]　陈湘锋、赵平略评注《〈田氏一家言〉诗评注》，中央民族大学出版社，1999，第430～433页。

蒋子玉渊（名鑪），极道容美山水之秀，主人之贤，固已心向往之。"① 《容美纪游》一书虽由顾彩所写，却是土汉交往的结晶。

四是在创作方法上，以物咏志、以物寓理，力求浪漫主义和现实主义的融合。明清交替之际，土司对时政多有思考，故以物言志，在浪漫与现实中寻找到平衡点。田玄在寓言诗《百舌鸟误为弋者中伤 哀鸣酸楚为此惜之并诘》中描绘了一只被弋者误伤的百舌鸟："二月山花盛，有鸟似仓庚。最得春气早，其鸣颇嘤嘤。一旦罹弩石，变作悲楚声。双翮擅青风，蹙蹙不能翘。问何以致之？东家一老伧，恶其苦饶舌，张弋以相争。焉知睍睆物，有口初不撄。万荣虽灼灼，解语不自呈。此鸟代之言，其音越而清。于人曾何负？漫作郦生烹。哀哉人世事，往往难为情。拙讷惧不免，巧利患无诚。逡夫守高位，文士且无名。伊此林下物，何关枯与荣。一曲洗我肠，幽涧冷泉声。凭尔听不听，何必苦相倾。"② 对于这只像"仓庚"（黄莺）的楚楚动人的百舌鸟，一位老人讨厌它饶舌逞能，张弓击石，变作悲楚声。这何尝不是人世间的事呢？田舜年在《和羽伯复得虎韵》中也同样以物言事："前虎久落阱，后虎复踵武。嗟哉此迷昧，相续自投罟。贪肠不自戒，摇尾亦奚取。独杀不可专，樊笼两鉴汝。"③ "前虎"即李自成、张献忠的农民军，"后虎"即吴三桂势力。田舜年认为两者都"贪肠""迷昧"，最终都讨不到好。

雍正十三年（1735）容美土司改土归流，容美田氏田九龄后裔隐居五峰县长乐坪镇洞口村一带，并在清代嘉庆、道光至光绪年间出了数位诗人，其成果也蔚为壮观。④ 容美土司家族文学在其余音阶段也有其特点。

其一，他们的诗比较关注民间疾苦。田泰斗在《荒年行》中这样写道："凄凄复凄凄，娇儿随母啼。阿爷何消瘦，阿母何黑黎。含泪告娇儿，凶年饥复饥。甑中尘漠漠，三日不曾炊。厨有数升粮，带笑低呼娘。太息儿勿索，作种播田岗。富户积粟红，劝爷去佣工。半扣去年债，归来空复空。里

---

① 高润身主笔《容美纪游注释》，天津古籍出版社，1991，第5页。
② 陈湘锋、赵平略评注《〈田氏一家言〉诗评注》，中央民族大学出版社，1999，第215页。
③ 陈湘锋、赵平略评注《〈田氏一家言〉诗评注》，中央民族大学出版社，1999，第420页。
④ 现存田峥南的《醉仙亭诗集》诗42首，文2篇；田泰斗的《望鹤楼诗钞》诗223题、420首；田卓然的《天声录诗文集》诗102首，文28篇；田礼耕的《率性录诗集》诗34首。

正昨日来，社仓不日开。饔飧纵难久，鼓腹且一回。明朝又绝烟，且去耘瓜田。久饥难举力，桑柘阴下眠。娇儿啼更啼，凄凄复凄凄。寄语示牧者，何以济群黎。"① 这完全是以写实的手法来表达山区佃民的疾苦。他还在《山农叹》《苦蚊行》《四无》等诗中叙述了山区人们的苦难。诗人田峄南也在《挖蕨》等诗中关注百姓日常生活，他写道："挖得灵根即太仓，山村研粉各家忙。锄翻雾谷滋春雨，杵捣花溪趁昔阳。胼手浑忘连日瘁，关心犹忆去年荒。等闲饱含青香味，不羡人间有稻梁（粱）。"② 民间疾苦，跃然纸上。

其二，他们的诗多怀念先古。田泰斗以其诗命名为"望鹤楼"，意即怀念当时鹤峰州容美土司田氏先人。在知县李焕春也提倡田氏家族文学的形势下，他们熟读《田氏一家言》，并从中吸取创作的养分。田泰斗在《鹤峰州怀古》一诗中更加明晰地表达了这一情感："桃花一曲散斜晕，欲觅风流奈世违。只有青山留数点，至今不逐白云飞。洞口劈开诗世界，骚坛接引诸先生。至今石上潺潺水，应带当年唱和声。"③ 田泰斗感叹土司文学的风流早已逝去，留下声声叹息。田泰斗在《读九峰公〈田氏一家言〉感赋四律》中这样写道："掌大一山川，雄支五百年。干戈中秀士，流品外官员。治杂华戎俗，民犹混沌天。至今残简里，隐隐起烽烟。"④ 田泰斗的怀古甚至引起了李焕春的兴趣，他也写下了《和读〈一家言〉原韵》，有"铁篆虽云失，珠玑剩雅言。龙文经我读，鸿制与君论。手著皆芳泽，心裁是法门。九峰词赋古，继起有云孙"⑤ 之语。

田氏文学世家传承的 400 多年，也是容美土司主动学习和传承国家主流文化的 400 多年。在明代中期，田氏文学处在模仿阶段，其作品大多吊古咏史，以物言志，既不关心国家政治，也不关注百姓，更多是一种避世性的自我情感表达。而在明末清初，容美土司田氏文学变得十分成熟。在战乱的影

---

① （清）田泰斗：《望鹤楼诗钞》，田登云编注，内部资料，五峰土家族自治县新华印刷厂，1999，第 42～43 页。
② 田虞德：《〈田氏一家言〉解读》，湖北人民出版社，2011，第 327 页。
③ （清）田泰斗：《望鹤楼诗钞》，田登云编注，内部资料，五峰土家族自治县新华印刷厂，1999，第 14 页。
④ 田虞德：《〈田氏一家言〉解读》，湖北人民出版社，2011，第 371 页。
⑤ 田虞德：《〈田氏一家言〉解读》，湖北人民出版社，2011，第 377～378 页。

响之下，大量内地文化人士避居容美，又因为时政动荡，容美土司思考国家形势和政治，其诗表现出极大的崇尚国家正统的特点。在清代中后期，容美田氏后裔隐居五峰县长乐坪，他们失去了统治者的光环，开始关注百姓疾苦，体谅世间人情。

田氏文学世家传承 400 多年，至少有三个因素要考虑。一是相对封闭的地理环境和艰难的对外交通让容美田氏文学能保持文化的独立性和系统性，其文化变迁远比平原要慢，这为容美文学世家的传承提供了极好的条件。二是文学世家的代际传承、家风熏陶也为容美家族文学的传承提供了必要的条件。三是土汉文化的频繁交流、土司与汉地文人的交往也是容美家族文化传承的重要原因。而这恰恰是容美土司国家认同的重要体现。

（二）田氏家族文学的国家认同意识

诗歌是一种能最真实、最直接反映国家认同意识的叙事方式。诗的创作和表述都是以情感为基础的。诗的创作和吟诵又具有一定的严肃性和神圣性。我们平常说的"咏物言志"等，实际上就是用物及其形态、变迁来表达诗人的情感。诗人把感情和想法移到景物之上，并通过景物来表达自己的志向。诗又具有超脱性。诗受利益关系的影响较少，诗创作的话语背景相对简单。从历史上看，容美土司田氏文学发展的脉络本身就体现着容美土司国家认同的文化内涵不断发生、丰富、沉淀的过程。从作品本身看，容美土司文学所蕴含的国家认同意识也是十分清晰的。

清代康熙年间，容美土司主田舜年在《〈田氏一家言〉跋》中写道："诗言志也，各言期所言而已。"① 明末清初，容美土司诗人用诗来表达对国家的忧思。华容严守升在《田信夫诗集·序》中写道："容美田氏，居楚要荒，汉家待以不臣，故名利心净。然其先世世尔雅，与吾邑孙氏、油江袁氏倡和不歇。"② 在《田氏一家言》的唱和之间，饱含着容美土司的国家认同意识。胡绍华认为，容美土司文学既反映了"历史时期错综复杂的社会矛盾和风起云涌的社会面貌，又在皇帝景从、王朝认同、'正朔'守望、美政向往以及对于土司制度的否定等方面表现了鲜明而强烈的国家认同意

---

① 陈湘锋、赵平略评注《〈田氏一家言〉诗评注》，中央民族大学出版社，1999，第 445 页。
② 陈湘锋、赵平略评注《〈田氏一家言〉诗评注》，中央民族大学出版社，1999，第 442 页。

识"。① 容美土司文学在其兴盛期展示了一个从文学上表达国家认同的土司世家。对诗的欣赏和理解离不开诗人写作的个人和历史背景，从诗的创作环境来理解容美土司的诗作是必要的。这里选择两个主题的诗丛来理解容美土司的国家认同意识，一是明末容美土司主田玄和三个儿子在同一晚上创作的40 首《甲申除夕感怀诗》，二是明末清初容美土司主与南明永历政权相国文安之的唱和诗。

1.《甲申除夕感怀诗》及相关古诗

崇祯十七年（1644，甲申）三月十九日，崇祯皇帝在北京万岁山上自缢。李自成率领的农民起义军攻占皇宫，明朝灭亡。噩耗传至楚之西南的容美土司，土司主田玄把他的三个儿子叫到床前，各创作诗 10 首，共计 40 首，即《甲申除夕感怀诗》。南明相国文安之曾评价这些诗为"一唱三各皆国愁"。"余（田玄）受先帝宠锡，实为边臣奇遇，赤眉为虐，朱茀多惭，悲感前事，呜咽成诗，以示儿子霈霖、既霖、甘霖辈，各宣欲言，遂相率步韵，命曰《笠浦合集》"。② 皇帝已死，但在土司心中，明并未亡。《笠浦合集》里的诗都是为明王朝所写的。在这些诗里，容美土司几位诗人从各自的角度来表达他们对国家的忧思，反映出深切的国家认同意识。

首先是反思明王朝灭亡的原因，痛斥明朝内部的腐败。田玄在《军官行》、田霈霖在《封侯篇》、田甘霖在《甲申除夕感怀和家大人韵》等诗中多次痛斥明朝臣"腐败、无能、不尊君、不忠君、党派斗争"，认为正是这些问题消耗了国力。田玄在《军官行》中痛斥了幕府招兵，这些兵却为幕府守家护院。兵源来自市井，为小儿无赖之徒。平时在百姓面前飞扬跋扈，打仗时撒腿就跑，岂有不败之理？他写道："声鼓器嚣震二京，幕府高张招壮丁。府兵久化为鬼骑，亡赖盈集市儿名。……我强贼懦犹可行，我懦贼强难为情。闭垒高谈兵杀贼，临敌贼来不见兵。……为兵之日气何馁，为兵之后欲吞鲸。"③ 田霈霖在《封侯篇》中则痛斥了朝中各种势力相互争斗，以致国无宁日、国家破败，他悲伤地写道："纷纷晋宋联齐鲁，薄视天王犹饿

① 胡绍华：《论容美土司文学的国家认同意识》，《三峡大学学报》2011 年第 6 期。
② 陈湘锋、赵平略评注《〈田氏一家言〉诗评注》，中央民族大学出版社，1999，第 206 页。
③ 陈湘锋、赵平略评注《〈田氏一家言〉诗评注》，中央民族大学出版社，1999，第 226 页。

虎。……系玺于臂穿绿林,尚夸此举真神武。”“忘君结仇等弑亲”“破碎山河赦不论,贩得爵位诚奇贾。”① 在田霈霖眼里,明王朝已从内部分化,他认为地方势力不维护中央是明朝灭亡的根本原因。明王朝的中央集团已经不在,地方大员各有打算,全无忠君、护君意识。田甘霖在《甲申除夕感怀和家大人韵》中痛骂了夸夸其谈的仕臣,各人为己争斗,而忘了国家,他写道:“此际承明客,朝廷作市廛。”“痛惜朝中党,相倾枉自劳。文人夸御李,勇士但争桃。” “谁酿年来祸,举朝亟失时。人人皆狡兔,著著是卑棋。”“遥心终有托,故册可随身。”② 可见,容美土司更多的是从国家内部来反思明王朝的灭亡。

其次,在诗中表达对明王朝的依恋。容美土司对明王朝的认同是发自内心的,他们既表达对明王朝的不舍,更希望有朝一日可以光复明王朝。田玄在《甲申除夕感怀诗》中坚定地写道:“遗人辞故主,拥鼻增辛酸。矢志终身晋,宁忘五世韩。趋新群动易,恋旧抗怀难。何事都门下,尚多不罢官。”③ 田玄对明朝覆灭是何其伤感。他本打算一辈子跟随明王朝,却料想不到明王朝会遇到这么大的灾难。但田玄并不打算背主,“宁忘五世韩”表达了他忠于明王朝的决心。他还在《军官行》中写道:“君不见,韩公世忠战,归路自断示必死。”④ 田玄长子田霈霖在《甲申除夕感怀和家大人韵》中写道:“皇皇堪自吊,痛在失君时。往事三更梦,浮名一局棋。”“新景知何景,常谈见不谈。鸡声方喔喔,倚阁望江南。”“兵戈惊满眼,尚是赤眉尘。”“但得亲尝健,长缨自许身。”⑤ 他还忧伤地写道:“山中儒生苦难时,放眼欲歌挥泪雨。”⑥ 他甚至想亲自去征伐,为明朝正统尽一份力。田玄次子田既霖在《甲申除夕感怀和家大人韵》中感怀明朝的覆亡,他写道:“坐叹山河旧,萧萧举目尘。杞人忧已久,梅市谏无因。祖享谁家腊,王正改岁

① 陈湘锋、赵平略评注《〈田氏一家言〉诗评注》,中央民族大学出版社,1999,第 268 页。
② 陈湘锋、赵平略评注《〈田氏一家言〉诗评注》,中央民族大学出版社,1999,第 283 ~ 287 页。
③ 陈湘锋、赵平略评注《〈田氏一家言〉诗评注》,中央民族大学出版社,1999,第 208 页。
④ 陈湘锋、赵平略评注《〈田氏一家言〉诗评注》,中央民族大学出版社,1999,第 227 页。
⑤ 陈湘锋、赵平略评注《〈田氏一家言〉诗评注》,中央民族大学出版社,1999,第 264 页。
⑥ 陈湘锋、赵平略评注《〈田氏一家言〉诗评注》,中央民族大学出版社,1999,第 268 页。

春。来朝望北阙,还是历朝身。"① 他以杞人喻自己,空忧国家事,显得十分无奈。田既霖的"孰是回天力,空存戴国身"② 也表达了类似的想法。

最后,隐隐地呈现了容美土司在无奈的历史大势中的志向和保存自身的办法。对于偌大的王朝来说,容美土司的力量微乎其微。心里对明王朝十分依恋,现实中却必须在政治夹缝中求生存。田玄在《甲申除夕感怀诗》的最后部分说道:"待价求知己,刳匏寄此身。来朝真面目,另是一番新。"③ 田既霖也表达了类似的观点,他说:"相对看山色,还随节叙新。"④ 虽然容美土司忧国,对明王朝十分依恋,但诗人又不得不为土司家族和土民的前途考虑。

《甲申除夕感怀诗》是容美家族文学兴盛时期的代表佳作,深刻反映了容美土司在王朝危难时期的国家认同意识。边缘族群的国家认同意识往往需要在王朝面临危难时去检视。当中央王朝面临危难时,缺乏国家认同意识的边缘族群立马反水;而国家认同意识坚定的边缘族群会等待机会,助王朝复立。

2. 文安之与容美土司文人的唱和诗

顺治三年(1646)十二月,永明王朱由榔在广东肇庆建立了永历政权,这一政权被称为南明政权。南明永历政权与活跃在西南地区的农民起义军多有结盟,联合抵抗清军达十多年。在这一背景下,夷陵人文安之受到南明王朝的重用,被委任为相国,并在长江三峡一带联络农民军,抵抗清军。文安之在联系南明永历政权和农民起义军共同抗清上"功绩卓著"。《明史》载,顺治七年,"安之念川中诸镇兵尚强,欲结之,共奖王室,乃自请督师,加诸镇封爵,王从之,加安之太子太保兼吏、兵二部尚书,总督川、湖诸处军务,赐剑,便宜从事"。⑤ 但是,顺治十六年(1659),"王已入缅甸,地尽

---

① 陈湘锋、赵平略评注《〈田氏一家言〉诗评注》,中央民族大学出版社,1999,第273~274页。
② 陈湘锋、赵平略评注《〈田氏一家言〉诗评注》,中央民族大学出版社,1999,第283页。
③ 陈湘锋、赵平略评注《〈田氏一家言〉诗评注》,中央民族大学出版社,1999,第210页。
④ 陈湘锋、赵平略评注《〈田氏一家言〉诗评注》,中央民族大学出版社,1999,第283~287页。
⑤ (清)张廷玉:《明史》卷279《文安之列传》,中华书局,1974。

失，安之不久郁郁而卒"。①

文安之与容美土司结下了深厚的友谊。许多历史事件印证了双方的友谊，如文安之为《田氏一家言》作了不少评注；文安之娶了容美土司猎户陈氏之女；文安之死后被葬在容美土司中府后的紫草山。文安之与容美土司主田玄、田圭、田甘霖、田既霖都有着深厚的感情，在诗文上唱和颇多。田甘霖在《哭文相国时困巴东作》一诗中写道："炎海漳江几度深，君恩未报却相侵。经纶漫措擎天手，慷慨孤悬夹目心。虎豹重关何处觅，啸吟多句独堪钦。可怜杜宇春来恨，啼向愁人泪满襟。"② 当文安之离去，田甘霖看到文安之的旧居，又写下了《过文铁庵先生旧寓署地有怀》一诗："曾经道者履，草木尽知名。亲舍白云在，绿堂棘草横。凶徒何卤莽，奴仆借恩荣。回首追谈笑，劳歌望峡生。""记得先生语，凶残众所骄。袯衣何岁别，月窟一亭烧。忆旧怀鱼素，书空作洛招。年年徒自憾，遗迹话渔樵。"③ 文安之与容美土司的友谊是非常难得的。

文安之与容美土司唱和的诗文深刻地反映了土司的心态和政治倾向。明末清初的容美土司主田玄与文安之结交。田玄在《送文铁庵先生往施州》中这样写道："亡国音同哽，无家路倍岐。烽烟匝楚甸，惊跸远京畿。"④ 在《寄怀文铁庵先生》中又写道："尔来关塞惊风迫，为恐篮舆更远迁。"⑤ 前者讲述的是田玄从文安之那里听闻崇祯皇帝之死和明朝灭亡，远在楚地的文安之哽咽哭泣的场景；后者则表面上是在说文安之前路的难舍艰苦，但又何尝不是在说自己呢？田玄的兄弟田圭在《巴东行呈文铁庵相国》中则讲述了容美土司田家与文安之的交往，他说："余家世膺茅土，离乱时有，今寇独甚，愁坐无聊，自述苦状。梦想何曾到，颠沛遭会奇。人生如晦朔，有盈必有亏。若非逢阳九，何由至于斯？二毛古不擒，今此亦何为？槛猿铩鹤羽，飞腾安所施？暮宿眠未稳，晨起怯行迟。生死何足惜，难禁儿女悲。不堪修罗面，狞牙来相欺。凶残难语言，忍泪欲诉谁？子弟知少长，奴隶失尊

---

① （清）张廷玉：《明史》卷279《文安之列传》，中华书局，1974。
② 陈湘锋、赵平略评注《〈田氏一家言〉诗评注》，中央民族大学出版社，1999，第369页。
③ 陈湘锋、赵平略评注《〈田氏一家言〉诗评注》，中央民族大学出版社，1999，第289页。
④ 陈湘锋、赵平略评注《〈田氏一家言〉诗评注》，中央民族大学出版社，1999，第212页。
⑤ 陈湘锋、赵平略评注《〈田氏一家言〉诗评注》，中央民族大学出版社，1999，第218页。

卑。旧游虽渺邈，风雨动遐思。何日萦旋解，生还憩一枝。"① 容美土司与农民军的矛盾是非常深的。农民军与守土有责的土司曾在鄂西一带激战，土司损失惨重。容美土司在与农民军的抗争中吃了大亏："是年（顺治十五年）二月，体纯、天保，遣其党刘应昌等四人，将锐卒二千渡江，昼伏夜行抵容美，擒土司田甘霖及其妻子以归，尽驱江南民北渡。"② 于是容美土司求助文安之往农民军中救人。

容美土司是憎恨农民军的。农民军对容美土司而言，其意象是"修罗面、狞牙"的，农民军的到来让土司"奴隶失尊卑"，土司社会变得混乱。但农民军实力强大，土司苦于无法。《明史》记载："赤心死，养子来亨代领其众，推必正为主，必正又死，其众食尽，且畏大兵逼，率众走川东，分据川、湖间，耕田自给，川中旧将王光兴、谭弘等附之，众犹数十万。"③ 但是，在面对清军时，农民军又与土司、南明政权有了共同利益，这也是文安之在峡江"合纵连横"的根本。明末清初的几大政治势力在鄂西南一带交织，容美土司为了维持庞大的军备，耗费了土司的财富，虽说在军事上日益强大，但面对农民军时仍然显得弱小。

容美土司家族文学初始于明代中叶，兴盛于明末清初，中兴于清代中后期，是土司与内地交往、土汉文化融合的结晶。容美土司家族文学在与当时全国文坛保持同步性的同时，还有自己的美学向度和求异性。④ 家族文学成为土汉民族文化交流与融合的见证。

第三节　戏曲的传入与表达

自明代中叶开始，容美土司田世爵、田楚产、田九龙、田玄、田圭、田舜年等统治者积极推进容美土司与中原的文化交流，中原地区的教育、文化、艺术在土司内广泛传播。国家权力以文化的形式在容美土司内渗透和沉淀，夯实了容美土司国家认同的基础。自明嘉靖年间开始，容美土司还积极

① 陈湘锋、赵平略评注《〈田氏一家言〉诗评注》，中央民族大学出版社，1999，第240～241页。

② 湖北通志局编纂宣统《湖北通志》卷11《武备志》，湖北教育出版社，2002。

③ （清）张廷玉：《明史》卷279《文安之列传》，中华书局，1974。

④ 胡绍华：《论容美土司文学与民族文化融合》，《民族文学研究》2012年第1期。

引进汉地的昆曲、梆子戏等中原戏曲。土司时期容美地域戏曲活动活跃。乾隆元年（1736），鹤峰州首任知州毛峻德发布的禁令中记载："旧日民间子女，缘土弁任意进取学戏，男女混杂，廉耻罔顾。"① 其中，清代初年活跃在容美土司的《桃花扇》可称为一个奇迹，这充分反映出容美土司对明王朝的国家认同意识。

（一）《桃花扇》及其在容美土司的流传

孔尚任创作的传奇剧本《桃花扇》被改编为昆曲演奏后，名噪全国，却又很快消失在大众的视野中。众所周知，《桃花扇》所隐含的"复明"意蕴并不符合清廷的想法，"受打压"是它必然要面对的困境。孔尚任在《桃花扇小识》中说："桃花扇何其乎？妓女之扇也，荡子之题也，游客之书也，皆事之鄙焉者也。"② 一把桃花扇是河南名士侯方域和南京秦淮河边的名妓李香君的定情之物，两人曲折离奇的爱情故事贯穿戏曲《桃花扇》的始终。扇上为何有桃花？孔尚任做了解释："桃花扇面之桃花也，美人之血痕也，血痕者，守贞待字，碎首淋漓不肯辱于权奸者也。"③ 侯方域在南京恐受奸人所害，逃匿至父亲故交抗清名将史可法军营，留李香君独守空房。有奸人逼李香君再嫁他人，香君不从，遂撞墙，血溅扇上。友人杨龙友以血为花，以墨添枝添叶，遂成"桃花扇"。故《桃花扇》中的侯方域和李香君的爱情正如南明福王政权一样飘摇。《桃花扇》表面上讲的是爱情故事，实质上讲的是南明政权抗清的故事。孔尚任在《桃花扇小引》中说："《桃花扇》一剧，皆南朝新事，父老犹有存者，场上歌舞，局外指点，知三百年之基业，堕于何人，败于何事，消于何年，歇于何地。"④ 可见，《桃花扇》既是爱情剧，又是历史剧。侯方域和李香君被无情地拖入反抗清军的大势中。侯方域是明末改革派"东林党人"，他逃匿至南京后组织"复社"。明太监魏忠贤余党阮大铖因扶植南明政权而得到高官厚禄，阮大铖托人赠侯方域钱财，让侯方域购置嫁妆，迎娶李香君。李香君知晓后把嫁妆退回，阮大铖没能收服侯方域，便阴谋害之。无职无权的侯方域和李香君分别逃难，到

---

① （清）毛峻德纂修《鹤峰州志》卷下《文告》，乾隆六年（1741）。
② （清）孔尚任：《桃花扇·桃花扇小识》，人民文学出版社，1982，第3页。
③ （清）孔尚任：《桃花扇·桃花扇小识》，人民文学出版社，1982，第3页。
④ （清）孔尚任：《桃花扇·桃花扇小引》，人民文学出版社，1982，第1页。

处流落，最终两人在寺庙中相遇，此时，李香君已出家，侯方域被迫无奈，最后也出家。

《桃花扇》是怎么传播到容美土司的呢？孔尚任在《桃花扇本末》中也感到好奇，他说："楚地之容美，在万山中，阻绝人境，即古桃源也。其洞主田舜年，颇嗜诗书，予友顾天石有刘子骥之愿，竟入洞访之，盘桓数月，甚被崇礼，每宴必命家姬奏《桃花扇》，亦复旖（绮）旎可赏，盖不知何人传入，或有鸡林之贾耶！"[1]《桃花扇》在容美的兴盛引起了土司域外文士孔尚任、顾彩的赞叹。《桃花扇》出现后，容美土司主田舜年曾写信给孔尚任投诗赞《桃花扇》。孔尚任回信并嘱咐好友江苏无锡人顾彩带信去容美。信的内容是一首诗，名为《容美土司田舜年遣使投诗赞予桃花扇传奇依韵却寄》："惊见诗笺世外霞，武陵小纪不曾差。日边汉殿新通史，洞口秦人旧住家。鸡犬声中添讲舍，樵苏烟里建军牙。列侯符印悬如斗，属国山河聚似沙。直上千盘寻鸟道，曲流一线引鱼槎。八方未凿峰峦古，百草才尝气味嘉。父老虽烦天语问，沧桑岂令世情嗟。常怀乐土舟难入，欲访仙源树易遮。归去楚臣兰有臭，投来郢曲玉无瑕。文翁壁画经生览，僰道弓衣赋客夸。自是笼头收药物，何须扇底看桃花。惊魂阵马云驰想，眨眼风涛海傍涯。解组全辞形势路，还乡稳坐太平车。离骚惹泪余身世，社鼓敲声老岁华。爱把奇文薰艾蒳，胜游异域拜毗邪。从今水乳神交切，只乞容阳数饼茶。"[2] 正因为如此，康熙四十三年（1704），顾彩受孔尚任的嘱托进入容美土司。顾彩是一个大戏曲家，康熙十七年（1678）以博学鸿词科进入国子监，专攻词曲，名噪都下。康熙三十一年（1692），顾彩创作的以昆曲形式表演的《楚辞谱传奇》在北京上演，孔尚任看后称赞顾彩的才能，"顾郎新谱楚词成，南雅清商绝妙声。何事《招魂》删一折，筵前无泪与君倾"。[3] 由此，孔尚任与顾彩交往愈密。之后两人合作的《小忽雷传奇》也在北京上演。孔尚任在北京创作《桃花扇》时本想让顾彩帮忙，可惜顾彩不在北京，孔尚任只好一人完成。孔尚任听闻容美土司偷演桃花扇，不免好奇，便

---

[1]　徐振贵主编《孔尚任全集辑校注评》，齐鲁书社，2004，第20页。

[2]　汪蔚林编《孔尚任诗文集》，中华书局，1962，第365页。

[3]　（清）孔尚任、刘廷玑：《长留集·燕台杂兴十七首》，海王邨古籍丛刊，中国书店出版社，1991。

让顾彩去了解真相。

可见,孔尚任和顾彩都没有把《桃花扇》传入容美,而是容美土司人自己外出学习时带回去的。顾彩在《容美纪游》中提到一个名叫"唐柱"的人,"君令其舍把唐柱臣来候安。柱臣司中之丈人也(曾游京师,谒孔东塘先生从之学诗),执礼甚恭"。① 唐柱在容美土司有较高的政治地位,他可能带领一批女优在京学戏。顾彩目睹了容美土司《桃花扇》兴盛的状况:"宜沙别墅,其楼曰'天成',制度朴雅,草创始及其半。楼之下为厅焉〔事〕,未有门窗,垂五色罽为幔,以隔内外。是日折柬招宴,奏女优"。② "女优皆十七八好女郎,声色皆佳,初学吴腔,终〔略〕带楚词〔调〕。男优皆秦腔,反可听(所谓梆子腔是也)。"③ 此时,《桃花扇》在内地已经禁演。于是,容美土司在宜沙别墅表演《桃花扇》时,也不得不拉上帘幔,以隔内外。顾彩在容美游住期间,在容美土司的精心安排下,看了多场戏曲,并即兴写了一些诗。顾彩在《客容阳席上观女优演孔东唐户部〈桃花扇〉新剧》中写道:"鲁有东塘楚九峰,词坛今代两人龙。宁知一曲桃花扇,正在桃花洞里逢。"④ 在《云南庄观女优演余〈南桃花扇〉新剧》中写道:"唱罢东唐绝妙词,更将巴曲教红儿。绕梁不用周郎顾,倾座皆聆白傅诗。南国莫愁无恙在,故园桃叶正相思。生香口颊歌逾媚,满泛金搏赏一卮。"⑤ 在《忆孔东塘户部》中又写道:"不为苍生超谢安,东山竖卧竹千竿。爱遗淮左丰硕勒,书到容阳片壁看。陋巷屡停高士驾,斑衣仍丰老亲欢。神交最数田京兆,匝月留宾话难别。"⑥ 顾彩甚至在容美对《桃花扇》进行了改编。孔尚任说:"顾天石读予《桃花扇》,引而申之,改为《南桃花扇》,令生旦当场团圆,以快观者之目警。"⑦

---

① 高润身主笔《容美纪游注释》,天津古籍出版社,1991,第19页。
② 高润身主笔《容美纪游注释》,天津古籍出版社,1991,第17页。
③ 高润身主笔《容美纪游注释》,天津古籍出版社,1991,第45页。
④ (清)顾彩:《往深斋诗集》,康熙四十六年刻本,转引自鹤峰县民族事务委员会编《容美土司史料续编》,内部资料,1993,第129页。
⑤ (清)顾彩:《往深斋诗集》,康熙四十六年刻本,转引自鹤峰县民族事务委员会编《容美土司史料续编》,内部资料,1993,第129页。
⑥ (清)顾彩:《往深斋诗集》,康熙四十六年刻本,转引自鹤峰县民族事务委员会编《容美土司史料续编》,内部资料,1993,第129页。
⑦ (清)孔尚任:《桃花扇·桃花扇本末》,人民文学出版社,1982,第7页。

　　《桃花扇》戏剧在容美土司表现出不一样的特点。一是有技艺高超的专业表演队伍。容美土司主田舜年及承袭子田昞如都养着一支由青年女优组成的戏剧队伍。容美司中的南剧表演队、柳子戏表演队也能演奏《桃花扇》。二是《桃花扇》经过改造后与当地剧种相结合，呈现出不同的剧目形式。顾彩曾结合当地戏剧状况和田舜年合作改编了孔尚任的原著，而创出《南桃花扇》。容美土司则用昆曲、楚调、梆子调、巴调等多个曲调来演艺戏曲《桃花扇》，因而呈现多种戏剧演艺形态。三是《桃花扇》演出的观众是多样的。外地文人和商人、当地土目和土舍及普通土民都可以观看《桃花扇》的表演。顾彩在《容美纪游》中记载：土司设宴演戏时，土民"亦有适从田间来，满胫黄泥，而与于席间"；[1] 土司举行关公诞，"演戏于细柳城之庙楼……乡民有百里来赴会者"。[2] 可见，《桃花扇》是公演的。四是《桃花扇》演艺场所多且均衡分布。容美土司演艺《桃花扇》的场所达十余处，如中府司署戏楼、容美爵府平山戏楼、中府外百斯庵戏楼、县城东细柳城关公庙上戏楼、石门宜沙天兴楼、县城东云来庄等。这些场所要么是府治和行署，要么是土司人口和经济汇聚点，辐射面较广。

　　康熙四十三年（1704），清朝已经定鼎中原，取得正统，容美土司何以敢冒天下之大不韪，大肆演出《桃花扇》呢？其背后反映了何种文化策略和文化、政治意识呢？

　　一是戏剧家族传统和家族戏曲文化意识的继承。容美土司自田楚产起至末代土司田旻如，出现了五代戏曲世家。田氏家族常与司外文士往来唱和，在田氏文人的诗中，常见其对戏曲的评论。田九龄在《紫芝亭诗集·荆州游章台寺》中写道："泽在漫寻游猎迹，台荒空忆管弦秋。"[3] 田九龄之后的田宗文、田玄、田圭、田甘霖、田舜年、田旻如等对戏曲都有一定专攻。容美戏剧活动发展到田舜年时达到一个高峰。其中，田舜年是容美土司戏曲的集大成者。顾彩在《容美纪游》中记载："君喜人誉其女优。客之谀者，必盛言丙如女优之劣，以为万不及父，君则曰：'彼字且不识，安责知音！'

① 高润身主笔《容美纪游注释》，天津古籍出版社，1991，第45页。
② 高润身主笔《容美纪游注释》，天津古籍出版社，1991，第78页。
③ （清）田九龄、田宗文、田玄、田圭：《紫芝亭诗集》，李德成等编注，五峰县民族宗教事务委员会，2000，第115页。

及观丙如戏，又言太都爷行头潦倒，关目生疏，不如主爷教法之善。"① 田舜年及其子田昞如各教女优一班，两人都是戏曲行家。因顾彩精通戏曲，所以他在容美被视为知己。顾彩在容美土司与田舜年合作改编《南桃花扇》，并在鹤峰县城东不远的云来庄公演。田舜年迷恋戏剧可能源于其母亲覃美玉。覃美玉是田甘霖之妻，"因其美貌、能歌善舞，被选为容美土司戏班女优，后拔为教习"。② 鹤峰县柳子戏班把覃美玉视作柳子戏的开创者之一。而柳子戏也工《桃花扇》。到田舜年的时代，容美地域的戏曲非常发达。从看不到人表演的皮影戏、带假面具的傩戏到人直接演出的"人大戏"都十分盛行。清康熙年间，"人大戏"成为土司公演的主要戏种。"人大戏"主要有"柳子戏"和"南剧"，常演于庙之高台，表演区限定在木板搭成的半米宽的高台内。动作表演和演唱都在这一狭小的区域，这就要求表演者有较扎实的基本功。据初步统计，田舜年时容美土司这样的表演高台达十几处。《容美纪游》正是在容美戏曲繁盛时期产生的。此时，传统的傩戏、本土化的柳子戏、南剧以及外来的昆曲、楚调、秦腔都在容美土司生根发芽、交相辉映，容美土司成为戏剧的大花园。《桃花扇》之所以能在容美扎根，跟容美土司戏剧家传及其长期积累的戏剧基础息息相关。《桃花扇》在容美的落地以其资助者、承演队伍、改造者、观众为基础。若是没有这些基础，容美土司即使想搬演《桃花扇》也没有那个条件。正是由于容美土司100多年的戏剧家传及活动基础，《桃花扇》在容美的流传才成为可能。

二是土司对内地艺术文化的崇尚。自田世爵励精图治之后，容美田氏对中原主流文化十分迷恋。顾彩在容美期间，观察到容美土司与内地保持着紧密的经济、文化联系。一方面，司外大量文人、官员和客商进入容美；另一方面，司内土舍、舍把也不断出入容美。顾彩在容美土司时曾与土司中的文人唱和，其中就有不少外地人。"十六日，雨。举诗会，悉召钟、祝、皇甫诸客，惟高君惮险不至，命石工磨崖间片石如镜，朱书刻之，诗成随写于上。"③ 在这场诗会中，土司主田舜年、江苏无锡人顾彩、荆郡庠生钟南英、岳郡庠生祝九如、浙人皇甫介、土官田宽庵和田昞如及土舍田曜如等土司内

---

① 高润身主笔《容美纪游注释》，天津古籍出版社，1991，第46页。
② 钟以耘、龚光美主编《鹤峰县民族志》，国际文化出版公司，2001，第409页。
③ 高润身主笔《容美纪游注释》，天津古籍出版社，1991，第67页。

外人士共聚容美桃源，以诗为乐。

　　土司家族戏剧传统及其活动的历史积累为《桃花扇》的引入提供了基础，对王朝史实的熟悉让土司了解了《桃花扇》引入的意义，兴盛的民间信仰为《桃花扇》提供了演出地和观众，土汉的文化通道则为《桃花扇》的流入提供了路径。容美土司搬演《桃花扇》，其背后是家族传统艺术文化意识的提高及其对内地文化的崇尚和对明王朝的怀恋。

　　（二）戏曲所表现的国家意识

　　戏曲《桃花扇》中体现了丰富的国家认同意识。清代初期，容美土司与农民军、南明政权、吴三桂和清廷都合作过，这只是容美土司求生存的策略。实际上，容美土司除了保存自身外，也在等待维护正统的时机。《桃花扇》中所反映的明王朝的故事正好体现了容美土司所崇尚的"王朝正统"观念和国家意识。

　　从戏曲《桃花扇》在容美土司的演出看，土司并不认同清廷的"正朔"形象。清军攻占北京有明显的机会主义因素。孔尚任在《桃花扇》中把明王朝覆亡的原因也归结为明王朝奸臣的破坏和内部的争斗。当来自北方的少数民族政权南下攻城略地时，他并不具备统治的"正统性"。清朝在顺治元年便下达了"圈地令"和"剃发令"；顺治二年（1645），清军在江苏富庶之地大肆屠杀。[①] 清廷的这些行为激起了南方汉人和少数民族的反抗，自然不得人心。祝光强、向国平先生认为容美土司对清廷政权存狐疑之思，即"清朝定鼎中原后，开初并未有将明朝已经完善的土司政策延续实施，这使得容美土司大为愤懑"。[②] 康熙二十年（1681），容美土司田舜年给康熙皇帝上了一道《披陈忠赤疏》，请求清王朝延续明朝的传统，钦定容美宣慰使司，但是，直到康熙二十九年（1690），容美土司才被清朝认定。而在《披陈忠赤疏》中，容美土司也在极力表达对王朝正统的认同，"窃臣世代封袭源流，并臣父甘霖，鞠躬尽瘁，终于王事，无容再渎，在臣父子，世受国恩，衔结图报，义不容辞。然懋官懋赏之典，载在经史，所以柔远能尔，为统御万方之略。……皇上如天之仁，下以贻子孙世守之忠。伏乞敕部格外优

----

① 张岂之主编《中国历史·元明清卷》，高等教育出版社，2001，第241~242页。
② 祝光强、向国平：《试论容美土司王的反清复明思想》，《湖北少数民族》1986年第3期。

加容美等处军民招讨都使司之职，换给敕印，臣粉身碎骨难报高天厚地之恩"。[①] 对国家的忠诚超越了对王朝的忠诚。对清朝来说，土司对明王朝的忠诚并不是见不得人的事，这是对国家的忠诚。在天下大定之后，清廷在文化上继承了前朝的传统，从而追求清朝的正统化。

从戏曲《桃花扇》在容美土司的演出中还能看出，容美土司对明朝非常认同。对明朝的认同是明王朝与容美土司长期友好关系积累的结果，是容美土司长期迷恋中原文化、认同国家主流意识形态的结果。到康熙三十九年（1700）《桃花扇》在容美兴盛时，清王朝早已取得天下。《桃花扇》在京都公演时，观众常感慨涕零，感慨者，感叹明王朝之灭亡，涕零者，伤感于世事纷飞。《桃花扇》不免勾起民众对前朝的回忆，进而思考自己、家族、土司在明末清初所受的苦难。高润身认为在容美土司公演的《桃花扇》是为"惩创人心而演，是为强司而演，不是怀恋的，而是救世的"。[②] 不管怎样，《桃花扇》在容美土司的演出是可以与明王朝产生某种共鸣的。清康熙三十九年（1700）至容美土司改土归流的雍正十三年（1735），《桃花扇》在容美土司广泛地传播着。土司中恐怕少有人未看过《桃花扇》。《桃花扇》在容美流传的背后隐含着容美土司与前朝未能说完的故事。容美土司正是依靠国家而完成土司的治理和文化发展的，而此时，前朝不继，《桃花扇》便成为寄思。《桃花扇》的故事不免让容美土目、土舍感慨，也不免让多次为国征战的土民感慨。因此，《桃花扇》在容美的流传表达的是容美土司对前朝国家的无限依恋和对国家大统的认同意识。

第四节　崇尚主流的文化政策

文化政策是容美土司治理的重要方面，文化政策展示着容美土司国家认同的文化层面。一般而言，文化政策的导向有三种。一是排斥型。这种文化政策强调保存自身文化的独特性，对外来文化十分排斥。二是融合型。这一文化政策强调自身文化与他者文化的融合与发展。三是兼容型。这种文化政策兼具两者的特点，既要保留本身的特点，又注重学习外来文化。三种文化

---

① （清）李焕春主修《长乐县志》卷 14《艺文上·披陈忠赤疏》，咸丰二年（1852）。
② 高润身：《田舜年与〈桃花扇〉新议》，《中南民族学院学报》1990 年第 4 期。

政策各有优劣。第一种文化政策有利于族群内部团结，并对占有的资源形成对外排斥，但容易与其他族群形成冲突关系；第二种文化政策有利于享受外来族群的物质与文化，但又不利于保持自己的特点；第三种文化政策既有利于传承内部特色，又有利于享受外来文化，但容易造成族群文化内部的割裂。很难有完美的文化政策，关键在于文化持有者能对自己的文化政策形成自觉，弘扬优点，规避不足。

（一）土司文化政策的内涵

在土司治理过程中，文化政策扮演着重要的角色。从国家层面来看，国家主流意识形态要以文化的方式在容美土司传播、沉淀，形成杜赞奇眼中的"国家权力的文化网络"。从地方层面来看，文化是土司主统治地方的重要策略之一。历史时期，容美土司通过"整肃礼制、加强交流、发展教育等一系列文化策略的实施，最终实现了土司社会有序发展以及国家认同的双重目的"。[1] 容美土司的文化政策大大夯实了国家认同的基础。

首先，严法肃礼，利用文化权威加强统治。顾彩在容美土司中府曾目睹土司治理违法者的礼法："其刑法，重者径斩，当斩者，列五旗于公座后，君先告天，反背以手掣之。掣得他色者皆可保救，惟黑色〔旗〕则无救；次宫刑（刑者即为阉官〔宦〕，入内供役使）；次断一指；次割耳。盖奸者宫，盗者斩，慢客及失期会者割耳，窃物者断指，皆亲决，余罪则发管事人棍责，亦有死杖下者。是以境内懔懔〔凛〕，无敢犯法，过客遗剑于道，拾者千里追还之。"[2] 在土司中府中，顾彩看到一个威严的衙门。礼法相辅，才有利于土司治理。

礼法的权威在土司内部无处不在。容美土司境内碑刻众多，如奉天诰命碑、百顺桥碑、新改荒路碑、汉土疆界碑等，这些碑具有典型的时代特点。奉天诰命碑就是典型的明代赑屃碑风格，数米高的碑用一只大石龟驮着，碑上有双龙戏珠的纹路，显得十分威严。在容美土司田氏家族坟园、南府都发现了这种明代风格的碑。而土司与内地的汉土疆界碑则具有清代风格，碑的上方有日形图，碑文由文人书写，众多官员的名字落于碑脚，显得十分威

---

① 谭志满、霍晓丽：《土司时期少数民族社会治理过程中的文化策略——以鄂西南地区容美土司为例》，《中南民族大学学报》2013 年第 3 期。

② 高润身主笔《容美纪游注释》，天津古籍出版社，1991，第 53～54 页。

严。百顺桥碑是土司主田舜年受到皇帝接见回乡之后修建的。田舜年修建百顺桥不仅方便了去司外的道路，而且获得了统治的合法性象征权威。另外，通过祭拜关公、杀牛盟誓等礼法也增强了土司的权威。

其次，土、客融合，加强土司与内地的文化交流。容美土司对内地保持高度的开放。一方面，容美土司鼓励土舍走出大山、游历天下；另一方面，容美土司极力欢迎外地文人、工匠、艺人等来到土司。明代中叶以后，容美土司与内地的经济文化交流十分频繁。田九龄就游历南方多省，并与当地名人、名家交游唱和。据不完全统计，与田氏文学世家交游唱和的外地诗人达100多位，其中有许多是当时的名人，如"王弇州、王次公、孙云梦、孙兆如、习儒、胡绚良、张武昌、殷夷陵、大将军仁宇、钱塘张公、伍荆州、宋应元、魏懋权、艾和甫、冯仁卿等"。① 这些人分布在夷陵、荆州、枝江、武昌、南京、澧州、岳阳等地。在这诸多关系中，田氏家族与华容孙氏家族的数代关联、田玄及其三子与文安之的友谊、田舜年与顾彩的友好交往成为历史佳话。在《田氏一家言》中，有大量有关师生情、朋友情的诗作，都展示了这一深度交往。

当然，大量普通汉人也进入容美土司。顾彩在容美土司时，亲眼观察到"客司中者，江、浙、秦、鲁人俱有，或以贸易至，或以技艺来，皆仰膳官厨，有岁久不愿去者，即分田授室，愿为之臣，不敢复居客位"。② 特别是在明末清初时期，天下大乱，大量内地人民避乱逃至容美土司。在这一时期，容美土司还劫走周边县区人口，并分田授室，让其在土司安居乐业。在容美土司初期，容美洞酋领传至田先什用，其曾联合12个蛮洞酋领劫掠长阳县。明代天启七年（1627）之后，容美土司大规模向东扩展，占领了长阳县的天池河流域和长乐坪台地，还逐步向清江干流渗透，并掳走大量汉地人口。容美土司对这些外来人口并无身份的歧视，而是尽量让外来人口在容美生活下来。

再次，崇尚文化，提高土司上层的文化艺术素养。自明代中叶田世爵以后，容美土司的文化素养迅速提升。岳常道姚淳焘在《宣慰土司田九峰二

---

① 田虞德：《〈田氏一家言〉解读》，湖北人民出版社，2011，第16页。
② 高润身主笔《容美纪游注释》，天津古籍出版社，1991，第47页。

十一史纂序》中写道："予剖符常岳，职在宁边。莅政之初，即闻宣慰田子，尊贤礼士，饱饮诗书，以著述名家，私心固已异之，既又闻其编辑史略，二十一朝，互有商确，芟繁摘要，考误析疑，殆类通儒之所用心，非苟焉而已也。戊寅夏四月，田子忽遣史载书满车，冒风雨数百里，走兰津投赠索叙。其子应恒款门入谒，风流淹雅，有吴公子遗意，予益叹田氏之泽，再世未艾，而圣天子文教诞敷，涵濡浸灌，其收效于天下，若是其大且远也！虽然，阻水鉴形，日光体影，千秋得失，史文大备矣。田子披览之下，见古者山陬海澨，有奉职勤王，铭劝天室者；有夜郎自大，抗天拒命，冥冥焉不戢自焚者；有世笃忠贞，分茅锡土，传之无穷者；有叛服不常，初终异辙，尝试天威，陨其世，堕其绪者。其间是非祸福，一一澄观而静验之，于以敦修目好，力帅诸司，永承帝眷。后之入踵其业者，学成而升于有司，试于乡，举于春官，彬彬乎后先王国，与一代名臣，并光史册。"[1] 姚淳焘被守在边地的土司田氏的学习态度所感染。事实上，容美土司著述颇丰，田舜年就是其中的代表。田舜年不仅编辑了《田氏一家言》，还著有《廿一史纂要》《容阳世述录》《许田射猎传奇》,[2] 他还是一位戏曲名家，艺术素养极高。

最后，教育兴司，加强土司内部的文化教育。自明代中叶始，田世爵大力推广儒学教育。这一方面是因为受争袭惨案的震动和对中原文化的吸引，另一方面是因为王朝国家执行"土司进官办学校学习才能袭职"的政策。自此之后，容美土司土舍的教育机制逐步形成。这一机制包括四种基本的形式：延师课读，开办司学；送土舍出司，到枝江、松滋、沙市等地州学和县学学习；与汉地文人唱和，学习交流；传承儒统，著书立说。以儒学为核心的中原文化在容美土司土舍阶层得到广泛传播，大大促进了土司对中原文化的认同。但是，受教育主要还是土舍、土目的权利，广大土民阶层并没有受教育的机会。

容美土司实际上实施的是一种文化融合的文化策略。这一策略迅速地提高了容美土司的文化水平，促进了民族文化艺术素养的提高，为容美土司的

---

① 蔡辐：《鹤峰县志》卷13《艺文志》，民国12年（1923）。
② 五峰长乐坪民国《容阳堂田氏族谱》卷1《诸公事实考》。

国家认同奠定了坚实的基础。

(二) 文化认同与国家认同

文化认同 (cultural identity) 实质上是指对文化的认可以及形成的归属感。"国家认同通常被看作是一种政治认同,而这种政治认同的前提却是文化认同。"① 文化认同要有很强的内心情感体验,令人心生向往和乐于奉献,并在长期的文化习得中不断地沉积这一情感。文化认同还是一种集体无意识的群体塑造过程,对集体情感产生决定性影响。因此,文化认同在国家认同中发挥着基础性作用。

容美土司的国家认同也是由文化塑造的。这体现在以下三个问题上。

一是容美土司学习国家主流文化的动力和目的是什么?容美土司采取一系列文化策略的目的就是实现自身统治的长治久安。② 明代中叶,容美土司主田世爵鉴于土司争袭、家族斗争等造成的社会不稳定及其血腥历史,下决心以文化的力量来塑造人群,让土司民众明白严刑实礼。一系列文化策略的实施,确实帮助土司内部实现了社会的安定。土司、土舍阶层知书达礼,土民积极效仿;土司内部等级森严,政令畅通,外地茶商往来无虚日。外地人士大量进入土司地区,他们带来了先进的生产技艺和生产工具,促进了土司地区的经济开发。外地人的进入也沟通了土司内外,促进了山区与平原的物资交换,推动了商业繁荣。实际上容美土司通过对国家主流文化的认同实现了对内地资源的共享,促进了土司内部的繁荣与安定。因此,容美土司的文化认同特色是对国家主流文化的认同,而族群文化的认同则受其塑造和指引。

二是国家认同是如何通过土司文化认同得以实现的?尽管国家通过有限的力量去实现国家权力在土司内部的组织化,但限于当时的交通和生产力条件,国家对山高谷深、交通阻隔的容美土司的控制力实在有限。因此,国家在治理这类地区时更倾向于使用文化的力量。杜赞奇引入这一概念,用以探讨国家与社会之间的互动关系,通过文化来分析国家权力在地方的实践方式。他认为:"文化网络是地方社会中获取权威和其他利益的源泉,也正是

---

① 刘成纪、杨云香主编《中原文化与中华民族》,河南人民出版社,2012,第432页。
② 谭志满、霍晓丽:《土司时期少数民族社会治理过程中的文化策略——以鄂西南地区容美土司为例》,《中南民族大学学报》2013年第3期。

在文化网络之中，各种政治因素相互竞争，领导体系得以形成。"[1] 在人类学中，逐步形成了宗族、市场、信仰、行会和地缘组织等分析框架，用以分析国家与地方社会的互动关系。容美土司在认同国家主流文化的实践中，特别是在土司家族、土司对外贸易、内地信仰、土司军民一体的"旗"的组织模式的运行实践中，无不渗透着国家权力的影子。国家主流文化不断地在土司内部沉淀、积累，从而促成了国家权力在土司的渗透。

三是国家认同中的对象"国家"是怎样的存在？容美土司的国家意识是什么，是模糊的还是清晰的？在元代，容美土司并没有很强的国家意识，服从王朝也仅因为"名号拉拢"，元王朝在容美土司设的"千户所、军民府"等，不征收税收，土司也不与王朝为敌。明代初期，容美土司的国家意识还是比较模糊的。明代中叶之后，在儒学的熏陶之下，容美土司的国家意识才有了深刻的变化。"中央王朝只有使自己成为多民族国家集体利益的代表，才能让容美土司认同为'正朔'或'正统'。只是元朝和清朝因受统治者出身以及实施了不利于容美土司国家认同的民族歧视政策，从而让容美土司在国家认同上表现出相当的策略性和矛盾性。"[2] 可见，国家认同意识和认同观念在很大程度上是文化塑造的结果。

因此，文化认同在国家认同中是基础性的，它决定了国家认同中的对象"国家"是什么，也塑造了国家认同主体的基本国家意识和国家情感。文化认同本身还是国家认同的重要内容，且相比其他内容，文化认同更柔和，更可持续，更经得起历史的考验。

---

[1] 〔美〕杜赞奇：《文化、权力与国家：1900—1942 年的华北农村》，王福明译，江苏人民出版社，2010，第 1 页。

[2] 葛政委、黄天一：《向心的凝聚：容美土司国家认同研究》，《广西民族研究》2014 年第 5 期。

第三章
作为表征的政治认同： 纳贡、 征调与反叛

　　政治认同（political identity）是民众在政治生活中产生的对政治共同体的一种感情和意识上的归属感。政治认同的积极性表现在：对体制的认同，有助于政治组织及其制度获得合法性；对政策的认同，有助于更多的人参与政治过程；对政治思想的认同，有助于政治组织成员树立共同目标。[①] 当然，政治认同本身也可能造成个体自我丧失和"集体无意识"，出现集体盲目的现象。政治认同建设是维护国家政治体制的重要手段，政治认同是国家认同建设的优先目标。政治认同依赖并超越基于情感的疆域认同和文化认同，更具有理智性和策略性的特点。

　　文化认同在很大程度上塑造了政治认同，文化认同与政治认同是相辅相成、不可分割的。在以儒学为内涵的文化认同中，容美土司的政治认同也取决于对政治文化的认识。岳常道姚淳焘在《宣慰土司田九峰二十一史纂序》中写道："日照月临之下，凡有血气者，皆得晓以礼义，导以名分，沐以诗书，使蒸蒸响化，靡有违心，况土司星分楚徼，禹贡荆州之域，去王畿才三千里，奉正朔，守防禁，输枕报绩，历有年所。"[②] 在这一基础上，容美土司政治认同包括四个方面的内涵：" '维护王朝大统'是容美土司深层政治意识"；"容美土司对王朝政治制度特别是土司制度的认同"；容美土司频繁的政治认同行动；"容美土司对国家的政治认同在国家危难时刻得到检验"。[③] 从长时段历史来看，容美土司的政治认同获得了中央王朝的认可，

---

① 王邦佐等编写《政治学辞典》，上海辞书出版社，2009，第16页。

② 蔡韬：《鹤峰县志》卷13《艺文志》，民国12年（1923）。

③ 葛政委：《多维视野下的容美土司国家认同内涵研究》，《中南民族大学学报》2017年第5期。在以往的研究中，对容美土司的政治意识仅以事件论事件，造成了许多混乱。有学者认为容美土司是反清复明的，有学者认为容美土司是认可清朝的，这些都不准确。更有甚者，把容美土司未能善终归结到土司主个人身上，而不是容美土司长期积累的政治认同意识，犯了简单化的错误。

但沉淀下来的较为固定的政治认同也让容美土司在明末清初的政治动荡和"改土归流"中不知所措，而这恰巧证明，容美土司的政治认同走在一条正确的道路上。

第一节　象征的纳贡

政治制度认同是政治认同的重要内涵。对于容美土司而言，其政治认同既体现在对土司制度的认同上，也体现在对王朝其他政治制度（如卫所制度）的认同上。在土司框架下，土司要对中央王朝履行纳赋税、进朝贡、服征调的基本义务。如明代田汝成所说："其所以图报于国家者，惟贡，惟赋，惟兵。"① 在这三种义务中，土司纳贡更多的是表达政治认同的一种象征。历代中央王朝对边缘族群的进贡都采取"厚赐"的原则，为此，土司乐此不疲，王朝却为此花费甚巨。明王朝就一度限制土司进贡的次数和规模。

（一）履行进贡义务

元明清三朝，容美土司在元、清两代进贡较少，明代极多，形成鲜明反差。元代王朝对土司社会管控不严，已知史志中也未有容美土司进贡的记录。清代容美土司曾多次进京拜见皇帝，但容美土司对清王朝的进贡多为奉迎，未能形成定制。明代，容美土司在向中央王朝国家进贡的频度、规模上，在西南诸土司中十分突出。明代永乐年间之后，土司朝贡已经形成了定制，对于贡品，一般要求"土官贡物主要有金、银、虎、豹、狮、象、象牙、象钩、象鞍、象脚盘、马、皮张、鸟、孔雀尾、犀角、蚺蛇胆、玉石、青红宝石、器皿、围帐、金绒索、各色绒绵、各色布手巾、花藤、席、茶降香、黄蜡、槟榔、苏木、胡椒、硫黄、香蜡、药材等"。② 贡期一般为三年。对于进贡次数，则要求"湖广、广西、四川、云南、贵州腹里土官，遇三年朝觐，差人进贡一次。俱本布政司给文起送，限本年十二月终到京。庆贺限圣节以前"。③ 这样，明王朝对土司朝贡的人数、回赐、违例惩罚等都有一定的规定。清代，土司进贡方物又转为银两。

中国台湾学者黄开华教授曾对西南地区诸土司在明代朝贡的次数进行了

---

①　（明）张萱：《西园闻见录》卷79《土官》，台北：台湾明文书局，1991。

②　《明会典》卷108《礼部六十六·土官》，中华书局，1989。

③　《明会典》卷108《礼部六十六·土官》，中华书局，1989。

统计,从这些土司中可以窥见容美土司与中央王朝的关系。从表 3-1 中可以看出,容美土司进贡的频率是非常高的,这充分说明了容美土司与中央王朝的关系十分密切。容美土司进贡达 40 次,其下的椒山玛瑙长官司 6 次,五峰石宝长官司 5 次,石梁下峒长官司 9 次,水浕源通塔坪长官司 7 次,共计 67 次,容美土司的进贡次数超越西南地区任何单一土司。

表 3-1　明代容美土司与西南代表性土司朝贡次数比较

土司名称	容美宣抚司	椒山玛瑙长官司	五峰石宝长官司	石梁下峒长官司	水浕源通塔坪长官司	施南宣抚司	永顺宣慰司	保靖宣慰司	酉阳宣慰司	石柱宣慰司
进贡次数	40	6	5	9	7	34	37	30	34	48
土司名称	四川永宁宣抚司	四川麻儿匝安抚司	贵州金筑安抚司	贵州水西安氏宣慰司	贵州水东宋氏宣慰司	广西南丹州土知府	广西思恩军民府	云南丽江军民府	云南车里军民宣慰司	缅甸老挝军民宣慰司
进贡次数	22	2	41	13	34	14	15	14	29	23

注:①上排十土司为土家族地区诸土司,下排十土司为西南地区代表性土司;②容美土司及所属的四个长官在明代共计进贡达 67 次,这超过西南任何单个土司。

资料来源:黄开华:《明代土司制度设施与西南开发》,载《明史论丛之五·明代土司制度》,台北:台湾学生书局,1968。

容美及其所属土司进贡也极富特色(见表 3-2)。

表 3-2　明朝时期容美及所属土司朝贡详况

朝贡者	执行者	朝贡时间	贡品	赏赐	备注
容美宣抚司	(土舍)田光宝弟田光受、同知彭建思	至正二十六年(1366)			以元所授印章来
容美宣抚司	(土舍)田光宝及其子答谷什用等	洪武五年(1372)	方物	赐光宝文绮两匹、答谷什用等衣一袭	改容美宣抚司为长官司,正六品
五峰石宝长官司	(土舍)张仲山弟	洪武十五年(1382)	方物	赐文绮、钞锭	
椒山玛瑙长官司	长官刘文秀	洪武十五年(1382)	方物	赐文绮、钞锭	

续表

朝贡者	执行者	朝贡时间	贡品	赏赐	备注
容美宣抚司	把事杜贵达	永乐七年（1409）	方物	赐钞币	皇太子赐
石梁下峒长官司	长官唐朝文	永乐十二年（1414）	马	赐钞币	贺明年正旦
石梁下峒长官司	吏目王瑜	永乐二十一年（1423）	马		贺明年正旦
水浕源通塔坪长官司	长官唐思文	永乐二十一年（1423）	马		贺明年正旦
容美宣抚司	经历向书荣	永乐二十一年（1423）	马		贺明年正旦
椒山玛瑙长官司	长官覃万良	永乐二十一年（1423）	马		贺明年正旦
容美宣抚司	土官向友亮（土官金事）之子向子贤	宣德元年（1426）	马、方物	赐钞、彩币、表里	
意利蛮夷长官司	（土舍）覃友忠	宣德三年（1428）	马	赐钞	
容美宣抚司	峒长向大虫	宣德三年（1428）	马、方物	赐钞、彩币、表里	
容美宣抚司	土官黄万通之子黄隆杰	宣德三年（1428）	马、银器、方物	赐钞、彩币、表里、金织、文绮袭衣	
石梁下峒长官司	土官舍人唐永恭	宣德四年（1429）	马、方物	赐钞、彩币、表里	
五峰石宝长官司	（土舍）张再贵	宣德四年（1429）	马、方物	赐钞币	
容美宣抚司	通事黄家得	宣德七年（1432）	马、方物	赐钞、彩币、表里	
石梁下峒长官司	把事唐思林	宣德七年（1432）	马、方物	赐钞、彩币、表里	
椒山玛瑙长官司	土官覃志忠	宣德十年（1435）	马、方物	赐彩币	
容美宣抚司		正统二年（1437）	马、方物	赐宴，并彩币	
容美宣抚司		正统二年（1437）	马	赐钞	

朝贡者	执行者	朝贡时间	贡品	赏赐	备注
容美宣抚司	(土舍)黄隆杰	正统二年(1437)	马、方物	赐宴,并彩币	
容美宣抚司	土官舍人黄瑛	正统六年(1441)		赐钞、绢	
容美宣抚司	土官舍人向福铭	正统八年(1443)	马	赐宴、彩币	
容美宣抚司、五峰石宝长官司	把事田永贤	正统八年(1443)	马	赐币、钞锭	
容美宣抚司	舍人田社保	景泰四年(1453)	马、方物	赐彩币、绢、布	
容美宣慰司	土官舍人唐容	景泰七年(1456)	马	赐钞币	土司等未达,应为误载
容美安抚司、水浕源通塔坪长官司		景泰七年(1456)	方物	赐钞、绢、衣物	土司等未达,应为误载
容美宣抚司		天顺三年(1459)	马、金银器	赐钞、币	
容美宣抚司	舍人黄昱	天顺三年(1459)	马、方物	赐钞、彩币	
容美宣抚司		天顺三年(1459)	马、方物	赐彩币、表里	
容美宣抚司		天顺四年(1460)	马	赐彩币、钞、绢	
容美宣抚司、水浕源通塔坪长官司	舍人唐文宣	天顺五年(1461)	马、方物	赐宴,并彩币、表里	
水浕源通塔坪长官司		天顺六年(1462)	马、金银器	赐彩币	
容美宣抚司		成化二年(1466)	马	赐彩缎、表里	
容美宣抚司、五峰石宝长官司	土官田保富	成化五年(1469)	方物	停其赏	秤较不足,惩之
容美宣抚司、五峰石宝长官司	土官舍人田镇	成化十年(1474)	方物	赐彩缎、绢、钞	
容美宣抚司	土官向镇遣舍人	成化十年(1474)	马	赐绢、钞	

续表

朝贡者	执行者	朝贡时间	贡品	赏赐	备注
容美宣抚司		成化二十年 (1484)	马、方物	赐彩缎、绢、钞	
容美宣抚司		成化二十二年 (1486)	马	赐彩缎、钞锭	
容美宣抚司	把事刘源	成化二十三年 (1487)	香	赐彩缎、钞锭	
容美宣抚司、水 浕源通塔坪长 官司		弘治元年 (1488)	香		明宪宗生母 及皇贵妃万 氏信佛,京城 大修佛寺,因 而进香
容美宣抚司		弘治二年 (1489)	方物	赐彩缎、钞锭	
石梁下峒长 官司		弘治二年 (1489)	马	赐彩缎、钞锭	
石梁下峒、水 浕源通塔坪长 官司		弘治二年 (1489)		赐彩缎、钞锭	
容美宣抚司, 水浕源通塔 坪、椒山玛瑙 蛮夷长官司		弘治三年 (1490)	马	赐彩缎、钞锭	
容美宣抚司		弘治三年 (1490)		赐彩缎、钞锭	
容美宣抚司		弘治八年 (1495)	马、香	半赏	香不及数,马 称道死
水浕源通塔坪 长官司		弘治十八年 (1505)		赐绢、纱	
容美宣抚司、石 梁下峒长官司	把事张世宗	正德三年 (1508)	香、方物	赐宴、绢、钞锭	
五峰石宝长官 司、水浕源通 塔坪长官司		正德四年 (1509)	方物	半赏	为天子祝寿, 俱后期而至
容美宣抚司	护印土官宣抚 舍人田世爵差 通事田广	正德八年 (1513)	马	半赏	违例

123

朝贡者	执行者	朝贡时间	贡品	赏赐	备注
容美宣抚司		正德十五年（1520）	马、方物	赐彩缎、钞锭	
容美宣抚司	田世爵遣使	嘉靖元年（1522）	香	赏钞、绢	
容美宣抚司		嘉靖十一年（1532）	香	减赏	过期
容美宣抚司	把事向受、张新	嘉靖十六年（1537）	香	赐宴，赏如例	
容美宣抚司、椒山玛瑙蛮夷长官司		嘉靖二十三年（1544）		半赏	过期
容美宣抚司	田世爵	嘉靖三十四年（1555）	大木五十根	赐银二十两，彩缎二表里	修钟祥的承天府
容美宣抚司		嘉靖四十一年（1562）	马、方物		

注：表格所载不等于实际存在的朝贡次数。

资料来源：《明实录》。

从表3-2容美土司进贡详况中可以看出容美土司进贡的特点。一是容美土司进贡的物品一般是马、方物以及有特殊意义之物。骡马是朝贡物品的运输工具，又是硬通货，故作为进贡之物，一举多得。《明实录》中有关容美土司的进贡记录，一般都有贡马的内容。而对方物的记录则非常模糊，方物即地方特产，这与容美土司的物产有关。因为路途遥远，容美土司进贡的方物必须轻便、价高、易保存，故根据容美土司物产，可以推定容美土司进贡的方物有茶叶、葛粉、野猪肉脯、麂子肉脯、虎皮、麂子皮等。明清时期，容美土司为推动朝贡，发展茶叶生产，不断扩大茶叶种植面积，以致"容美贡茗，遍地生植"，[①] 在改土归流前夕，容美土司的茶园达万余亩。贡物也有特例，表3-2就讲述了"弘治元年（1488），容美土司因明宪宗生母及皇贵妃万氏信佛而特意进香"的特例；嘉靖三十四年（1555），容美土

---

① 蔡辊：《鹤峰州志》卷7《物产》，民国32年（1943）再版，藏于鹤峰县公安局档案室，目录号D23，卷号103。

司因明王朝修钟祥的承天府,献大木五十根。可见,容美土司的贡品要精心准备。二是容美土司进贡的形式比较复杂。进贡者一般由土司应袭土舍、护印土舍等土司顶层权贵主导,其他土舍、把事、土目、经历、峒长等土司普通权贵护送,进贡队伍从几十人到几百人不等。三是元明清时期容美土司进贡受国家形势的影响而在进贡频率上有明显的变化。明代永乐、宣德、弘治、嘉靖年间,容美土司的进贡次数较多。这一时期,容美土司大力推行儒学,与中央王朝交好,社会相对安定,故朝贡次数较多。明代后期,由于农民运动,天下动荡,容美土司进贡的道路并不安全,故进贡较少。在个别时期,容美土司也曾因进贡违例而受罚,如容美土司曾因进贡迟到、贡品数量不足而被罚。

(二) 朝贡与认同

自 20 世纪 20 ~ 30 年代,美国汉学家费正清 (John King Fairbank) 提出以朝贡体系为核心的"中国的世界秩序"框架以来,朝贡体系已成为理解东亚政治与外交秩序的一种重要的分析框架,并发展出滨下武志的"朝贡贸易体系论"、何芳川的"华夷秩序论"、黄枝连的"天朝礼制体系论"、高明士的"中国的天下秩序论"、西嶋定生和堀敏一的"册封体制论"和"羁縻体制论"等。[1] 可见,朝贡不仅是一种行为,更是一种维护东亚秩序的制度体系。朝贡在国家认同上扮演着重要的角色。

朝贡体系的理论基础是什么呢?费正清认为这种理论源于秦朝统一以来中心与夷狄长期接触形成的一种信念:"他们的优势不仅在物质力量方面,还在文化方面。"[2] 实际上费正清讲的就是我国传统的"华夏中心""华夷之辨""五服"的思想,其思想内核在孔子那里就开始传承,成为中华民族多元一体历史发展过程的精神依托。当然,也有学者对用进贡体系来解释东亚政治秩序提出了疑问。[3] 但不可否认,朝贡体系所展示的中华历史中的大一统思想仍经久不衰。

容美土司朝贡既是对这一体系的传承,又具有历史时段和容美土司自身的特点。早在宋代,容美地域的田氏家族就向中央王朝进贡。"大中祥符五

---

[1] 黄纯艳:《中国古代朝贡体系研究的回顾与前瞻》,《中国史研究动态》2013 年第 1 期。

[2] 陶文钊编选《费正清集》,天津人民出版社,1992,第 31 页。

[3] 张锋:《解构朝贡体系》,《国际政治科学》2010 年第 2 期。

年，峒蛮田仕琼贡溪布，迭为都尉峒酋。"① 容美土司进贡只是对武陵边缘族群进贡传统的传承。元至顺二年秋七月"辛丑，怀德府洞蛮二十一洞田先什用等以方物来贡，还所虏生口八百余人给其家"。② 田先什用是容美土司的创始者，在元代他以进贡方物来表达对元朝的认同，进而为其统治容美获得合法权威。明朝容美土司进贡频繁，而清代容美土司也被迫用朝贡来表示对新王朝的臣服。康熙二十七年（1688），田舜年觐见康熙皇帝时进贡了红铜："臣系宣慰使，因进贡红铜，蒙加三级乃系世职。"③ 田舜年竟然进贡了可做炮筒的稀有金属红铜，皇帝大加赞赏。雍正二年（1724）九月二十五日，湖广容美等处军民宣慰使田旻如"今欣逢圣主干德方新，普天向化，恨未躬趋阙下，仰觐天颜，孺慕之诚，不能自己，特遣土弁敬贡方物"。④ 而在清代，容美土司还向清王朝进贡了可做炮弹的硫黄，顾彩曾亲自参观容美土司在屏山上的硫黄矿厂："十八日，复雨。君约余水砂坪看开硫磺矿，雨甚，余不果行。漏下二鼓君返，贻余生硫磺一器，滴地作灯如繁星为戏，诸童子尽来观，以为哄笑（水砂坪在署西七里，其山上平，如截去峰顶，又如白云界断，延长八里，平山所以得名也。山出硫磺，充贡，故往视之。其磺母晃白如银，闪烁可玩，可为火石，发火如菊花，第不坚，熔之即磺也。其渣滓淘出水银）。"⑤ 可见，容美土司朝贡既有固定的内容和形式，也会根据时势发展而做调整。

土司也需要缴纳赋税。与贡不同，赋是强制性的，但更是象征性的。从表3-3中可以看出鄂西南土司缴纳的赋税是非常有限的，一个土司缴纳赋税一般仅数石粟米，仅为表达政治认同的一个符号。《湖广图经志书》虽未记录容美土司的缴纳额度，但也可以参考同级别的其他土司。

实际上，土司进贡对朝廷而言，负担很重。正德四年（1509）冬十月，"乙未，湖广容美宣抚司并椒山玛瑙长官司通事土人刘思朝等来京进贡，多

---

① 五峰长乐坪民国《容阳堂田氏族谱》卷首《田氏受姓源流考》。

② （明）宋濂：《元史》卷35《本纪三十五·文宗四》，中华书局，1976，第888页。

③ （清）田舜年：《请诰封》，载鹤峰县民族事务委员会编《容美土司史料续编》，内部资料，1993，第26页。

④ 《湖广容美宣慰使田旻如奏请赏赐御翎折》，载《雍正朝汉文朱批奏折汇编》第3册，转引自鹤峰县民族事务委员会编《容美土司史料续编》，内部资料，1993，第12页。

⑤ 高润身主笔《容美纪游注释》，天津古籍出版社，1991，第69页。

起关文沿途需索，为侦事者所发，自鲁桥以北应付过银千余两，计鲁桥以南又当数倍。礼部议宜究治诸应付者以戒将来。上以进贡土人姑宥之。仍令礼部有谕及行文本省，处治奏闻。经该起送等官批文容呈，名数不及以致土人乘机添捏，皆夺俸两月，诸应付者通查职名及所支钱粮，仍榜示后来，不许妄行应付。"① 故之后对土司进贡的次数和规模进行了限制。

容美土司的朝贡有多方面的意义。一是进贡是土司表达对中央王朝臣服的象征符号。进贡是土司对王朝的基本义务，而精心的进贡还能表示对中央王朝的忠心。二是容美土司通过进贡在政治上可获得统治土民的合法性权威。对田氏家族而言，这种地方治权既有历史上家族的传统，更在于王朝赋予的政治权力。三是容美土司的进贡往往能获得厚赐。中央王朝往往会以数倍价值的回赐来嘉奖边缘族群的"向化"。这是历史上中央王朝治理边缘族群的重要政策。在进贡中获得的物资和荣耀大大激发了边缘族群进贡的动力。四是容美土司通过朝贡走出去，见识了内地的政治、经济与社会文化。明代前期，容美土司出司后，顺长江而下，至南京；明代嘉靖年间以后，容美土司出司后进入荆州江陵，走荆门、宜城至襄阳、南阳，经鲁山、临汝，过中岳至郑州，过黄河，至新乡，进入河北后，经磁县、赵县、正定县、良乡进入北京。这两条进贡路线跨越多个省份，土司进贡让其大大开阔了眼界。容美土司的进贡作为中国古代朝贡体系的具体实践，对于推动容美土司的国家认同起到了非常重要的作用。

表 3－3　明正德七年施州卫地区编户及田地贡赋情况

所司	户口数 （户）	人口 （人）	田地面积	赋税	备注
施州卫	3333	21291	141 顷 1 分	米 738 石 2 斗 8 升 4 合 6 勺（合银 52 斤 9 两 9 钱 8 分 3 厘）	编户 3 里。同期襄阳府纳粮 63117 石
大田千户所	1039	1653	155 顷 60 亩		官军 1210 人，刺惹洞 443 人
施南宣抚司	330	2957		粟米 65 石 6 斗 1 升 7 合 7 勺	编户 3 里
东乡安抚司	110	517		粟米 10 石	编户 1 里

① 《明实录·武宗实录》卷之 56《正德四年冬十月乙未条》，第 1250 页。

续表

所司	户口数 （户）	人口 （人）	田地面积	赋税	备注
忠峒安抚司	350	1530		米 6 石 5 斗	编户 3 里
忠孝安抚司	153	975			编户 1 里
金峒安抚司	273	1531		米 15 石 1 升 3 合 9 勺	编户 3 里
散毛宣抚司	153	1231	3 顷 10 亩 4 分	粟米 17 石 9 斗 5 合	编户一里半
大旺安抚司	111	843	1 顷 70 亩	粟米 9 石 9 斗 5 合	编户 3 里
忠路安抚司	110	516			
忠建宣抚司	293	1213		米 44 斗 5 升	
龙潭安抚司	220	1375	2 顷	粟米 10 石 7 斗	编户 1 里
高罗安抚司	220	916		米 3 石 7 斗 5 升	编户 2 里
木册长官司	187	892		米 8 石 5 斗	
镇南长官司	250	1120	1 顷	米 5 石	
唐崖长官司	190	645		米 10 石 5 斗	

资料来源：嘉靖《湖广图经志书》卷 18，书目文献出版社，1991。

改土归流后，中央王朝仍然对容美地域实行薄赋政策。乾隆元年（1736），即清王朝对容美土司改土归流的第二年，"将容美司改设之鹤峰、长乐二州县成熟田地，即照原额秋粮银九十六两之数，作为征收定额"。[①]清朝延续了土司时期王朝对边缘族群的优惠。

第二节 实在的征调

土司兵向为王朝所倚重。《蛮司合志》载："溪峒之间，窃发时起，则彼我征调，颇易为力，因之设土兵相制之法。而其后辗转假借，凡议大征者，无不狼兵、土兵远为之驱使。"[②] 特别是在明代中期后，卫所松弛，地方动荡，王朝更倚重土兵。在土兵中，明王朝又独爱湖广土兵。土兵服调可得军费，湖广万兵一月可得银二千五百两，土司土官也得以"计日得银"。除了经济利益外，土司还可以通过征调而得受封，甚至提高土司等级。而中央王朝也倚重湖广诸土司。中央王朝给广西的狼兵每人每月军饷三斗，而给

---

① （清）罗德昆纂修，王协梦协修《施南府志》卷 12《食货志》，道光十四年（1834）。
② （清）毛奇龄：《蛮司合志·序》，载《西河合集》之《蛮司合志》1～8卷，线装木刻本。

湖广土兵的军饷每人每月达四斗五升。"湖、贵节年用兵,俱调土兵。各该土官挟贼为利,邀索无厌,曲意从之,愈加放肆。且如军兵行粮,每月例只四斗五升,两广土兵,只支三斗。惟湖广土兵,于四斗五升之外,又多索一倍,每斗折银五分,该银二钱五分。若兵一万,每月该银二千五百两。湖广上年调土兵三万六千名,每月该银九千两,自进山至散兵,共十五个月,共该银一十三万五千两。是于行粮每名四斗五升之外,又无故多费此一十三万五千两以与土官也。湖广如此,推之川、贵可知。土官高坐营中,计日得银,只愿贼在,岂肯灭贼?臣到地方,即追究其所以冒破钱粮,纵贼不杀之故,示以国法,亦颇悚惧。合无今后行粮,照例只与四斗五升;其加取一倍者,通行革去。候获功日,以为赏赉之资。功多从厚,则土官利在杀贼,不敢不用命矣。"[1] 正因为王朝的依赖,容美土司在历史时期曾被多次征调,牺牲颇多,也屡获军功,明王朝对其极为信任。

(一) 平四川播州宣慰司杨应龙的叛乱

四川播州 (今贵州遵义) 一带,自唐起,由来自山西的汉族后裔与播州一带原居民融合形成的杨氏家族管辖。元置播州宣慰司,洪武五年(1372),杨氏归顺明朝。隆庆六年 (1572),杨应龙袭播州宣慰司职。万历年间,杨应龙叛乱,《明史》记载,"应龙之先曰杨铿。明初内附,授宣慰使。应龙性猜狠嗜杀。数从征调,恃功骄蹇。知川兵脆弱,阴有据蜀志,间出剽州县。嬖小妻田雌凤,谗杀妻张氏,屠其家。用诛罚立威,所属五司七姓不堪其虐,走贵州告变。巡抚叶梦熊疏请大征。诏不听,逮系重庆狱。应龙诡将兵征倭自效,得脱归。复逮,不出。四川巡抚王继光发兵讨,覆于白石,应龙诿罪诸苗。朝廷命邢玠总督。值东西用兵,势未能穷治,因招抚之。应龙益结生苗,夺五司七姓地,并湖广四十八屯以界之,岁出侵掠。是年二月,败官军于飞练堡,都司杨国柱、指挥李廷栋等皆死。已,复破杀綦江参将房嘉宠、游击张良贤,投尸蔽江下。伪军师孙时泰请直取重庆,捣成都,劫蜀王为质,而应龙迁延,声言争地界,冀曲赦如曩时。化龙至成都,征兵未至,亦谬为好语縻之"。[2] 万历二十四年

---

① (明) 张岳:《论湖贵苗情并征剿事宜疏》,载张岳《小山类稿》,林海权、徐启庭点校,福建人民出版社,2000,第56~57页。

② (清) 张廷玉:《明史》卷228《李化龙传》,中华书局,1974。

（1596），杨应龙从四川播州北出，侵袭四川盆地，对明王朝构成极大的威胁。[①] 播州土司之所以向北攻击，是因为北面的重庆、四川财富聚集，道路通畅，可以威胁王朝核心地区。而向西、向南、向东都是土司地区，向北是其最佳进攻路线。

中央王朝派遣四川巡抚李化龙分八道进兵征讨杨应龙。其中"楚师一路分两翼：总兵官陈璘由偏桥，副总兵陈良玭受璘节制，由龙泉。每路兵三万，官兵三之，土司七之"。[②] 故土家族地区的土司广泛参与平定播州的叛乱。容美土司下属的五峰长官司直接参与了平定，"张之纲，字中孚，五峰司张应龙子，常随胡宗宪，于万历间征播州土官，张之纲有功加封下略将军，复安抚司职"。[③] 同时，容美土司田氏也带兵参与。杨氏叛乱很快被土司联军平定，播州地区改土归流。叛乱平定后，容美土司宣抚司田宗武还受到中央王朝的表彰。两湖西三角诸土司不仅作为主力平定了这次叛乱，还阻止了杨氏叛军向东进入两湖平原地区，杨应龙只能北上威胁四川盆地，从而无法动摇王朝国家的根本。

（二）对峡江农民军的防御

明末，农民军在峡江走廊一带活动，其中在长阳、建始、巴东、恩施、利川活动的农民军与土司直接对抗。农民军在鄂西一带对当地社会经济产生极大的影响。《建始县志》载："明崇祯七年（1634），流贼自楚入蜀，由巴东过建始，有数十万众，居民遭其荼毒者大半，自是陆续往来，岁无宁日，百姓流离失业者甚众。"[④] "崇祯十六年（1643），张献忠尽驱荆民入川，路经建始，男女扶携鱼贯进，数月始毕。"[⑤] 容美土司也在这动乱的局势中趁机扩张，建始县、巴东县南部、长阳县中西部地区尽为容美土司所占。《建始县志》又载："明季，流氛荐祸，容美土司乘机肆虐，革塘等里在

---

① 万历十九年（1591），贵州巡抚叶梦熊以播州所辖五司改土归流，这从根本上触动了播州土司的利益。故杨应龙率五司七姓叛。参见高文德主编《中国少数民族史大辞典》，吉林教育出版社，1995，第980页。

② （清）张廷玉：《明史》卷228《李化龙传》，中华书局，1974。

③ （清）李焕春主修《长乐县志》卷14《艺文志》，咸丰二年（1852）。

④ （清）袁景晖纂修《建始县志》卷3《事变志》，道光二十一年（1841）。

⑤ （清）袁景晖纂修《建始县志》卷3《事变志》，道光二十一年（1841）。

清江河以南皆被侵扰，县中绝人烟者十数年。"① 崇祯年间，张献忠沿着土司外围地区进入四川盆地，与土司只有零星的军事冲突，土司区民众也得以保全。

明末清初，李自成领导的农民军兵败后也进入鄂西川东地区，号称"川东十三家"（又称"夔东十三家"），即"郝摇旗、袁宗第、笪天保、马腾云、党守素、何无宠、牛万才、贺珍、王进才等各自雄长，不相统属，号十三家，出入巴、渠、巫、施间，而兴山之茅麓山其巢窟也，时人呼之西山寇"。② 由于"川东十三家"长期驻扎在峡江地区，与鄂西南诸土司产生了深刻的矛盾，土司普遍进行抵制。田敏先生认为："夔东十三家在土家族土司地区也当实行过招抚政策，遇到的却是土司比较一致的抵抗。"③

容美土司在抵制"川东十三家"过程中，也付出了巨大的代价。《施南府志》载："丁亥（1647）五月，一支虎即李过，始率十三家余烬入卫地，肆屠掠，与土司战于城南，大破之，遂移营容美，戊子（1648），自容美转屯施南司。"④ 此时，卫所废弛，容美土司是作为主力与农民军苦战的。容美土司为何要转战数百里去恩施城战农民军，这与农民军偷袭容美土司有关。容美土司《田氏世家》载："时永历元年丁亥（1647）也，公（田霈霖）方锐意勤王，欲修匡扶之业，无何残寇一只虎，由清江奔入容地，公初视为降丁，不为备，遂至库藏宝玩，官廨名舍，以及野积公储，一时劫掳殆尽。尤伤心者，太保仁忠公枢，并太夫人寝墓，俱被掘发。公自忿竭忠于国，未能获报，而横受惨祸，鹬獭之驱，莫此为甚。因是，日夜拊心，时而悲歌感慨，时而涕泣流连，作为封侯，谣哀诸篇，以泄愤懑之气。"⑤ 最后，容美土司主田霈霖也忧愤暴蹶而卒。

在明王朝的最后时刻，容美土司还欲抵抗农民军，挽救国家社稷。崇祯十二年（1639），容美宣抚田玄疏言："六月间，谷贼复叛，抚治两臣调用土兵。臣即捐行粮战马，立遣土兵七千，令副长官陈一圣等将之前行。悍军

---

① （清）袁景晖纂修《建始县志》卷3《户口》，道光二十一年（1841）。
② 湖北省地方志编纂委员会办公室编民国《湖北通志》卷69《兵事三》，湖北人民出版社，2010。
③ 田敏：《土家族土司兴亡史》，民族出版社，2000，第158页。
④ （清）罗德昆纂修，王协梦协修《施南府志》卷17《武备志》，道光十四年（1834）。
⑤ 五峰长乐坪民国《容阳堂田氏族谱》卷3《明太史华容严守升撰田氏世家》。

邓维昌等惮于征调，遂与谭正宾结七十二村，鸠银万七千两，赂巴东知县蔡文升以逼民从军之文上报，阻忠义而启边衅。帝命抚按核其事。时中原寇盗充斥，时事日非，即土司征调不至，亦不能问矣。"①从《明史》的记载看，容美土司在明末中央王朝衰败的背景下仍然试图履行王朝征调的义务，只是下属邓维昌害怕征调而未能成行。而严守升在《田氏世家》中却载明了另外的景象："至其尽瘁王室，终身忠勤不懈，虽丁未造之时，寇盗蜂起，张献忠、李自成等攻城掠地，所在云扰，公遣其胤子霈霖、甘霖、既霖、弟圭、赡等，率精兵，自裹糇粮，随大司马援剿捣竹、房，援襄、邓，卫护惠府亲藩，前后凡六七次，所向有功，又解饷以助军需。事闻，天子嘉其忠勤，优诏褒之，乃赐复国初旧职，由宣抚使职，进为军民宣慰使宣慰之职。……自公（田玄）一旦荣膺，且其属椒山、五峰、石梁、水烬四长官迁安抚，玛瑙、石宝、下峒、通塔坪四副长官迁长官，并给授五营副总兵关防，以备征调，雄镇西南，尤容美百世不祧之祖也。"②

容美土司在与农民军的战争中损失惨重。容美土司所属五峰土司张福谦被刘体纯领导的农民军捕捉，五峰司衙署被焚毁；水浕司唐镇邦被农民军刺死。③ 土司财富被农民军损毁或抢劫。容美土司在与农民军的斗争中，家仇与国恨交织在一起，尽管势力远不如农民军，却拼死战斗，维护王朝国家正朔。

（三）在江浙抗击倭寇

容美土司最大的征调活动莫过于明嘉靖年间的征讨倭寇。嘉靖三十五年（1556）六月，"容美等兵一万，由陆路进发，合各地主客兵共二十万。时诸百执事统兵参游等官，运给兵饷，纪录军功"。④ 容美土司及其所属椒山玛瑙长官司、五峰石宝长官司、石梁下峒长官司、水浕源通塔坪长官司曾率领土兵一万在浙江一带抗倭。两湖西三角地带诸土司几乎都参加了抗倭行动，还有一套特别能战斗的阵法。"湖广九溪卫、容美宣慰等司、桑植安抚司、麻寮等所、上岗等峒各有骁勇土兵，惯熟战阵，宜选各卫谋勇素著指挥

---

① （清）张廷玉：《明史》卷310《湖广土司》，中华书局，1974。
② 五峰长乐坪民国《容阳堂田氏族谱》卷3《明太史华容严守升撰田氏世家》。
③ （清）李焕春主修《长乐县志》卷4《沿革志》，咸丰二年（1852）。
④ 中国历史研究社编《倭变事略》，上海书店，1982，第106页。

统领。予按短兵相接，倭贼甚精，近能制之者，惟湖广兵镰钩枪弩之技，必须动永保二宣抚司精兵，使与北兵彼此夹持部伍，均配器械，长短相济。"[1] 这一地区的土兵在此次征调活动中取得大胜，并立下"东南第一功"。

容美土司主田九霄率领容美土司的土兵出征。田九霄跟随兵部尚书胡宗宪在前线杀敌，并取得战功。《田氏世家》记载了田九霄抗倭的情景："父在时，倭寇犯顺、浙、直，总督胡公宗宪檄调土军征剿。公随父率领苗蛮兵将，奋勇争先，追至嵊县三界，击斩首级五百八十，获骡马五十二匹。胡公深爱之，为之请给冠带，领兵杀贼，时嘉靖三十五年。明年，复督兵进剿山阴、后梅等处，斩首四百八十，生擒五十六名，药弩射伤焚溺无数。是年七月，又奉调剿丹阳流寇，斩首六百余级。续大兵攻捣柘浦徐明山巢穴，斩首二百八十余级，生擒三十名。又督率二弟九龙等，领兵放火烧巢，斩奔出贼六十余级。又明年七月，倭再入寇，随父往征，分布丹山等处。又明年七月，攻捣岑港贼巢，杀溺死者无数，余众崩溃。父世爵公卒于军，胡公为请于朝，替袭职为容美宣抚使。公辞归受事，亦会倭平班师，胡公张筵饯送。时与宴者，永顺宣慰彭翼南、桑植安抚向鹤峰二司虽同在行间，各有功绩，而容美勋独高。惟永、保经营有力，皇明通纪内，独载其功，盖亦千古不平之公案也……盖彭在家，常演戏为乐。于是独赋律诗一首，赠公以旌其劳，见百将传诗，今载于文艺。乃赐犒军银一万七千。而公辞曰：土人效力疆场，犬马微劳，分所宜也，不敢受赏，但朝廷能念累世边臣，赐复洪武初年军民宣慰旧职。俾祖宗蒙德，子孙荷荣，于愿足矣。"[2] 容美土司为朝廷立下大功，明王朝奖励白银一万七千两，而田九霄辞，皇帝便升容美宣抚司为容美宣慰司。田九霄又以边臣自称，强调对国家的忠诚。在明清两朝，以容美土司为代表的两湖西三角诸土司以王朝屏翰存在于武陵东缘走廊地区。这些土司听从王朝指挥，为王朝建构了一道西南与中原地区的土司长城，让西南诸乱不至于殃及长江中下游平原地带。这些土司还在西南诸乱中多次服征调，平定一次又一次破坏王朝国家稳定的叛乱。在明清交替之际，大明王朝已不存在，两湖西三角诸土司仍然保境安民，防御农民军在土司区的抢掠，

---

[1] （明）郑若曾：《筹海图编》，转引自鹤峰县民族事务委员会编《容美土司史料续编》，内部资料，1993，第 60 页。

[2] 五峰长乐坪民国《容阳堂田氏族谱》卷 3《明太史华容严守升撰田氏世家》。

保护了这里的居民。容美土司甚至主动出击，在施州城南与农民军苦战，试图把农民军赶出鄂西南。

第三节　无常的反叛

在容美土司的内部，地方政治也表现为一种家族间的政治联盟形式。许多人认为土司是"土皇帝"，拥有极大的权力。实际上，对容美土司而言，田氏土司主更像容美地域众多强宗大姓的政治盟主。同时，这一联盟又与周边的地方政治联盟合纵连横，从而影响到区域政治的基本格局。容美土司的地方政治认同十分复杂。地方政治认同的多变性又影响到国家政治认同。也正因为如此，"反叛"在土司内部、土司之间、土司与卫所之间成为常态。故这一政治形式对土司的政治认同产生了重大影响。从姓氏家族来审视容美土司的政治认同，可以从另外一个角度来观察容美土司的国家认同。

（一）家族联盟与"反叛无常"

自宋代起，鄂西南地区社会就发展出强大的蛮酋大姓，姓氏家族主导着地方政治。在鄂西南一带，土司有"七覃二田一向"之说，即这几大姓氏控制着土司地方政治。土司姓氏家族之间的合纵连横是其地方政治最为突出的特点。故地方政治出现了"反叛无常"的局面。从历史角度看，这种家族联盟有越来越固化的趋势，并影响着土司的政治认同和国家认同。元明及明清交替时期，田氏盟主常带领众豪强大族攻城略地。元泰定三年（1326）四月，"〔容〕米洞蛮田先什用等结十二洞蛮寇长阳县，湖广行省遣九姓长官彭忽都不花招之，田先什用等五洞降，余发兵讨之"。① 清初，容美土司下属"唐镇邦乘献贼之乱，率诸蛮寇长阳，攻陷城堡，居民逃亡过半"。② 这也成为土司地方政治中最常见的事件。

1. 土司内部的反叛

容美土司是由田、刘、唐、张、覃、向等十多个强宗大姓组成的政治联盟体。容美土司田氏是最大的土司主，而刘、张、唐、覃则是小土司主，向氏也有一定威望。这些姓氏家族在土司内部争夺权力，对土司政治产生了巨

---

① （明）宋濂：《元史》卷 30《本纪三十·泰定帝二》，中华书局，1976。
② 陈丕显主修《长阳县志》卷 13《忠义传》，民国 25 年（1936）。

大的影响。以田氏与向氏之间的关系为例,从中可以看出土司内部的政治认同。

向氏在鄂西南是强宗大姓,在容美土司却未能获得土司地位。故容美土司田氏与向氏之间的争夺就变成常态。明代初期,"田胜贵,光宝子,袭父职以后,峒蛮向天富作乱,牵连革职"。① 可见,容美土司田氏与向氏曾结成联盟,并对周边地区掠夺。明代嘉靖年间,容美土司主田世爵"与土官向元楫累世相仇,觊元楫幼,佯为讲好,以女嫁之,谋夺其产,因诬元楫以奸。有司恐激变,令自捕元楫,下狱论死。世爵遂发兵,尽俘向氏并籍其土。久之,抚按词知,责与元楫对状。世爵不出,阴与罗峒土舍黄中等谋叛"。② 田世爵通过联姻方式终于把向氏收服,此后,田氏和向氏结成了紧密的政治关系,以对抗唐氏、张氏等容美土司大姓。

向氏长期占据屏山,世为屏山寨蛮酋。屏山在明末清初为容美土司爵府所在地。《向文宪墓志铭》载:"若公之起自布衣,无尺寸之阶,由百总而至旗长,营镇至掌印信。圣主拔擢之典,可谓隆矣。且肖子贤孙环绕庭膝,历年六十以寿考终,是人之大不幸者,而公无下幸也。公之生平素行果敢,冲锋犯刃不少退避,为士卒先。箪食壶浆,不敢自私,与士卒同。诸邻闻其名而惊。况其立心懿直,无机巧诅诈之智,故人多感服焉。逮丁丑二月二十九日终于正寝。亲戚交游,道路闻者,莫不叹息,泣数行下也。公讳文宪,字胜先,长子日旭,现授小彪之职,三子日芳以千总任事,次子幼子俱各成立。及其葬也,为公卜兆予平山,厝于大母覃氏墓之右侧,艮脉癸山丁向,其葬之吉,系丁丑年十二月二十七日也。公之为人,昭昭在耳目间,固不俟文而著也,或因文而愈著,是为之铭曰:忠直性成,奋迹戎伍,披坚执锐,如哮如虎,国典优崇,继嗣绳武。"③ 从《墓志铭》看,屏山蛮酋向文宪为容美"圣主"田世爵所赏识,为报知遇之恩,向文宪为之冲锋陷阵,终于功成名就。清代初期,田舜年在屏山大兴土木,建设爵府,向氏大力支持。向文宪的儿子向日芳后来升任容美土司"前营副总兵官,管大旗鼓事,复任贴堂经历司,掌平茶下洞长官印务,管理爵府内外大小事务,兼管南旗下

① 蔡辑:《鹤峰县志》卷1《沿革志》,民国12年（1923）。
② 蔡辑:《鹤峰县志》卷1《沿革志》,民国12年（1923）。
③ 向文宪墓碑碑文,此碑在鹤峰县城郊新庄屏山村。

军务"。① 向日芳可谓身负重职。容美土司改流前夜,雍正皇帝要末代土司田旻如去北京述职,田旻如怕一去不返,便与向日芳等商议,"假捏抚恤水灾,奏请宽限,携眷齐赴平山寨险处"。② 向氏所据的屏山成为田氏和向氏最后的屏障。田旻如最后众叛亲离,但向日芳一直支持他。可见,明朝中叶后,容美土司田氏家族化解了与向氏家族的世仇,结成了紧密的家族政治联盟关系。

与此同时,容美土司田氏与五峰长官司张氏、水浕长官司唐氏的矛盾却越来越多。容美土司田氏因扩张势力与五峰的张世瑛成了世仇,以致后来在改土归流前夜,五峰张氏土司"土目张彤柱,首先投出归化",③ 张氏反叛容美。清初,田旻如之父田舜年为了扩张势力,便与水浕源唐继勋、石梁唐公廉合作,举兵掳走张彤柱之兄张彤弨,并以其土舍田召南承袭张氏世有的五峰安抚司职。张氏土司被容美所占,张氏族人岂能罢休。张氏欲利用清朝势力灭了田氏以报世仇,这才首先归化于清军。可见,容美土司内部家族间的争斗从未消停过。故土司内部的政治叛乱成为威胁土司社会稳定的重要因素。

2. 土司之间的反叛

土司联盟在很大程度上以家族大联盟的形式存在。在湖广诸土司中,土司之间的合纵连横也影响着土司的地方政治认同。顾彩在《容美纪游》中记载:"有保靖司彭宣慰(名虹)差干办舍人余星,赍书币来约盟。君命丙如率诸舍把与之登坛,行歃血礼,请余为之载书。"④ 容美土司与保靖土司结盟,展现了土司区域联盟政治。"四大司惟保靖与容美交好,其永顺(亦彭姓,与保同宗而世仇)隶岳州府,主幼不治事,国内殷庶,(永顺或传无宣慰,其署印者乃一女主,号彭太太,应袭者仅四岁,舍把为政,有客至司,向虚位而拜,谓之拜堂,虽有众十万,易取也)君常与保靖谋讨之。

---

① 向文宪墓碑碑文。
② (清)毛峻德纂修《鹤峰州志》卷上《沿革》,乾隆六年(1741)。
③ (清)毛峻德纂修《鹤峰州志》卷上《沿革》,乾隆六年(1741)。
④ "书曰:维我二邦,恭膺朝〔帝〕命,来守屏藩,祖宗以来,世为姻好,同寅协恭,不侵不叛。兹以苗民逆命,犯我边疆,申固我盟,告诸天朝,告之社稷,自今〔日〕以往,既盟之后,保靖有难,容美救之,容美有难,保靖亦然。有渝此盟以相及也,明神先君,是纠是殛,俾坠其师。靡克有后。"参见高润身主笔《容美纪游注释》,天津古籍出版社,1991,第83页。

其桑植（在岳州界。向姓，向秀之后）与容世姻，实世仇也。（丙如即宣慰向大鹏之婿，迎娶时，大鹏以责〔赘〕礼不备，尽褫使者之衣，夺其斧斸。君恨之，虽音问时通，而侵伐不已）容与保靖通聘问，不敢取道于桑，必纡道取酉阳司"。① 在湖广四大土司永顺、保靖、容美、桑植中，保靖与容美联盟，桑植则与永顺联盟，形成了两大对抗的政治联盟。其他小土司则受地缘影响而选择政治联盟。顾彩认定容美地位时说，"惟桑植、永顺、保靖及蜀之酉阳，势位与之相埒，其余忠峒、唐崖、散毛、大旺、高罗、木栅、忠孝、东乡等名目，不可悉数，皆仰其鼻息而懔〔凛〕其威灵"。② 其中，忠峒、东乡土司偏向容美，散毛、大旺、高罗、木栅、忠孝土司偏向永顺。

在容美土司与众土司的政治关系中，不得不提到桑植土司。桑植土司与容美土司相邻。对于容美土司而言，桑植土司控制其南向通道，严重影响其对外交流。对桑植土司而言，容美土司处在其北向高地上，易守难攻，对处在"关外"的桑植土司威胁巨大。故在地缘政治上，容美土司与桑植土司是"死敌"。明代中叶，容美土司因白俚俾争袭，司主之子田世爵逃亡桑植。"时本司舍人名麦翁宗者，赴桑植，请兵讨贼。"③ 后来，桑植干涉容美土司的内政，扶助田世爵袭容美安抚司。到清代初期，容美土司田舜年与桑植土司争地盘，相互仇杀。清康熙十九年（1680），容美土司主田舜年在《情田洞记》中写道："三年之内，报桑人欺侮之仇，平悉洞负义之仇，雪东乡以完先世未了之恨。"④ 康熙三十三年（1694），田舜年带兵进攻桑植土司，此时桑植土司由桑植护印舍人唐夫人掌事，未能抵挡住容美土司的进攻，被容美土司掳去男女数千人。康熙三十七年（1698），容美土司田舜年又率兵进攻桑植土司。桑植土司对容美土司的再次侵袭早有准备，桑植宣抚司向长庚组织桑植土兵大败容美。此后，田舜年又找机会向桑植土司报仇。康熙四十七年（1708），容美土司又兴兵进攻桑植土司下峒长官司城，扎营苦竹坝，破冯家泉、陀（驼）背岭、冲天溪、张家村等处，掳走土民、牛马及其他财物无数。但桑植土司也是有实力的，其组织起有效的反攻，大败

---

① 高润身主笔《容美纪游注释》，天津古籍出版社，1991，第83～84页。
② 高润身主笔《容美纪游注释》，天津古籍出版社，1991，第1～2页。
③ 蔡辑：《鹤峰县志》卷1《沿革志》，民国12年（1923）。
④ 情田洞地处鹤峰县城西太平镇附近的大寨山西侧，此文为容美土司主田舜年所作。

容美土司于桑植地域。

容美土司与桑植土司的世代恩怨,给两司的地方政治产生了不利的影响。"桑植司向国栋残虐,与容美土司相仇杀,民不堪命。"① "雍正四年(1726),桑植土司向国栋恃险负固,与容美土司寻衅仇杀,贪暴不仁,民不堪命。"② 长期以来容美土司与桑植土司间的抗衡严重削弱了两司的实力。两司大量田地荒芜,土民生活贫苦。直到康熙五十九年(1720),容美土司主田旻如差人去桑植与土司主向国栋讲和,两司终得于八月十六日在桑植县大岩屋会盟,"田旻如云:前误听奸言,致使两司失和,今后应和好如初,患难相顾。向国栋云:今后应和好,于贵我两司土民有利,顺对神发誓,作文刻石,以志久长"。③ 容美土司田旻如和桑植土司向国栋分别刻"忆斯万年""山高水长"八字于大岩屋岩石上,现在仍可见其字。这一石刻成为容美土司和桑植土司自明代中叶田世爵以来至清初田旻如数代土司数百年的恩怨了结的标志。

(二) 政治分化与王朝认同

在容美土司内部及土司之间无常的反叛中,中央王朝在政治制度的设计和政治调停中都扮演了重要的角色。在制度设计之初,中央王朝固然照顾了这一区域的政治传统,但土司制度本身也有对区域族群进行政治分化的因子。土司之间不相统属,土司内部大姓林立,土司之间或土司内部政治分化严重,这在客观上使中央王朝更容易扮演调停人的角色,以促进土司对王朝的认同。

中央王朝特别注重分化地方政治力量。尽量避免让地方形成大的政治势力或政治联盟,以免地方势力尾大不掉。明朝贵州御史陈克宅也提出过类似的建议,他说:"谓土官俱系溪洞蛮夷,开国之时酋投降授以官职,令其钤束部落,羁縻不治,近年土官强盛,有叛逆之心,今欲仿古制,分封子弟,使其削弱。"④ 明朝施州卫指挥佥事童昶在《拟奏制夷四款》中说:"施卫

---

① (清) 赵尔巽等:《清史稿》卷512《湖广土司列传》,中华书局,1977。
② (清) 顾奎光编纂《桑植县志》卷1《沿革志》,清乾隆二十九年(1764)刻本。
③ 桑植县政协委员会:《桑植县文史资料》第1辑,转引自鹤峰县民族事务委员会编《容美土司史料续编》,内部资料,1993,第77页。
④ 《明世宗肃皇帝实录》卷39《嘉靖三年五月丁丑条》。

所属田覃二姓，当宋元未分之前，其势甚盛，故屡为边患。自国朝永乐以来，二氏子弟分为十四司。传之后世，亲者渐疏，遂为仇敌。势分而患少。盖彼弗靖。则环视他司，有内顾之忧。此与主父偃令诸侯王得以户邑分子北同意，真制夷长策。"① 也即对鄂西南的地方政治势力进行分化。

土司在承袭上也容易发生反叛。这是土司在承袭制度上的不完善造成的。元代延祐六年（1319），元仁宗认可了中书省臣提出的关于土司承袭的建议："土官病故，子侄兄弟袭之，无则妻承夫职，远方蛮夷，顽犷难制，必任土人，可以集事，今或阙员，宜从本俗，权职以行。"② 明代初期，中央王朝又进一步规定，承袭必奉朝命，"其子弟、族属、妻女、婿及甥之替袭，胥从其俗"。③ 清顺治初年也承明制，"土官无子者，许弟袭，无子弟，许其妻或婿为夷民所信服者一人袭"。④ 但是，由于监督机制不完善，土司常争袭而发生仇杀。

容美土司历史上曾因争袭发生过多起事件。争袭事件背后又牵扯到土司内不同家族的支持，从而导致容美土司内部家族的分化。五峰安抚司主张昊曾支持容美土司庶长子白俚俾争袭。容美土司应袭土舍嫡长子田世爵因而恨之，田世爵回司袭职后杀掉了张昊。张昊的后代张世瑛袭职后斗不过田世爵，只好弃旧居的北佳坪，而买管长阳县的芝麻坪。容美土司田氏与张氏的矛盾一直持续到容美土司改流。因土司承袭而诱发土司内部大姓之间世仇情况是常见的。容美土司西边邻司盘顺土司也同样经历了司内的叛乱："概自明辅祖时，遭向蒿等谋叛，两次侵袭，尸积如山，血流成渠，历有传闻。自后数世，兵戈不息，司城屡要，新、江亦叛。致先世所设五营七七甲十二房，有疑司破主亡而尽节者，有死于疆场者，有畏害而远逃者，有见势弱而他投者，且被掳者有转有未转者。当是时也，窃疑黍离葛藟之什，惨为本司卯峒咏矣。"⑤ 土司因争袭所引发的血案与土司制度本身的局限性有关，这在客观上削弱了土司的力量。中央王朝也常常介入土司争袭案，扮演调停者

① （清）张金澜、张金圻：《宣恩县志》卷20《艺文》，同治二年（1863）。
② （明）宋濂：《元史》卷26《本纪二十六·仁宗三》，中华书局，1976。
③ （清）张廷玉：《明史》卷72《志四十八·职官志一》，中华书局，1974。
④ 《大清会典》卷589《事例·兵部》。
⑤ 康熙《卯峒土司志》卷6《文艺志·分房除弊告示》，转引自张兴文等注释《卯峒土司志校注》，民族出版社，2001，第36~37页。

的角色。

在土家族地区,土司林立,土卫相接,各类政治势力交错其中,相互斗争,造成"反叛无常"的政治现象。明初,朱元璋对鄂西缴印者以原官授之。永乐年间鄂西土司重置后,鄂西土司职品普遍下降,但其不相统属的关系更为明确。在容美土司内部,中央王朝还设立了椒山玛瑙长官司、五峰石宝长官司、水浕源通塔坪长官司、石梁下峒长官司四个土司,以防止田氏独掌政权。表面上这四个长官司受容美土司管辖,实际上除椒山玛瑙长官司靠近容美中府,受其威逼之外,其他三个长官司常与田氏对抗。容美土司在明中叶以前没有真正完成容美境内的"统一大业"。容美土司只是一个由各大姓组成的松散的联盟,而中央王朝故意在容美土司内部设立诸长官司,其制衡的目的十分明显。

石梁下峒土司以唐氏为尊,唐氏过于强大会威胁到容美田氏土司的利益。容美田氏一直想霸占鹤峰、五峰交界地带的唐氏土地和人口。明代后期,石梁下峒土司主唐承祖之子唐居礼因危及容美土司而被容美土司主田霖所赶杀。容美土司从而实现了对石梁下峒地区的真正控制。"唐承祖,略知书,喜诙谐,好广交贤士,用武为其所长。崇祯间,李自成、张献忠寇起,同容美土司田元从征,助饷频年,剿贼护藩,必擐甲先登,以功晋安抚使司,尝与添坪所争边,仇杀不解。其爱子唐居礼勇冠三军,竟为仇杀,后为容美土司田霖所忌,欲杀之。其弟田甘霖力争之,遂以铁镣拘禁三载,其子唐公廉竟弃之不问,纠集人民逃,遂忧愤以死。子居仁袭。"[1] 唐公廉断绝了与父亲的关系,向容美土司舍人田甘霖表示忠诚。田甘霖袭司职后,唐居仁被赶下台,唐公廉袭石梁下峒安抚司职。但后来,唐公廉又被田甘霖子田舜年所杀,并由田氏土舍田庆年任石梁下峒安抚司职。

在对外扩张中,容美土司也造成了周边地区的动荡。明末清初,容美土司大肆向长阳扩张。"张世瑛买管长阳之崇德乡,水浕司唐氏买管长阳之安宁乡上三甲;长茅司指挥一员,原系长阳设以弹压土官者,后为土司所杀,其官覃嘉祉而有其地。"[2] 容美土司在攻城略地的进程中,也遇到了反抗者。

---

① (清)李焕春主修《长乐县志》卷 4《沿革志》,咸丰二年(1852)。
② 陈丕显主修《长阳县志》卷 4《杂记》,民国 25 年(1936)。

"刘圣瑞，邑人，世业儒。明季流寇鸥张，容美乘乱肆掠接壤诸地，咸献地得伪官。瑞独率乡里保聚落，久之，容美特使持符扎，诱以职，不为动，叱且骂，使者惧而逸。继以势不敌，避地松滋朱家埠终焉。"① 但是，也正是因为向边地侵扰，容美土司的疆域不断扩大。"自土司有买管侵夺之举，于是长茅司、白鹿庄等处，属容美田氏；长乐县城等处，属五峰张氏；白[溢]（鱼）、麦庄等处，属水浕唐氏；石梁等处，属石梁唐氏，惟自百年关以外仍为长阳地。"② 地缘政治也随之发生变化。

土司制度在地方政治上表现为土司内部与土司之间的家族内斗、家族间的斗争，也表现在土司间的大姓联盟与政治分化上。土司地方政治与土司的王朝认同有十分密切的关系。这表现在以下四个方面。

其一，土司大姓家族无法否认统治合法性权威的来源。容美的统治合法性权威来源于王朝国家。土司需要得到国家给予的象征性权力。尽管容美土司田氏较早获得中央王朝的认可，但是，中央王朝并没有让容美田氏独占荣耀。中央王朝在容美土司下设置了其他四个长官司，赋予刘、张、唐氏家族一定的统治威权。无论四姓如何争斗，或者是田氏想侵占其他小姓土司，始终无法剥夺对方的这种来源于王朝的权威。正是因为如此，容美土司在内部政治斗争中，无法统一这种来源于国家的象征性统治权。所以，土司时期，容美土司内的钦定四姓的矛盾和冲突一直没有停息。

其二，容美土司田氏的象征性统治权威受到当地土酋大姓的挑战。土司时期，容美地域的向、覃、张、唐姓势力都很大。这些大姓在容美土司设立以前就占据着当地的许多村寨。尽管田氏拥有统治他们的合法权力，却不一定能把这种象征性统治权转化为实际管辖能力。容美田氏在把国家赋予的象征统治权实践化的过程中，与当地土酋大姓作了各种斗争。明代中叶之后，容美田氏与其他大姓的矛盾加深。这对土司在明末清初的政治认同产生了重大影响。

其三，土司承袭制度的瑕疵造成了土司内部的叛乱，并且不可避免。田氏作为容美土司的统治家族，却屡次受困于承袭。为了争权，有的土舍杀兄

① 陈丕显主修《长阳县志》卷13《忠义传》，民国25年（1936）。
② 陈丕显主修《长阳县志》卷4《杂记》，民国25年（1936）。

弑父，有的土舍远走他乡，有的土舍兄弟反目。而在土司争袭背后，田氏族人和其他家族都牵涉进来，最终导致整个土司的仇杀。容美土司因争袭而引发仇杀后，周边土司觊觎容美土司的资源，往往会横加干涉。土司争袭所引发的"蝴蝶效应"最终可能导致整个土司地区的动荡。

其四，动荡的地方政治促成了"世仇"现象的出现。"世仇"现象影响这一区域土司之间的政治关系。例如，容美土司与永顺土司、桑植土司的世仇会影响容美土司的文化选择。三个土司近在咫尺，永顺土司所盛行的土王崇拜和摆手舞始终难以进入容美土司。容美地域与永顺土司地域所表现出来的文化差别到现在还很清晰。

从家族政治出发来分析土司的地方政治与政治认同，我们可以观察到土司内部与土司之间无常的叛乱及造成的政治动荡。对于中央王朝来说，这既可以防止土司坐大，威胁中央王朝，又可以在动荡中让自己成为调停者，加强王朝权威。这是中央王朝治理边疆地区的政治策略，社会动荡是这一策略的代价。站在历史时空上看，我们无法苛责土司制度本身的不足，但其背后的地缘政治及政治认同仍然可以诉说。

第四节　无力的申诉

发生在清代康熙年间的容美土司"田舜年案"是解析土司政治的难得的案例。田舜年一案牵扯甚广，康熙皇帝曾数次召集大臣商议。"田舜年案"祸起土司承袭，又受土司内部家族关系、土司之间地缘政治矛盾、土司与经制州县的矛盾关系、土司制度本身等多重因素影响。"田舜年案"实际提供了一个土司在时政危局形势背景下的政治实践案例，从中可以揭示出土司背后的政治心态、政治认同观念和政治实践。

（一）"田舜年案"始末

土司学的宏观/政策和微观/文化两条研究路径，互为补充，相辅相成。土司制度或政策史的研究从宏观角度审视土司制度的渊源、内容及实践；土司制度地方文化的微观研究则呈现了土司的地方性知识。然而，土司在政治上的实践仍然是非常复杂的，既要审视影响土司政治的各种因素，更要遵从土司的主体性，从而真正理解区域历史和土司政治。

田舜年（1639～1706），字韶初，号九峰。他崇尚内地文化，整理田氏家族文学作品、传承戏曲艺术，实现了容美土司文化的繁荣；他运用自己的智慧，在农民军、清政府、吴三桂藩镇和南明王朝之间，实现了容美土司中兴。从文的角度讲，他除了编纂《田氏一家言》之外，还"能文章，所交皆一时名士，著有《廿一史纂要》《容阳世述录》《白鹿堂诗集》《许田射猎传奇》等书，所有章疏另册抄呈"，①并邀请江苏无锡文人顾彩游驻土司，相互唱和，两人成就了奇书《容美纪游》。从武的方面看，他"屡奉檄从征，多劳绩"，②"吴逆倡乱，兵入楚界，欲羁縻以伯爵。君坚持本朝印信，据险自守，寇不能窥，事平，以功加号骠骑将军"。③然而，就是这样一个人，却死在武昌监狱中。

康熙四十五年（1706），因容美土司标下土民以及湖广总督石文晟的告状，康熙皇帝一年之内11次议审"田舜年案"。

康熙四十五年四月二十四日，康熙帝问大学士马齐："土司田舜年之事，尔等曾详议否？"马齐回答："看得田舜年下人俱具呈首告，果如所云，则田舜年行事甚无礼法。"康熙听了训话说："昔吴三桂之乱，田舜年略无举动，此一端甚可嘉。至田舜年与地方官不协亦真。此事但当两得其平，断不可生事。况参田舜年为红苗一党，红苗地方人何如？"这时，大臣李光地说田舜年的儿子田旻如就在北京，任通州州判，可召来询问。④

康熙四十五年四月二十九日，康熙帝在畅春园内澹宁居又议田舜年干涉土司承袭之罪，大学士马齐、席哈纳、张玉书、陈廷敬、李光地，学士阿世坦、黑寿、蔡升元、二格、王之枢、杨瑄以折本请旨。田舜年革除田旻如容美土司主之职，田旻如主仆逃至桑植土司求救。湖广总督要桑植土司向长庚拘拿，作速解审。向长庚抗拒，不将田旻如起解，反捏称"田旻如卧病，不能前往，乞赐安插，且原任土司罢职"。而田舜年既举劾伊子田旻如贪庸

---

① 五峰县长乐坪民国《容阳堂田氏族谱》卷3《世家》。田舜年还著有《披陈忠赤疏》《恭报颁到印信疏》《请诰封》《情田洞记》《百顺桥碑文》《新改荒路记》等。可以说，田舜年为容美土司的文化整理与传承做出了巨大的贡献。

② 五峰县长乐坪民国《容阳堂田氏族谱》卷3《世家》。

③ 高润身主笔《容美纪游注释》，天津古籍出版社，1991，第4～5页。

④ 《田舜年案》，载《康熙起居注》第3册，转引自鹤峰县民族事务委员会编《容美土司史料续编》，内部资料，1993，第2页。

恶劣，理应让伊子正妻所生长孙申详袭职。① 但是，田舜年在康熙四十年就开造清册将其孙子田宜男（翼南）送讫，但是田宜男不久病故，故令职子嫡妻所生次子承袭，仍名田宜男，今实七岁。故湖广总督认为"田舜年欺隐，不令伊子正妻所生之子承袭，难免诳报之罪"。② 康熙帝则提醒地方官员不可生事。

康熙四十五年五月十五日，康熙帝又在畅春园内澹宁居听政，大学士马齐、席哈纳、张玉书、陈廷敬、李光地，学士恩丕、阿世坦、黑寿、二格、王之枢、宋大业以折本请旨。田舜年上折子，向皇帝解释夺袭的经由："臣暮年始生子晒如，爱惜太过，但知其好，不知其恶，是以臣题请承袭土司。而晒如袭职之后，恶迹尽露，受害之人舍命告理。乃摘晒如土司之印拘禁之，以惩其党羽，一面申详督、抚，一面题参革职。后奉旨：准田宜男承袭。有臣仇家桑植宣慰司宣慰向长庚，诱晒如逃往伊处。又扬言送往容美为土司，恐吓臣属下人。其子翼南又复年幼，不能镇定人心，猜疑属下。土司军民俱恐晒如报仇，纷纷告请，将臣第三子田曜如为土司。臣赴省见总督伸说情由，总督即以臣为与向长庚互讦，违悮钦案，交司道官将臣看守。祈皇上俯怜，准以土司之职使臣第三子田曜如承袭，审究向长庚违旨匿犯之情，以肃法纪。"③ 对于田舜年请旨，康熙皇帝没有表态，仅示意把情况告知湖广巡抚赵申乔、提督俞益谟。

康熙四十五年六月初十日，湖广巡抚赵申乔、提督俞益谟议覆时就田舜年之事再请旨。康熙帝指示等御史梅销、学士二格查完田舜年一案后再议。

康熙四十五年六月二十二日，湖广总督石文晟题报容美土司田舜年病

---

① 《田舜年案》，载《康熙起居注》第3册，转引自鹤峰县民族事务委员会编《容美土司史料续编》，内部资料，1993，第2~3页。田舜年妻刚氏，诰封一品夫人，嫡长子晒如。田舜年于康熙四十二年，题请以嫡长子晒如袭职，不幸嫡庶拒抗，容阳操同室之戈，父子角争，大宪列纠参之款。田晒如逃入桑植，合属公揭。特请先以晒如之子翼南继，旋谓翼南乃晒如妾生之四子，大众不悦，遂以次庶子晏如袭事。舜年长子晒如，次晏如、耀如、琬如、琰如。康熙四十五年，田晏如在北京城任通州州判。

② 《田舜年案》，载《康熙起居注》第3册，转引自鹤峰县民族事务委员会编《容美土司史料续编》，内部资料，1993，第3页。

③ 《田舜年案》，载《康熙起居注》第3册，转引自鹤峰县民族事务委员会编《容美土司史料续编》，内部资料，1993，第4页。

故。因为田舜年是在武昌监狱中暴毙的，地方官员害怕皇帝治罪，为了脱罪，转而开始为田舜年捏造一系列罪名，故湖广总督石文晟"又题参田舜年降逆寇吴三桂时，以其印缴吴三桂。及投诚后，于康熙二十年铸印颁给。今验其印，乃康熙元年所铸。则田舜年私印非仅一颗"。① 康熙帝继续命御史梅锏、学士二格一并查审。康熙帝并不认同对田舜年谋逆的指责，他说："三逆变乱之时，田舜年似未尝以其印给予吴三桂。此印曾给吴三桂与否，及何以换印颁给田舜年，兵部必有册籍可查，着兵部察明具奏。"②

康熙四十五年八月二十一日，湖广提督俞益谟题，现患发背，不能偕钦差大臣会审土司田舜年事。上曰："俞益谟谙练戎行，人材甚伟，俟病痊时，仍会同梅锏等审田舜年一案。"③

康熙四十五年九月二十八日，康熙帝又在畅春园内澹宁居听政。都察院左都御史梅锏通过三个月的查审，奏称："原任容美土司田昞如酷虐事迹，俱有证据，应革职。桑植宣慰司向长庚久匿田昞如，应降四级留任。已故容美土司田舜年出征苗子，捏病规避各款，具有证据，应追革田舜年职。至田舜年私造宫殿，淫乱各款，俱无证据，应无庸议。田昞如土司员缺，应将田昞如子侄中择一人承袭，候旨定夺。"④ 学士二格奏称："案内有名容美土司二十余人，俱未赴审，故未经质审之处甚多。田舜年治病杨医生及验尸知县洪国柱俱未到，田舜年身死尚未明，倘草率结案，则土司之心不服。"⑤ 而湖广总督石文晟则继续参田昞如贪酷庸劣，参田舜年恶款，请追革田舜年职。康熙帝指示："此事交九卿、詹事、科、道会议具奏。"⑥

康熙四十五年十月初六日，康熙帝在御畅春园内西厂召集大学士再次商

---

① 《田舜年案》，载《康熙起居注》第3册，转引自鹤峰县民族事务委员会编《容美土司史料续编》，内部资料，1993，第5页。

② 《田舜年案》，载《康熙起居注》第3册，转引自鹤峰县民族事务委员会编《容美土司史料续编》，内部资料，1993，第5页。

③ 《田舜年案》，载《康熙起居注》第3册，转引自鹤峰县民族事务委员会编《容美土司史料续编》，内部资料，1993，第5页。

④ 《田舜年案》，载《康熙起居注》第3册，转引自鹤峰县民族事务委员会编《容美土司史料续编》，内部资料，1993，第5页。

⑤ 《田舜年案》，载《康熙起居注》第3册，转引自鹤峰县民族事务委员会编《容美土司史料续编》，内部资料，1993，第6页。

⑥ 《田舜年案》，载《康熙起居注》第3册，转引自鹤峰县民族事务委员会编《容美土司史料续编》，内部资料，1993，第6页。

议"田舜年案"的处理。马齐奏曰："梅锅则谓田昺如酷虐各款俱有证据，应革职。向长庚久匿田昺如，应降四级留任。田舜年诈病规避各款，俱有证据，应追革其职。擅造宫殿各款，并无证据，无庸议。田曜如抗不赴审，应交该督拘到之日另结。总督石文晟等，则谓田昺如、向长庚应交部议处。田舜年应革职，追夺敕印。田曜如应革职拿问。二格则谓案内有名容美土司俱不赴审，未经质审者甚多，眒视医生及殡验知县俱未到，田舜年之死尚未明白，如草率结案，则土司之心不服。"①

康熙四十五年十月十三日，康熙帝又在畅春园内澹宁居听政。都察院左都御使梅锅等三议土司田舜年事。康熙帝认为："今田舜年既死，石文晟又奏，欲息其事。且土司等果不法抗拒，则当发兵征剿；土司等若无罪，则当反坐原参之人。"②他认为大学士二格的建议最佳，"田舜年案"不便令地方督、抚、提督会审，当于京中特差大臣前往审。

康熙四十五年十月二十三日，康熙帝在乾清门听政，大学士席哈纳、吏部侍郎张廷枢、兵部侍郎萧永藻等，为往审土司田舜年事，入请训旨。康熙帝说："田舜年一事，关系土司，并于地方总督、提督亦有关系，若不明其本末，辨其是非，则众心不服。尔等到彼，可与前次都御使梅锅，学士二格同审。凡事必共商酌而行，并取该督口供。如总督理亏，则罪坐总督；如土司理亏，则罪坐土司。事惟公平，则人心自服。尔等至彼处，务须出示晓谕众土司，彼果有冤枉，许其出诉，尔等收呈明审，究其根底；如无冤枉，钦差大臣至彼，提人不解，反固守关隘，不纳公差，此特欲反耳。果尔，则发荆州大兵立剿之。岂可持两端苟且结案乎？该督昔劾田舜年之事，极其狠毒，今又欲草草完事，何以服人心？九卿并不据大体立议，首鼠两端，愈非理矣！尔等前去，若不能辨明此事，则于尔等声名亦大有关系。"③

康熙四十五年十二月十二日，康熙帝驻跸七间房。申时，上御行宫。马

① 《田舜年案》，载《康熙起居注》第3册，转引自鹤峰县民族事务委员会编《容美土司史料续编》，内部资料，1993，第6页。
② 《田舜年案》，载《康熙起居注》第3册，转引自鹤峰县民族事务委员会编《容美土司史料续编》，内部资料，1993，第7页。
③ 《田舜年案》，载《康熙起居注》第3册，转引自鹤峰县民族事务委员会编《容美土司史料续编》，内部资料，1993，第7～8页。

齐奏曰:"近日大学士席哈纳往湖广审土司田舜年事,恐容美土司等抗不赴审,殊觉疑难,得上谕指示,席哈纳大喜而去,今果奏报容美土司等俱出赴审。凡事一经上虑,无不符合者。"[1]康熙皇帝大喜,他说:"席哈纳临行时恐诸土司不出赴审为难,朕谕之云:尔亦何难之有?尔往出示晓谕,诸土司自然即出矣。果出则已;苟或不出,尔即调荆州及提标兵进剿。地方大臣闻诸土司闭关不出,故具奏消弭其事,九卿亦如地方官立议。朕谓诸臣此事断不可销弭,务必辨晰,应坐某人,则治某人之罪。诸土司果不出,即征之而已,何疑之有!"[2]

康熙帝一年之内 11 次议审"田舜年案",十分慎重,处理非常妥当。地方官员欲置土司于死地,部门官员又拘泥于大清律例,不观大局。康熙皇帝并没有听从湖广总督以及大学士们的建议,而是以"大事化小"的原则处理此事。最后,在北京任通州州判的田旻如袭土司职。而"止有原任容美土司田昞如因暴戾虐民,伊父田舜年请题革职,奉圣祖将昞如安插武昌,饬交地方官防范,不容擅自行走"。[3]清王朝对已经去世的田舜年,并未多加纠缠。

(二) 影射的政治认同

田舜年一案震惊京城,康熙皇帝一年之内 11 次议审,可见其非常重视。在康熙皇帝眼里,其本着化解土司与地方矛盾的出发点,力排众议,主张大事化小,结果还算完满。但是,从容美土司主体的角度出发,"田舜年案"让容美土司对清朝更不信任。

田舜年既有才华,又有作为,他崛起于危难之时。顾彩在《容美纪游》中说田舜年"少被家难",先是田舜年的大伯田霈霖任容美土司主之时,中府为流寇所袭。然后是田舜年的二伯田既霖降清之后也旋死。再是其父亲田甘霖任土司主后也于顺治十四年(1657)为降明流寇所俘,后又为清兵软禁于澧州数年,返司后,"三藩乱起",并于康熙十三年

---

[1] 《田舜年案》,载《康熙起居注》第 3 册,转引自鹤峰县民族事务委员会编《容美土司史料续编》,内部资料,1993,第 8 页。

[2] 《田舜年案》,载《康熙起居注》第 3 册,转引自鹤峰县民族事务委员会编《容美土司史料续编》,内部资料,1993,第 8 页。

[3] 《湖广巡抚杨宗仁等奏遵议科臣缪沅条陈苗疆事宜情形折》,载《雍正朝汉文朱批奏折汇编》第 1 册,转引自鹤峰县民族事务委员会编《容美土司史料续编》,内部资料,1993,第 9 页。

（1674）依附吴三桂，不久，病逝。康熙十四年（1675），容美土司主田甘霖卒，田舜年袭职，这一年他35岁，而此时"三藩之乱"①已全面危及湖广。康熙十八年（1679），清兵从荆州渡江攻击吴三桂势力，容美土司东部的长阳、宜都、松滋、枝江、石门诸县迅速为清军占领。康熙十八年四月，清军攻占澧州，田舜年率司内40余处"部落"转而效顺清廷，呈缴吴三桂颁给的"承恩伯银印"，以换取清廷新颁的印信。可见，田舜年顺应时势变化而做的政治行为难免让人觉得容美土司势利。

从表面上看，田舜年的政治认同是十分混乱的。一是田舜年对明王朝非常认同。他的爷爷田玄以及大伯父、二伯父、父亲都十分认同明王朝，并与南明王朝交好。田舜年继承了先辈们的志向，在编辑《田氏一家言》时还请南明相国文安之作评，可见其对明王朝非常认可。二是其对吴三桂势力的认同。虽然吴三桂势力进入湖广地区，但对湖北的侵入较少。若容美土司真想抵抗，可以守关拒绝。实际上，吴三桂势力也未曾进入容美土司。容美土司可能被吴三桂"反清复明"的口号所迷惑，故接受了吴三桂的"伪敕""伪信"。当清军驻扎澧州后，田舜年又迫于形势缴印。"复蒙皇上加赐宠敕，臣父甘霖受恩思报，矢志忠贞。无奈吴逆之变，臣父以受恩重，臣为贼首忌，追取印信，愤志告终。臣嗣守父任，每望天日，心在王室，所以于康熙十八年，一闻王师渡江，未至澧州，臣即闭关拒贼，遣员赍缴容美都统司承恩伯伪银印一颗，并标下总兵、副将、参游守、安抚、长官、指挥等伪印信四十颗，并伪书、伪札，于大将军顺承郡王，及本省督臣军前。臣复招来邻右土司，力破其顺逆之分。两年守御，贼寇环逼，无日不战，擒斩未息，谨呈进取辰龙关末议，俱蒙顺承郡王谕奖拔在案。是臣一片赤心，非如逼迫归诚，观望自误者可比。"②吴三桂颁给容美土司的印信竟多达40颗，可见其拉拢之心。三是田舜年对清朝的认同。康熙二十年（1681），田舜年在《披陈忠赤疏》中又表达了对清王朝的政治认同：

---

① 康熙十二年（1673）春，王朝撤藩。同年十一月，吴三桂杀云南巡抚朱国治，自称"天下都招讨兵马大元帅"，提出"兴明讨虏"。康熙十七年（1678），吴三桂在衡州称帝，立国号"大周"。同年秋，吴三桂亡。

② （清）田舜年：《恭报颁到印信疏》，载鹤峰县、五峰县统战部等编《容美土司史料汇编》，内部资料，1984，第19～20页。

窃臣世代封袭源流，并臣父甘霖，鞠躬尽瘁，终于王事，无容再渎。在臣父子，世受国恩，衔结图报，义不容辞。然懋官懋赏之典，载在经史，所以柔远能迩，为统御万方之略。臣故冒昧妄渎，以请格外恩赐，使殊方异俗，知臣首倡，蒙恩，因之慕义向化，稽首天朝也。盖自吴逆叛阻，臣愤裂五内，誓天日，盟屋漏，志切捐躯。一闻大兵南渡，即遣长子管总兵事都督佥事臣田炳如，胞弟管中军副总兵戎旗营事臣田庆年，同心戮力，统兵杀贼，臣亲率文武部落四十余处，剿杀防御。及王师临澧州，臣即将吴逆给臣伪都统承恩伯银印一颗，伪谕一道，缴送军前，非观望后至者可比，斯表臣精白无二之忠悃，业蒙将军部院蔡毓荣，密题在案。经今三载，未蒙圣恩垂怜孤忠，加授敕印以励臣节，臣又不得不仰天泣血哀鸣矣。况臣归诚缴印以后，四外贼党，恨臣入髓，聚谋叛杀。臣驻扎楚蜀咽喉，北通川夔，南接滇黔，密迩寇仇。数年以来，大义名号，兵不解甲，马不卸鞍，食不下咽，率众堵截，不费朝廷一矢一粒。至于焚札、杀使、种种守节，事难悉数。臣力已竭，臣心已白，臣节已全。今恢复荡平，正赏罚惟公，黜陟攸明，激扬万方，风励群臣之日，诚恐天高日远，万里孤臣，世效犬马，一腔葵赤，无由上达。谨斋沐缮疏，北向叩首，特遣中营副总兵官田鼎赍奏，匍匐陈情，以干天听。伏查中枢政考，内载："土司投诚之后，能杀贼拒逆，平定地方者，许该督抚具题优加升赏"等语。向逆贼给臣伪容美都统承恩伯，臣何敢请。臣所请者，臣之先世，在晋、在唐为永安侯，在宋为都尉，在元为容美五路军民都总管府，在明则为容美等处军民宣慰使，既又改为容美等处军民宣慰招讨都使司。晋、唐远不可考，如元，如明，亦如周监于二代，稽古参今，俾臣得蒙殊恩，在朝廷示怀柔之大典，在微臣握钤束之职掌，相率倾心，万方来同，矢死靡他，上以报皇上如天之仁，下以贻子孙世守之忠。伏乞敕部格外优加容美等处军民招讨都使司之职，换给敕印，臣粉身碎骨难报高天厚地之恩。至于各属部落，亦随臣悍御驰驱，不避险，不畏死，著有劳绩，其印信亦恳给换，以鼓忠义。刬土司官弁不支俸粮，只加敕印，以收实效。且我皇上不吝爵赏，破格超级礼遇功臣，招徕远方，必不独靳惜于倡义率先报国之微臣也。谨将臣宗图并各官清册，造送兵部外，谨密具奏。字多逾格，贴黄难尽。伏祈睿鉴全览敕部议覆施行。不独臣世世焚顶，而合属俱感激天恩无极矣。臣无任瞻天仰圣激切待命之至。[①]

从田舜年所著的《披陈忠赤疏》中，可以观察到隐含于内的丰富的政治认同信息。第一层政治认同在于认同"天朝"，终于王事，稽首天朝，这表明田舜年认同的不是哪一种具体的政治势力，而是能代表多民族国家利益的"天朝"。在这份"疏"中，田舜年认为清朝已是"天朝"。第二层政治认同在于容美土司在历朝历代中维护国家大统的资历，这应得到褒奖。田舜年追溯其祖先的辉煌历史，自晋历唐，终于王事。田舜年既在表明土司割据的合法性，又试图要挟清朝给予正视。第三层政治认同表现在对吴三桂的认同上。既然田舜年要到清军那里去缴印，又何必在当初接受这些印信呢。"疏"中并未就当时接受吴三桂的印封做任何解释。第四层政治认同体现在田舜年要求换印信上。土司的政权需要得到朝廷的认可才能有其合法性权威。可见，田舜年的政治认同表现是十分矛盾的，也是策略性的。

康熙四十三年（1704）写成的《容美纪游》载："吴逆倡乱，兵入楚界，欲羁縻以伯爵，君坚持本朝印信，据险自守，寇不能窥。"[②] 因顾彩和田舜年是要好的朋友，顾彩并不想伤害容美，故明知田舜年在政治上见风使舵，应付得宜，也不会把真实情况写出来。田舜年在政治认同上的混乱最终酿成悲剧。

明末清初时期，容美土司田舜年为了增强土司本身的实力，吞并土司内部政治势力，不断扩大领地。这导致土司内部一部分人反对他。故康熙四十五年（1706），开始是容美土司内部人士向湖广总督告状，并拟定了田舜年的诸多罪款，湖广总督又向上告。实际上，告状的大部分内容应该是真实的。

田舜年在变乱之势中的诸多行动，明显地超出了土司制度的限制。在清代康熙年间，容美土司通过各种手段控制了下属的四个土司，却遭到了四个土司中许多人的记恨。对于五峰宣抚司，早在田楚产时期，就以田圭（田

---

① （清）田舜年：《披陈忠赤疏》，载鹤峰县、五峰县统战部等编《容美土司史料汇编》，内部资料，1984，第17～18页。
② 高润身主笔《容美纪游注释》，天津古籍出版社，1991，第4页。

舜年的爷爷田玄之弟）为五峰司张之纲之婿。田舜年任土司主时，又以五峰司张福谦叛清的理由，乃倡"外甥妻后之例"，以己子田耀如（曜如）"承袭其张氏之祀"。后来，田舜年发现，张氏土司许多土舍附顺清廷，这让田舜年十分被动。土司间的通婚是常态，但是剥夺其他土司的承袭之权是明显的违规行为。对于石梁宣抚司，田舜年以同样的理由，追杀长官司唐公廉，以己子田焜如（应作"昆如"）为居仁外甥应袭的理由袭石梁司职。对于水浕宣抚司，在"三藩之乱"平定后，田舜年遏阻唐氏后裔袭职，后舜年之孙田图南袭职。对于椒山长官司，田舜年把女儿嫁给了椒山安抚刘天门，而刘天门不问政事。也就是说，在田舜年时期，容美土司直接控制了四个宣抚司，并导致司内部分土舍的反感，以致其向湖广总督告状。这是"田舜年案"发生的直接原因。除此之外，田舜年在土司承袭上也犯了大忌。他先把土司职承袭给田昞如，后又夺其子昞如之司主印，又谎报其孙袭职之事，而续揽大权。又立其孙田宜男为土司职，但田宜男很快病死，又以其8岁的孙儿顶替（也取名田宜男）。可以说，田舜年完全把土司承袭玩弄于股掌之中。

田舜年的所作所为被湖广总督蔡毓荣所知。"蔡毓荣暗中利用司主田舜年之长子田炳（田昞如）为间谍，查知该土司里的消息，一面上奏章弹劾舜年。比如蔡氏反对出兵协征；怀疑田氏'假顺'；弹劾他'自称都统，招亡纳叛，自铸印信，设官分职'，及其印行的历册'不书正朔、国号'等点。"[1] 故田舜年虽然归附清朝，但湖广总督蔡毓荣并不相信。

"田舜年案"影射的事实表明，政治认同的利益性使得政治认同策略性十足，故政治认同有很强的表征性。田舜年对清王朝的策略十分生动地体现了其为土司利益而进行的政治认同策略和行动，这些策略和行动极具表演性。故政治认同与文化认同在现实世界中存在明显的区别，即文化认同心理与行动表现趋向一致，而政治认同心理与行动可以完全不一致。对于田舜年而言，政治认同心理与政治认同表征的不一致，正是其惨死狱中的缘由，但其维护国家大统的政治认同心理是值得钦佩的。

---

[1]　李荣村：《元明清容美土司兴亡史（1308～1734）》，载《蒙藏学术会议论文集》，台北："中国文化大学"出版社，1988。

第四章
作为核心的身份认同： 追溯、 重构与正统

身份认同在本质上是一种社会认同，即个人或群体在国家、社会中处于什么位置。身份认同探讨个体或群体对自身在国家社会关系中处于某一位置的认同感、归属感。身份认同时常转化为三个问题："我是谁，从何而来，到何处去？"①柏克（P. J. Burke）和斯德茨（J. E. Stets）对身份认同的构成要素及运作机制进行了描述，认为身份认同是处理环境和自我内部意义的运作过程。②尽管身份认同本身有多层次性和多维性，但是在国家认同这一背景下，身份认同的内涵却是确定的。在国家认同中，个体或群体在国家中的位置和归属决定其身份认同，身份认同在国家认同中扮演着核心角色。在国家中失去位置和归属的个体和群体，个体和群体的国家认同便成为空想。

容美土司身份界定与区域族群分类、家族历史、国家政治体系三个因素息息相关，其背后还蕴含着资源争夺或资源共享的历史与现实。从地域上看，容美土司的主体身份无法脱离这一地域的族群历史与族群分类。"武陵蛮""五溪蛮""峒蛮""土民"等身份与这一地域紧密相关。从家族历史上看，明代以后，容美土司在家族身份上的运作空间较大，英雄祖先和华夏来源成为其主要运作点。从国家政治体系看，唐氏家族生生被分化为卫所和土司，对家族后续认同产生了极大的影响。在国家背景下的身份认同变迁影响族群对资源的区隔与共享，反过来又进一步影响国家认同。

第一节　容美地域的族群历史与分类

容美土司西临云贵高原，东接两湖平原，北依长江，南邻湘西北山地，处在武陵山余脉及延伸地。武陵山源自贵州东北部，自湘西北进入鄂西南后分成两条主支脉展开，一支从宣恩中部万岭山延伸至宣恩东北角和恩施东南

---

① 张宪军、赵毅：《简明中外文论辞典》，巴蜀书社，2015，第401页。
② 任裕海：《全球化、身份认同与超文化能力》，南京大学出版社，2015，第8页。

角形成椿木营高地，这里是清江和酉水的分水岭，椿木营高地以东便是容美土司区域；一支从鹤峰入五峰至长阳清江南岸，这里是长江支流清江和澧水支流溇水的分水岭，最高峰独岭海拔2252.2米，为武陵东段山脉的最高峰，这支山脉的两侧就是容美土司的主要区域，这其中溇水是容美土司的核心区域，清江中下游的江南山地是容美土司的重要区域。从传说时代的"长阳人""巴人"到秦汉的"廪君蛮"与"溇中蛮"，再到宋元以来的"土民"与"客民"，容美地域的族群历史有着清晰的脉络。

（一）"溇中蛮"与"廪君蛮"

在容美地域清江南岸河谷发现的"长阳人"距今约19.5万年，属于早期智人。[①] 这说明容美地域自古以来就是人类的发祥地。而在容美土司东缘的宜都发现的距今7400年左右的城背溪文化遗址更是中国新石器时期重要的人类文化遗址。从考古发现看，这些人过着"饭稻渔羹的生活，已经有了原始种植农业、制陶技艺、纺织技术"。[②] 在容美土司靠近清江的渔峡口镇发掘了距今3200～4100年的清江香炉石文化。这一时期大概相当于夏商周时期，香炉石文化中出土了大量的石器、陶器和骨器，其中陶器还是大溪文化中绳纹样式的。香炉石文化的亮点在于大量骨器的出土。在遗址中，考古人员发掘了牛、羊、麂、鹿、猪、熊、豹、狼、狗、鼠、鱼等多种类的动物骨器，这一方面反映了当时丰足的自然生态，另一方面也反映了先民族群对动物的驯化和食物加工达到了一定的水平。清江流域先民的生活不同于两湖平原地区，狩猎和捕鱼对这些先民尤为重要。从城背溪文化到清江香炉石文化延续了3000多年，而拥有这些文化的族群仍然是一个谜。

从西周时期始，在鄂西川东的族群已经有明确记载。《华阳国志》载："武王克商，周景王使詹恒伯辞于晋曰：巴、濮、楚、邓吾南土矣。"[③] 从重庆至鄂西的广大地区生活着这些族类，其中巴在渝东鄂西南地区，濮在两湖

---

① 李天元：《古人类研究》，武汉大学出版社，1990，第279页。"长阳人"遗址位于清江南岸处，属今长阳大堰钟家湾，距长阳县城龙舟坪45公里。1956年，考古人员发掘了一块左上颌骨古人类化石。

② 邓辉：《土家族区域的考古文化》，中央民族大学出版社，1999，第38页。

③ （晋）常璩：《华阳国志》卷1《巴志》，中华书局，1985。

平原及以西的邻近山地地带,楚在鄂皖赣地区,邓在鄂西北地带。从考古学看,容美地域的族群历史十分悠久,从城背溪文化、大溪文化、屈家岭文化和清江香炉石文化看,在"三苗"大规模进入鄂湘以前,巴、濮已经在清江流域生活了许多年。这里的部落群也一直生活在清江流域,并保留了连续不断的文化层积。春秋战国以后我国的族群流动加剧,容美地域成为中原各族避世的桃源之地,容美地域的族群更为丰富,但这都离不开一个事实:容美地域的文化与巴、濮文化有极大渊源。

秦汉时期,容美土司所在的武陵地域出现了许多以地域命名的族群,活动在澧水流域的被称为"澧水蛮",活动在澧水支流溇水流域的被称为"溇中蛮",活动在沅水中上游的被称为"武陵蛮"或"五溪蛮",活动在乌江涪陵一带的被称"涪陵蛮",活动在黔州的被称为"黔安蛮",这些族群都活跃在容美地域及周边,其中"溇中蛮"就生活在容美腹地,因溇水在历史上又名"柘溪",故又叫"柘溪蛮"。而之所以叫"蛮",王明珂认为"是因为他们没有如匈奴、朝鲜等人群的集中化政治组织"。[①]楚国西境的"南蛮",在秦为"黔中蛮",在汉为"武陵蛮"或"五溪蛮"。"武陵蛮"的前身可追溯到江、汉流域的"三苗"和"荆蛮",其迁徙有自中原向山区方向前进的轨迹。"溇中蛮"有可能是其中的一支。在澧水流域,东汉至南北朝时,族群首领如相单程、陈从、覃儿健、覃戎、田山、詹山率领"蛮众"多次反抗朝廷的统治。这些"蛮人"反抗朝廷并非基于文明的冲突,而往往是因为朝廷欲对这些蛮人群体征收赋税。

清江流域一带的主体族群被认为是"廪君蛮"的后裔。《后汉书》载:"巴郡南郡蛮,本有五姓:'巴氏、樊氏、曋氏、相氏、郑氏'。皆出于武落钟离山。其山有赤、黑二穴,巴氏之子生于赤穴,四姓之子皆生黑穴。未有君长,俱事鬼神,乃共掷剑于石穴,约能中者,奉以为君。巴氏子务相乃独中之,众皆叹。又令各乘土船,约能浮者,当以为君。余姓悉沉,唯务相独浮。因共立之,是为'廪君'。乃乘土船,从夷水至盐阳。盐水有神女,谓廪君曰:'此地广大,鱼盐所出,愿留共居。'廪君不许。盐神暮辄来取宿,旦即化为虫,与诸虫群飞,掩蔽日光,天地晦冥。积十余日,廪君伺其便,

---

① 王明珂:《华夏边缘——历史记忆与族群认同》,社会科学文献出版社,2006,第193页。

因射杀之，天乃开明。廪君于是君乎夷城，四姓皆臣之。廪君死，魂魄世为白虎。巴氏以虎饮人血，遂以人祠焉。"①

巴人"属有濮、賨、苴、共、奴、獽、夷、蜒之蛮"等，"廪君蛮"只是巴人中的一个族群，这支人与鄂西盐水部落联姻，并在先秦时期就控制了鄂西南清江流域中游地区。在长阳清江流域，还广泛流传这样一个故事：

> 长阳的清江南岸有座山，山上有两个洞，一个洞里的石头是红色，一个洞里的石头是黑色。赤洞里的石块逢下雨天就湿淋淋的，天要放晴就干了，土家人喊它阴阳石，说它是老祖宗向王留下来的。相传古时候赤洞里住着巴姓部落，首领叫巴务相；黑洞里住着樊、瞫、相、郑四姓部落。五姓部落靠打猎和捕鱼过日子，常常为一些小事互相打架。老人们觉得这样下去不行，应当推举一个共同的首领来。他们便议定："谁能把剑掷进对面的岩洞里，谁就为君王。"结果只有巴务相的剑进了洞里。其他四姓人又不服，又提出："谁做的船到江中不沉，谁就做君王。"五姓的船都放进了夷水里，只有巴务相的船漂浮着。人们再也无话可说了，共推巴务相做了首领。后人就叫他"相王"，后又转成"向王"。向王不光领着大伙捕鱼、打猎，还领着大家种粮食，大伙便又称他为"廪君"。巴姓部落越来越大，人越来越多，向王觉得这山里难住得下了，便沿着夷水逆水而上。夷水河太窄，向王便拿着一只牛角走在前面，一路不停地吹，直吹得大山向两边让路，河水由窄变宽，船能畅通，所以至今清江两岸的土家人还流传着两句话："向王天子吹牛角，吹出一条清江河。"忽然前面大山中流出一股白花花的水来，顺水还漂来一个妹子。妹子让向王尝那白色的水，向王第一次吃到了咸味，觉得很好。这个女子便是盐水女神。后来向王与盐水女神成亲，两人又乘船向上游走去。②

"向王"与"盐水女神"的故事结构反映了这一时期清江中游地域所发生的一次社会重构，即向王/盐水女神→男/女→男性世系族部落/女性世系

---

① （南朝宋）范晔：《后汉书》卷86《南蛮西南夷列传》，中华书局，1965。
② 参见白庚胜主编《中国民间故事全书·湖北长阳卷》，知识产权出版社，2007，第149～150页。为便于叙述，引用时有所删改。

部落→客家/土人→土客联姻→君乎夷城的部落联姻过程。

秦汉至南北朝时期，武陵地区东北部与江汉平原接界地区"蛮人"分布十分广泛，势力也很强大，"其酋首有相、向、覃、谭、陈等大姓，当从'巴蛮'之相、暲、郑等姓氏演化而来"。[①] 若从姓氏上考察，后来鄂西南普遍出现的冉、向、覃、陈等"蛮人"都可能是巴人的后裔。《隋书》载："南郡（治湖北江陵）、夷陵（治宜昌）、竟陵（治钟祥）、沔阳（治沔阳）、沅陵（治湖南沅陵）、清江（治湖北恩施）……诸郡，多杂蛮左，其与夏人杂居者，则与诸华不别，其僻处山谷者，则言语不通，嗜好居处全异，颇与巴、渝同俗。"[②] 在很长时期内，容美地域诸蛮处在"化外之区"，朝廷难以真正管辖。这些僻处山谷者具有独特的民风和习俗，与内地民族有较大区别。

（二）"土民"与"客民"

自宋元起，容美地域的本地"蛮酋"与来自平原地区的"客民"频繁流动，形成了"你中有我，我中有你"的民族格局。自秦汉始，位于鄂西山区的土人被称为"廪君蛮""武陵蛮""澧中蛮""溇中蛮""零阳蛮"，唐宋时期又被称为"施州蛮""夔州蛮""高州蛮"，宋代以后逐渐被称为"土人""土丁"，而从外地流入的又被称为"客民"。而这些人都是容美地域的先民。

"土民"与"客民"提供了认识容美地域族群的一个新的工具。容美地域本身处在武陵民族走廊地带，人口流动频繁，故"土"与"客"也有"先来后到"之意。"土"与"客"之间也是可以相互转化的。因战争、动乱迁入容美山区的客民，经历长时间之后，就可以转化为土民了。土民出山久了，也转化为客民。元代，来自北方的蒙古族人在鄂西山区也一度转化为土官、土民。只不过，宋元以来，"土"与"客"之间的相互转化越来越清晰，"土民"的族群边界也越来越明确了。

土司制度在作为边缘族群的"蛮民"的"国家化"过程中扮演着非常重要的角色。土司制度不仅仅有"羁縻""名号"，而且在国家进程中改变

---

① 张雄：《汉魏以来"武陵五溪蛮"的活动地域及民族成分述考》，《中南民族学院学报》1985 年第 1 期。

② （唐）魏征、令狐德棻：《隋书》卷 31《地理志下》，中华书局，1973。

了边缘族群的社会文化状态。变革土司设置之前的松散统治，逐步输入国家主流观念并构建起初始的官僚制度。容美土司就是边缘族群"国家化"的典型案例。一方面它为王朝的延续、稳定和发展做出超常的贡献；另一方面，它自身也变得与华夏中心不可分离，并且在这种关系中，族群自身也发生了重大转变。在土司制度的约束下，"蛮"的性质越来越弱，文明化的程度大大提高。

清改土归流后，土司地域族群的社会同轨化建设终于完成。"蛮"实现了向"民"的转化。鄂西山区也从"内地的边缘"转化为"边缘的内地"。风俗几乎与中土无异。至此，容美土司地域的族群已经完全跟上中央王朝的国家化进程，并把自己的命运和前途紧紧地绑在国家进程的车轮上，边缘族群与中央王朝同呼吸、共命运。正是因为土司制度的实施和完善，容美地域的族群最后成为整个中华民族不可分割的一部分，并在观念、文化、社会和行动中表达自己在国家中的存在，完成了整个族群的国家化进程。族群对国家有持久的向心力，并且在国家的迅速发展中发展自己。若从长时段历史看，400多年的土司时期只是容美地域族群"内地化"进程中的一个环节而已。若把容美地域土民国家化的进程放到整个中华民族的历史中，就会发现一些规律：土民与中央的关系是越来越紧密的；中央王朝对边缘地区的治理是逐步深入的；边缘族群的向心力在历代中央王朝的建设中不断加强。族群历史与分类是容美土司身份认同的基点之一。

第二节　田氏土司家族的身份认同

家族是容美土司民众的身份认同内涵之一，谱牒是展现这一身份的重要载体。田氏是容美土司的首要姓氏，必然要从家族身份上来表明其合法性。蹇家园巡检司土官蹇氏是长阳县防守容美土司的土目，也可印证土司的家族认同。对土司而言，姓氏文化背后的身份认同也是家族在国家中地位与位置的重要符号。顾彩曾细致地观察到容美土司田舜年对姓氏的认识："土司若忠峒、忠孝等宣抚司，多田姓，故田亦巨族。然皆土人，惟君（田舜年）先世系中朝流寓，不与诸田合族。"[①] 在鹤峰县、五峰县的田野调查过程中，

---

① 高润身主笔《容美纪游注释》，天津古籍出版社，1991，第3页。

我们发现田氏也有"家田"与"野田"之分。在土司社会中,"姓"固然是家族间区分的重要标志,但若从国家或文化层面看,"姓"本身还蕴含着"文明高低"和"权力权威"等内涵。精心塑造的家族历史与土司身份认同又息息相关。

(一) 谱牒再造的家族英雄历史

英雄祖先的故事几乎是所有家谱的书写方式。通过书写英雄历史,提升家族自尊意识,凝聚人心,促成家族团结。在王朝国家背景中,家族身份认同是国家认同的重要影响因素。谱牒的书写方式对于土司制度实施背景下的田氏家族却有着特殊的意义。这些谱牒中所叙述的英雄祖先事迹或是反抗中央的,或是依赖中央的,或是认同中央的,不同记忆对于土司身份认同和国家认同产生不同的影响。

此处选择两本谱牒及其所记载的两个家族英雄史来进行分析。第一本谱牒是五峰县长乐坪容美土司后裔所保存的民国版《容阳堂田氏族谱》。尽管这本谱牒是民国时期修编的,但谱牒的诸多内容撰写于明代末期及清代中期。谱牒中记载的又是关于容美土司统治者田氏及其后裔的内容。另一本谱牒是乾隆版《蹇氏族谱》,又名《简氏族谱》。这本族谱是长阳县蹇家园巡检司蹇氏守关者的后裔修编的,也是在田野调查过程中偶然发现的。"长阳县有梅子八关,四在江南,四在江北,元时设,以备洞蛮。"[1] 位于长阳县西的蹇家园是八关之一。与《容阳堂田氏族谱》相比,《蹇氏族谱》在内容丰富度及写作水平上存在较大差距。但是两本谱牒分别反映了容美土司核心区土司和边缘区土官的家族史,两者相互印证。

明代华容人严守升撰写了《田氏族谱》中的《田氏世家》。《田氏世家》以纪传体的体裁对容美土司田氏家族历代诸公事迹进行了考证与描述。而之前,由于土司承袭的需要,容美土司田氏保存有"田氏黄册宗图",严守升以此为蓝本,并通过进一步充实写成《田氏世家》。正是因为严守升的写作,《容阳堂田氏族谱》中的英雄历史在土司广泛流传。

田氏祖先田行皋、田思政、田光宝、田胜贵、田世爵、田九霄、田九龙、田楚产、田玄、田霈霖、田既霖、田甘霖 12 人的事迹清晰明了。清光

---

[1] 陈丕显主修《长阳县志》卷 5《地理五》,民国 25 年 (1936)。

绪五年（1879），崇寿又补齐了田舜年列传和田旻如列传。这样，容美田氏
土司的英雄祖先及其辉煌历史就完整呈现出来了（见表4-1）。

表4-1　《田氏族谱》记录的容美土司历代诸公之职衔和事实

土司主名称	谱载封职	谱载事实
田行皋	唐元和年间荣膺兵部尚书、金紫光禄大夫，系容美始祖土司行皋公之职	从高崇文讨平刘辟而得授封。原籍陕西京兆
田思政	宋元祐年间袭永镇南等处军民五路都总管，系容美田氏先祖土司思政公之职	另一种观点：元夏时授镇南等处军民五路都总管
田光宝	明洪武三年（1370）三月荣膺军民宣慰使，系容美田氏二世祖土司光宝公之职	洪武三年三月，以元所授诰敕印章诣行在请换
田胜贵	明永乐三年（1405）诏授宣抚使，系容美田氏三世祖土司胜贵公之职	因蛮酋向天富作乱被降职
田潮美、田保富、田镇、田秀、田世爵	自明永历年间至万历年间袭承宣抚司，系容美田氏土司四世祖潮美公，五世祖保富公，六世祖镇公、秀公，七世祖世爵公之职	田潮美、田保富多次朝贡。田秀第四子白俚俾争袭弑父杀兄，田世爵逃往桑植土司，后回司袭职。田世爵巧取容美土司向氏家族，晚年征倭
田九霄、田九龙、田楚产、田玄、田霈霖、田既霖、田甘霖、田舜年、田明如	自嘉靖年间以至清康熙年间赐复军民宣慰使，系容美田氏土司八世祖九霄、九龙，十世祖楚产，十一世祖玄，十二世祖霈霖、既霖、甘霖，十三世祖舜年，十四世祖明如诸公之职	田九霄征倭，诏敕红纻衣。田玄征闯贼晋升为宣慰使加太子太保军都督，京都受陷后写《甲申除夕诗》表达对明朝局势的忧思。田既霖投诚清朝。田舜年主编辑《田氏一家言》。田明如在平山万全洞自缢，土司终结

资料来源：民国《容阳堂田氏族谱》卷1《田氏世家》。

　　相比田氏大族，霎氏只是容美地域东部山区的小家族。但是，霎氏被明
王朝任命为防守容美土司巡检司的土官。明王朝在霎家园①设立巡检司，作
为长阳县防御土司的"梅子八关"之一。为了对抗田氏土司，霎氏同样也
要书写英雄的家族历史。在《霎氏族谱》的撰写过程中，他们想方设法把
巡检司霎氏与朝廷联系在一起（见表4-2）。

---

①　霎家园现位于五峰土家族自治县采花乡星岩坪村。

表4-2　《蹇氏族谱》记录的蹇家园蹇氏先祖职衔和事实

世祖姓名	谱载封职	谱载事实
简继祖	一世祖，重庆巴县人，太子少师	原籍西鲁太原府山阳郡
简均寿	二世祖，太子少师，荣禄大夫少师兼吏部尚书	
简源斌	三世祖，荣禄大夫少师兼吏部尚书	永乐十八年，太子遣鸿胪寺承祭简源斌，封资政大夫吏部尚书
简义	四世祖，吏部尚书	
简芳	五世祖，授中书舍人，后升吏部左侍郎，吏部右侍郎，吏部尚书	
简朝壁	六世祖，梭草关巡检司	

资料来源：乾隆《蹇氏族谱》。

这是两部完美的家族史诗，再造了英雄历史。这些再造技法包括以下三个方面。

首先，把田氏家族联系至唐这一朝代的行政大官。其中，关键人物是田行皋，《容阳堂田氏族谱》载："皋公从高崇文讨平刘辟，授皋公施、溙、溶招讨把截使，后加兵部尚书，金紫光禄大夫，施州刺史，仍知溙、万、溪、溶州诸军事。"[1] 从族谱记录看，田行皋可是一方封疆大吏，其祖源是华夏发源地的关中地区。

把鄂西川东地域著名的人物田行皋作为田氏家族在本地的一世祖。司马光《资治通鉴》载："后晋齐王开运三年十一月甲寅（946），蜀施州刺史田行皋叛，遣供奉官耿彦将兵讨之"；[2] "后汉隐帝乾祐三年十一月壬辰（950），蜀施州刺史田行皋奔荆南，高保融曰：'彼贰于蜀，安肯尽忠于我！'执之，归于蜀，伏诛"。[3] 从这一记载看，田行皋是五代十国时期这一带的重要人物。但是，湖北巴东县柳家山现在还有一座民国年间重立的田行皋迎仙碑。碑载："唐明宗二年岁次甲辰八月□□□十八日戊辰竭节忠义功

---

① 五峰长乐坪民国《容阳堂田氏族谱》卷首《田氏受姓源流考》。
② （宋）司马光：《资治通鉴》卷285，中华书局，2011。
③ （宋）司马光：《资治通鉴》卷289，中华书局，2011。

臣银青光禄大夫检校尚书右仆射使持节印溙万州诸军事守溙州万州刺史兼御
史大夫上柱国田行皋，谨因社节亲往差人往百渡溪龙潭口，迎取此碑石，并
石壹哐，长一丈六尺；又于野郎村迎取石乳仙人壹躯，并创修社翁壹躯，同
日迎送建立社堂内，永为春秋二祭，长乞护卫一方生灵，威乞安泰，行皋伏
愿子孙昌盛，爵禄日新，所求称遂，更不繁文。"① 从碑文看，田行皋又为
唐代人。又《明史》载："容美土司，唐元和元年，田行皋从高崇文讨平刘
辟，授施溙溶万招讨把截使，仍知四州事。宋有田思政，元有田乾亨。明洪
武三年（1370），田光宝以元所授诰敕诣行在请换，乃命光宝仍为宣慰
使。"② 也认为田行皋是唐代元和年间人。在族谱中，田行皋之子为田思政，
再到田光宝，跨越数个朝代。若按《资治通鉴》所载，田行皋是五代十国
时期峡江走廊地区人，他游走在乱世中。后来因为后蜀政权怀疑他叛变到南
楚政权，便想法诛之。950 年，田行皋最终被杀。若按《明史》所载，田行
皋生活在唐代，其子田思政生活在宋元祐年间，而宋元祐年间开始于 1086
年，从时间上看，田行皋和容美土司世家二田思政不可能有直接关系。明洪
武三年（1370），容美土司在缴印换篆时呈给明朝的"田氏黄册宗图"上已
把田行皋叙述为一世祖，田思政为二世祖。而明王朝并没有细究，接受了这
一观点，可见，容美土司成功地发明了"一世祖"。

　　五峰县采花乡《蹇氏族谱》关于前面一世祖至五世先祖的记载也是人
为攀附的。《蹇氏族谱》云："吾家原籍西鲁太原府山阳郡，于元至正继祖
入蜀，继祖以前若秦之蹇叔，吏史册昭然已失于继祖而不得其传矣，既继祖
以后越六世而芳子朝壁在湖北荆州府长阳县梭草关巡检，未回籍，芸子蹇贤
任湖南长沙府右布政，亦未回籍，而建业、华安二县迨至明末清初干戈扰
攘，二处之谱皆失，相传为蹇义之孙至义祖前后之祖若宗公得具大略，而不
得其精详，抱恨殊甚。"③

　　蹇氏明确的先祖是明末时期的蹇朝壁。"朝壁公安袭梭草关于清，任贵
族柔远所游击参将，长阳田地悉为容美侵占，后子孙回籍，与容美媾和
□□□，来询其祖谱，亦曰兵变以后失也，乾隆七年（1742）屠陵孙书于

---

① 　此碑在巴东县野三关镇柳家山社区廖家坪。
② 　（清）张廷玉：《明史》卷 310《湖广土司》，中华书局，1974。
③ 　五峰县采花乡乾隆《蹇氏族谱·蹇家园处士序》。

红鱼坪。"① 在《寋氏族谱》中，寋朝壁被公认为六世祖。

从历史事实来看，寋朝壁应该是当地土人，而非外来。明朝朱元璋时期湖广左布政使靳奎曾进言在鄂西遍设巡检司，以控土司，言曰："归州所辖长阳、巴东二县，居大江之南，地连容美诸洞，其蛮人常由石柱、响洞等关至巴东劫掠。有土民谭天富者，常率众击败之，归所掠男女二十二人，斩首十三级，生擒四人。事闻于朝，已蒙赏赍，然天富止能自保其乡，他所被寇者，需报州县移文军卫，发兵剿捕，动经旬日，贼已遁去。臣愚以为若于蛮人出没要路，如椒山寨、连天关、石柱、响洞、寋家园等处，选土民为众推服如天富者，授以巡检，俾集乡丁，自为保障，则蛮人不敢窃发矣。"②

按《明实录》记载，寋家园是请当地土人来任巡检司的，并未从外面调入。但既然任了朝廷的官，寋氏便有心拔高或发明先祖的英雄历史了。在《寋氏族谱》中有一段"寻谱"的记载："祖齐集祠公议谱事，命予一人上川查谱，命而往及观重庆之牌坊、祖墓之华表，乃知后人之传皆前人之宝迹也，迨至绳祖家中览老谱始知贤祖公芸祖子也。"③ 可见，寋朝壁为当地土人无疑。

其次，将"土语"名字改为汉语名字。据现有史料考证，在明中叶以前土语在鄂西清江以南的土司地区还很盛行。至于这种语言是不是现在流传于湘西的土家语，还没有得到证实。可以肯定地说，这种语言与现在该地区流行的西南官话完全不同。从各种史料中发现了不少汉语记音留下的容美土司土目和土舍的土语名字，如墨施什用（田墨）、田先什用（田乾宗）、白俚俾（田秀第四子乳名）、五哥俾（田秀第五子乳名）、答谷什用（田胜贵）等。这类名字在周边的散毛、盘顺等土司也出现过。然而这些土语名字在《田氏世家》里只出现了"白俚俾"，"白俚俾"因弑父杀兄差点断送了容美土司田氏嫡系一脉。这类因争袭而引发的争斗也被正史和地方史志记录在案。由于"白俚俾"没有汉名，后面土司也不好给他乱加一个。对这些土语名字的选择性遗忘，恰好是为了掩盖田氏的世系传承的断裂，并去"蛮夷"的身份。根

---

① 五峰县采花乡乾隆《寋氏族谱·族谱记序》。
② 《明太祖高皇帝实录》卷159《洪武十七年正月己酉条》。
③ 五峰县采花乡乾隆《寋氏族谱·族谱记序》。

据已有文献，容美土司"田"姓也可能是在元末明初启用的。

最后，人为拔高先祖诸公的功绩。在严守升所著的《田氏世家》中，世家二田思政、世家四田胜贵分别在宋元祐年间、明洪武年间袭永镇南等处军民五路都总管、军民宣慰使。这些都有人为拔高的痕迹。其中，田思政并不是宋朝人，而应该是元夏时期人。元末，明玉珍据蜀，建有大夏政权，鄂西为明玉珍所据。"永镇南等处军民五路都总管"是夏国主于开熙二年（1368）颁给田思政的抚慰式印信。正德十五年（1520），容美宣抚司同知田世瑛奏获镇南军民府古印，为二世祖田思政开熙二年颁给，乞改升宣抚司为军民府。① 此印是地方割据政权颁给的，不合法，田氏便把田思政改为宋朝人，把田思政向前推进了300多年。当明正德年间容美土司以此印乞升时，明王朝没有认可。礼部议："我朝永乐间开设宣抚司，颁印已久，难以改更，古印宜缴进，从之。"② 严守升显然在此处美化了容美真正的始祖田思政的事迹了。

对田胜贵袭"宣慰使"的记载也是人为拔高的。"宣慰使"是土司武职最高的级别。武陵民族走廊诸土司靠近中原，中央王朝对其控制较严，土司级别普遍压低，宣慰使极少。据地方志载，"明史太祖即吴王位，饬容美洞宣抚使田光宝为弟光受等以元所受宣抚赐印来，上命光宝为四川省参政，行容美等处军民宣抚司使"，③《明史》也有类似记载。永乐年间，中央王朝在鄂西地区复置土司，容美土司也只是宣抚司。可见，严守升在谱牒中人为将容美土司拔高了一级。

总之，两个族谱都"发明"了一些本来不存在的事实，却又不是纯粹凭空捏造。这种行为正如英国人类学家霍布斯鲍姆提出的"传统的发明"，即"通过公开或私下接受的规则控制的具有一种仪式或象征特性实践活动，并试图与过去某一适当的具有重大历史意义的过去建立连续性，来灌输一定的价值观和行为规范"。④ 两本谱牒都试图以祖先的英雄事迹为主要叙事对象，重新建构历史连续的国家权贵祖先系统。

---

① （清）张廷玉：《明史》卷310《湖广土司》，中华书局，1974。
② 《明武宗实录》卷187《正德十五年六月甲戌条》。
③ （清）李焕春主修《长乐县志》卷4《沿革》，咸丰二年（1852）。
④ 〔英〕E. 霍布斯鲍姆、T. 兰格：《传统的发明》，顾杭、庞冠群译，译林出版社，2004。

（二）重塑家族记忆的因素

明清时期，容美土司土官和土民都发动了大规模的"文明化"运动。在"去蛮夷化"的过程中，祖先的历史记忆被重塑。《容阳堂田氏族谱》和《蹇氏族谱》是这个历史过程中的表述工具和象征符号。谱牒是家族记忆的主要文本，祭祖是家族记忆的仪式表达，仪式又以文本为基础。为了仪式表达的需要，文本需要改造；改造过的文本，对仪式的举行又有促进作用。在容美土司重塑家族记忆的实践背后隐含着特定的权力话语关系，重塑家族记忆是适应这种话语关系的方式之一，这是理解家族英雄史发明动机的重要途径。

第一，旧的记忆已经不合时宜。篡改和发明记忆是土司和土民适应时代变化的方式。当明王朝取得国家正朔后，容美土司关于元夏的记忆便得不到支持；当清王朝取得国家政权后，容美土司对明朝的忠诚也得不到支持。王朝兴替之间，族谱必然要重修。严守升在撰写《田氏世家》时便把容美土司家族史中关于"伪夏"的历史记忆去掉了。元夏时，明玉珍为了拉拢容美土司，授予容美土司田思政"镇南等处军民五路都总管"，这自然当不得真。即使这是荣誉性的虚职，也是可利用的资源。于是严守升把田思政的事迹提前到宋元祐年间，这样就把容美土司有关"伪夏"的记忆改造成关于正统王朝的记忆。清朝进士崇寿在撰写《田舜年列传》时也把田舜年投诚吴三桂的记忆去掉了。"康熙十三年，滇藩吴三桂兵起，容美负固怀二，遥为声援"，[①] 在田舜年给土目的印中，尾署"周二年印"，镌"承恩伯印"四字。[②] 尽管田舜年投诚吴三桂为形势所迫，但这是家族中并不光彩的记忆。对这些记忆进行选择性遗忘是适应特定情势的必然手段，从而达成权力话语关系在文化上的和谐。

第二，提高家族声望和权威。为了提高家族声望，修谱者会把家族史上国家授封的原始材料记录在谱书中，这样可以提高谱书的真实性和可信度。《容阳堂田氏族谱》记录了明清各一道皇帝圣旨；《蹇氏族谱》则记录了明朝七道圣旨。容美土司家族为了把自己的利益合法化或者为了在土司中争夺

---

① （清）李焕春主修《长乐县志》卷4《沿革》，咸丰二年（1852）。
② （清）李焕春主修《长乐县志》卷14《杂述志》，咸丰二年（1852）。

更有利的地位，往往会把家族史转化为文化和政治资源。作为容美土司统治者的田氏自然会把自己的家族史英雄化和正统化。《容阳堂田氏族谱》中载有唯一的明朝末代崇祯皇帝颁给容美土司主田楚产的《覃恩敕命》："奉天承运，皇帝制曰：资父事君，臣子笃匪躬之谊，作忠以孝，国家宏锡类之恩。尔田楚产，乃世袭容美军民宣慰使太子太保正一品田玄之父，业足承先，谋能裕后，弓治克勤于庭训，箕裘丕振夫家声。兹以覃恩授尔为宣抚武将军，锡之敕命。於戏，旧德宏昭，用广显扬之志。新纶时贲，永增泉壤之光。制曰：百职凛在公之义，懋著臣劳，九重宏教孝之文，式彰母德。尔世袭容美军民宣慰使太子保正一品田玄之母向氏，相夫以顺，育子为勤，丙夜鸣机，克著中闱之范。北堂画荻，用成哲嗣之名。兹以覃恩赠尔为夫人。於戏，贲象服之端严，宜膺巨典，锡龙章之涣汗，允播徽音。敕命。崇祯二年。"① 作为皇帝对土司的褒奖，《覃恩敕命》一方面指出了土司的国家背景，另一方面指出了土司的功绩。这两者都增强了土司的声望和权威，为其统治的合法化提供了话语基础。《蹇氏族谱》中保留了七道类似的明朝皇帝颁给蹇氏家族的敕命，以下只摘录一道："奉天承运，皇帝制曰：积善之久者后必盛，效劳之厚者报必加。国有辅弼之臣，官加一品至于荣禄矣，其积善之所致。亦至公之兴而匪私矣。少师吏部尚书蹇义，故曾祖继祖德裕于躬，善及与物，庆泽之厚，延于曾孙，历仕三朝，为国辅弼，畴其能续，宜有恩荣。今特赠尔为荣禄大夫少师兼吏部尚书，克歆宠荣，永光泉壤。宣德八年（1433）正月十一日赠。"② 蹇氏只是明王朝下设的一个小小的巡检司长官，地位根本无法与容美土司相比。但从谱牒看，蹇氏世为明朝太子少师，官封尚书，容美土司的家族荣誉反而比田氏要高。上面的敕命即为蹇氏四世祖蹇义授封。按王朝的初衷，蹇氏与田氏应该是对抗的。蹇氏作为巡检司长官，一方面镇守土司与经制州县的边界，不许土民与汉民随意出入，保护经制州县人民的利益；另一方面封锁土司出司的重要通道，给土司造成了不便。巡检司一设置，田氏与蹇氏的矛盾关系就存在了。直到明朝末年，中央王朝已经管不了地处边缘的蹇氏，容美土司在杀掉长茅关首领覃氏后，蹇

① 五峰县长乐坪民国《容阳堂田氏族谱》卷1《覃恩敕命》。
② 五峰县采花乡乾隆《蹇氏族谱·总谱》。

氏立马就被容美土司完全收服了。人为拔高祖先的地位是田氏与墨氏竞争的文化手段，谱牒作为象征被人为操作，体现了两个家族的竞争心态。两个家族历史事实的真实性不一定存在，但是关于两个家族辉煌的历史记忆是一定存在过的。

第三，凝聚宗族内部，促进宗族团结。修谱的基本功能是对内的。《田氏族谱》云："家之有谱也，犹国之有史，国无司则文献无征，家无谱则亲疏莫判。"① 族谱可以判亲疏，可以制造家族内外的社会边界，强化族裔对家族的认同。《墨氏族谱》又云："根之深者其叶茂，源之远者其流长。"② 宗族随世系分裂，多代以后便不再有联系，同宗族不同家族间便形同陌路。谱牒又可以把这些家族串起来，制造一个家族联合体式的想象宗族，使家族看起来繁盛，家族历史悠长久远。田氏是容美土司的钦定土司，是土司土舍阶层的主导者。田氏宗族的团结是土司增强内部认同和凝聚力的基础。建构一个想象的强大的家族史对于宗族内部的团结是非常有利的。《田氏族规》云："族谱之作，所以序昭穆，正名分，启雍睦，端风化，非徒夸耀于人也；凡同谱者，勿恃富以欺贫，勿恃孤以暴寡；勿恃强以凌弱；勿恃智以笼愚；万一有此，本房尊长正之。"③ 若修谱非"夸耀于人"，则"夸耀于己"。田氏以田行皋后代自居，而田行皋又曾任施州刺史，为土官大姓，据有鄂西和峡江走廊地区。田氏制造这样的历史无非在于向族内后裔宣示其统治的久远性和合理性，从而让族人自觉维护其统治。族谱所载的英雄史是后裔行为的范本和永生的追求。无论是处在容美核心位置的田氏，还是处在容美边缘位置的墨氏，建构典范式的英雄史都可以增强族内认同和宗族内部凝聚力。

第三节 麻寮千户所与水浕司唐氏家族的身份认同

麻寮千户所与水浕司唐氏为同一家族，而一边是土司，一边是卫所，卫所要防控土司，土司也要提防卫所。在地方政治认同与身份认同矛盾的背景之下，宗族认同与政治认同明显存在结构性的矛盾，唐氏如何自

---

① 五峰县长乐坪民国《容阳堂田氏族谱·倡修容阳田氏族谱原叙》卷首。
② 五峰县采花乡乾隆《墨氏族谱·族谱记序》。
③ 五峰县长乐坪民国《容阳堂田氏族谱》卷1《宗族条规》。

处？容美田氏土司又如何应对唐氏家族的挑战？在原生性的血缘宗族身份认同和建构性、工具性的政治认同出现矛盾时，唐氏如何表述自己的身份？

（一）"唐氏一家亲"

五峰土家族自治县湾潭镇百顺河流域的锁金山村，与鹤峰县交界，这里有唐氏祖茔墓地。其中唐进宝、唐国政的墓碑尤其重要。

唐进宝应为元代人，他是最早进入五峰县湾潭镇水浕源定居的唐氏。唐进宝墓碑载："唐进宝为石门、慈利、桑植、鹤峰、长乐等处始祖，已历二十七代。"[1] 元代"清（泰）定元年投诚，钦赐诰命，授原职防边疆，调征江夏有功蒙赏，亡于清（泰）定六年九月初三日午时，安厝水浕大木岭，姚吴夫人厝于右手，离茔九尺七寸，官地土种一石五斗，直上分垭头，以天岗为大界"。[2]

唐国政为麻寮千户所唐氏一世祖，唐进宝长子，"于顺帝至正二年（1342）壬午岁，征西有功，升右都督，元夫人金氏，挂先锋印，至正戊子八年，合州方谷珍作乱，率兵征讨，剿擒报捷，愈加奖赏，授四川宣抚使都督援剿总管。至正辛卯十一年，征红巾刘福通、韩山童，剿擒四镇。至正十三年五月，太州民张士诚僭称大周，公典脱脱丞相，连兵同剿，克捷还镇。至正乙未十五年（1355）二月，川湖苗蛮作乱，率隘辖兵俱驻成都府，而江夏侯唐定远，援剿侯唐世祥、周德，丞相陆秀夫，察院赵兴睾，伊孙赵家文，同竹排顺流而下，讨东北寇氛，公乃荡平西南，仍为宣抚使援剿侯方右都督总管。至正十六年（1356），又率征巫山西南路苗蛮，剿平安定，至麻寮、歇落寨，出树林，古路龙潭坪，建造八耳古鼎，以备军食，游两河口、水寨、茶庄坪，爱而创立舍宇，掘壕作堑，周匝数十里，坏以土城防御。西南苗蛮之乱久之，安堵一日，游红土坪，上下洞泉，见一奇石可爱，戏之将岩赌力，名曰赌力岩也。游五里潭，逼小险峡恶涉，游三里荒，四顾岹峣，

---

[1]　原物在湖北五峰湾潭锁金山村五组祠堂包，清嘉庆元年（1796）丙辰十月二十三日唐玉春撰刻。

[2]　五峰土家族自治县湾潭镇《唐氏三山族谱》，又名《麻寮所唐氏家乘》，清乾隆五十七年（1792）十一月版续修本。谱中的"清定"应为"泰定"，这一写法应为避讳。在田野调查时，还有"姚田氏，元末自川发迹。其坟墓九尺六寸，上至天岗，下抵河水，左挨小溪，右靠水浕（源）通塔坪，直临关门岩"之说。

见金银三坛，金少银多，不忍分散，仰谓垂手可致富贵。不屑先人遗资三合，损于离夫坡千寻井中。今号其地曰三坛井。游山羊坪、鹧鹆、林溪、金藏、罗峪等处，料沿河夹石，山水嵯峨，直出乃居桑植，各属军舍，守防各土边关，永袭麻寮所，从兹来矣。殁葬水浕司大面地即今长乐地。复配佘氏。元姚金氏葬水浕衙前七王冲，官屋场有志。生三子：涌、智、清。"① 唐国政墓碑记载："元末明初敕封为镇国将军，后裔遍及湖广、长沙、澧州、石慈、桑植、鹤邑、长乐等地；于明洪武七年（1374）迁茔至长乐（五峰）大面；此次重修与其金氏夫人合坟。"②

　　唐赛龙为水浕长官司一世祖，唐进宝公次子，"字国锋，智勇绝伦，才识超群。于洪武六年，与向兴辅同迁水浕园（源）通塔坪，授土司兵部大冢长官印信"。③ 田舜年所著的《水浕安抚司列传》中云："水浕唐赛龙，容美黄册所云，伊司一世祖。其受封所自，所以与前椒山、五峰、石梁等异者，常考其故，曾阅一小志载：伊司为施州卫所辖散毛宣抚司属官，或者以地方隔越，相传沙溪为容美所属，以地近于散毛遂易之，而隶于容美，世为容美属官。"④ "水浕与鹤峰地相近，故与散毛司易之也。后唐镇邦乃买管长阳之唐家坪是水浕园（源），本为唐氏旧封，唐家坪为迁徙地，而仍其官名耳。但以水浕源与通塔坪为二，将以五峰、石宝与深溪等为二，不可解矣。

---

①　五峰土家族自治县湾潭镇《晋阳堂唐氏三山族谱》卷 2《宗图·功迹》，清乾隆五十七年（1792）十一月版续修本。

②　墓在今湖北五峰湾潭镇金山村，碑面有字，石刻，楷书。墓前有华表一对，折损一，楹联漫漶。文曰："万古佳城。尝思物本乎天，人本乎祖。可知子孙昌炽，皆由祖宗之眷顾也。忆我唐氏系出晋阳，族望太原，渊源茂盛有自来矣。稽先祖始居重庆府巴县□。自元末明初，公蒙皇恩敕封镇国将军。所有子孙分支湖广、长沙、宝庆、澧州、石慈、桑植、鹤邑、长乐等处，均皆正公之发迹处。不幸公殁于洪武七年，迁茔至长乐大面山后，已建立碑表，第世年远，洇而碑表坍毁，致后人有目击必伤之慨。因以孙等□尊祖敬宗之心，爰约族众重修碑志，建立华表，亦足以绵后泽无穷也。是以为序。原命元朝丙戌年（1346）九月十七日□时人。照古碑前例士贡荣，例有禁，自后亲疏人等不许扞葬。裔孙字传阑永香沐手书填。孝长男武德将军唐勇。（孝）次（男武）略（将军唐）清。孙男宣武将军唐贤。（孙男）忠勇（将军唐）昶。裔孙安徽太平府正堂业谦、合同县正堂业俊、学人宏凯、远安县正堂芳耀、现任例贡生业暄、世袭千户传玉、弥光、百户维春……道光十六年（1836）丙申岁花月念日。石匠张正典。"

③　五峰土家族自治县湾潭镇《晋阳堂唐氏三山族谱》，清乾隆五十七年（1792）十一月版续修本。

④　（清）李焕春主修《长乐县志》卷 14《艺文志》，咸丰二年（1852）。

其合之为一者，举三者而统之之义也，其分之为二者，后人称谓之讹也。观深溪、下洞及夫圆通各有司官，并查《鹤峰州志》有石宝寨地名，则每司各为三处地名，可以无疑矣。"①

在湾潭镇唐氏家族寻访时得知，麻寮千户所与水浕长官司唐氏同出一源，一世祖为两兄弟，却相互不认。麻寮千户所一世祖唐国政与水浕长官司一世祖唐赛龙为亲兄弟，却形同陌路。

麻寮守御千户所设置于明洪武二年（1369）。"我祖涌公于至元年间立为云阳寨主，于明洪武二年助粮佐征，荷蒙皇恩，封为武德将军，设立衙署于所坪，把守容、桑等处。"② 唐国政之子唐涌在其父亲开创的基业之上，积极开拓进取，在湘鄂边山区有了一片天地。"唐涌，政长子，字南泉，号宁宇，别号景平。生于元泰定二年（1325）。于至正二十四年（1364），系吴元甲辰岁袭职，年已四十矣。时峒长齐乱，公设云阳寨为麻寮都督总管守御所，又以龙潭、天星岩为二大寨，分把诸路关隘，苗蛮靖氛。一日，宿于拦渡江下，闻九处猿啼，爱而乐之。又居舍于大路滩。翌日，游览属境，创立衙署，名曰南府。周围数十余里，筑堑掘壕，副员军丁守汛防御。以大岩关之内设靖安隘把总，把守虎把渡（即今九峰桥），以及水寨、风香岭、石板沟、钻子溪、六峰、下峒等处。汛土所辖之粮五十二石，军丁自种自食，土司仅存立纲之地。浏览田猎于白竹、龙潭，触顾而奇，捍御难冲，建署设隘。居游白岩、茶凉面，下大泉、小泉设立居守，关门岩后以险关峻坂，令属员众等各任防守，开创基业，为子孙永远之策。当即饬居唐家村、瓦屋场、洪家村、细沙坪、六峰坪等处地方驻扎严守，凡六总旗十隘，军居处听候调征。"③

其所址在大崖关外的所坪。"我祖涌公相土攸居，立云阳案，土人奉为寨长。自是醒土化夷。明洪武二年（1369），助粮佐征，荷恩封武德将军，世袭麻寮所，统辖四所十隘，镇所九夷八蛮。相度地势，建署于坪，名曰所

---

① （清）李焕春主修《长乐县志》卷4《沿革志·水浕安抚使司》，咸丰二年（1852）。
② 五峰土家族自治县湾潭镇《晋阳堂唐氏三山族谱》卷1《所衙记》，清乾隆五十七年（1792）十一月版续修本。
③ 五峰土家族自治县湾潭镇《晋阳堂唐氏三山族谱》卷2《宗图·功迹》，清乾隆五十七年（1792）十一月版续修本。

坪。以大山为翰，四围峭壁；河水为带，泉源不竭；青龙护其左，白虎绕其右；前有狮象交错水口，过者每羡为天然保障，明庶吉士黄灿公亦曾称美。爰将署圃建修具载。"① 所坪与关内的水浕源通塔坪长官司相邻。

洪武七年（1374）十一月丁亥，水浕源通塔坪长官司设立，隶属容美安抚司。"诏置容美洞宣抚司及家乡寨、五里自崖、椒山玛瑙等处，水浕原（源）通塔坪、石梁下洞、五峰宝寨六长官司。"② 但在洪武十四年（1381）九月丙午，"四川水浕源通塔平（坪）、散毛诸洞长官作乱，命江夏侯周德兴移兵讨之，仍命汝南侯梅思祖、都督金事张诠为之副，时德兴帅师征五溪蛮，蛮人散走，及是命复讨诸洞，未几皆平之"。③ 在这样的背景下，防卫土司成为王朝的重要任务。水浕源通塔坪长官司三面都是土司，只有南边是卫所，而水浕源通塔坪长官司所面对的就是麻寮千户所。

"大崖关内"和"大崖关外"的唐氏都属于同一家族，并且其祖坟在百顺河流域的水浕司大面一带。然而，在政治认同的矛盾面前，宗族认同与政治认同该如何协调呢？

（二）"土司"与"卫所"

一个卫所，一个土司，唐国政和唐赛龙两兄弟，在宗族认同与政治认同之间，都选择了政治认同。唐国政所在的麻寮守御千户所属于九溪卫，唐赛龙所在的水浕源通塔坪长官司又属于容美土司，在"土司"与"卫所"之间，其认同也十分复杂。

在王朝的眼中，九溪卫及属下的麻寮千户所有防御土司的职责。"九溪东通容美宣抚司，西达桑植安抚司、上下二峒，其余十八峒为桑植、美平、朝南、那步、人士、黄河、鱼龙、夹石、若南、捍坪、蚕辽、金藏、柘山、烂岩、黄家、板山、龙潭、书洛，皆属桑植，苗獠出没。初置添平、麻寮以捍于东，其隘各十。添平、麻寮皆守御千户所，每所掌印土官千户一员、巡捕汉官千户一员……麻寮所属十隘为黄家、九女、靖女、拦刀、青山、山羊、樱桃、曲溪、梅梓、宋所。每隘各土官百户一员掌印，以防守

① 《麻寮建设志》，载鹤峰县、五峰县统战部等编《容美土司史料汇编》，内部资料，1984，第478页。
② 《明太祖实录》卷94，台北中研院校印版，第1640页。
③ 《明太祖实录》卷94，台北中研院校印版，第2192页。

容美夷寇。"①

麻寮千户所为王朝立下了汗马功劳。洪武二年 (1369)，麻寮所唐清曾帮助明将徐达征剿，获封。"右丞相徐达征夏明升寇党，屯兵三江口，贼兵木石甚危，难以进兵，约吾祖胜宗统兵三万七千应援，剿灭。徐丞相奏，准一道，封世袭延安侯。敕赐上方宝剑一口，武德将军唐清准此。遂与陆中衡并食禄米一千七百余石。"② 洪武十四年 (1381)，麻寮所千户唐涌奉征九江芦口海贼，被贼离肢首。后尸体被抢回，存兄尸于大营，诸军号泣。明太祖高皇帝敕诏一道，赐涌公金头银肢，以全其体，御祭吊封。而唐清、唐涌也被尊称为麻寮所一世祖。明皇帝还赐给唐涌大明铁券，敕封唐涌、唐清"驻扎山峒，永镇诸夷，与世同休"，从此，唐涌、唐清家族便驻扎于此，诰曰:

> 大明诰命
> 奉天承运，皇帝制曰:设官分职，用防关隘之衡，助国安边，实谨兵戎之寄。尔湖广麻寮所土官正付千户唐涌、清膂力刚劲，素练兵机，久识地利，既率众以坚守，复助粮以佐征，宣此功能，允宜擢用，尔宜永御诸夷，益精武事，勿忘朕训，以建奇熏，可。
> 武德将军宜令管军正付千户唐涌清　　准此
> 制诰
> 洪武二年十月二十五日给③

明朝嘉靖二十三年 (1544)，麻寮所八世子唐幸爵征海贼，获封"镇国将军"。嘉靖三十七年 (1558)，麻寮所九世子唐仁征海贼，获封"镇国公"。嘉靖三十八年 (1559)，丙辰秋，同嘉升征杭州城圹平贼，有功而卒。皇帝便命浙江巡抚建立忠臣祠楼、石柱牌坊，赐"海上知名"匾子。

清代顺治四年 (1647)，麻寮所十二世子披剃投诚。康熙二十一年 (1682)，唐氏十三世子麻寮千户唐麟徽获得号纸。雍正十三年 (1735)，清

---

① （明）顾炎武:《天下郡国利病书》卷73《湖广》。
② 五峰土家族自治县湾潭镇《晋阳堂唐氏族谱》卷2《宗图·功迹》。
③ 五峰土家族自治县湾潭镇《晋阳堂唐氏族谱》卷1《所衙记》。

朝在湖广实施改土归流，朝廷给唐氏敕书，曰："尔原系麻所正千户，既无防御之责，亦无管束军人之任，恳请辞职，准将原缺裁汰。但念尔祖父，曾经随征效力，不忍令其废置，特赏给千总职衔，准尔子孙永远承袭，若有年力精壮，情愿随营差操者，准其食俸效用，才具优长者，著该管大臣保题，照武职例升转。钦哉故敕。"①

实质上，在朝廷眼中，麻寮所为"土官世职"，而土官与土司是有明显区别的。"土官"的"土"，说明了官员是当地人，"土官"的"官"，说明了官员是朝廷的官。从麻寮唐氏的历史来看，其对卫所制度的认同是较深的，也即"对王朝子民的身份认同"。

而水浕源通塔坪长官司唐氏既要应对卫所对土司的防备，又要应对容美土司田氏对其的倾轧，在对田氏土司的认同、唐氏宗族的认同之间形成了隔阂。

唐氏自明洪武年间在鹤峰与五峰交界的湾潭镇大面水浕源落业之后，就开始作为容美田氏属下的一个长官司而存在。在田氏土司眼中，麻寮所与水浕司山水相连，血缘相同，若两家联手，对容美田氏的威胁是非常大的。故田氏在诱惑或威逼两方面都下足了功夫。大约在明天启年间，水浕长官司从五峰县、鹤峰县交界的百顺河流域被逼迫到五峰县天池河流域，从此，麻寮所唐氏和水浕司唐氏在地理上被隔断。

明代末期，已迁居天池河的水浕司土官唐镇邦与容美土司田霈霖意气相投。特别是在李自成、张献忠等农民军滋扰地方时，唐镇邦在水浕司附近的高地白溢寨修建帅府，抵抗农民军。但后来唐镇邦又与新的容美土司主田既霖生异，并纳农民军刘二虎入营，结果被农民军刺死。

清代初期，水浕司唐继勋与容美土司主田既霖生隙，又受农民军"姚黄之侵削，即纠集人民出于宜都，遂与唐公廉等返攻容美，田既霖将长邑一带之军，杀其夫而鬻其妻子者，不下万余人，数百里人烟殆绝"。② 田甘霖袭容美土司职后，以"唐迁隆袭塔坪长官，以继勋袭安抚，又以女字其长子，以结其心"。③ 而当吴三桂势力进入湘鄂边后，唐继勋又与其部下刘之复纠众

---

① 五峰土家族自治县湾潭镇《晋阳堂唐氏族谱》卷1《所衙记》。
② （清）李焕春主修《长乐县志》卷4《沿革志·水浕安抚使司》，咸丰二年（1852）。
③ （清）李焕春主修《长乐县志》卷4《沿革志·水浕安抚使司》，咸丰二年（1852）。

以攻容美，田舜年领兵一千从后荒追击之，[①] 不一月而将其缚至容美。之后，水浕司唐公廉又意图攻击容美，被容美土司田舜年领兵消灭，并以其孙田图南袭水浕安抚司职。容美土司田氏与水浕司唐氏数百年的恩怨才得以了结。

水浕司唐氏的悲剧实际上是身份认同的模糊造成的。首先，水浕司对两地宗族是不认同的。水浕司唐氏与麻寮千户所属于同宗，但水浕司唐氏却不认同麻寮所唐氏。在五峰土家族自治县湾潭镇大面的唐氏祖坟中，并没有留下土司时期宗族认同的痕迹，唐进宝墓碑在清嘉庆元年（1796）由唐氏子孙唐玉春所立，唐国政墓碑在清道光十六年（1836）年由唐永香所立。唐氏后代也流传着两地唐氏不相认的传说。其次，水浕司对麻寮千户的身份也不认同。麻寮所唐氏是土官，又与屯军类似，平日以防备土司为主职。水浕司是麻寮所防备的主要对象。故水浕司唐氏在麻寮所面前，又需认同自己土司的身份。再次，水浕司对其在土司内部的身份也感到困惑。土司本不相统属，但水浕司归属于容美田氏土司所辖。唐氏在地方势力较大，甚至可以与田氏相抗衡，故田氏对水浕司防备极强。明清两代，田氏与唐氏土司恩仇快意，难以诉说。最后，水浕司唐氏对王朝国家的认同不如容美土司田氏。在水浕司唐氏的历史沿革中，其更多地沉迷于地方政治之中，对王朝国家难有清晰的认同。可以说，在卫所制度的建构之下，麻寮所唐氏建构起越来越清

---

① "后荒"，位于五峰土家族自治县采花乡楠木桥村二组，有《晓谷记》碑曰："自神禹疏凿之后，虽历代有治乱而舆图且日广，我朝成平日久，凡名山大川钟灵毓秀者，历历不能梅举。盖名因实称，地亦以名贵耳，故闻胜母则曾子不入遇朝歌，则墨翟回车以及金谷积金，卧龙有龙，名之所从来者远矣，岂一朝一夕之故乎？如吾所居之乡，其名已屡经更易，尝闻诸遗老曰，先哲垦辟斯土之初，秽草蔓滋，古木叶杂，禽兽繁多，居民鲜少，缘名之曰'后荒'。余及弱冠闻而鄙之，遂更为'后芳'。自是风俗淳厚，百物芳菲，乡人皆欣欣然，幸其更名而致也，泊乎荒秽尽除，草木俱茂，奇花吐艳，绿竹成阴，冈峦盘绕，林壑空旷，信乎天地之生成，日月之照临。圣王之德化宇宙间，固无一物不在春风夏雨中也。谁谓膏腴胜地，独禀化育之灵，而荒凉硗壤，不沐薰陶之德哉？既知气化形生，须识名随实转，始而蓁莽者曰'后荒'，继而淳美者曰'后芳'，今则淳者不至，复薄美者无弗尽善，昭昭乎不容掩也，名之曰'晓谷'可乎？夫晓者光明无翳，无音而不晓也，且乐其地僻事简，偕我同人，时而观山，时而听泉，饥食渴饮，梦寐间自适不惊不喜，幽炯洞达，谓非斯谷之助兴，或曰晓者小也，尽然乐其诞而自小也，当群雄角逐之际，称王称伯，据以为险阻区区，则夷夏一家，王化所及，农人有耕芸收获之乐，士子无矜夸浮诈之习，吾也疏懒性成，碌碌之暇，诵九思忆三乘，效孺子之歌，法义皇之卧而已。至于代天工策治乱，听之朝廷显庭、光闾里以待后裔，我何敢与焉？其小之也亦宜。太原鹤亭三槐氏笔。龙飞道光十二年岁次壬辰秋八月覃晓谷稿。"

晰的身份认同和国家认同。但是，水泮司在复杂的地方政治中，没能形成清晰有效的身份认同，故其悲剧是难免的。

第四节 身份认同与资源排他或共享

认同与资源竞争在族群工具论代表性人物亚伯纳·柯恩（Abner Cohen）、保罗·布拉斯（Paul Brass）和弗雷德里克·巴斯（Fredrik Barth）的著作中已有充分的展示。族群工具论者强调人对利益的权衡，人们最终会因不同利益而选择族群符号和认同方式。柯恩曾以尼日利亚两个族群相反的认同来论证族群工具论。[①] 豪萨族把族群特性当成确保族群利益独占的符号资本，而伊博族的族群特性却是社会适应的障碍。族群边界论者弗雷德里克·巴斯则提出了从边缘角度审视族群内涵的方法，即"首先要看族群自身是如何确认归属和认同的，这些族群的文化特质是什么；其次要观察族群互动中族群边界的建构和变迁，分析族群边界是如何产生和维持的；最后分析族群边界对族群的影响"。[②] 当然，这些理论没有考虑"国家在场"背景。身份认同在王朝国家背景下，就必须考虑个体或群体在国家中的位置与身份。对容美田氏土司以及所属的唐氏、张氏、刘氏、覃氏土司而言，其对土司制度、王朝政治的认识直接影响到其资源争夺。

（一）身份认同与资源争夺

资源争夺是身份认同的重要关注点。王明珂在《华夏边缘：历史记忆与族群认同》中就强调"族群"在资源争夺中的主体性地位。他说："在华夏认同的形成、维持与变迁中，我们都可以见到某种资源竞争与分配关系的

---

① 豪萨族与伊博族共同生活在尼日利亚的第二大城市伊巴丹市。在 20 世纪 30 年代时，英国在这里实行殖民统治，英国人对这两个民族采用间接统治方式，鼓励两者发展自己的政治系统和保持民族的特性，两个民族的特点都得到保持。但 20 世纪 60 年代柯恩再去调查时，豪萨族还保持了本民族的特性，增强了内部认同和排他性，而伊博族已完全失去了其民族特性。柯恩从民族传统及资源竞争角度很好地解释了这两个民族在两地生活中的政治策略。豪萨族在现实中控制草原到森林的长距离贸易，这种贸易极具排他性。而伊博族则是通过消解原有的族群性去适应城市的生活，职业分化程度极高。参见亚伯纳·柯恩《人心深处：从人类学的视点谈现代社会中的秩序结构与符号象征》，宋光宇译，台北：业强出版社，1986，第 134~138 页。

② Fredrik Barth, *Ethnic Groups and Boundaries: The Social Organization of Culture Difference* (Boston, M. A.: Little Brown, 1998), p. 10.

形成、维持与变迁背景。"① 无论内外，容美土司及其所属土司在身份认同中都有着资源争夺影子。清代长乐县（五峰县）知县李焕春也观察到土司内部的资源争夺景象，他说："土司世爵，盖先世有功于国，其食报为最永也，而或彼此侵吞，以及子孙争袭，有土司之处皆然。予观五峰诸司传，知其祖宗功德流遗，子孙振起者，亦不乏矣。而各分疆域，实均属容美土司之域，听其调遣。有滋扰汉边者，有自相戕贼者，有被容美侵削者，亦其风气使然耳。"② 李焕春观察到资源争夺的事实，却不知，身份本身也是一种资源。容美土司田氏、唐氏、张氏、覃氏以及防备土司的蹇氏等土官都建构了华夏和英雄的历史和集体记忆，从而表明家族在国家和文化中的位置。

一是华夏英雄祖先的家族记忆。王明珂说："华夏的认同不只依赖共同的边缘，更依赖共同的起源，这起源便是让所有华夏产生同胞手足的根基历史。"③ 容美田氏等姓氏土司都认为其祖先来源于华夏核心地区。其中，因为黄河中下游是华夏民族的发源地，所以这一地区成为华夏想象的主要源地。《田氏家谱》所载其田氏原籍陕西京兆，《蹇氏家谱》所载其原籍西鲁太原府山阳郡，《唐氏族谱》认为其先世为豫西的汝阳侯。其中，田氏对其祖先记忆的重构与再造是最为明显的。

容美土司把唐代在川东鄂西担任地方官的田行皋作为追溯田氏宗族来源的重要人物。田行皋的祖父田玘原籍陕西京兆府亭山县。这样，容美田氏就建构起华夏的家族记忆。在巴东野三河附近，有田行皋撰写的《野厢河碑文志》，碑云：

> 盖闻为臣尽忠，为子尽孝，亘古不易之纲纪也。故为国划计者此人臣之常典，极难扶危者乃君子之大德。余观野厢河山陡水涌汹，礴石翻湫，波涛滚滚，溢于两岸，若江若海，羁阻往来官僚，载存载浮，隔截上下军民，至于黄童白叟，或飞渡而丧命，或寒裳而溺躯，目睹耳闻之

① 王明珂：《华夏边缘：历史记忆与族群认同》，浙江人民出版社，2013，第309页。
② （清）李焕春主修《长乐县志》卷4《沿革志》，咸丰二年（1852）。五峰土司即容美土司属下的石梁唐氏土司、五峰张氏土司、水浕源唐氏土司。
③ 王明珂：《英雄祖先与弟兄民族：根基历史的文本与情境》，中华书局，2009，第44页。

下，不胜心恻而肤恸。但余自致政以来，无尽寸微以报军国，疾心愧影，惶恐靡宁。试思此道上下乃国家之门户，与巫夔相表里，咽喉重地也。况余自幼学壮行以来，誓愿志安社稷，抚绥苍生，用是自捐仓粮，不取民间丝毫，修建溪船一泓，以济往来，隘城兵队以御暴乱，便请隧问鼎之际，免致寒裳病涉。自此草木皆荷大造，黎庶尽被洪泽，余为爱国保民之念，或可稍杯万一于今日也。至若欺世盗名，谀蔽一人聪明，钳万族口舌，须蹈赵坦公所为，则余之自矢于方寸而无愧于屋漏者。事竣功成，遂磨岩勒石而铭曰:一愿君王万寿，二愿天下太平，三愿五谷丰登，四愿寇盗悉宁，五愿子孙昌盛，六愿干戈永靖，七愿圣贤继作，八愿忠良代生，九愿华夷巩固，十愿万物盛亨。兵部尚书左仆射管内五重衔兼理溇、渭、溪、溶四州诸军事都御使金紫光禄大夫上柱国田行皋。

这样，田氏建构起了在文化上和正统王朝中的权贵身份。田氏谱牒中所记载的祖先都曾为朝廷命官。田氏起始祖田行皋曾为施州刺史，而后世也被朝廷多次封授，历史上出过多位国家权贵。这些权贵是否真实存在或者这些权贵是否真的是家族的祖先并不重要，重要的是这种记忆是真实的。容美田氏通过攀附权贵和追溯华夏渊源，展示着一种家族在国家中的身份优越感，增强了田氏在土司统治中的权威性和合法性。

二是华夏英雄祖先站在王朝正朔这一边。华夏英雄祖先为国立功的事迹被写入谱牒之中，成为家族的集体记忆，并在家族后裔中广泛传颂。清代初期，容美土司田舜年在请求清廷换篆时，也忘不了把其祖先的悠久历史回顾一下。通过追溯祖先认同国家的历史，建构家族国家功臣的身份，为其镇守边疆提供权威性和合法性。清康熙二十年（1681），容美土司主田舜年在向康熙帝上疏时写道:"臣所请者，臣之先世，在晋、在唐为永安侯，在宋为都尉，在元为容美五路军民都总管府，在明则为容美等处军民宣慰使，既又改为容美等处军民宣慰招讨都使司。晋、唐远不可考，如元，如明，亦如周监于二代，稽古参今，俾臣得蒙殊恩，在朝廷示怀柔之大典，在微臣握铃束之职掌，相率倾心，万方来同，矢死靡他，上以报皇上如天之仁，下以贻子孙世守之忠。伏乞敕部格外优加容美等处军民招讨都使司之职，换给敕印，臣粉身碎骨难报高天厚地之恩。"[①] 田舜年既想通过王朝功臣的身份来表达对国家的认同，又在后面称赞清为王朝正统。

容美土司田氏对家族身份认同进行追溯、重构与再造，试图建构一个与王朝正统相伴的、历史悠久的功臣之家。这样的身份让容美田氏在与其他家族的资源争夺中保持着政治上和文化上的优势，从而维持其在鄂西南高地统治的权威，名正言顺地占有资源。

（二）身份认同与资源共享

以身份的变迁去共享资源的经验应受到鼓励，但这一策略常为边缘族群所忽略。在多民族国家背景之下，在国家结构中寻找合适的位置和身份是非常必要的。

首先，主体资源聚集在国家的主流社会之中。在华夏的历史长河中，在气候变化的背景之下，以农耕为基础的资源中心也在随之变化。核心位于黄河支流渭河流域的夏是我国第一个王朝，因优越的自然条件，这一区域物质资源丰富，促成了社会阶层的分化，为保护资源又形成了强大的政治实体，这一实体在文化上被称为"华夏"。可见，"华夏"是一个资源中心，代表了先进的生产力和文化创造力，对周边地区族群形成了较强的吸引力。商以后，"华夏"东拓、南上、北进，这个资源主体的内涵更加丰富，体量更加庞大，魅力不断增强，让许多边缘族群"向心慕化"，从而进一步增强了中华民族的凝聚力。最终我们可以看到，主体资源在主流社会中富聚。王明珂先生观察到："一般而言，传统华夏统治阶层最擅长的是剥削华夏农民。相反的，华夏边缘必须顺服、安定，以造成太平盛世意象。为达此目的，除了武力威胁外，多数时候华夏政权对于边缘人群是诱之以利，将他们维系在中国四周。"[②] 也即，王朝必然依赖于剥削资源富集区而存在，对于边缘地区，更多是诱之以利。在这一背景下，边缘族群在享受主流社会的资源方面有先天的优势。

其次，华夏祖先与边缘族群的双重身份有利于边缘族群共享主流社会的资源。尽管在文化逻辑上是矛盾的，但土司还是选择了"土"与"华夏"的双重认同。"土"显示出本地性，也表达着治理本地的合法性；"华夏"显示

---

①　（清）田舜年：《披陈忠赤疏》，载鹤峰县、五峰县统战部等编《容美土司史料汇编》，内部资料，1984，第18页。

②　王明珂：《华夏边缘：历史记忆与族群认同》，浙江人民出版社，2013，第310页。

出更高级别的国家认同，为国守边，权威来自多民族王朝国家。故从主体性上讲，身份认同的层级性有利于土司去适应变迁中的王朝，而不必纠结于身份认同的矛盾性。容美土司田氏既强调其"自汉历唐，世守容阳"，又说其祖先是来自唐代的陕西田氏，完全不遵从逻辑的严密性。事实上，从另一角度来说，这一双重认同也是符合儒家文化逻辑的。自先秦时期起，"以夏变夷"的思想就逐步凸显出来。孔子就主张用"礼"来分辨"文明"与"野蛮"，有礼，"夷"可变为"夏"，无礼，"夏"可变为"夷"，这一身份观已经超越血缘的桎梏，而以主流文化来分辨族群。之后，孟子正式提出"以夏变夷"的思想。隋唐时期，"用夏变夷"与"华夷一体"在大一统的政治环境中得以普及，"在对待前朝少数民族政权地位问题上，隋朝儒学大家王通提出以能否行仁政来评价历代帝王的主张"。① 故唐代能让边缘族群甚至中亚人士聚居长安，成就盛世大唐的景象。而边缘族群对华夏的认同正好符合王朝的"夷夏观"。因此，这种双重认同本身也有相互包容之意，虽不一定肯定，但相互不否定，这体现了古代中庸的处世思想，让边缘族群也可以共享华夏主流资源。

最后，没有确切定位的身份认同会让边缘族群陷入困境。身份的认同、不认同或者模糊认同，都是一种认同。但是，混乱的身份认同容易导致悲剧。容美土司水浕长官司唐氏生活在地方政治的夹缝之中，政治摧毁了基本的身份认同，而唐氏又一直无法建构起确定的身份认同，故在地区政治风云变幻中痛失自我，造成司灭宗亡的悲剧。容美土司田氏在追求身份认同的再造方面目标明确，而唐氏却随波逐流。水浕司唐氏害怕政治讹诈，惧怕与麻寮千户所同宗唐氏为伍；又受上司容美土司田氏宗族压迫，故对土司身份信任不足；农民军来临时又与之为伍，司主反遭农民军杀害；容美田氏投诚清朝时，水浕司唐氏又向清朝状告自己的上司田氏，致使清朝对其不信任。容美土司田氏明确的身份认同让其共享华夏主体物质文化资源，而唐氏混乱的身份认同让其得不到任何人的信任，故最终酿成悲剧。

在多民族国家背景下，族群在国家中的身份位置对于族群争夺或共享资源是关键的因素。依赖于国家的身份认同也必将促成边缘族群分享国家主体文化与物质资源，从而又反哺边缘族群，促进边缘族群的发展。

---

① 李克建：《儒家民族观的形成与发展》，民族出版社，2016，第184页。

第五章
容美土司国家认同的支持体系：
结构、认同与实践

　　容美土司的疆域认同、文化认同、政治认同和身份认同共同构成了容美土司国家认同的内涵。这既体现了国家治理边缘地带能力的增强，又体现了边缘地区族群的国家认同的主体性和策略性。然而，"对国家认同的考察既不能醉心于国家认同的变迁与再建构的宏观研究层面的考察，也不能停留在公民认同、民族认同、政治认同等领域中具体形态的微观研究层面，而要加强沟通宏观与微观的中观层次学术考察"。① 这样，就可以把容美土司"怎样获得国家认同"的问题转化为容美土司"国家认同何以可能"的问题，即容美土司国家认同如何实现结构性的生产和再生产，从而形成一种藏于深层的稳定的国家认同的结构性力量。这就需要从结构层面形成激励容美土司国家认同的结构性力量。

　　容美土司国家认同能否持久发挥力量，取决于中观层面的结构性力量，包括经济运行系统、教育运行系统、土司治理系统、对外交流系统。经济运行系统为边缘族群提供物质的基本安全。在生产力水平较低的背景下，经济运行系统提供的"本体性"安排十分重要。文化教育系统将对族群性塑造产生根本性影响，而这对容美土司国家认同产生心理上的影响。土司治理系统克服了山区地广人稀、交通不便的困难，将土司社会纳入基层管理。土司对外交流体系则促成了土司与外界的交往，保障土司的社会稳定。正是因为各子系统的协同，容美土司才有可能进行大规模的国家认同行动，这从结构上回答了"国家认同何以可能"的问题。

---

① 金太军、姚虎：《国家认同：全球化视野下的结构性分析》，《中国社会科学》2014 年第6 期。

第一节　经济运行系统

经济开发是支持容美土司国家认同的基础。在生产力水平低、人口稀少、喀斯特地貌背景之下,土司开创了一套适应当地情况的经济运行系统。这一系统,以灵活的土地所有为基础,夯实农耕经济,满足粮食需求,发展茶叶、药材等采集业以及硫黄等采矿业,开展对外经济贸易,从而支持了容美土司治理与组织系统。

(一) 山地农耕经济

容美地域广大,难以开垦,故土司鼓励土民开垦。顾彩在容美土司地域观察到:"司中地土瘠薄,三寸以下皆石,耕种只可三熟,则又废而别垦,故民无常业,官不税租。有大麦,无小麦,间有之,面色如灰,不可食,种荞与豆则宜(苦荞居多,民所常食也。甜荞不恒有,供官用)。稻米甚香粒少,与江淮无异。"[①] 可见司内耕作经济非常困难。土司只有鼓励土民"其田任自开垦,官给牛具,不收租税"。[②] 从中可以看出,因容美山大人稀,故土民可任自开垦,土司还给牛具;土民刀耕火种,土司不收租税;可种作物极少,仅以苦荞为多;土民要服土司劳役,且自带粮食;土民劳动强度较大。

耕作条件较好的良田被土司牢牢控制,并实行精耕细作。改土归流时,曾清查出容美土司的官田,"州属官田,系改土以后,知州毛峻德奉文将土司之入官田产,置庄招佃,领种纳租,所有土名,田亩租额及开销款项列左。新庄二顷七十七亩七分九厘六毫;落龙潭一十六亩八分九厘五毫。张家村五十二亩一分三厘三毫。满山红二十八亩八分三厘七毫。覃家庄五十四亩六分三厘八毫。前坝二十八亩二分三厘二毫。潘溪七十三亩二分一厘四毫。钢庄二十六亩七分八厘二毫。哈起坡八十一亩零六厘四毫。王彩坝十六亩八分六厘七毫。陈家湾十四亩五分五厘六毫。龙潭坪十三亩八分六厘二毫。茅坝四十七亩九分。堡子里二十一亩九分二厘。莫悉庄七亩六分一厘六毫。北佳坪二十亩零五分二厘。九峰桥六十亩零七厘六毫。太平镇四十七亩

---

① 高润身主笔《容美纪游注释》,天津古籍出版社,1991,第89~90页。
② 高润身主笔《容美纪游注释》,天津古籍出版社,1991,第55页。

二分。唐家村九十二亩二分。马宗坪三十四亩一分。余家坪三十五亩四分。以上官庄水田二十一处"。① 土司官田都位于容美地域难得的河谷或平坝之地。容美土司甚至在司外购买肥田。明代末期，"容美土司田楚产在湖南石门罗村置业，当地人因田楚产字子良，而改罗村为子良坪"。② 明末清初，容美土司还在附近的宜都、长阳、枝江、澧州一带购买田产。雍正初年，"慈利唐姓隘官，将千金坪一带山场田土，南至告箭坡，北至杉木场，周围约三十里，用印契卖与容美土司，价银一千零五两。经上宪访察，随有民人，以土占汉产，俱控勘实，以隘官贫乏，饬原控民人，照缴价值，给容美司。比时林深木茂收成欠薄，迄今开垦成熟，田土膏腴，为一邑最，价值较前，产啬百倍"。③ 从中可以看出，土司以土民无偿劳役为基础，自主经营土司内较好的土地。这一经济形式确保了容美土司少量耕地的精耕细作，从而促进了耕作经济的发展。

土司对官田的精耕细作以土民的免费劳役为基础。"民皆兵也。战则自持粮糗，无事则轮番赴司听役，每季役只一旬，亦自持粮，不给工食。在役者免出战，故人人便之（其粮，以葛粉、蕨粉和以盐豆，贮袋中，水渡食之；或若荞、大豆；虽有大米，留以待客，不敢食也。当役，有苦差乐差，如为主人搬运行李、衬工，乃清苦之役，或答应客则乐差也。其尤乐者，所使来伏侍余之水火夫，除汲水取薪外，终日无他事，又余饭食所余，尽以食之，所持粮全剩而归，可养父母，故争谋之而不得，然他客或不恤其苦，亦有怨声，而经事余者多恋恋不忍去，可怜矣）。"④

水稻就是土司精心种植的作物，稻米又被精制为各种食物。"龙爪谷惟司中有之，似黍而红，一穗五歧，若龙舒爪，不可为饭，惟堪作酒（以曲拌蒸，晒干收贮。买酒者籴之〔入〕贮筒中，开水灌之，随用筒吸饮已成美酒，吸完加水，味尽而止，名曰咂酒）。亦磨粉用蒸肉食，或和蜜作饼馅，甚佳。"⑤ 在容美土司的大崖关附近，"各有旗丁，军属官不支俸，军不

---

① 蔡韫：《鹤峰州志》卷 5《赋役志》，民国 32 年（1943）。
② 祝光强、向国平：《容美土司概观》，湖北人民出版社，2006，第 105 页。
③ （清）吉钟颖等纂修《鹤峰州志》卷 14《杂述志》，道光二年（1822）。
④ 高润身主笔《容美纪游注释》，天津古籍出版社，1991，第 55 页。
⑤ 高润身主笔《容美纪游注释》，天津古籍出版社，1991，第 90 页。

给粮，以本地之产膳。所隰军丁专以刀耕火种，所植惟秋粟龙爪谷而已"。① 司内还种植豆类作物。"金豆，非扁豆、非黄豆、非蚕豆而皆似之，如果中之胡厮赖然。"②

在土司末期，土司开始对土民征收赋税，而田地也开始向私有化方向发展。"与建始县所属之粟谷坝等处连界，每年滥遣土目，勒收春花二丝银两，越界滋扰。所差之人，有副将、千、把之称。"③ 在收租之外，长佃农逐步发现了佃田的价值。"土司时，田地多系荒山，招佃开垦，先出银钱若干，一切修筑皆佃之费，田主但收其稞，以完粮赋。土司官田则平分，所收以资兵食用度，如此佃不种，则令其另招彼佃，谓之顶拨，顶价即过于原值，田主亦不之问。辞佃、承佃者，初均备席延之。改土后，渐折钱文，谓之上下庄钱；辞佃者十千，承佃者十千。后更出弊端，买稞不买田，如田主田，值钱二三百千，稞该一二十千，买者止需钱百千，而又令佃加三上庄三十千，即得庄钱九十千，买稞者自出十千，转瞬秋收已获利二十千矣。此等庄价并不入约。买稞者一味苛索佃户，但执顶拨白契，即如己业，顶田时，仍出下庄。此所以贫者益贫，富者益富也。"④ 可见，土司末期，土司庄园经济系统有向地主经济发展的趋势。

容美土司农耕经济发展呈现以下不足：农耕作物品类过少，耕作器具数量和种类都不足，耕作技术还比较粗放。但是，容美土司的耕作系统是与自然环境、人口密度、生产力水平、作物特性相适应的结果。在玉米、土豆引进之前，这一耕作系统保障了土司的基本需求。

（二）采集、狩猎、手工业及采矿业

狩猎、采集、手工业以及采矿业在容美土司经济系统中占据非常重要的地位。容美土司以山地为主，平坝和河谷地带极少，动植物资源丰富。土司时期，在容美土司大崖关附近，山水相连，森林茂密，野兽繁多，"草木畅茂，荒郊旷野，道路俱系羊肠小径，崎岖多险，兽蹄鸟迹，交错于道。山则

① 《山羊隘沿革记略》，载《甄氏族谱》，转引自鹤峰县、五峰县统战部等编《容美土司史料汇编》，内部资料，1984，第 490 页。
② 高润身主笔《容美纪游注释》，天津古籍出版社，1991，第 90 页。
③ 《朱批谕旨》第 54 册，转引自鹤峰县民族事务委员会编《容美土司史料续编》，内部资料，1993，第 31 页。
④ （清）李焕春主修《长乐县志》卷 16《杂记志》，咸丰二年（1852）。

有熊、豕、鹿、麂、豺狼、虎、豹诸兽,成群作队,或若其性。水则有双鳞石鲫、重唇诸色之鱼,举网即得,其味脆美。时而持枪入山,则兽物在所必获;时而持钓入河,则水族终致盈、笱、食品之嘉,虽山珍海肴,龙脑凤髓未有能出其右者。其间小鸟若竹鸡、白雉鸡、野鸡、凤凰、锦鸡、上宿鸡、土香鸡。真有取之不尽,用之不竭之概"。[①] 容美土司正是在这一环境之下发展自己的采集和狩猎等。

茶叶产业。"诸山产茶,利最溥,统名峒茶,上品者每斤钱一贯,中品者楚省之所通用,亦曰湘潭茶,故茶客来往无虚日(茶客至,官给衣食,以客礼待,去〔至〕则给引)。"[②] 茶叶产业是容美土司重要的经济产业。茶叶在朝贡和对外贸易方面都扮演着重要角色。土民也已养成喝茶的习惯,"改火法依古行之,春取桑柘之火,则以新火煮新茶敬客"。[③] 在鹤峰县容美镇一带也流传着"白鹤井的水、容美司的茶"的谚语。

除茶叶外,其他采集物品也非常多样。"春来采茶,夏则砍畲,秋时取岩蜂、黄蜡,冬则入山寻黄莲剥棕。常时以采蕨控葛为食,饲蜂为业,取其蜜蜡为赋税之资,购盐之具。上下并无铺店,必于九溪买卖,负盐以归,亦并无屠肆,平常亦无宰豚之家。往来送馈,亦不甚厚,重者五六分三四分,常事宴客亦未必丰,三五簋而已。"[④] 葛的采集与利用极具特色。"蕨粉、葛粉,荒年尤多,二者相得乃成(蕨亦名杜干,红色,葛则纯白,为饼饵食之不饥,以水调食,无异藕粉)。"[⑤] 葛粉可以用来充饥,葛纤维可以用来做衣服、做鞋子,田氏诗人还写下了"蕉衫葛履经霜日,曾送翩翩旧五陵""葛面杜根龙爪谷,腰囊各自裹军粮"的诗句。可以说,土舍土民对葛的利用达到了极致。当然,土民还采集野菜。"天蒜,叶类玉簪而瘦,其苗腌食,甘脆,生高山顶上,为龙所惜,多取之,必遇雷雨。"[⑥] 山地中的多种

① 《山羊隘沿革记略》,载《甄氏族谱》,转引自鹤峰县、五峰县统战部等编《容美土司史料汇编》,内部资料,1984,第499页。
② 高润身主笔《容美纪游注释》,天津古籍出版社,1991,第90页。
③ 高润身主笔《容美纪游注释》,天津古籍出版社,1991,第55页。
④ 《山羊隘沿革记略》,载《甄氏族谱》,转引自鹤峰县、五峰县统战部等编《容美土司史料汇编》,内部资料,1984,第499页。
⑤ 高润身主笔《容美纪游注释》,天津古籍出版社,1991,第90页。
⑥ 高润身主笔《容美纪游注释》,天津古籍出版社,1991,第90~91页。

野生植物为土民提供了充足的食物来源。另外，容美土司还出产药材。"土产药材有百余种，内黄连甚佳，生大荒中，采之殊不易，君蓄之以得善价。"①

手工纺织业也较发达。"峒被如锦，土丝所织，贵者与段〔缎〕同价，龙凤金碧，堪为被褥。峒中〔巾〕白麻为之，轻纫如鲛绡，皆珍币也。"②顾彩还观察到，容美土司中府南门邻近龙溪江街道的民家多以纺织为业。纺织的原料应为葛、麻等。

狩猎也是容美土司重要的生计方式。"入馔，以野猪腊为上味，鹿脯次之，竹鼬即笋根，稚子以谷粉蒸食，甚美，然不恒得。洋鱼味同鲂鱼，无刺，不假调和，自然甘美，龙溪江所产也，民间得之，不敢蒸食，犯者辄致毒蛇，贵官家则不忌。麂如鹿，无角而头锐，连皮食之。惜厨人不善烹饪，其生时声如鬼。"③ 土民会将吃不完的鲜肉制作成肉脯，也即腊制品。一些珍贵动物皮毛制作的皮草也是土司进贡的精品，也向司外售卖，以换取盐、铁等。

容美土司初步对矿产进行开发。康熙四十三年四月，"十八日，复雨。君约余水砂坪看开硫磺矿，雨甚，余不果行。漏下二鼓君返，贻余生硫磺一器，滴地作灯如繁星为戏，诸童子尽来观，以为哄笑（水砂坪在署西七里，其山上平，如截去峰顶，又如白云界断，延长八里，平山所以得名也。山出硫磺，充贡，故往视之。其磺母晃白如银，闪烁可玩，可为火石，发火如菊花，第不坚，熔之即磺也。其渣滓淘出水银）"④ 其中，硫黄用作贡品。

与农耕经济的自足不同，采集、狩猎、手工业及采矿业的发展为土司提供了朝贡和对外交流的大宗物资，这是土司自存的物质基础。从经济系统看，土司的经济产业已纳入王朝国家的朝贡体系以及内地的市场体系中。土司经济并不是完全的自然经济，反而有一定的商品经济色彩。实际上，土司经济体系依附于朝贡政治体系，又与内地经济体系互补，这一经济结构是土司国家认同的坚实基础。

---

① 高润身主笔《容美纪游注释》，天津古籍出版社，1991，第91页。
② 高润身主笔《容美纪游注释》，天津古籍出版社，1991，第91页。
③ 高润身主笔《容美纪游注释》，天津古籍出版社，1991，第89页。
④ 高润身主笔《容美纪游注释》，天津古籍出版社，1991，第69页。

第二节 学校与社会教育系统

在中央王朝的引导和土司的自主追求下,容美土司逐步建立了自己的学校教育系统。学校教育系统仅针对土司和土舍,广大土民难有机会进入学校。土司学校教育更具有土司"私学"的性质。广大土民更多依靠社会教育。通过政治仪式、入世类信仰等社会教育形式,土司也可以教化土民群体。土司制度的特殊性让社会教育显得十分重要。

(一) 学校教育

文化教育是土司国家认同的基本支持力量之一。容美土司的文化认同在很大程度上就受学校教育的影响。在学校教育的实施过程中,以儒学为中心的国家主流文化得以在土司内部传播,并塑造和促进土司的国家认同。

中央王朝试图引导土司学习国家主流文化。一是容美土司设立后,中央王朝派遣内地流官进入容美土司,这本身就促进了土司的文化教育。《明史》载:"洪武四年(1371),宣宁侯曹良臣帅兵取桑植,容美洞元施南道宣慰使覃大胜弟大旺、副宣慰覃大兴、光宝子答谷等皆来朝,纳元所授金虎符。命以施州宣慰司为从三品,东乡诸长官司为正六品,以流官参用。"① 以汉地流官充任土司官吏,能让容美土司土官得以熟悉王朝官僚制度系统,把王朝国家知识传入土司。明王朝时期,中央王朝曾在容美土司设立经历、贴堂等,选任流官担任。流官成为联结土司与国家的纽带,是中央王朝国家在容美土司传播国家主流文化的先行者。二是中央王朝国家要求土司土官进入学校学习。洪武二十八年(1395),《明实录》载:"边夷土官,皆设儒学,选其子弟侄之俊秀者以教之。"② 成化十七年(1481),《明实录》又载:"巡抚云南右副都御史吴诚奏:乞令土官衙门各边应袭子于附近府、分儒学读书。使知忠孝礼义,庶夷俗可变,而争袭之弊可息。仍禁约学校师生,不许索其束脩馈送。礼部覆奏以为益风化,事在可行,如地远年幼者,督令开一社学,延邻境有学者以为之师,仍听提学官稽考。"③ 弘治十年(1497),《明史》载:"以后土官应袭子弟,悉令入学,渐染风化,以格顽

① (清)张廷玉:《明史》卷310《湖广土司》,中华书局,1974。
② 《明太祖实录》卷241《洪武二十八年六月壬申条》。
③ 《明宪宗实录》卷212《成化十七年二月癸酉条》。

冥。如不入学者，不准承袭。"① 可见，中央王朝鼓励土司学习王朝国家的制度、礼仪和文化，并把学习儒家文化和王朝典制作为土司承袭的必要条件。三是中央王朝要求土司设立学校。洪武二十八年（1395），长阳县人明监察御史裴成祖言："诸种苗蛮不知王化，宜设儒学，使知诗书之教，立山川、社稷诸坛场，岁时祭祀，使知报本之道。"② 永乐六年（1408），容美西侧的酉阳土司就设立了儒学。容美土司虽未见其设立儒学，但也有容美土主"延师课读"的记载。容美土司的文学戏剧成就不可能与学校教育无关。在当时的经济条件下，学校只是土司、土官、土舍、流官及少量富家子弟的专属。四是中央王朝在容美土司附近的卫所设学，并定有学额。嘉靖《湖广图经志书》载："明洪武四年（1371）设施州卫学。正德十一年（1516），设崇化书院。还建有清江楼、安远楼、宣义楼、拱辰楼、野意楼等卫城标志性建筑。施州卫，远在数千里外，古夜郎之地，盖远徼之僻绝者，而亦不废学，学故在城南门外。"③ 明朝"在施州卫额取卫学文童十五名，廪生四十名，增生四十名，一年一贡"。④ 学校讲授的主要有"四书"、《孝经》、《朱子全书》、《周易》、《诗经》、《三礼义疏》等儒学典籍。施州卫学对容美土司的学校设置有所参考。容美土司附近的卯峒土司也受影响，在明代末期大力发展学校教育。明崇祯年间发布的《广修学舍告示》和《学校序》两节告示生动反映了土司学校布局和设置的情况：

> 本司卯峒，虽曰边夷，亦风俗宜厚，人文可兴之此……是以本司除司城并新、江各地建修学舍外，合行出示晓谕为此示，仰各地知悉。嗣后务各就近修设，俾成人、小子，各得其所。凡为文（父）兄者，固当加意教督；而为子弟者，尤宜潜心肄习。则日变月化，孝弟礼让之心油然而生。且能志图上进，功力深而自足以扬名显亲。盖司内虽无学额，本司自可移文暂送荆州附考。俟文风日盛，即行缘酉阳之例，请设

---

① （清）张廷玉：《明史》卷 310《湖广土司》，中华书局，1974。
② 《明太祖实录·洪武二十八年九月甲辰条》。
③ （明）薛刚纂修嘉靖《湖广图经志书》卷 20《施州卫》，书目文献出版社，1991。
④ （清）多寿、罗凌汉：《恩施县志》卷 5《学校志》，民国 26 年（1937）。

学额。凡司内人等，务须踊跃从事，无负本司之至意。①

尝思学校之设，原以作育人才，以备国家之用。余素有志缘例请设，奈司内自余明辅祖时，遭向蒿等谋叛，人民寥落，有志读书者百不得一，几置斯文于不讲矣。余因思人不学不如物，且士不通经，果不足用。先王图治，痒序必居井田之后。卯峒虽属僻壤，而人性皆善。任有土之责者，亦宜法先王以立教也。讵得于衰微而遂无振兴之志耶？所以余于司内及新、江各处，均建修学舍外，示谕各地就近多设，以便延师课读。俾肄业者得以居肄成事，朝斯夕斯，文理通畅，暂送荆州附考。俟文风日盛，另行缘例请设，以广作育焉。②

从中可以看出，一是到明代末期，武陵地区的土司设立学校已十分普遍。就连卯峒这种小级别土司也开始设立学校。二是入学规模扩大。明代中叶，容美土司仅有田氏家族及少量土舍可以进入司学学习。明代末期，需鼓励司内各地人民进入学校学习。学校不再是贵族的专利，平民也可入学。三是试图解决学额问题。明代初期，土舍需入学才能承袭。而明代末期，土司土民学成后也可参加科举考试。四是教育的目的既有民心向化，促进地方治理；又有培育人才，备国家之用。

需要指出的是，土司发展学校教育还是困难重重。一是需要花重金从内地聘请教员，解决师资问题。容美土司土舍以其雄厚的财力"延师课读"，培育子女，但这对于土民来说并不现实。二是地广人稀，交通不便，学生不易聚集。容美土司在人口聚集地土司中府开设学校，难以普及开来。三是学校教育还未纳入王朝教育体系。容美土司办学更多是土司家族的行为。王朝鼓励土司土舍进入内地经制州县学校学习，但并不在土司内设立司学。因此，土舍土民的教育主要依靠社会教育。

（二）社会教育

与学校教育、家庭教育不同，社会教育是指通过社会公共影响力来塑造

---

① 《广修学舍告示》，载康熙《卯峒土司志》卷6《文艺志》，转引自《卯峒土司志校注》，民族出版社，2001，第33页。
② 《学校序》，载康熙《卯峒土司志》卷6《文艺志》，转引自《卯峒土司志校注》，民族出版社，2001，第32页。

个体或群体的教育活动。容美土司因其特殊的军民合体的社会组织体系，运用公共仪式来塑造和影响土民，其军事化的公共仪式对土舍土民影响甚大。

容美土司特别善于用"礼"的操演来教育土舍土民。"礼的仪式"成为土司统治阶层社会教育的突出形式。例如，通过礼的公共仪式化来强化土司社会严格的等级制度。康熙四十三年（1704），顾彩目睹了容美土司中府土司衙署的公共"宴礼的仪式"："（余于中营，旗鼓以礼接之；四营以下，见则下马，侧立让道，虽或时同席，不敢对坐，盖敬其主人之客，如事主也）国中属员皆讲君臣礼，长子丙如虽已袭父职，每在父所，青衣带刀侍立，听指使如家将，客在父坐，不敢举手，父退，则又臣其将校，虽妹婿弟侄，拜跪肃然矣。宴客，客西向坐，主人东向坐，皆正席，肴十二簋，樽用纯金。〔其〕可笑者，于两席间横一长几，上下各设长凳一条，长二丈，丙如居首，旗鼓及诸子、婿与内亲之为舍把，及狎客之寄居日久者，皆来杂坐，介于宾主之间，若笢〔篾〕箕形。酒饭初至，主宾拱手，众皆垂手起立，候客举箸乃坐，饭毕，一哄先散，无敢久坐者。亦有适从田间来，满胫黄泥，而与于席间手持金杯者。其戏在主人背后，使当客面，主人莫见焉。行酒以三爵为度，先敬客，后敬主人。子进酒于父，弟进酒于兄，皆长跪，俟父兄饮毕方起；父赐子，兄赐弟，亦跪饮之。如有他司土官在席，皆丙如与对跪相劝，君公然以父辈自居，不酬酢也。三爵后不妨竟别，或兴至移席花下，则饮无算。"① 田舜年设宴款待顾彩，表面上是款待贵客，实质上是在表演土司的等级之礼。在"迎客"上，田舜年派出了五营中的"中营"土官"旗鼓"来迎接顾彩，而四营以下的土目、兵士则下马侧立迎候。在"宴客"上，主客、君臣座次及宴仪都十分严格。严格的礼仪对于"军民一体"的土司社会而言，意在确认土司社会等级，维持土司社会的运转和秩序。

《卯峒土司志》中载有一则《等级仪制告示》。卯峒土司是一个低级别土司，邻近容美土司，其也强调土司内部的等级及其权职。"为定等级以肃仪制事。照得司内之员，亲莫亲于护印，而权司、总理次之；贵莫贵于权司，而总理、中军次之。权司、总理、中军，为司职极品。上则资其辅相，下则任其指挥，非才德兼全莫任其职。中军辖五营，五营有总旗，旗长次

---

① 高润身主笔《容美纪游注释》，天津古籍出版社，1991，第44~45页。

之，旗鼓又次之，千总、把总为弁之末。至若内侍之千总，出入护卫；外卫之把总，奉使出差，较之各营千、把，伊则尊焉。司以外，金事为一房首领，见五营而却卑，临巡抚而民右，职同峒长，权亦无异。署事，马杵，虽曰弟兄，究分低昂。署事次于巡捕，马杵次于署事。各房外峒长，为一峒之主，无征伐之权，有刑名之任，旗长与之敌体。长官又系属员。总之，五营以上，非舍不用。总旗以下，异姓同官。除新、江两峒外，自权司至千、把，贤能则委任终身，不肖则革职另选。各宜恪守，俾参竭间，仪制森严。有不遵定制，妄自尊大，藐视上属，除革职外，另行重究。特示。"①

土司通过仪式不断演绎等级原则，从而教化土舍土民遵从土司礼仪，维持土司社会秩序，强化土司治理。土司等级礼仪在土司土舍阶层影响甚大，而对于土民，公共信仰仪式更能表达土司的治理信念。

容美土司能够非常熟练地运用"盟誓"等公共祭祀仪式来表达集体意识，这一方式对土民的教育极为重要。改土归流前夕，容美土司末代土司主田旻如组织土目、土兵在屏山爵府盟誓抗敌。雍正十一年（1733），"霜降扎营之后，立坛宰牛祭神，歃血设誓，商谋拒敌，分派土民，把守关隘，堵御官兵"。②屏山爵府是容美土司在明清交际时期为抵抗农民军建立的寨堡。田氏统治者通过杀牛盟誓和祭祀关公来教化土目、土民，以增强其对土民的治理能力。现在鹤峰县屏山村还保留着容美土司爵府时期的杀牛台和关公庙遗址，遗址也印证了土司时期土司对公共仪式的利用。另外，顾彩还目睹了另一场盟誓。康熙四十三年（1704）六月初一日，"有保靖司彭宣慰（名虹）差干办舍人余星，赍书币来约盟。君命丙如率诸舍把与之登坛，行歃血礼，请余为之载书（书曰：维我二邦，恭膺朝〔帝〕命，来守屏藩。祖宗以来，世为姻好，同寅协恭，不侵不叛。兹以苗民逆命，犯我边疆，申固我盟，告诸天朝，告之社稷，自今〔日〕以往，既盟之后，保靖有难，容美救之，容美有难，保靖亦然。有渝此盟以相及也。明神先君，是纠是殛，俾坠其师。靡克有后"。③容美土司通过信仰仪式与保靖土司结成军事联盟，

---

① 《等级仪制告示》，载康熙《卯峒土司志》卷6《文艺志》，转引自《卯峒土司志校注》，民族出版社，2001，第34~35页。

② （清）毛峻德纂修《鹤峰州志》卷上《沿革·原题部文》，乾隆六年（1741）。

③ 高润身主笔《容美纪游注释》，天津古籍出版社，1991，第83页。

以抵御永顺土司和桑植土司联盟的威胁。同时，土司通过这一仪式也让土民能分清敌我。另外，《永顺县志》也记载了土兵杀牛盟誓的现象："初橄所属照丁拣选，宣慰签天祭以白牛，牛首置几上，银付之。下令曰：'有敢死冲锋者，收此银，吃此牛首'。勇者报名，汇而收之，更盟誓而食之。其节制甚严，止许击刺，不许割首，违者与退缩皆斩，故凡战必捷，人莫敢撄。"[1] 永顺通过公共信仰仪式增强土民勇猛的战斗气质，凝聚土民人心，让其服从土司统治。

因为学校教育的缺乏，社会教育在土民教化系统中扮演主要的角色。在社会教育中，信仰仪式、盟誓仪式、战前仪式、宴会礼仪等各类"礼的仪式"以"随风潜入夜，润物细无声"的方式影响土民。在各类"礼的仪式"中，"礼"蕴含丰富的儒家文化传统和王朝正统意识，这正是"王朝权力的文化网络"在土司内传播、渗透、沉淀的过程和国家认同基础不断夯实的过程。

第三节　土司治理系统

土司治理系统是容美土司国家认同的重要结构性支持力量。从地方治理看，土司必然在王朝的权威之下，加强对地方的统治，稳定社会秩序，发展地方经济，崇尚主流文化，培育向化之心，守护一方水土；从国家认同行动看，无论是朝贡还是征调，都要求土司能迅速、有效地组织土司力量。从土司衙署体系和土民组织体系两个视角审视容美土司的土司治理系统，可以发现：容美土司克服了山大人稀、交通不便等诸多困难，形成了全面、有效、稳定的土司治理系统，为土司国家认同提供了支撑。

（一）土司衙署体系

随着考古发掘的推进，人们进一步揭开了容美土司衙署体系的面纱，得以目睹完整的土司衙署体系。容美土司数量众多、层级分明、布局完整的衙署体系让人惊叹。容美土司衙署既体现了土司的治理能力，又体现了国家权力在土司的下沉。

容美土司衙署达20多个，精心分布在容美土司重要的河谷、平坝等经济中心区以及险要的寨堡、关口等军事重区和沟通土司内外的交通要点。从

---

① 张文琴主纂《永顺县志》卷24《武备一》，民国13年（1924）。

土司衙署遗址看，容美土司衙署体系呈现以下特点。一是适应山地生态环境和生计方式。容美土司山高谷深，地广人稀，垂直气候明显。因为垂直气候明显，低谷和高山的生计方式有明显区别。河谷地带的官田可以种植水稻，高山地带刀耕火种，实施游耕制度。因为气候不一样，土民服劳役的时间和地点也不一样，土司要设立多处衙署、行署来进行管理。容美土司设立众多的衙署是其适应环境的极致体现。二是衙署有明确的分工和功能，反映了容美土司较强的治理能力。中府是政治与经济中心，中府附近的细柳城则是土司休闲的行署，细柳城以东高地上的屏山爵府则是军事寨堡，细柳城以北的天泉山关寨则是土司的屯军场所，这些衙署共同构成了土司在中府的政治治理体系。三是土司衙署设置具有时效性。容美土司衙署并不是一天建成的，而是根据时势变化不断完善，这本身也反映了土司治理能力的完善。屏山爵府、白溢寨帅府都是在明末清初建成的，其主要职责即在动荡的社会环境中能安身立命。南府则是在土司稳定时期建造的，主要用于对外经济文化交流。

容美土司衙署大多没有保存下来。近年来在考古发掘的推动之下，土司衙署遗址逐步清理出来。末代土司田旻如在内外交困的形势下，听信风水术士之言，把容美土司多处司署和行宫毁坏了。在《保善楼记》中他说道："余不肖，妄听行家之言，己未岁，因拆而毁之，数年隐忍在心，余守有成者，何自承绪以来，所毁者难以枚举，细柳城、平山、云来庄、万全洞、万人洞，此数处具紧要地，尚且毁之，他如南府、北府、帅府、天泉等处，则不必过问矣。"[1] 这次损毁对容美土司遗址的破坏是致命的。改土归流后这些土司遗迹又经历了近300年的自然和人为破坏，现在容美土司衙门遗迹已经非常寥落。根据康熙《容美纪游》、乾隆《鹤峰州志》、道光《鹤峰州志》、同治《长乐县志》及近年来的考古发掘材料，我们仍然可以窥见土司的衙署体系。

1. 土司府治

容美土司的府治包括中府、南府。虽然也有人叫"天泉寨"为北府、"白溢帅府"为东府，但北府和东府属于军事寨堡性质，与行政府治性质不

---

[1]　《保善楼记》碑刻，现存于鹤峰县博物馆。

同。因此，容美土司真正的府治就是中府和南府。另外，椒山司、水浕司、石梁司、五峰司也有府治，但限于考古发现，所知不多。

中府是容美土司的政治、经济和军事中心。狭义范围的中府是指鹤峰县今县政府一带的容美土司司治，背靠紫草山，前依溇水河。广义的中府还包括附近的细柳城、屏山爵府、水寨等。而从行政上来讲，中府是指前者。从遗址来看，中府损毁严重，目前仅存石垒砌的南城墙。好在康熙四十三年（1704），住在中府百斯庵的顾彩描绘了他目睹的中府情景："中府，为宣慰司治城，环城皆山，寓余于龙溪之百斯庵……宣慰司署在芙蓉山之南麓，其前列八峰，左峰则右倚，右峰则左倚，轩然如凤凰晒翅形势，正朝拱司署。司堂石坡五级，柱蟠金鳌，榱栋宏丽，君所莅以出治者。堂后则楼，上多曲房深院，北窗外平步上山矣，楼之中为戏厅，四面窗皆轩敞，一览尽八峰之胜……司治五门，无城有基，南门正临龙溪江，闾阎栉比，甃石为街，民家多以纺织为业，当明盛时，百货俱集，绸肆典铺，无不有之。流寇入扰，民遂离散，今六十年，元气未复。南门外左偎月崖，坡势如月钩抱堤，其下跨龙溪江者为九龙桥，妇女多聚此漂纱。宣慰司行署，在南门内八峰街，君常移驻于此。"[1] 只是，在顾彩来中府之前不久，中府惨遭农民军劫掳，司中财物被抢，司主被掳走。顾彩的《容阳形势二首》描述了劫后的容阳府治："两崖官道夹清溪，村舍参差竹树齐。山作铁城分内外，桥连草市辨东西。石田耕破凭牛力，霜磴悬行信马蹄。向晓众禽争百啭，独鸣林表是天鸡。一朵芙蓉插九霄，八峰端笋总来朝。平临全楚天心近，隔断扶桑日驭遥。暖处繁花皆已谢，冷中残云未全消。澧兰湘芷芳菲遍，又废春工长柳条。"[2] 该诗展现了中府田园风光的瑰丽。又据乾隆《鹤峰州志》卷上《舆图》之记载，我们可以了解土司时期的福田寺、百斯庵、关庙、斗姆阁及城墙等府治景观。

中府作为土司府治中心，其功能是非常独特的。一是中府是容美土司的重要的物资汇聚中心。顾彩看到了中府商贸繁忙的景象，"百货俱集，绸肆典铺，无不有之"。[3] 容美土司的主要经济物资茶叶、皮货、肉脯、矿产、

---

[1] 高润身主笔《容美纪游注释》，天津古籍出版社，1991，第35～39页。
[2] 高润身主笔《容美纪游注释》，天津古籍出版社，1991，第38页。
[3] 高润身主笔《容美纪游注释》，天津古籍出版社，1991，第39页。

骡马大都要汇聚到中府。外来客商在此会集，客商在收集好茶叶、购买好骡马后，向南过桑植、慈利、石门，在常德贩卖，之后客商又要从常德买进食盐等生活物资回司。二是中府是土民服劳役的主要地方。在容美土司社会，土民有为土司主服劳役的义务。像手工类工作，土民服劳役时就在土司衙门附近街道边民房居住和工作。中府处在容美土司最大的平坝之中，良田熟土面积广大，人口集聚于此，是土司最需要劳工的署治。三是中府是土司主及其舍人居住和治理土民的地方。容美司署遗址位于鹤峰县容美镇屏山村三组旧街，遗址为山间平坝，东抵双龙垭，西至火药局，南临罗汉包，北至山脚，面积约15000平方米。现在还残存石板街一段，长约17米、宽9.3米。容美土司在此管理服役的土民和土司日常行政事务。四是中府是容美土司重要的宗教信仰中心。中府府治西门外的福田寺是容美土司田氏统治家族的家庙。另外中府还建有斗姥阁、报恩寺、百斯庵、关帝庙等宗教信仰场所。可见，中府是容美土司最为重要的府治中心。

南府则是中府的副中心，又是容美土司对外交流的中心。南府位于鹤峰县五里乡南村村，邻近容美土司大崖关，大崖关以外又称为"关外"，出了大崖关，容美土司的物资就可以通过溇水末端的石门县宜沙黄虎港顺水直达洞庭湖。若容美土司的物资集聚南府，则可方便大宗物资运输出司。顾彩也曾在南府居住，并细细地描述了康熙四十三年南府的景象："南府署极雄敞，倚山面溪，前有石街，民居栉比，尽石林山脚，皆阛阓也。溪外〔有〕亭台数处，可舒眺。其北有岩洞，名燕喜，深十余里，外窄内宽，土人避寇，常聚居其中，今则空洞无物。洞外有毒草名蛇麻，多刺，犯之则螫人，甚于蜂虿，痛一日乃定，羊马俱远避，惟猪食之则肥……南府多桃花，与梅、杏、梨相间而发，花事甚盛，为他处所罕。又二月中已有鲜笋可食，竹有巨细两种，笋俱极美，食至五月末已，惜司中无油盐醋酱，不善烹饪耳。留南府者共十日。"[①] 在顾彩的眼中，南府的风景优美，风俗奇异。

近年来，随着考古发掘的推进，南府的面貌越来越清楚。南府坐落于一个小盆地，背靠麻寮山，东、西、南溪流环绕，处于容美土司物资南下出关至石门宜沙黄虎港、慈利、桑植等地的集散地，并管理鹤峰县五里坪、六峰

———————————

① 高润身主笔《容美纪游注释》，天津古籍出版社，1991，第30～32页。

以及五峰县湾潭等地。南府衙署区位于南村村二组龙潭溪一带，北靠麻寮山，东至杀人坑，南邻公路，西抵陆家村，遗址面积约 5000 平方米。[①] 在衙署附近，还有承担信仰功能的张恒侯庙、承担军事功能的燕喜洞。南府古道路系统完善，土司在南府建设了 6 座古桥，不乏技艺精湛的单孔石桥。网布的小溪浑然天成，成为土司衙署的排水系统。总之，南府更多是以容美土司副府治中心而存在的。

容美土司属下的长官司也有其府治。一是水浕司衙署。水浕司原治在今五峰县湾潭镇大面地区，大约在明代中叶迁至五峰县五峰镇水浕司村。水浕司村位于清江支流天池河流域，靠近五峰县老县城，其衙署位于水浕司村天池河东岸的高台上。这里有一棵粗可三人合抱的大松树，是水浕司老司城的标志。当地百姓中还流传着"天池口的渡，新衙门的路"的说法。"渡口"即指容美土司东渡天池河才可进入水浕司衙门，而"新衙门"应是相比原百顺河流域的水浕司衙署而言的。二是石梁司衙署。衙署位于五峰县老县城上街西侧的石梁司，"石梁司"这一土司地名传承至今。目前仅剩数个鼓面石础，石鼓面直径 50 厘米，高 30 厘米。据考古专家邓辉考证，这些石础的建造时间应为清代初期。三是长茂司衙署。这是容美土司私设的长官司，长官为覃姓人氏，其衙署位于采花乡中学地，现属于长茂司村。在学校上缘边，有一棵红豆杉树，树龄数百年，这与容美土司南府的那棵红豆杉类似，是土司衙署遗址的标志。除此之外，还有五峰张氏土司衙署、五峰向氏土司衙署、鹤峰椒山土司衙署等。这些衙署都是土司治理的中心。

2. 土司行署

土司行署与土司府治的区别在于其治理的时间上。府治是常年的、固定的；行署是季节性的、临时的。设立行署，一方面是土司需要休闲玩耍的地方；另一方面是为满足土司山区管理的需要。容美土司历代土司主喜唱和吟诗，热衷山水，田舜年曾发出"人与人有知遇，人与山川更有知遇"的感慨。正是因为这一传统，容美土司在司内风景秀丽又通达的地方设立行署，

---

① 北京建工建筑设计院：《第六批全国重点文物保护单位湖北省鹤峰县容美土司遗址南府遗址片区保护规划立项报告》，2016 年 10 月 9 日，第 4 页。

供土司游玩。同时,容美土司也需要设立行署来管理土民。在分别高800米、1200米以上的两座高山区域,土民普遍实行游耕,飘忽不定,土司设行署便于管理。故行署成为容美土司治理系统的一大特色。容美土司在北佳坪、采花台、太平、留驾司、九峰桥、细柳城、云来庄、通塔坪、鹿耳庄、石梁、五里坪等地都建有土司行署。顾彩曾说:"司中如天泉、白溢、石梁司、水浕司、椒山司、藕庄、鹿寨、铜关、二酉洞、情由(应为田)洞、北府、西府,若欲遍游,经年不能尽也。"① 这20余处土司行署既均衡地分布于容美土司各交通节点,又显现出越靠近中府数量越多的特点。顾彩去过九峰桥、细柳城、云来庄等土司行署,但感叹不能尽往。

位于五峰县湾潭镇与采花乡交界的分水岭靠泗洋河源头一侧的采花台就是容美土司重要的行署。相传采花台为土司妇女采花之所,下有撒花溪,采得花朵撒于溪上,随流奔放,以怡绝情者也。今红芳尽歇,唯台址仅存耳。目前遗址位于采花台村二组老衙门,采花台、花楼园遗址的遗迹名称仍存。采花台外还有关帝庙遗址,为土司所建,庙有二重,后植古松一株,大可两人合抱,数百年也。采花台行署是容美土司从百顺河流域扩张到泗洋河流域的桥头堡,从采花台俯视,可以控制泗洋河谷、窥探清江干流区域,这一行署有利于土司管控泗洋河的土民。

与采花台侧重土民治理的行署不同,云来庄和细柳城则是容美土司休闲游玩的行署。容美土司中府向北数里为细柳城,从细柳城上坡五里为云来庄。从云来庄俯瞰,可以看到整个中府以及细柳城。顾彩曾受容美土司田舜年邀请到云来庄赴宴,他看到了云来庄中独具匠心的乐天园,园内夏卉盛放,百合、戎葵、灿若云锦。他在此写下了《乐天园二首》,云:"乐天知命复何求,想见真人此静修。皱石影中登杰阁,异花香里上丹丘。帘光晚映三湘雨,簟色凉含一壑秋。已叹众春园绝胜,那知重入武夷游。""人言此是桃源地,不信桃源如许奇。岩静仙翁丹鼎在,峰高神女珮环移。长卿莫漫夸梁苑,山简何劳借习池。归路晚云扶上马,野蜂黄蝶乱催诗。"② 细柳城则位于中府附近的溇水河畔,风景秀丽。顾彩描述道:"五月初一日,

---

① 高润身主笔《容美纪游注释》,天津古籍出版社,1991,第114~115页。
② 高润身主笔《容美纪游注释》,天津古籍出版社,1991,第79页。

雨。移寓细柳城之大慈阁，其邻众春园也，亭池花木，楚楚可人，多枇杷树，结实肥大。"① 他还写下了《细柳城寓阁》，云："泥泞相牵涉涧阿，平冈尽处水云多。无论景与人间别，大抵身从画里过。团舍竹光风弄玉，隔墙山髻雨侵螺。翛然更似吴中景，白袷凉巾看艺禾。"② 容美土司多文人，文人爱山水、喜唱和，故云来庄和细柳城就成为土司土舍唱和的佳处。

白鹿庄则是土司侵占的庄园，位于五峰县长乐坪镇西部、天池河峡谷东边高地。"白鹿庄，世述录载五峰境内田舜年叔祖田寺庄也离城十五里，相传山上曾有白鹿故名。"③ 白鹿庄中有白鹿洞，相传土司时期，狩猎者曾逐白鹿于洞中，故名。白鹿洞里非常宽阔，可以容纳千人，冬温夏凉，景象通幽。容美土司还在白鹿庄金堂岭上建了金佛寺。明末清初时，容美土司主田圭曾与好友在此评注田氏诗文："田圭，字信夫，容美土司田舜年叔祖，沈重喜学，好宾客而耽文雅。常总摄容美内外诸务，买管今邑属之白鹿庄，诗酒娱情，与其子珠涛各有诗集，经铁庵文相国安之，华容平子严首（守）升评点田舜年集之为一家言。"④ 故白鹿庄成为容美土司对外文化交往的重要庄园，其意义不言而喻。

3. 土司寨堡

与府治不同，寨堡是土司屯兵、土民训练、政军盟誓的重要场所。容美土司有三大军事寨堡，即屏山爵府、白溢帅府和天泉关寨。三地是容美土司征调、抗击外敌的三大堡垒。与府治选择河谷地带不同，土司寨堡在选址上更多考虑军事因素，如地势上要易守难攻、堡内要能容纳大量兵士、堡内要能储存充足的食物和水、在地缘上处在土司的战略要地。这三大寨堡无疑都满足这些条件。

屏山爵府是容美土司中府的"守护神"。从屏山爵府的"读书台"向下俯视，中府所在的溇水河谷尽收眼底。其地海拔800米至1200米，距中府12公里左右。正如上文所说，屏山爵府十分险要。《鹤峰州志》记载："平山顶平，周围可百里，巉石壁立，土司旧设城建署于上，以御外寇。西面山

---

① 高润身主笔《容美纪游注释》，天津古籍出版社，1991，第76页。
② 高润身主笔《容美纪游注释》，天津古籍出版社，1991，第76页。
③ （清）李焕春主修《长乐县志》卷2《疆域志》，咸丰二年（1852）。
④ （清）李焕春主修《长乐县志》卷13《人物志》，咸丰二年（1852）。

腰有洞，下临深涧，门圆中空阔，土司并于其内，修葺居址，以备缓急，名为万全洞。"① 屏山爵府三面都为悬崖，东北部仅有一条山脊与外相通，但其道路不平，难以通达。爵府南面的沟壑与河谷隔绝，但土司修建简易木桥与外相通，名"天心桥"，为最险要之处。屏山上面可分为三层平地，面积广大，有充足水源，故为大规模屯军提供了条件。屏山爵府悬崖边万全洞中的《万全洞记》记载："平山，容阳一大保障也，其山四周峭壁，宽广纵横可百里，东西南北有四关，所谓一夫当关，万夫莫往之地。"② 这正是土司对这一寨堡特点和价值的主位解释。

康熙四十三年（1704），顾彩曾在屏山居住达月余。《容美纪游》中多处描述了屏山爵府的景象："四月初四日，早行，路由细柳城上山，〔山〕北麓皆奇险，舍马策杖而行，且行且憩，逶迤出峡口，石色葱茜，多竹木，流涧淙淙，湿透履底，下坂〔坡〕过天心桥。桥在两崖间，下临七十仞深涧，两崖壁〔立〕如镜面，步步凿磴，仅容足，逡巡而下，至桥面，以碎石下投，作霹雳声，久乃至底，若投轻物，则翔舞逾时不下，盖龙气所逼也。过桥，缘磴而上者四十仞，半道有石阙〔关〕，一夫当之〔关〕万人莫敢仰叩，君尝于是设守以御乱，〔故平山〕为司中之绝险。崖石皆如月白粉笺色，可以书大字，惜无苏米之笔，亦从无以一字污之者，殆为山灵全本来面目耳！石阙以上为下平山，高处有关夫子庙，庙前对峙二奇石，穴石施栋，以起戏楼。"③ "宣慰司行署在平山街，其靠山曰上平山，插入霄汉，此犹其〔中〕平山也。司署大街，巨石铺砌，可行十马；西尽水砂坪，东至小昆仑，长六里，居民落落，多树桃柳；诸郎君读书处在槿树园；下坡为戏房，乃优人教歌处；其西街尽头，下皆陡壁深涧，恐行者失足，以竹笆插断，此司前大略也。行署中有怪，君不恒居于内；就大堂西名'延春园'以为书室，其楼曰'天兴'，初五日张乐宴饮于此。后街长二里许，民居栉比，俱以作粉为业，有织纴者。初六日，会于小昆仑。距司东半里，怪石嵌空，高二十仞，宛然笔架也。其中峰崱屴〔屶〕孤峭，上有佛舍，曲廊蜿蜒

---

① 蔡锟：《鹤峰州志》卷3《山川》，民国32年（1943）。
② 万全洞，又名何家洞，位于鹤峰县城东郊新庄屏山村西北部，容美末代土司主田旻如在此自缢。《万全洞记》为容美土司主田舜年所撰。
③ 高润身主笔《容美纪游注释》，天津古籍出版社，1991，第58~59页。

四周，乃君藏书之所，书厨罗列。山前磴道甚窄，就天裂石罅中凿级，夤缘以上，石角碍首，偃〔伛〕偻而升，肥者扁身半伏，作蟹行。家人送食盒至，悬缳他处，提而上之。"①

随着屏山考古的推进和考古遗址公园的建设，屏山爵府寨堡治所中心面貌逐渐清晰。寨堡中心已无土司地面建筑，但其衙基格局清楚，衙基根据地势自高向低分为三层，土司木屋建筑原址地分为大堂、二堂、三堂。堂前的石狮，面相温柔。衙基后有跑马场、习武场、阅兵台、烽火台等遗址。堂前有小昆仑，据传是土司读书的地方。小昆仑下有关夫子庙遗址。庙下有戏楼，楼在两块垂直石头上，石头上还印有"山高水长"四个大字。顾彩曾在关夫子庙与爵府守关沈千总设伙于内。顾彩在屏山居住时也看到了容美土司女优在戏楼练戏。大堂东侧有杀牛台石，石头上有一孔，可以拴牛，据传土司出兵前要举行杀牛仪式。② 杀人沟在大堂西侧悬崖，悬崖下便是溇水河，垂直落差达百米以上，犯人处斩后便抛尸于深涧中。从现有格局看，屏山爵府的军事寨堡性质显而易见。

白溢帅府是容美土司东境的主要军事寨堡，其地又名"白溢寨"，原名"白鱼寨"。"长阳之红鱼寨与长乐之白鱼寨，相隔一溪，尝问其命名，邑中父老棕所闻称：'长阳清江有二色鱼，一色白，飞至长乐，一色红，飞至长阳，故长阳有红鱼寨，长乐有白鱼寨'。"③ 白溢寨下即为渔泉河，对面为红渔坪。"白溢寨是土皇帝住的地方。传说清江河里有两条鱼，一条红的，一条白的，红的跳到岸上就是红渔坪，白的跳到岸上就是白渔坪，中间隔着一条渔泉河，白渔坪就是白溢坪。白溢坪下的漂水关下有汉土疆界碑，这边归土皇帝管，对面红渔坪原来归长阳管。土皇帝在白溢坪建有金殿，有'四十八步上金殿'之说。在湖坪这一块，原来有南街和北街两条大街道，非常繁华。街上有一座关帝庙，关羽的神像是从峨眉山山顶飞过来的。土皇帝为什么选择在白溢坪造屋呢？因为白溢坪有四十八股泉水，有百亩水田，不怕别人围攻。"④《宜昌府志》记载："白鱼寨上有三台，具陆地，有大小两

---

① 高润身主笔《容美纪游注释》，天津古籍出版社，1991，第64～67页。
② 王晓宁：《容美土司平山爵府遗迹调查》，《中南民族学院学报》1989年第5期。
③ 谭大勋：《长阳县志》卷4《杂记》，民国25年（1936）。
④ 五峰县采花乡白溢寨唐嘉（男，40岁，土家族）讲述。

湖，今天堰湖，中有五色鱼，下名水田寨，有四关，前红土关，通红溢，上容美，左漂水关，过麦庄，出资丘，右小章关，由后荒通第四溪栗子坪，后通唐家坪，土司唐镇邦为田舜年叔双云所建。"[①]　其中漂水关下有汉土疆界碑，为土司与长阳县交界之地。

明末清初，容美土司和水浕司因农民军在鄂西南一带骚扰而大修白溢寨堡，"唐镇邦《世述录》载：'其人虬髯虎视，颇有雄略，与容美土司田霈霖意气相投。当闯、献贼氛滋扰之秋，尽以边方事委之。镇邦感其知遇，凡剿贼出师，惟其所任，实有力焉。尝为之修帅府于白溢大寨'"。[②]明崇祯年间（1628～1644），水浕长官司主唐镇邦修建帅府于白溢寨，以供其舅容美土司主田霈霖登高眺远，防备动乱。在白溢寨堡最高处、海拔2160米的绝壁处的白溢洞府存有一块无字碑，左部有凤凰呈祥图案，中部断裂，残碑额右上角，应是土司时期的碑。白溢洞府还残存四级四十八步石阶。洞内有观武台、习武厅，东有哨口，下有炮台岭，整个洞府遗址保存较好，其洞内进行过修凿与规整，清理的石坎系人工而为，属于炮台遗址、洞外的建筑遗址。在洞府的一侧，有"冰洞"，现"暑天冰穴"景观，是白溢洞可靠的水源。白溢寨堡分为三个台地，山顶有湖称"天堰"；中坪有"哨楼""望湖楼""中营"；下坪又名"湖坪"，有水田百亩，有"衙署""泮池""月弓桥""关庙""整石缸"等文物古迹。寨设四关：前红土关、左漂水关、右小章关和后关。白溢寨堡四周皆溪，中起大山，高万丈，长百余里，四周险要，寨内宽广，为屯军守御之福地。

天泉关寨位于鹤峰县下坪乡石堡村天泉山顶，为容美土司北路最重要的守土关寨及兵器制造场。从目前考古发现看，其残存有石砌房基及大量铁渣、铜铃、铁剑等，这充分说明了天泉关寨在土司时期的功能。天泉山以南的溇水注入澧水入洞庭湖，而天泉山以北过邬阳关即进入清江流域。从容美土司中府出发北上，越过天泉山，即可进入清江峡谷，再北上就进入峡江走廊。天泉山，小于屏山，而险峻过之，容美土司未筑屏山之先设寨于此。

---

① （清）聂光銮、桂茂：《宜昌府志》卷2《疆域》，同治乙丑年（1866）。
② （清）李焕春主修《长乐县志》卷4《沿革志》，咸丰二年（1852）。

"自夏云伯与先少傅两任间流贼窜扰，岁岁用兵，皆以天泉为根本。盖天泉小而平山大，天泉数人可守，平山非土军数百，莫能布置。"① 故天泉关寨是容美土司中府安全的重要保障。

清初容美土司田舜年在《情田洞记》中说道："余自嗣首先绪以来，经营创造，曰南府北府，曰西平天泉，其间□仙宫□□佛寺，南有太田张王，北有仁和平田，城隍保胜，水月东山，西平则有保田之□目之所见，无非土木要之□怨筑愁，是予临深履薄之所。"② 土司衙门、行署和寨堡设立的广度和功能体现了土司治理土民的能力。在土司治理中，土司通过衙门体现国家权威，执行王朝和土司意志，这体现了王朝国家权力的下沉，也体现了土司对土民社会的管控能力。土司衙门的治理不仅凝聚了土司内部，也凝聚了土司与王朝，让土司真正纳入王朝官僚体系之中。从容美土司的衙门遗址和历史记载看，容美土司的衙门遍及土司各地，分工不同，衙门内部功能完善。容美土司完善的土司衙署体系，直接关系到土司治理能力和国家认同动员能力。

（二）土民组织体系

如果说土司衙署体系是土司治理的硬件，那土民组织体系就是土司治理的软件。军民一体的土司社会面对地广人稀、交通不便的现实，有效地组织土民就成为一个难题。在朝贡、征调、服劳役、土兵训练、信仰祭祀等活动中，土司都需要去动员组织土民。从历史上来看，容美土司逐步形成了适应本土的社会组织方式，其内容包括土司等级制，土民的编户制、等级制、奖惩制、训练制、劳役制。这些制度构成了土司治理体系重要的一环。

编户制。容美土司有统一的土民编户方式，把境内土民普遍纳入管理。在容美土司基层，土民被编入百户、峒、千户等基层户籍体系之中，再把这些最基层的人群单位编入更大的"旗"中。《长乐县志》载："容美土司抑勒土民，分风、云、龙、虎等字为旗。旗有长上有参将、游击、守备、千把总各官，下又有大头目，分管旗长若干千户，皆有执照。"③ 这种编户方式普遍存在于两湖西三角诸土司之中。桑植土司设"土中军一员，其下分十

① （清）田舜年：《万全洞记》，碑位于屏山爵府下的万全洞中。
② 情田洞地处鹤峰县城西太平镇附近的大寨山西侧，此文为容美土司主田舜年所作。
③ （清）李焕春主修《长乐县志》卷16《杂纪志》，咸丰二年（1852）。

四旗，每旗有总旗管之，所领或百余人，或数十人，用则为兵，散则为农"。桑植土司也把土民编入"旗"，《桑植县志》载:"其土民分居各旗，生男女则报名书于册，长者当差，赋敛无名，刑狱任意，抄弑鬻卖，听其所为。每出则仪卫颇盛，土民见之皆夹道而伏。"① 土司借鉴了卫所的编户方式，把土民编入东、南、西、北、中五军数十旗。从康熙二十年容美宣慰司田舜年向康熙帝上表的《披陈忠赤疏》中"臣亲率文武部落四十余处，剿杀防御"② 的自述可以看出，容美土司把土民编户为 40 余处。土司对土民的编户是土民组织体系的基础。

等级制。严格的等级制与编户制是容美土司"军民一体"社会的重要特点。这种社会的凝聚力和整体性甚至比经制州县的乡约里甲制更为严密，这为土司社会国家认同实践的动员提供了基础。土司官僚等级按土司主、护印、总理、权司、中军、总旗、旗长、千总、把总、百户、峒长等来排列，类似于军队的等级制，从而让土司的命令能够很快地得到执行。《容美纪游》载:"其官属旗鼓最尊，以诸田之贤者领之，国有征伐，则为大将，生杀在掌，然平日亦布衣草履，跨驴而行，绝不类官长也。其五营中军，则以应袭长子领之，官如副将;左右前后四营，同姓之尊行领之，如参游;下则四十八旗长官，如都司。又有领纛。主客兵，以客将为之。旗长下各有守备、千总、百户，名虽官任，趋走如仆隶。"③ 即使在土司贵族阶层，其分组也十分严密。

奖惩制。土司的奖惩制度严明。对于违反命令的土民，土司会给予惩罚，对于有功的土民会给予奖励。根据顾彩所见，容美土司的刑罚主要有斩头、宫刑、断指、割耳、廷棍等形式，"其刑法，重者径斩，当斩者，……次宫刑（刑者即为阉官〔宦〕，入内供役使);次断一指;次割耳。盖奸者宫，盗者斩，慢客及失期会者割耳，窃物者断指，皆亲决"。④ 土司的刑罚极为严厉，这可能与土司社会的军事化性质相关。而对于有功的土民，土司

---

① （清）周来贺纂《桑植县志》卷8《杂识》，同治十一年（1872）刊本。
② （清）田舜年:《披陈忠赤疏》，载鹤峰县、五峰县统战部等编《容美土司史料汇编》，内部资料，1984，第17页。
③ 高润身主笔《容美纪游注释》，天津古籍出版社，1991，第43～44页。
④ 高润身主笔《容美纪游注释》，天津古籍出版社，1991，第53～54页。

除了奖励财物外，还可能赐姓，让其进入土舍阶层。或者直接任以舍把，管理一峒。在容美土司社会，政令如军令一样得以执行。土司司法体系和奖惩体系是土司的统治权威得以维护的保障。

训练制。土司对土目和土民有军事化的训练。土司有事则调集为兵，以备战斗；无事则散处为民，以司耕凿。当土民散为民并闲暇时，基层土目会组织土民训练。《容美纪游》载："其兵皆素练习，闻角声则聚，无事则各保关寨。盔重十六斤，衬以厚絮，如斗大；甲重三十斤，利箭不能入。火枪打百步。一人搏虎，二十人助之，以必毙为度，纵虎者重罚，猎他兽亦如之，禽则倍赏当先者。"① 《永顺县志》也载："湖广土兵，永顺为上，保靖次之，其兵甚强。其阵法：每司二十四旗，每旗一人居前，次三人横列为第二重，次五人横列为第三重，次七人横列为第四重，又其次七八人横列为第五重。其余皆置后，欢呼助阵，若在前者败，则二重居中者进补，两翼亦然。胜负以五重为限，若皆败，则无望矣。每旗十六人，二十四旗合三百八十四人，皆精选之兵也。"② 土司与卫所邻近，卫所训兵技艺和战术也传播到土司地区，容美土司土兵练兵的阵形很可能来自卫所地区。通过正式的训练，土民能够很快地适应土司组织的群体和集体一致性行动。

劳役制。土司会组织土民服劳役，并由土目和土舍对服役土民进行管理。《容美纪游》又载："民皆兵也，战则自持粮糗，无事则轮番赴司听役，每季役只一旬，亦自持粮，不给工食。"③ 土民不向容美土司缴纳赋税，但是要向土司服劳役，土民向土司服劳役是十分频繁的。服劳役也是土司组织土民进行群体劳动的方式。这有助于土司积累组织土民与管理土民的经验。

信息传递制。土司建立了特殊有效的信息通信系统。土司在高处普设烽火台，并通过放狼烟来传递信息。《长乐县志》载："至五峰、水浕、石梁各司兵，皆听容美调遣，调以箸，则饭者至；调以帚，则扫数全出。自高古树菩提寨以西，皆有哨台，有警放狼烟，此起彼应，半日即达于容美司治。"④ 在容美土司的屏山爵府府治高处有一烽火台，也为传递信息之用。

---

① 高润身主笔《容美纪游注释》，天津古籍出版社，1991，第 54 页。
② 张文琴主纂《永顺县志》卷 24《武备一》，民国 13 年（1924）。
③ 高润身主笔《容美纪游注释》，天津古籍出版社，1991，第 55 页。
④ （清）李焕春主修《长乐县志》卷 16《杂纪志》，咸丰二年（1852）。

卫所制度是土司组织土民的参考系。"卫所制度，官为世职，屯田官有，舍丁世为军户。较之土司制度，土官世袭，土地公有，百姓世为民，在实质上二者相同。故明代之土司制度，实在利用土官世袭，土地公有，兵民不分三种旧制，而以卫所制度略加组织而已。"[①] 故土司在对这一制度的模仿和学习中，让土民怯于私慣，勇于公斗。在土司的动员下，土司土民无论男妇，曾万里赴浙，抗倭护国，曾万里赴辽，维护正朔，曾万里赴京，进贡方物。土司之所以能动员这么多的土民出司，依靠的是丰富和严密的组织体系。

第四节　对外交流系统

完善的对外交流系统是支撑容美土司国家认同行动的结构性力量之一。一方面，容美土司需要修建陆水一体的对外交通网络体系，打通与内地、王朝国家的进贡通道；另一方面，要破除"汉不入境，蛮不出峒"的禁令，化解与卫所的矛盾，发展与内地的商贸经济。容美土司的对外经济文化交流以及进贡、征调，都需要得到对外交流体系结构的支撑。

（一）对外交通体系

自明代中叶以后，容美土司十分注重对外交通建设。容美土司地处湘鄂边山区，地跨清江流域和澧水流域，山势险恶，对外交通困难。从整个容美土司疆域看，湘鄂边东出平原有三大港口。一是位于澧水支流溇水上游的石门县壶瓶山镇的黄虎港，也即土司时期的石门宜沙黄虎港，容美土司在宜沙修建了天成楼，以供商贸。二是位于清江入长江前的支流渔洋河上游的渔洋关。从容美土司东境百年关下山，即进入渔洋关，渔洋关可通航长江。三是位于清江中游的资丘，但容美土司难以从资丘出发。故容美土司的对外交通主要依赖东向和南向通道。

1. 容美土司的南向对外道路系统

道路系统是由多种要素构成的，包括旱路、水路、渡口、驿站、村落、集镇、仓库、水井、大树、庙宇、桥梁、楼宇、商铺等要素。在任何道路系统中，有些要素总是关键的，例如，关口、大型桥梁、港口等。容美土司的

---

① 凌纯声：《中国边政之土司制度（上）》，《边政公论》第 2 卷第 11 期，1943 年。

南向交通体系就是这样的。

容美南向道路体系是支撑容美土司经济文化交通的主要通道。溇水中上游滩多浪急，无法行船，溇水两岸，峡谷耸立，人口稀少，故容美土司选择了以陆路为主的通道。从容美土司中府出发，经过茶店子、南渡江、五里坪、大崖关、白果坪出鹤峰境，进入宜沙，从宜沙既可沿着澧水支流溇水沿路进入洞庭湖，又可沿东线陆路进入松滋、枝江或荆州。并且，容美土司大力建设南府，支持这条南向经济通道。相对东路，这一线路离港口更近，路线也相对平坦一些，故这一线路成为容美土司进出大宗物资的主要通道。据鹤峰县博物馆考证，从中府至白果坪的古道长约 63.2 公里，目前还保存有34.3 公里完整的古道。这些古道大多由块石和条石错缝平铺、垒砌，也有沿基岩凿刻而成的，大多数路段宽 0.8~1.5 米，可容骡马运输货物。在道路的修建过程中，土司充分地运用了遇水叠桥、遇坡而折、遇峡而栈的古代道路修建智慧，在高山沟壑中转折，建成了沟通内外的南向道路。

康熙四十三年（1704），顾彩从南路进入容美，也对南线道路的重要节点进行了描述。南线交通要道除了南府之外，最重要的就是石门县宜沙（壶瓶山镇），宜沙东通荆州、南通常德，并且是湘鄂边山区最近的通航起点，其道路枢纽价值巨大。顾彩描述道："宜沙别墅，其楼曰'天成'，制度朴雅，草创始及其半，楼之下为厅焉〔事〕，未有门窗，垂五色氍为幔，以隔内外。是日折柬招宴，奏女优，即索余题堂联。其前广场可一亩，花竹皆新栽；南环大溪，下通水南渡，水盛时舟楫可溯滩而上。"[①] 容美土司在宜沙竟有天成楼，为土司迎客之所。而宜沙通大江及渡口就是指"溇水的黄虎港"。当然，顾彩在《容美纪游》中还重点对南府进行了描述。

2. 容美土司的东向对外道路系统

虽说东线也是容美土司较重要的对外通道，但相比南线，其道路十分漫长且艰险。从容美土司中府出发，东线要经历数条横切河流，又要翻越独岭山脉，故难以用于大宗物资交流，却因其地缘因素而在军事、政治上极具价值。

从容美土司中府出发，经过九峰桥、燕子、红茅尖，然后开始分支，

---

① 高润身主笔《容美纪游注释》，天津古籍出版社，1991，第 17 页。

一条沿着百顺河、岩板河、刀枪河、树屏营、采花台、莫家溪，再沿泗阳河经长茂司、星岩坪、鸭儿坪、渔峡口进入清江流域，再沿清江进入长江；另一条从湾潭、独岭、石梁司、白鹿庄、长乐坪、渔洋关，进入宜都的聂家河、陆城。这两条线路之间，还有一条连接线，即从采花台、后荒、楠木桥、西滩、红渔坪、栗子坪、九孔、高古城、石良梁司到五峰镇。明天启年间始，容美土司势力从泗洋河流域拓展到天池河流域，既有新修道路，又有拓宽的道路。这一路线有三块著名的道路碑刻，生动地反映了这条路的特点。

百顺河是五峰与鹤峰交界之地的河流，这里曾是水浕司和麻寮所唐氏家族的发祥地，其地理位置比较重要。康熙二十八年（1689），容美土司主田舜年得以进京陛见，回来后十分高兴。此时，位于水浕源、通塔坪长官司境内的通往五峰诸土司要道的白水河上的石拱桥落成，田舜年称其为"百顺桥"，并撰文勒石竖碑于桥头，此后"白水河"也称"百顺河"。此时，容美土司田氏逐步加强对东属五峰境内土司的管辖。碑文曰："兹桥□始经始□石梁、五峰、水浕、深溪、通塔等处矣。丁卯之冬，先命二弟庆年，标员田克敦，向文宪等，率领军兵安插于数处。因分命各旗，自内自外，遍修道路，严法督始□而北为茅大桥，及□界外而石梁□上峒、金山、对城、白溢、龙虎平（坪）等处，皆变昔日之畏途而成康衢矣。"[1] 自此后，容美土司所属的五峰司、水浕司、石梁司南出土司的道路更加通畅，"由石梁司九十里至湾潭，由湾潭走中坪，至大面保，过百顺桥，与鹤峰交界，自界走燕子坪至鹤峰五十里。由百顺桥走大岩关至三渡口四十五里，由懒板凳走白溪河九十里至宜沙四十里，至石门一百四十五里"。[2] 百顺桥碑刻中所记录的百顺桥是容美土司修建的大桥，在当时的技术条件之下，此桥绝对是一项浩大工程。此桥修建后，容美土司中府至土司东境更加通畅，东境所属土司对外经济文化交流也更加方便。

康熙三十二年（1693），容美宣慰司田舜年遣丁修筑百顺桥至五峰司、水浕司、石梁司的近路，大获成功，故亲自撰文《新改荒路记》，并命石

---

[1]　此碑在鹤峰县燕子镇百顺村百顺桥头，为容美土司主田舜年所撰，康熙二十九年（1670）。

[2]　（清）李焕春主修《长乐县志》卷2《疆域志》，咸丰二年（1852）。

匠立摩崖石刻于五峰县湾潭镇树屏营新修道路旁,遂有容美土司有名的道路摩崖石刻。在新路修筑之前,从百顺河流域至天池河流域,要翻越高大险峻的独岭山脉,故在很长时间内,土司土民都要绕行,从湾潭沿刀枪河北上,过分水岭至泗洋河流域的采花台、前坪、楠木桥、西滩、朱家院子而进入天池河流域,骡马步行大约需要四天半时间。且因此路要跨越数条溪流,山洪暴发时,道路险阻,不能通行。这一路况对容美土司管辖天池河流域的土民是极为不利的。而新路可以大大节省时间,"适有老人九十余岁者,言其十七岁时自湾潭起身,走□□开乎,日尚未落"。① 田舜年大力推动东向交通建设,"自承绪以来,凡先人□□矣,□□妄自息无不在凄烟乱□冲次第□□湾□潭外□,渔洋交界如余之帅府、麦庄、五峰、水泾、石梁、大村、龙虎坪等处,以见其水□□等,水泾知谕。九峰焦心劳思录采搜据乎。□卒庤之所成也,自元时视外昇内等矣"。② 此路的修建,让容美土司终于征服了独岭大山,强化了土司中府与东境土司的关系。

同在康熙三十二年（1693）,田舜年在修筑百顺河流域至天池河流域道路时,在进石梁司、五峰司时,有山九折,旧名"九反",田舜年恶其名,改为"九环",也有碑刻,名《九环坡碑约文》,曰:"胜母会子,不入朝歌。而墨翟回车,为其名不正也。北至欣逢闻喜县,南来怕到买愁村,言其趋向也。兹山旧名九反,九反何称,可以名此周行官道乎?前人或未之思也!今改为九环音,声相去不远,不为人之称者易易,且名之包者夥夥,镌此片石,可以为达快亲而欣听焉。"

容美土司为建构四通八达的对外交通体系,修建骡马道、渡口、桥梁、驿站等。仅以桥梁与渡口为例,容美土司在今鹤峰县境内就修建了九峰桥、龙溪桥、百顺桥、燕喜桥、天然桥、通济桥、高桥,在两河口、南渡江两个交通节点修建了两个渡口。③ 容美土司还在今五峰县境内修建了得胜桥、五峰司青石桥等。现在这些古道仍然保留了土司时期的石桥、骡马店、碑刻、摩崖石刻、古道岩板、古渡口、古水井等遗址。

---

① 《新改荒路记》为摩崖石刻,位于湖北五峰县湾潭镇树屏营。容美土司主田舜年撰,清康熙癸酉年（1693）容美府石匠高昇、黄德抄刻。
② 田舜年:《新改荒路记》,康熙三十二年（1693）。
③ （清）毛峻德纂修《鹤峰州志》卷上《关隘·津梁》,乾隆六年（1741）。

(二) 对外商贸体系

与对外交通体系相比，对外商贸体系是容美土司对外交流需要加强建设的"软件"。在中央王朝的政治设置中，土司对外沟通并不顺畅。在"汉不入境、蛮不出峒"的理念之下，中央王朝设置了道道栅栏，让土司难以与内地自由交流。故对外商贸体系需要土司主动地去建设、突破。明施州指挥使司童昶曾在《拟奏制夷四款》中提出了对山区族群侵扰内地的顾虑："蛮獠多诈而少实，负争而好斗，事无大小，兴词具奏，委官行勘，两造俱避，督责少急，则据寨固守。"① 正因为这样，中央王朝通过设立卫所和巡检司，以"防备峒蛮"。

而土司是十分渴望与内地保持密切的商贸交流的。一方面，容美土司离不开内地的盐、铁、布等大宗物资。顾彩曾感慨司中诸食无味，实则无盐也。而土民在与大山的交往中，对铁器的需求也是极大的。可惜司中不产铁，也只有通过对外交易获得。另一方面，土司也有许多大宗物资需要出司，可换取内地物资。其中，药材、茶叶、肉脯、皮草等是土司最为特色之物。容美土司所产的药材有"黄莲、黄柏、香芋、荆介、紫苏、薄荷、牵牛、厚朴、石菖蒲、独脚莲、三七、五倍子"等。② 容美土司的特产有"葛粉、蜂蜜、茶叶、蕨粉"等。③ 顾彩在容美土司南府时，"君（田舜年）以新茶、葛粉、竹鼬〔鼠〕、野猪腊、青鱼鲊、虎头脯饷余寓中（自后每有佳馔及土物，必遣人相馈）"。④ 容美土司属于山区，与江汉平原和洞庭湖平原存在物资的互补关系，发展这一关系，既可互通有无，更可互惠互利。

故容美土司积极发展这一商贸体系，其具体措施有以下几个方面。

一是尽量和周边卫所、巡检司结交。卫所防备峒蛮，防控要路，《九溪卫志》载："外口安福、添平、麻寮三所，二十隘口把守，以防容美、桑植

---

① （清）张金澜修《宣恩县志》卷20《艺文》，同治二年刻本。童昶，字明甫，施州卫（今恩施）人，明朝将领。初为卫指挥金事。代宗景泰至英宗天顺年间（1450~1464），参与镇压大藤峡等处壮、瑶等族起义，升靖州营参将。迁淮河镇总兵，博学，有文武才，著有《周正考》《施州卫志》《大田所志》。

② （清）毛峻德纂修《鹤峰州志》卷下《物产》，乾隆六年（1741）。

③ （清）毛峻德纂修《鹤峰州志》卷下《物产》，乾隆六年（1741）。

④ 高润身主笔《容美纪游注释》，天津古籍出版社，1991，第29~30页。

土司。"① 以九溪卫所属的麻寮千户所为例，其对土司要道把控严格，"至疆圉险要，则靖安隘把守容美要路虎把渡，青山隘把守容美要路小隘口，樱桃隘把守容美要路隘峪二，梅梓隘把守桑植要路榆树垭，曲溪隘把守容美要路曲溪坪，九女隘把守容美桑木关、下梯江，捌刀隘把守容美要路大面裎，山羊隘把守桑植要路山羊坪，黄家隘把守容美要路大隘口，在所隘则护守所汛杨柳峡"。② 在这一情形之下，容美土司主田舜年娶了麻寮千户所刚一帅之女为妻，并立其妻为掌印夫人。刚一帅夫妇墓碑载："明诰封宣武将军麻寮所巡捕千户刚一帅仁从、庶宜人郑氏之墓。湖广容美骠骑将军婿田舜年、掌印夫人女刚氏立。"③ 同时，在鹤峰县博物馆保存的刚氏夫妇匾也载有同样的内容。通过结姻亲，容美土司与麻寮千户所交好，打通了土司的南部通道。

二是广泛吸收外来人口来司经商、居住。首先，容美土司注重吸引卫地人口。容美土司周边的九溪卫、百里荒千户所、施州卫驻扎了大量客兵，这些客兵也有流入司中的。另外，王朝政局混乱时汉地人口也会流入土司地区。元末明初时，明玉珍据蜀，鄂西诸土司受其节制，汉地人口也得以进入；明末清初时，"川东十三家"农民军在鄂西及峡江走廊地区，周边经制州县人口流入司中。最后，土司也有招徕客民的欲望。土司境内地广人稀，生产力低下，容美土司尽力吸引外地人口。顾彩在容美土司考察时曾看到："客司中者，江、浙、秦、鲁人俱有，或以贸易至、或以技艺来，皆仰膳官厨，有岁久不愿去者，即分田授室。"④ 对于汉地来的商人、艺人和技术人士，容美土司热情招待，若愿意住下来，土司还给他们田土，甚至"许女嫁之"。历史上容美土司还曾多次抢夺汉地人口，并让其在司中耕作生活。

三是容美土司积极在内地置业，并在内地建设商贸据点。容美土司在内地建寺庙、置庙田，并且还在汉地城市买商铺、建别墅。容美土司下属官员唐继勋曾在宜昌捐资修建了莲花庵，后来容美土司应袭土舍田旻如又出资购买了35亩农田充作庙田。容美土司田舜年在武昌购买了房产和商铺，又在

---

① （清）杨显德纂《九溪卫志》卷1《建置沿革》，康熙年间刻本。
② （清）杨显德纂《九溪卫志》卷4《麻寮所志》，康熙年间刻本。
③ 此碑现存鹤峰县博物馆，原立于鹤峰县走马镇锁坪。
④ 高润身主笔《容美纪游注释》，天津古籍出版社，1991，第47页。

今湖南石门县的壶瓶山镇修建了宜沙别墅，以方便土、汉经济交流。容美土司还购买了麻寮所的土地。洪武初年时，麻寮所控制了今鹤峰县走马镇、五里乡地区的土地。后来容美土司势力扩张，五里全部土地和走马部分土地被容美土司购买。容美土司还与麻寮所达成协议，麻寮所将所辖的今鹤峰走马镇一带的黄家隘千金坪田地卖给容美土司，"雍正初，慈利唐姓隘官，将千金坪一带山场田土，南至告箭坡，北至杉木场，周围约三十里，用印契卖与容美土司，价银一千零五两"。① 但是由于王朝规定土司不得买汉地，有人将此事告发，麻寮所只得将银两还给容美土司。

　　本章从中观层次审视了容美土司国家认同的结构性力量。人类学家埃里克·沃尔夫认为"结构性力量"（structural power）就是指"组织并指挥社会之内或社会之间的系统互动的力量，一方面指引了经济和政治力量，另一方面也指引了意识形态力量，而后者塑造了公众思想、观念和信仰"。② 结构性力量不同于土司的策略或事件，而是维持土司运转和国家认同的持续化的力量。与"羁縻制度"相比，土司制度下土司社会的治理能力和国家认同程度无疑大大提高了。即使在土司制度实施前期和后期，其国家认同的结构性力量也在不断积累、沉淀，这就需要思考容美土司国家认同的历史变迁问题。

---

① 蔡镫：《鹤峰州志》卷14《杂述志》，民国32年（1943）。
② Eric Robert Wolf, *Envisioning Power*：*Ideologies of Dominance and Crisis*（Berkeley：University of California Press，1999），p. 5.

第六章
认同的变迁： 容美土司的族群认同与国家认同

国家认同内涵及其支持体系是观察容美土司国家认同的常量，而国家认同的变迁才是观察容美土司的变量。"认同是人们经验和意义的来源"，[①] 国家认同会在历史的进程中不断建构和变迁。在这一过程中形成的国家认同意识一旦稳定，就成为促进个体或群体认同国家的深层力量。国家认同既是结构性的，也是功能性的，既讲"结构性"的稳定因素，也讲"功能性"的策略因素。容美土司的国家认同就是在历史的过程中逐步建构、积累、沉淀和强大的。

在族群与国家的认同中，存在错位式、矛盾式、依附式、抵制式、主体式五种认同方式，并在复杂的历史形势下不断衍化。从两汉始，容美地域的族群时而叛逆，时而顺从，不断演绎着上述国家认同方式，展示了国家认同的曲折性、复杂性。从总体上看，容美土司国家认同大致经历了从矛盾式认同、依附式认同至主体式认同的过程，在这一进程中，容美土司的族群认同与国家认同得以共生，并变得更加紧密。

第一节　历史进程中的国家认同方式

与欧洲族群、民族分化不断不同，古代中国多民族一直向华夏中心融合。在这样的历史格局下，族群在"中心—边缘"族群图式中展现着不同形式的国家认同方式，既有抵制的、矛盾的，也有依附的、主体的。尽管形式多样，但其衍化的方向都是面向中心的。与欧洲的多中心相比，古代中国存在华夏的中心，这一中心既是族群的，更是文化的。这也成为叙述容美土司族群认同与国家认同的逻辑起点。

---

① 〔美〕曼纽尔·卡斯特：《认同的力量》，曹荣湘译，社会科学文献出版社，2003，第2页。

（一）"中心—边缘"下的土司图式

美国人类学家乔纳森·弗里德曼认为存在一个类似于当今世界图式的"中国模式"，其产生于战国晚期，"将世界分成一个由九州组成的中心和处于周围的两个同心四边形，每个四边形所包含的人群分别有'内外'、'生熟'之分。内部人群又进一步划分成已经被教化的和未被教化的，这样，就填满了从文化到自然的一个连续统"。① 在文化的解释中，九州代表"文明"，四夷代表"野蛮"，"生"与"熟"、"化内"与"化外"成为区别"九州"与"四夷"的标准。古代中国"中心—边缘"既是地理上的，更是文化上的。"古代至近代中国的族群观是文化—想象式的，其主要特征是以文化要素为轴心的，以中华天下为理路的想象种族地理和种族形貌。"② 沃勒斯坦的世界体系图景就像中国古代图景的放大版。世界体系理论展现着"中心—半边缘—边缘"的国家结构图景。③ 虽然两者在图景上类似，但是两者的内在驱动力是完全不同的。这表现在：现代世界体系结构主要是由西方资本主义扩张造成的，而古代中国体系结构是以朝贡体系来做支撑的；在世界体系理论中，中心国家对边缘国家存在明显的剥削关系，而古代中国体系的中央王朝国家对边缘族群的进贡要给予厚赐，还常对边缘族群给予免税、减税的优待，边缘族群受益颇多；世界体系试图一直维持其中心优势，而朝贡体系希望"边缘"依附于"中心"。可以说，两者的初心是完全不同的。

在"中心—边缘"的王朝国家格局和培育边疆的向化之心过程中，土司制度正是连接"中心至边缘"的一环。在土司遗址申报世界文化遗产过程中，申遗报告也认为其"见证了古代中国作为统一多民族国家，对西南多民族地区独特的'齐政修教，因俗而治'管理智慧"。④ 其中，"齐政修教"出自《礼记·王制》中的"修其教，不易其俗；齐其政，不易其宜"，

---

① 〔美〕乔纳森·弗里德曼:《文化认同与全球性过程》，郭建如译，商务印书馆，2003，第96页。
② 纳日碧力戈:《现代背景下的族群建构》，云南教育出版社，2000，第90页。
③ 世界体系理论可参见〔美〕伊曼纽尔·沃勒斯坦《现代世界体系》（第1、2、3卷），罗荣渠译，高等教育出版社，1998；〔德〕安德烈·冈德·弗兰克《依附性积累与不发达》，高戈译，译林出版社，1999。
④ 中华人民共和国文物局:《土司遗址申报文本》，内部资料，2014，第14页。

即"要让其接受教育，不必改变其风俗；让其统一政令，不必改变其生活习惯"。[①] "修政"让其对国家主流文化有所认同，"齐政"让其对国家政治有所认同。"因俗而治"出自《辽史·百官志一》的"因俗而治，得其宜矣"，[②] 意指"根据不同民族的习俗而进行治理，使其保持其原有生活方式"。土司制度的这一精神内核让其成为中央王朝治理边缘族群的优先制度选择。

土司制度的精神内核与西方民族关系模式相比，优势明显。一是比同化（assimilation）更为温和。"同化是指文化整体或部分地丧失文化特征而变成另一种文化的现象。"[③] 美国建国的 13 个州为英国殖民地，其移民主要为"盎格鲁－撒克逊人"。在美国建国初期，美国特别注意用"盎格鲁－撒克逊人"的文化来整合其他族群的文化。从美国建国初到 20 世纪中期，美国奉行同化政策，试图建立一个"盎格鲁－撒克逊人"的国家。很显然，这一强行同化的实践最终证明是徒劳的。土司制度的包容性远比"同化"强。二是比多元文化主义（cultural pluralism）更能凝聚人心。多元文化主义的基本观点来源于相对主义的人类学观。其基本理念有：各族群的文化都是有价值的、平等的，各族群应该相互尊重对方的文化。两次世界大战之后，相对主义的文化观在世界上逐步成为主流的价值观。人类大力反思"种族中心主义"带给全世界的灾难，重新思考民族文化的相对价值。然而，多元文化运动也可能增强边缘族群对自身的认同，而忽略对其他族群及国家的认同。纯粹的多元文化主义对多族群构成的国家构成了挑战。"在美国，多元文化主义与少数族裔权利运动、民权运动及女权运动围绕在一起。"[④] 多元文化主义尊重各族群的差异性，却容易牺牲其"整合力"。三是与内部殖民主义（internal colonialism）的初心不同。"内部殖民主义不认为边缘地区与核心地区接触时会造成同化，而认为核心地区对边缘地区进行政治统治时会对其进行物质剥削，从而造成边缘落后的情况。"[⑤] 一些西方学者浅尝辄止，

---

① 2014 年 9 月 28 日，习近平在《在中央民族工作会议上的讲话》中引用"齐政修教，因俗而治"之典，展示了传统的"和而不同"的历史智慧。

② （元）脱脱：《辽史》，上海古籍出版社，1986，第 6845 页。

③ 陈国强主编《简明文化人类学词典》，浙江人民出版社，1990，第 188 页。

④ 〔英〕C. W. 沃特森：《多元文化主义》，叶兴艺译，吉林人民出版社，2005，第 9～10 页。

⑤ 〔美〕M. Hechter：《内部殖民主义》，载马戎编《西方民族社会学的理论与方法》，天津人民出版社，1997，第 85 页。

竟然将这一理论套用到古代中国。劳拉·霍斯特勒（Laura Hostetler）在
Qing Colonial Enterprise 一书中指出，"17~18 世纪，清王朝像西方列强征服
非西方世界一样积极在西南边缘地区开拓，这表现在：引进了西方先进的地
图绘制技术、土人研究著作和画册的显著增加、政治控制和经济剥削加强
等"。① 古代中国对边缘地区基本实行优待和安抚政策，并不是西方掠夺式
的。这些国外学者不懂得朝贡体系与土司制度的初心，把概念套在形式上，
其险恶用心让人厌恶。四是比"熔炉"理论（Melting-pot）更能尊重个性。
"熔炉"有些类似于民族融合理论，戈登曾用一个公式来描述美国的民族融
合，即 $A+B+C+\cdots=E$。② 美国是一个移民国家，希望来自世界各地的移
民定居美国后逐步接受美国的价值观和生活方式，并整合成"美国人"。土
司制度的初心在于"向化"，让土司内的族群人心向国，思慕而化。

　　鄂西南的土司图式正是中央王朝"齐政修教，因俗而治"的体现。早
在宋代，这一地区就设立了 6 个羁縻州，③ "王协梦在《施南府志》中云：
'施州卫所属覃男二姓，在宋元未分之前，其势甚盛，颇为边患'。"④ 元代
后，中央王朝无力控制鄂西南山区，故大姓"叛服不常"。元至正年间，散
毛司覃全、又把洞向世雄兄弟曾杀死元军元帅蔡邦光。元至大年间，容美土
司田墨联合诸峒杀元千户。因此，在元代，王朝在鄂西设置了 14 个土司，
且级别极高，有 3 个宣慰司（施南道、湖南镇边、湖南镇边毛岭），5 个宣
抚司（散毛誓崖、师壁、高罗、安定、怀德），4 个安抚司（忠孝、盘顺、
龙潭、木册），其羁縻性质十分突出。元至正十七年（1357），明玉珍据蜀，
重庆建都，国号"夏"，设立了 1 个宣慰司（散毛沿边），7 个宣抚司（施
南、东乡五路、忠孝、忠路、大旺、镇南、唐崖）。明洪武年间，王朝设立
了 4 个宣抚司（施南、散毛、忠建、容美），9 个安抚司（东乡、忠路、忠

---

① Laura Hostetler, *Qing Colonial Enterprise：Ethnography and Cartography in Early Modern China*,
University of Chicago Press, 2001.

② 马戎编著《民族社会学——社会学的族群关系研究》，北京大学出版社，2004，第 183 页。

③ "羁縻"一词有象征的意味。《史记》载："盖闻天子之于夷狄也，其义羁縻（羁，马络头
也，縻，牛缰也。马云羁，牛云縻，言制四夷如牛马之受羁縻也）勿绝而已。"参考《史
记》卷 117《司马相如列传》。

④ 胡挠、刘东海：《鄂西土司社会概略》，四川民族出版社，1993；龚荫：《中国土司制度》，
云南民族出版社，1992，第 15 页。

孝、金峒、龙潭、大旺、高罗、忠峒、中洞），11 个长官司及 5 个蛮夷长官司，共计 29 个土司。但是明洪武十四年（1381），水浞源、忠建、散毛土司开始反明，明洪武二十三年（1390），施南、忠建、散毛又开始反明。第一次反明后，王朝废除了容美、椒山玛瑙、五峰石宝、石梁下峒、水浞源通塔坪以及忠峒等土司，第二次反明后，又废除了其他土司，直到明永乐四年（1406），鄂西南土司才得以重设。清代初期，王朝在鄂西南设立 1 个宣慰司（容美），5 个宣抚司（施南、散毛、忠建、忠峒、忠路）。

自宋元以来至明清，鄂西南诸土司的格局不断变化，其变迁呈现如下图式：鄂西南土司的品职逐步降低，显现出王朝对土司的管控力不断加强；鄂西南土司设置日趋严格，显现出王朝对土司的管理愈加科学；鄂西南土司的反抗日益减少，反映出土司的国家认同加强。在"中心—边缘"的历史格局中，土司制度在凝聚边缘、促进国家认同中发挥了重要作用。

（二）多变的族群与国家认同

美国社会学家曼纽尔·卡斯特将国家认同分为合法性认同（legitimizing identity）、拒斥性认同（resistance identity）和计划性认同（project identity）。① 其中，合法性认同受支配性制度所引介，拒斥性认同受支配性制度所污名，计划性认同旨在建立新的认同。"合法性认同产生'公民社会'，拒斥性认同产生'社区'，计划性认同产生'主体'。"② 美国人类学家乔纳森·弗里德曼认为在全球化过程中，"只有认识'抵制性认同、支配性认同和从属性认同'才能认识这一过程"。③ 这些对认同类型的思考都值得参考。

古代中国的结构体系受"天下""五服"文化观及多民族大一统国家政治逻辑所支配。在历史的发展中，边缘族群不断地被整合到统一体之中。在王朝整合过程中，边缘族群对中央王朝国家往往会表现出以下五种认同方式。

第一，错位式认同。由于处在特殊的生态和地理环境中，中原民族和

---

① 〔美〕曼纽尔·卡斯特：《认同的力量》，曹荣湘译，社会科学文献出版社，2003，第 4 页。
② 〔美〕曼纽尔·卡斯特：《认同的力量》，曹荣湘译，社会科学文献出版社，2003，第 5~7 页。
③ 〔美〕乔纳森·弗里德曼：《文化认同与全球性过程》，郭建如译，商务印书馆，2003，第 41 页。

国家权力难以到达某些边缘地区。生活在边陲的族群有自己的社会结构和生活方式，对中央王朝不履行任何义务，甚至难以接触国家主体民族和主流文化，这些边陲族群对多民族王朝国家难以形成稳定的认同。这时，这些边缘族群对中央王朝国家的认同还是离散的或错位的，对华夏中心和王朝正朔缺乏向心力。错位也意味着边缘族群按照不同于王朝国家希望的方向建构认同。错位式认同适应于远离中央王朝或难以接触主流政治实体的边缘族群。

第二，矛盾式认同。当边缘族群与华夏中心接触，但边缘族群对华夏的了解还不够时，边缘族群对华夏还抱着试探的心理。一方面，边缘族群因与华夏接触而发现了华夏文明的魅力，包括先进的生产技术、丰富的物质财富和多彩的文化，从而产生了模仿与学习的欲望。另一方面，边缘族群又难以放弃本民族的生产方式和文化传统，对华夏文化没能做好借鉴的准备，这时边缘族群对中央王朝的认同还处于模棱两可的状态。矛盾式认同适应于已初步和中央王朝接触的边缘族群。

第三，依附式认同。当边缘族群与华夏中心全面接触，族群文化发生了大面积的变迁。边缘族群大肆吸收和传承华夏中心的文化和价值观，族群人口逐步纳入王朝编户与纳赋体系之中，奉中央王朝正朔。这时，边缘族群已经依附于华夏文明中心，对中央王朝也十分依赖。依附式认同也类似于支配性认同，这一认同方式产生于文化涵化①的边缘族群。

第四，抵制式认同。与华夏中心接触后，个别边缘族群发现本族群无法适应华夏主体的文明，难以在王朝国家体系中找到有利于本族群的位置。这样，处在边陲的边缘族群努力逃脱中央王朝的控制，努力使本族群置于王朝编户和纳税体系之外。此时，这些族群对中央王朝国家的编户纳税往往会采取抵制策略，对多民族王朝国家的义务感低。在王朝更替或者多民族国家动乱之时，边缘族群容易产生抵制式认同。

第五，主体式认同。一些边缘族群在华夏中心活动，有的已经完全纳入王朝国家编户纳赋体系之中，其民和社会与内地无异；有的不仅进入华夏，甚至夺取了中央王朝国家的政权，并以王朝主体民族和正朔自居。这些边缘

---

① "涵化"（assimilation）即"同化"。

族群尽管可能还居住在地理边缘地区，但已经把国家主流文化作为本族群应该全面习得的文化。

边缘族群对多民族王朝国家的认同是不断变迁的。当中央王朝国家在整合边缘族群较为顺利时，边缘族群的认同会从离散式发展到依附式或者主体式认同。不顺利时，边缘族群在经历矛盾式认同后会转向抵制式认同甚至会回到错位式认同（见图6-1）。

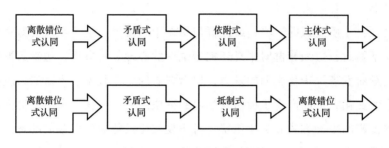

图6-1 认同变迁的图式

尽管边缘族群的族群认同和国家认同是多变的，但是其总体趋势是向心的。在土司国家认同的历程中，某一认同变迁图式可能在某个时间段成为主流，但背后又在孕育其他认同方式。用上述认同图式来分析容美土司国家认同的变迁可以深刻地揭示国家凝聚边缘的机制。

第二节　元代至明初容美土司的认同

元代至明初是容美土司初步与王朝国家接触的时期。这一时期，容美地域的大姓结成了十几个峒寨，力量分散。由于缺乏明显的认同方向，容美地域族群的国家认同充满了矛盾。元末明初，政治动荡，容美土司还参与了本地"峒蛮"反抗王朝的动乱，呈现出抵制式的国家认同。这一时期，容美地域的族群在认同上还处在混沌的阶段，这样的认同状态对容美土司也造成了不少困扰。

（一）元代容美土司的矛盾式认同

唐宋时期，中央王朝在两湖西三角一带立蛮酋大姓为土官，是为羁縻制度。《鹤峰州志》载："楚之南徼，溪峒诸蛮，叛服不常。宋嘉泰中，湖南安抚赵彦励请择素有智勇为蛮夷所信服者，立为酋长，借补小官以镇抚之。

五年之间能立劳效,即兴补正,从之。"① 任用当地蛮酋对其进行治理,这为土司制度的实施奠定了基础。

在至正十年(1350)元立四川容米洞军民总管府之前,容美地域族群曾多次袭扰内地,与元王朝为敌。最早的记载是,元武宗至大元年(1308)五月,归州巴东县唐伯圭言:"十七洞之众,惟容米洞、罔告洞、抽栏洞有壮土兵一千,余皆不足惧也。"② 也即元兵要讨伐容美地域"蛮酋"。这可能激起了容美地域族群的反抗,"元至大三年(1310)四月,容米洞官田墨纠合蛮酋,杀千户及戍卒八十余人,俘掠良民"。③ 同年,元朝又遣使招徕。至大三年十一月,"四川行省绍庆路所隶容米洞田墨,连结诸蛮,攻劫麻寮等寨,方调兵讨捕,遣千户塔术往谕田墨施什用等来降。宜立黄沙寨,以田墨施什用为千户,塔术为河东、陕西等处万户府千户所达鲁花赤"。④ 可没过多久,泰定元年(1324)十二月,"夔路容米洞蛮田先什用等九洞为寇,四川行省遣使谕降五洞,余发兵捕之"。⑤ 泰定三年(1326)四月,"容米洞蛮田先什用等结十二洞蛮寇长阳县,湖广行省遣九姓长官彭忽都不花招之,田先什用等五洞降,余发兵讨之"。⑥ 之后,容美土司对元王朝开始依附。元至顺二年(1331)秋七月辛丑,"怀德府洞蛮二十一洞田先什用等以方物来贡,还所虏生口八百余人给其家"。⑦ 在传统的朝贡体系下,这意味着容美土司对元的臣服。

元代,容美土司地域族群全面地与国家主体民族及王朝国家接触,正史也开始出现"容米""容米洞""容美"等记录。现在的容美地区大姓林立,寨峒十数,容美首世先祖墨施什用⑧在接受招安之后仅任"黄沙寨土千

---

① (清)毛峻德纂修《鹤峰州志》卷上《沿革》,乾隆六年(1741)。
② 佚名:《招捕总录》,转引自田敏《土家族土司兴亡史》,民族出版社,2000,第6页。
③ (明)宋濂:《元史》卷23《本纪二十三·武宗二》,中华书局,1976。
④ (明)宋濂:《元史》卷29《本纪二十三·武宗二》,中华书局,1976。这里的"墨施什用"应是土家语名字,"墨"即"天","施"即"刚刚生长","什用"即"长官",故这一土司主名字可以引申为"新的最高长官"的意思。
⑤ (明)宋濂:《元史》卷29《本纪二十九·泰定帝一》,中华书局,1976。
⑥ (明)宋濂:《元史》卷30《本纪三十·泰定帝二》,中华书局,1976。
⑦ (明)宋濂:《元史》卷35《本纪三十五·文宗四》,中华书局,1976。
⑧ 《招捕总录》为"墨施什用",《元史》为"田墨施什用",又为"田墨",这从侧面说明了元代至明代容美土司的语言变迁情况。

户"，在元代滥用土司名号的背景下，这只能是小土官。这在高级别宣慰司、宣抚司林立的鄂西土酋社会中，影响有限。中央王朝多以利诱来让其归顺。元至大二年（1309），"施州容美洞麦色什侵寨官，铲掠居民。川省拟友庆领兵入贼巢。麦色据险，不能挫制。友庆出己资金币十端、二十锭，倾诱归款。从容谕以威德。麦色什感泣待罪。上悯其悔罪，授麦色什黄沙千户"。① 容美"蛮酋"负险抗拒，王朝也好以物诱之。从土司主体看，在接触初期，显然容美诸峒对元王朝陷入矛盾式的认同之中，既有好奇臣服之心，又有怀疑防备之心，也即"矛盾式"认同。

至正十年，容美田氏终由千户升级为土府，这比经常反叛王朝的散毛府（1294）晚了56年。此阶段，容美田氏还在溇水河谷合纵连横，力图统一这一地域的众多大姓和寨峒。元王朝外大中虚，使得其对容美土司地域的蛮酋尽量采用安抚策略，对这一地域的蛮酋很难实际控制。容美地域诸大姓正是在这一背景下受封于元王朝的。此时，土司制度在容美地域还未能形成一种有效的约束框架，土、客冲突频繁。容美土司此时有了一些王朝正统观念，但还未能内化为族群深层意识。

（二）元末明初容美土司的抵制式认同

元末明初，鄂西一带动荡不安，容美土司为保护自身利益，对诸类政权大多采用抵制态度。在容美土司升级后的至正十一年（1351），湖北蕲州罗田县将领徐寿辉率领红巾军攻陷蕲水镇、襄阳及峡州，乱及峡江地区。元王朝岌岌可危，故大大提高鄂西南诸土司的级别，② 以笼络"峒蛮"。元顺帝至正二十六年（1366），朱元璋灭陈友谅后"尽有江楚之地"，明玉珍据巴蜀，并在至正二十三年于重庆称帝，立国号为"夏"。明玉珍势力管控鄂西南，设忠建都元帅府，升散毛为沿边军民宣慰使司，升镇南长官司为宣抚司，但对处在溇水河谷的容美土司还鞭长莫及。至正二十六年，在朱元璋麾下大军快至澧州前夜，田光宝遣使以表归附。"容美洞宣抚使田光宝遣弟光受及宣慰同知彭建思等，以元所授宣勒印章来上。命光宝为四川行省参政行

---

① 哈锐、任承允、贾缵绪：《天水县志》卷13《艺文志二·金石·曹安德墓碑》，民国28年（1939）。

② 元至正六年（1346）朝廷升散毛为宣抚级大土司，元至正十一年升永顺安抚为宣抚司，之后又升大奴管勾洞为忠孝安抚司，升盘顺府为安抚司。

容美洞等处军民宣抚司事，仍为置安抚元帅以治之。"① 也就是说，容美土司选择了地理上更为靠近的朱元璋势力。至正二十七年正月，容美土司又受封，"改容美洞等处军民宣抚司为黄沙、靖安、麻寮等处军民宣抚司，以田光宝掌司事，并立太当平、台宜、麻寮等十寨长官司"。② 洪武三年（1370）二月，田光宝遣弟光受以元所授诰敕印章诣行在请换，上命光宝为四川行省参政，行容美等处军民宣慰使事，仍置安抚元帅治之。至此，容美土司得以逐步依附明王朝。

明初，容美土司受"覃垕之乱"牵连，导致明王朝对其并不信任。至正二十七年三月，朱元璋治下湖广行省参政杨璟"取澧州石门县"，石门县北的土酋覃顺、唐湧归顺，其中覃氏受封为添平千户所，唐氏为麻寮千户所。两所控厄容美南向要道，其意图十分明显。杨璟的做法让容美地域"蛮酋"心里不悦。慈利土酋覃垕率先起来反抗明军。洪武三年四月，"湖广慈利县土酋覃垕连构诸洞蛮为乱。命湖广行省平章杨璟以兵讨之。勒谕璟曰：'蛮恃山溪阻险，乘时窃发，出没无常。若根诛其党，必深入山谷，伤损士马。所得不足以偿所费。今师入其境击之，但使远去，不会出扰州县可也。不必穷其巢穴，更宜约束麾下，慎无逐利轻动'"。③ 覃垕是慈利军民宣抚司，在容美南路影响较大。杨璟明军遭到覃垕土军重创，明太祖朱元璋改用明将周德兴沿澧水攻击覃垕寨堡。洪武四年（1371）四月，"中山侯汤和师克归州李逢春烽火山寨，分遣南雄侯赵庸、宣宁侯曹良臣帅兵取桑植、容美洞。及会江夏侯周德兴合攻茅冈覃垕寨"。④ 容美土司参与了"覃垕之乱"。同年，明军"克归州山寨，取容美诸土司。会周德兴拔茅冈覃垕寨"。⑤ 而"容美宣抚司"被降为"长官司"。显然，明王朝以宽容的态度对待容美土司，这让容美土司十分感激，并在洪武五年（1372）正月对明王朝进行了朝贡，"四川容美洞宣抚使田光宝子答谷什用等入朝，贡方物，赐光宝文绮二匹，答谷什用等人衣一袭；仍改容美洞军民宣抚司为长官

---

① 《明太祖实录》卷19《丙午二月丁卯条》。明玉珍据鄂西时间为至正十七年（1357）至洪武四年（1371）。

② 《明太祖实录》卷22《永乐二年春正月壬午条》。

③ 《明太祖实录》卷51《永乐四年三月丁亥条》。

④ 《明太祖实录》卷64《永乐五年二月戊子条》。

⑤ （清）张廷玉：《明史》卷133《曹良臣传》，中华书局，1974。

司,秩正六品,以光宝为长官"。① 洪武七年（1374）十一月,"诏置容美洞宣抚司及水浕源通塔坪、石梁下峒、五峰石宝等六长官司。然而诸峒为乱方兴未艾,旋又降废"。② 这是因为容美土司参与了向天富等土酋的叛乱。"田胜贵,光宝子,袭父职以后,峒蛮向天富作乱,牵连革职。永乐三年（1405）,复下诏招抚,授为宣抚司。"③ 也即容美土司参与峒蛮动乱,直到明永乐年间才得以恢复。

面对动乱频发的湘鄂边山区,明王朝决定加强统治。洪武十四年（1381）六月,明王朝为加强对鄂西南的控制,设置了施州卫军民指挥使司。施州卫的设立自然挤压了土司的空间。同年九月,容美地域的水浕源通塔坪勾连散毛诸洞长官作乱,"四川水浕源通塔平（坪）、散毛诸洞长官作乱,命江夏侯周德兴移兵讨之,仍命汝南侯梅思祖、都督金事张诠为之副,时德兴帅师征五溪蛮,蛮人散走,及是命复讨诸洞,未几,皆平之"。④ 故明王朝又进一步加强防控。洪武十七年（1384）正月,"湖广左布政使靳奎言:'归州所辖长阳、巴东二县,居大江之南,地连容美诸洞,其蛮人常由石柱、响洞等关至巴东劫掠。有土民谭天富者,常率众击败之,归所掠男女二十二人,斩首十三级,生擒四人。事闻于朝,已蒙赏赉,然天富止能自保其乡,他所被寇者,须报州县移文军卫,发兵剿捕,动经旬日,贼已遁去,臣愚以为若于蛮人出没要路,如椒山寨、连天关、石柱、响洞、塞家园等处,选土民为众推服如天富者,授以巡检,俾集乡丁,自为保障,则蛮人不敢窃发矣。'从之"。⑤ 而这又激起了反抗,洪武十七年（1384）七月,"景川侯曹震言:'容美、管勾、沿边、大旺、散毛等洞蛮寇,时出劫掠为民害'"。⑥ 总之,洪武年间,峒蛮时叛时服,明王朝不断加强统治。

元末明初,田光宝及子田胜贵是容美土司主事。田光宝在复杂的社会形

---

① 《明太祖实录》卷72《永乐六年三月壬辰条》。
② 《明太祖实录》卷94《永乐七年秋七月丁亥条》。
③ 蔡韬:《鹤峰州志》卷1《沿革》,民国32年（1943）。田舜年在《五峰安抚司列传》中也道:"五峰司张友富者,为伊司之始祖。元夏时,容美之五峰石宝安抚也。至于张仲山,洪武六年,因洞蛮向天富之故,始一例改降长官。"参见（清）李焕春主修《长乐县志》卷14《艺文上》,咸丰二年（1852）。
④ 《明太祖实录》卷139《永乐十年九月丙午条》。
⑤ 《明太祖实录》卷159《永乐十二年十二月己酉条》。
⑥ 《明太祖实录》卷163《永乐十三年八月壬戌条》。

势之下,纵横鄂西,使容美在明初能屹立于鄂西南。严守升在《田氏世家·田光宝》中分析和评价了田光宝的心态及成就:"以为低昂首耳。独是光宝袭祖宗之旧业,识时知命,谨奉正朔,保境息民,可谓贤矣。且明之际,韩山童、徐寿辉、陈友谅、明玉珍之徒,窃土僭号盗名器者不可胜数。况容美疆土,逼处伪夏蚕食之交,自非卓然独见,不为浮名所惑,安能若是长保富贵乎?由此论之,公之不坠先业,克世其家,已无愧于前世。而其识时择主,箕裘重新,则于先代为令嗣于后裔,实又为鼻祖也。虽年代攸远,文献无稽,无从述其德政行谊,然迹其所为,亦可遥断其为非常之雄杰矣。厥考乾宗,以世叙无据,未便立传,附此论曰:自古创业守成,两称其难矣。若乃以传为守,仍以守为传,如田光宝公,奉数百年不朽之基,会逢革命,克终前宙,钟虚不惊,光载史册,大书特书岂不难哉?"[1] 田光宝之子田胜贵也消极地应对时政,他"值后峒蛮向天富作乱,横行溪洞之间,连城带邑,几亘千里,莫不受其劫制,朝廷命帅师征讨,诸地为贼攻剽,各司印凭,为贼所害,以致不分顽善,混革职衔,初未尝究治其罪,然公以山林狂戆之性,一旦见朝廷文法相绳,自念土人僻处不毛,即世享终王,亦不过戎索羁縻而已。名爵高卑何关荣辱哉?遂悻悻自负,不复陈诉,以此印诰停搁多年,朝廷不颁,公亦不请。迨永乐三年,氛祲少息,始下诏,召抚溃散土司,谓军民寡少,暂设宣抚事,俾公管掌,所谓一不朝贬爵,再不朝削地"。[2] 可见,田光宝和田胜贵对王朝势力的认同是有限的。

元至正十一年(1351)至永乐四年(1406)这55年,容美土司与元、夏、明三个朝廷的关系曲折离奇。在这期间,容美土司与相邻诸"峒蛮"勾连反抗朝廷的统治,也遭受多次挫折。容美土司也试图通过朝贡来表达对王朝的认同,但是,由于与王朝之间相互缺乏信任,容美土司在国家认同方面是比较消极的。

第三节 明代中叶至明末容美土司的认同

在永乐四年(1406)至崇祯十七年(1644)的238年里,容美土司的

---

① 五峰长乐坪民国《容阳堂田氏族谱》卷3《明太史华容严守升撰田氏世家》。
② 五峰长乐坪民国《容阳堂田氏族谱》卷3《明太史华容严守升撰田氏世家》。

国家认同逐步厚重、成熟和稳定。容美土司对国家的认同也逐步从"依附式认同"发展到"主体性认同"，族群在国家政治社会结构中愈加自信。其间，容美土司与中央王朝维持着越来越密切的关系，土司制度在容美从"名号"逐步走向"实践层面"。容美土司国家认同的案例也成为中华民族多元一体和中华民族凝聚力形成、存续和强大的经典案例。

（一）"永乐定制"下容美土司的依附式认同

李荣村认为"永乐定制不仅指土司等级的规定，也包括永乐四年（1406）颁订土司麾下诸土官的品秩，以及参用'流官吏目'于土司衙门的制度"。[①] 也即在明永乐四年，鄂西南诸土司得以重新额定品级、所属、流官参治等。田敏先生认为"永乐定制"即"在洪武末年明朝大量废除土司后，明王朝感觉对这些地方难以直接管理，以至又大规模地恢复原来的土司，并将洪武以来形成的及永乐年间新制定的土司治理策略以制度的形式固定下来，不再轻易变更"。[②] 在明永乐以后，中央王朝制定了土司等级、隶属、承袭、土司升迁、朝贡、纳税、薪级等一系列的制度，土司之法才真正完备。明"永乐定制"之后至清雍正改土归流前的300多年时间里，鄂西南诸土司极少发生变动。在明代永乐年间，中央王朝对容美土司的管理进入制度化时期。在明永乐年间以前，中央王朝在两湖西三角地带实施了土司制度，但这种制度并不完善。只有到永乐年间后，土司制度在实施上才较完备。

"永乐定制"对容美土司以及鄂西南诸土司的意义是重大的。

一是"永乐定制"把容美定职为与忠建、施南及散毛并重的四大宣抚司之一。"永乐定制"时，明王朝对鄂西南土司普遍降级，宣抚司在施州卫已属最高级别土司。永乐四年六月，"置湖广容美、忠建、施南、散毛四宣抚、经历、知事各一员"。[③] 这样，容美土司已不再是元代那个低级别的小土司了，而成为这一地区最高级别的土司。永乐五年（1407）二月，"复设五峰石宝长官司，隶湖广都司。初，大军征蛮，蛮民皆窜匿，长官司遂废。

---

① 李荣村：《元明清容美土司兴亡史（1308～1734）》，载《蒙藏学术会议文集》，台北："中国文化大学"出版社，1988。

② 田敏：《土家族土司兴亡史》，民族出版社，2000，第95页。

③ 《明太宗实录》卷55《永乐四年六月癸亥条》。

至是，长官张仲山子再武、陈谦珉子斌等乞复旧，以抚辑其众。从之。命再武为长官，斌为副长官，赐印章、冠带"。[1] 永乐五年，"镇南长官覃兴等来朝，称系世职，洪武中废，今招徕蛮民三百户，乞仍旧，既五峰石宝长官张再武亦以袭职请，从之。同时，设东乡五路安抚，以覃忠为之，隶施南。设石梁下峒、椒山玛瑙、水尽（浕）源通塔平（坪）三长官司，以向潮文、刘再贵、唐思文为之，隶容美"。[2] 永乐五年（1407）三月，"复设东乡五路安抚司，命谭忠为安抚，隶施南宣抚司。石梁下峒、椒山玛瑙、水尽（浕）源通塔坪三长官司俱隶容美宣抚司。命向潮文、刘再贵、唐思文为长官。洪武初，各于其地设置治所，后蛮民梗化，遂废"。[3] 这样，除五峰司之外，容美土司的定职及所属已基本成形。

二是在容美土司内设立流官。永乐年间，中央王朝派遣流官参治。土司参用"流官吏目"是中央王朝加强边缘地区管控的重要措施。永乐四年六月，"置湖广容美、忠建、施南、散毛四宣抚司，经历、知事各一员"。[4] 中央王朝把经历、知事等流官派遣到土司之内，一方面监督土司的行政，另一方面也让土司了解中央王朝的制度、意识形态及主流文化。永乐七年（1409）秋七月，己卯，"置湖广五峰召（石）宝长官司流官吏目一员"。[5] 永乐九年（1411）二月，"置湖广容美宣抚司之水尽（浕）源通塔坪、石梁下洞（峒）二长官司流官吏目各一员"。[6] 容美及其所属土司中的流官既是王朝监视地方的方式，又将影响土司的国家认同心态。

三是"永乐定制"后，容美土司朝贡增加，并渐成定例。朝贡是土司国家认同的重要体现。明永乐年间始，土司进贡颇盛，进贡次数增加，贡物越来越多，进贡人数规模增大。明永乐年间，容美土司开启了频繁的朝贡之旅。永乐八年（1410）六月，"湖广容美宣抚司宣抚田胜贵遣把事杜贵达等，贡方物。皇太子赐之钞币"。[7] 永乐十二年（1414）十二月，"石梁下洞

① 《明太宗实录》卷64《永乐五年二月丙午条》。

② （清）张廷玉：《明史》卷310《湖广土司》，中华书局，1974。

③ 《明太宗实录》卷65《永乐五年三月乙卯朔条》。

④ 《明太宗实录》卷55《永乐四年六月癸亥条》。

⑤ 《明太宗实录》卷94《永乐七年七月己卯条》。

⑥ 《明太宗实录》卷113《永乐九年二月壬寅条》。

⑦ 《明太宗实录》卷105《永乐八年六月癸亥条》。

（峒）长官唐朝文来朝，贡马贺明年正旦。赐钞币有差"。[1] 永乐十九年（1421）春正月，"礼部尚书吕震上，蛮夷来朝，赏例三品、四品人钞百五十锭，锦一段，纻丝三表里，五品钞百二十锭，纻丝三表里，六品、七品钞九十锭，纻丝二表里，八品、九品钞八十锭，纻丝一表里，未入流钞六十锭，纻丝一表里。上曰：朝廷驭四夷当怀之以恩，今后朝贡者，悉依品给赐赉，虽加厚不为过也"。[2] 永乐二十一年（1423）十二月，"石梁下峒长官司吏目王瑜、水尽（浕）源通塔平（坪）长官唐思文……龙潭安抚司田应虎，镇南副长官廖均得，高罗安抚田大民，忠峒安抚田大智，忠建宣抚田大望，金峒安抚覃添贵，容美宣抚司经向书荣，木册长官田谷佐，椒山玛瑙长官覃万良等，各遣人贡马，贺明年正旦"。[3] "永乐定制"后，容美及所属土司的进贡逐步实现了制度化，这也为土司与国家提供了正式的交流途径。

四是"永乐定制"后，容美土司的隶属关系已然清晰。洪武二十三年（1390），改"施州卫指挥使司"为"施州卫军民指挥使司"，下辖鄂西南诸土司。土司内又由高级别土司管辖司内或邻近低级别土司。永乐四年（1406），施州卫下设四大宣抚司，四大宣抚司下设诸安抚司，其隶属关系非常清晰。"施南宣抚司下辖东乡、忠路、忠孝、金洞四安抚司；忠建宣抚司下辖忠峒、高罗两安抚司；散毛宣抚司下辖龙潭、大旺两安抚司；容美宣抚司下辖椒山玛瑙、石梁下洞、五峰石宝、水浕源通塔坪四个长官司。"[4] 另外，镇南长官司和唐崖长官司是单立的。土司隶属的设置要根据地理条件、地缘政治、大姓情况来综合考虑。从容美土司的隶属设置来看，"永乐定制"还算科学，故其隶属关系可以维持300多年。

"永乐定制"对容美土司国家认同的影响是空前的。永乐之前，"土司名号"仅是中央王朝安抚边缘族群的一种策略；永乐之后，土司已经完全纳入中央王朝的官僚体系之中，土司成为国家行政机构中的构成部分。在边缘地区行政力量的加强，让容美国家认同从矛盾式认同逐步转化为依附式认

---

[1] 《明太宗实录》卷 159《永乐十二年十二月辛未条》。

[2] 《明太宗实录》卷 233《永乐十九年春正月丙子条》。

[3] 《明太宗实录》卷 266《永乐二十一年十二月癸酉条》。

[4] 胡挠、刘东海：《鄂西土司社会概略》，四川民族出版社，1993 年；龚荫：《中国土司制度》，云南民族出版社，1992，第 20 页。

同。这一依附式认同,让容美土司获得了大面积共享内地文化、物质成果的条件。从王朝来说,"永乐定制"是这一区域土司制度建设的关键事件。从地方来说,则拉开了土司"计划性认同"的序幕。

(二) 明代中后期容美土司的主体式认同

明代中叶,容美土司开启了主动性、全面性的"国家化"的进程。这一主体性认同具有很强的计划性。明正德年间容美土司内部争袭,发生了"弑父杀兄"的惨案,这让土司反思自己的文化缺陷。容美土司自觉地开始了大规模的"文明化",容美土司的国家认同逐步进入主体式认同阶段。

1. 容美土司"文明化"进程中的主体认同

明正德年间,容美土司田世爵大力推行"文明"运动,在这一进程中,容美土司逐步实现了主体式认同。大规模"文明化"开始的标志性事件为"白俚俾争袭案"。《明实录》载:"湖广容美宣抚司宣抚田秀,爱其幼子世宗,将逐其兄白俚俾,而以世宗袭职。白俚俾恨之,诱强贼杀其父及世宗。事间,下镇巡等官验治,凌迟处死。土官唐胜富、张世英等为白俚俾奏辩,当坐。诏以夷獠异类,难尽绳以法,令戒饬之。"① 《明史》也有类似记载,只是未提"世宗"之名。当中央王朝发现这一事实之后,仅"戒饬"之。从民国《容阳堂田氏族谱》中看,白俚俾为田秀庶长子,田世宗为田秀嫡长子。白俚俾因非嫡系,难以顺继,故发动政变,弑父杀兄。"秀以介弟承祖父业,继为容美宣抚使一十有三年,生子七人,嫡长子曰世宗,次子世祖、世贵、五哥俾、六哥俾、七哥俾,并庶长子百里(俚)俾,而世爵行居第七,即乳名七哥俾也。百里俾生而豺声蜂目,包藏祸心,自度己于诸子中,年虽长而母贱,父年百岁后,分不当立,遂阴结父左右为心腹,欲弑父并屠诸弟以自立。谋既定,无间可乘,会父出外巡边,因乘便杀其应袭嫡长世宗及世祖、世贵、五哥俾、六哥俾五人,而嗾其党同知家,弑父于观音坡之河侧,时宏(弘)治十八年(1505)。"② 这一事件令后继土司主田世爵十分震撼。"公痛惩乱贼之祸,始于大义不明,故以诗书严课诸男,有不嗜学者,叱犬同系同食,以激辱之。"③ 之后,容美土司文人辈出,土汉经济

---

① 《明武宗实录》卷144《正德十一年十二月庚申条》。
② 五峰长乐坪民国《容阳堂田氏族谱》卷3《明太史华容严守升撰田氏世家》。
③ 五峰长乐坪民国《容阳堂田氏族谱》卷3《明太史华容严守升撰田氏世家》。

文化繁荣交流，土司真正把国家主流文化作为自己的文化来对待。

2. 容美土司匡扶明朝社稷中的主体认同

从明嘉靖年间至明崇祯年间，明王朝日趋衰落。明王朝先后在抗倭、抗击农民军、抗击清军的旋涡中陷入困局。在王朝艰难时，容美土司以其微薄的力量匡扶风雨飘摇的王朝国家。正是在这危局之际，容美土司的国家认同得以检视。从明代后期看，容美土司对明王朝的认同积淀在土司的深层，展示国家与土司一体的主体性认同的深情。

明代嘉靖年间，倭寇屡犯浙、闽地区，容美土司主田九霄、田九龙等带领土司倾巢而出，勇抗倭寇，大获全胜，立下"东南第一功"。嘉靖三十五年（1556）正月，容美土司主田九霄带领土兵随浙江总督胡宗宪取得了"黄家山大捷"，"福建倭寇流入浙江界，与鱼塘寇合，原任留守王伦、督容美土司田九霄等兵，扼之于曹娥江，贼不得渡，还走，官兵追及之于三江民舍，连战，斩首二百级，复追至黄家山，尽歼之"。[①] "总督胡宗宪以浙江黄家山捷闻，请录容美应袭田九霄、舍人田九章及原任留守王伦功。上从部拟，命九霄袭宣抚职，以红纻衣一袭赐之；九章给冠带。"[②] 嘉靖三十五年十一月，容美土司和保靖土司、永顺土司一起，荡平倭寇，"赏宣抚田九霄银五十两，仍复祖职"。[③] 而保靖、永顺两土司主同样也给赏五十两白银。容美土司在抗倭战争中，虽有所牺牲，但也因此变得更加强盛。

明天启七年（1627），容美土司田氏带兵翻越独岭山脉上的关隘菩提隘，土司兵力全面进入天池河流域以及长乐坪台地，直逼渔洋关巡检司。"古名菩提隘，与（容美）土司接壤。明设巡检以守之。土人不许出境，汉人不许入峒。天启元年（1621）土司侵占滋扰。巡检兵寡，退保渔洋关。"[④] 菩提隘原是长阳县所设的巡检处，菩提隘以东的五峰、水浕及石梁诸长官司在长阳南西南边缘地带，与容美司相对隔绝，田氏土司想接触所属土司，必然要经过长阳县地。明天启元年至七年（1621～1627），容美土司田氏东侵菩提隘，从而控制了天池河流域以及长乐坪台地的大量土地，并在东部边境

---

① 《明世宗实录》卷431《嘉靖三十五年春正月癸亥条》。
② 《明世宗实录》卷431《嘉靖三十五年春正月丁亥条》。
③ 《明世宗实录》卷441《嘉靖三十五年十一月丙寅条》。
④ 宜昌市档案局、宜昌市地方志办公室：《（同治）宜昌府志》，内部资料，2002，第58页。

设立了百年关。至明末，田楚产、田玄两父子又同样以武力振兴容美土司，统一土司全境，侵占长阳县西南地，宣誓效忠朝廷。此时，清军屡犯边关，境内农民军又广泛流窜，朝廷疲于应付。"田玄，字太初，号墨颠，楚产长子。闯、献寇起，从征助饷，晋授宣慰使。"① 容美土司主田玄正是在这样的政治变局中，扶助社稷，中央王朝终于升容美土司为施州军民府唯一的宣慰司。

明末，容美土司东侵，并非其不效忠朝廷，而是此时明王朝无力控制这些地方。此时，农民军四起，卫所废弛，中央王朝难以应付，正需要容美土司这样可以依靠的力量。田玄任容美土司主时，天下大乱，"至其尽瘁王室，终身忠勤不懈，虽丁未造之时，寇盗蜂起，张献忠、李自成等攻城掠地，所在云扰，公遣其胤子霈霖、甘霖、既霖、弟圭、赡等，率精兵，自裹糇粮，随大司马援剿捣竹、房，援襄、邓卫护惠府亲藩，前后凡六七次，所向有功，又解饷以助军需。事闻，天子嘉其忠勤，优诏褒之，乃赐复国初旧职，由宣抚使职，进为军民宣慰使宣慰之职"。② 而田玄忧心王事，"厥后闯贼犯关，燕京失守，至尊蒙尘，公闻变哀悼，为废寝食者累日。其甲申除夕诗，同文相国赋者，为'矢志终身晋，宁忘五世韩'，等咏载在家乘，其悲悼流连，情见乎，辞也如此。即荆、襄、常、岳之间，四方风靡，赍印迎降者，比比皆是。公独发兵堵截，贼将马回回弃澧城，走避我兵。及弘光即位晋都，隆武称号闽中。烽光照天，道路阻绝，犹蜡丸表线间行在，屡上恢复之计，朝廷嘉之。敕慰书劳，属以融保河西之义。于斯时也，戎马长驱，无一寸干净之地，绅缙上流，避地相依。如彝陵文相国铁庵、黄太史，宜、枝、松滋、远安、归州、梅昭平君爕，及公安姓族，不下数十辈。公皆官养，始终无倦。至华阳，光泽诸郡王，华容孙中丞蒿齐，程孝廉文若，江陵陆玉田、玉子辈，避居九永诸处者，皆不时存问周恤之。虽烽烟四逼，独容阳一区，称为乐土者，比之桃源武陵，良不虚矣。何南风不竞，公见时事日非，乃忧悒成疾而卒。当守闻之，震悼不已，赐祭六坛，仍赠太子太保、后军左都督、加正一品服色。呜呼！"③ 如"崇祯十二年，容美宣抚田玄疏言：

---

① （清）吉钟颖等纂修《鹤峰州志》卷1《沿革志》，道光二年（1822）。
② 五峰长乐坪民国《容阳堂田氏族谱》卷3《明太史华容严守升撰田氏世家》。
③ 五峰长乐坪民国《容阳堂田氏族谱》卷3《明太史华容严守升撰田氏世家》。

'六月间,谷贼复叛,抚治两臣调用土兵。臣即捐行粮战马,立遣土兵七千,令副长官陈一圣等将之前行。'悍军邓维昌等惮于征调,遂与谭正宾结七十二村,鸠银万七千两,赂巴东知县蔡文升以逼民从军之文上报,阻忠议而启边衅。帝命抚按核其事。时中原寇盗充斥,时事日非,即土司征调不至,亦不能问矣"。[1]

自永乐年间至明末,容美土司对中央王朝的认同度空前提高,展示出主体性认同的内涵。一是频繁的进贡。明代容美土司在永乐、宣德、嘉靖三朝时期进入进贡的高潮期。容美土司把本地产的方物以及土司例贡的马送至北京。在特殊时期还进贡了有针对性的方物,如送大木帮助皇帝修建在湖北钟祥的承天府的明显陵。二是舍身为国的征战。不像在元朝时到处抢夺,明永乐年间后,容美土司为国征战,既防备武陵本地的苗患,也征战水西土司、参与平定播州土司叛乱,参与明王朝打击叛乱的农民军以及入侵东南沿海的倭寇。三是非凡的文化成就。在明代,容美土司与汉地名士交往,大力学习王朝主流文化,取得了非凡的成就。在这些事实之下,中央王朝逐步培养起了容美土司忠君爱国的意识,这在土司的诗文和戏剧中得到了生动的体现。

第四节　清代容美土司的认同

顺治元年（1644）,清兵入关,明朝灭亡。容美土司因其儒家正统观而难以对"清"形成认同。容美土司在清代一直存在错位认同,这让其陷入困境。容美土司对于这个满人主导的政权内心非常抵触,只是迫于清廷压力,容美土司不得不与之周旋。这一时期,容美土司与南明、农民军、吴三桂等多股势力交织在一起,但其内心"奉正朔,守防禁",认同代表国家正统的王朝。而初期的清王朝并不被广泛奉为正统,故清初容美土司对清王朝的认同十分纠结。

（一）清初容美土司的错位性认同

顺治元年（1644）,李自成农民军兵败后从陕西沿汉水向鄂西逃窜,张献忠流寇进入四川,蹂躏人民。与此同时,"川东十三家"的李锦、刘体纯

---

① （清）张廷玉:《明史》卷310《湖广土司》,中华书局,1974。

等农民军散布于川东鄂西的峡江地带。顺治二年（1645）九月，明总督何
腾蛟、巡抚堵胤锡招降农民军李闯，明朝遗臣与张献忠、李闯合作抗清，渝
东鄂西的峡江地带成为抗清的重要地带。

而农民军进入鄂西后，土司与农民军的矛盾不断加深。早在崇祯七年
（1634），张献忠领导的农民军从清江与长江之间的鄂西山地通过，"崇祯七
年，流寇自楚入蜀，由巴东过建始，统众数万"。① 其间，鄂西南土司与农
民军各自为安。顺治三年（1646），李自成和张献忠先后被杀，其余部在
李过、高必正等带领之下，活跃在鄂西土司北部地区，并与明代遗老合
作，共同抗清。可是，"'夔东十三家'在土家族土司地区也当实行过招抚
政策，映衬到的却是土司比较一致的抵抗"。② 顺治四年（1647）五月，
"一支虎即李过，始率十三家余烬入卫地，肆屠掠，与土司战于城南，大破
之，遂移营容美"。③ 土司"守卫世土"，定不容外人染指，故一致性地对抗
农民军。

清初，容美土司因大明亡国而陷入认同的混乱，既可能因为对农民军的
厌恶，又可能因为清军进军澧水，直逼容美。清顺治十三年（1656），容美
土司田既霖率部降清，"湖广容美土司田既霖以所部二万投诚。上嘉奖之，
命所司迅叙"。④ 清王朝表彰其投诚，"既霖投诚，我朝晋授容美等处军民宣
慰使，加少傅兼太子太傅，赐蟒玉正一品服色，丙申年卒，年三十有八"。⑤
但此时，投降清军并不是明智之举。容美土司投降清朝不仅惹恼了农民军，
也让土司内部信奉大明的人十分反感。顺治十四年（1657）正月，"是年正
月，体纯、天保遣其党刘应昌等四人将锐卒二千渡江昼伏夜行，抵容美擒土
司田甘霖及其妻子以归，尽驱江南民北渡。容美以金银数万赎。甘霖，乃遣
还"。⑥ 投降清朝的土司主田既霖就这样陷入死局之中。田既霖任司主时，
农民军还未至容美府治。因此，田既霖不可能为农军民所杀，而很可能因投

---

① （清）多寿修《恩施县志》卷 12《兵事志》，民国 26 年（1937）铅印本。
② 田敏:《土家族土司兴亡史》，民族出版社，2000，第 158 页。
③ （清）罗德昆纂修，王协梦协修《施南府志》卷 17《武备志》，道光十四年（1834）。
④ 《东华录》卷 6，顺治十三年六月辛丑条。
⑤ （清）吉钟颖等纂修《鹤峰州志》卷 1《沿革志》，道光二年（1822）。
⑥ 《西山寇》，载《湖北通志》卷 69《武备志七·兵事三》，转引自鹤峰县、五峰县统战部等
编《容美土司史料汇编》，内部资料，1984，第 421 页。

降清朝而被司内"奉正朔"者所杀。田既霖之兄、前任司主田霈霖，与其麾下水泙唐镇邦、唐继勋及唐公廉都忠诚于明朝，故此时可能司内有内乱，他们除掉降清的田既霖，而让其弟田甘霖上位司主。但田甘霖也受牵连。才任司主，田甘霖就被"西山寇"掳走。幸得南明相国文安之周旋，容美土司又花巨金，田甘霖才得以在农民军中保得性命。之后，他脱离农民军，又陷清军军营。康熙十年（1671），田甘霖得以返回司署，"因为先朝，余镇负固西山者，为口实，要留刘帅营中，强加授招讨敕印，公解险得脱，出亡松、澧者有六年，始返旧疆"。① 可以说，容美土司在清初的外交策略中败得一塌糊涂。

清代容美土司的错位式认同在新任司主田舜年身上得到生动的体现。康熙十四年（1675），田舜年继任司主。"田舜年，字九峰，受吴逆伪承恩伯敕，后缴。奉檄从征有劳绩，颇招名流习文史，刻有《廿一史纂》。日自课，某日读某经、阅某史至某处，刻于书之空处，用小印志之。有《白鹿堂集》、《容阳世述录》。"② 顾彩说其"少被家难，辛苦备尝"，即是说其父亲田甘霖被农民军、清军所掳，长达11年，而田舜年"经营救父，故常流寓江陵"。③ 田甘霖回司四年而卒，田舜年承袭，年35岁。

田舜年试图与清朝交好，但清朝对其防备甚多。康熙十三年（1674），吴三桂势力进入湘西北，容美土司接受其敕封。康熙十七年（1678）八月，吴三桂病死，三藩分解，势力趋弱。康熙十八年（1679），清军从荆州渡江，尽占江南的宜都、长阳、松滋、枝江、澧州、石门等地，逼近土司。康熙二十年（1681），田舜年携着吴三桂颁的承恩伯印去换取清廷的新印，田舜年在《披陈忠赤疏》中描述了其向朝廷索要印信。④ 康熙二十一年（1682）四月，田舜年得到清朝印信，却极为失望。田舜年在《恭报颁到印信疏》中提到："遣员赍缴容美都统司承恩伯伪银印一颗，并标下总兵、副

---

① 五峰长乐坪民国《容阳堂田氏族谱》卷3《明太史华容严守升撰田氏世家·田武靖公父子合传》。

② （清）赵尔巽等：《清史稿》卷512《土司一·湖广》，中华书局，1977。

③ 高润身主笔《容美纪游注释》，天津古籍出版社，1991，第4页。

④ 表面是"恭请"，实质是"索要"，田舜年向清廷陈述其理由：一是土司历受国恩；二是驻扎要地；三是防御吴三桂；四是强劲的"四十余部"等势力。参见鹤峰县、五峰县统战部等编《容美土司史料汇编》，内部资料，1984，第17页。

将、参游守、安抚、长官、指挥等伪印信四十颗,并伪书、伪札,于大将军顺承郡王,及本省督臣军前。两经督臣题请,俱蒙皇上天恩,敕部优议,止蒙议给宣慰印信与椒山安抚、备征百户、长茅指挥四印,其余俱未颁发。"①田舜年索要 40 余颗印信,清朝只给了 4 颗印信。清朝对田舜年并不信任。湖广总督蔡毓荣还怀疑容美土司田氏"假顺",故以田舜年长子田昞如为间谍,查探土司消息。他同时还上奏章弹劾,并罗织了"自称都统,招亡纳叛,自铸印信,设官分职及其印行的历册不书正朔、国号,有明朝遗臣严首(守)升所撰《〈田氏一家言〉序》"等罪名。②当然,这些"罪名"大多属实,如田舜年编辑《田氏一家言》得到了汉地文人严守升、文安之的帮助;文安之死后就埋葬在土司中府后的紫草山上,并派有宋氏守墓;在土司内上演京城禁演的《桃花扇》。也即在内心,田舜年对大明王朝非常认同,以大明为正朔、正统。康熙四十五年(1706),在湖广总督石文晟等参劾之下,田舜年去武昌应诉,死在狱中。

清初的错位式认同才是土司发生悲剧的根本原因。田舜年在任职期(1675~1706)内,随机应变,见机行事。他改奉清朝为正朔,以求在乱世中得一生机。他通过各种手段,直接控制所属的小土司,整合司内所有力量,以求在乱世中能生存下来。他心中仍然对明王朝十分依恋,与汉地文人仍然交好。但其身份认同、政治认同与文化认同的错位让其陷入惨死的悲剧。

末代土司田旻如也陷入认同的悲剧之中。在父亲囚死监狱后,他由朝廷遴选回司袭职。然而即使这样,他仍受地方官屡次弹劾,处境十分艰难。雍正六年(1728)二月,新上任的湖广总督迈柱又呈递奏报田旻如"素常猖悍",有"煽惑之技"。而此时,雍正皇帝已有"改土归流"之意,故地方官员也乐于罗织罪名。雍正皇帝则要求田旻如进京自白。田旻如害怕前往,积极在土司内备战。

雍正十一年(1733)四月,据湖广总督迈柱所奏,"其所恃者,以众土司作羽翼,众土司以田旻如为领袖。从前土司之构怨兴兵,皆听命于容美;现在土汉之犯法奸民,多潜藏于容美,是以各土司积案累累,终难完

① 鹤峰县、五峰县统战部等编《容美土司史料汇编》,内部资料,1984,第 19~20 页。

② 李荣村:《元明清容美土司兴亡史(1308~1734)》,载《蒙藏学术会议论文集》,台北:"中国文化大学"出版社,1988。

结。田旻如实为土司之罪魁，土民之大害，此官一日不除，众土民一日不得安枕。如东乡司土官覃楚昭，施南司土官覃禹鼎，皆旻如之婿而兼甥舅也。楚昭、禹鼎恃有容美卫护，淫恶残暴更甚于别土司，田旻如不能告试，反为袒护助恶"。① 除了联结土司之外，田旻如还加强司内军事，以抗清军，"又覃禹鼎向田旻如商谋，在于施南铜鼓山私开路径，直抵容美，便于狼狈作奸，计开路一百七十程。田旻如每日派夫做工，覃禹鼎每日派民运米，土众纷纷奔逃。又覃禹鼎私藏炮位，田旻如运送硝磺。现今查出炮位，收贮县库"。② 但此时众多土民、土目已感觉到战事，且在田舜年时期，所属土司多遭期压，故有土舍土民逃出土司，与清军勾连。五峰石梁司张彤柱带同土人至渔洋关，缴印信给彝陵州镇总兵冶大雄。雍正十一年（1733）十二月九日，众百姓将土司主田旻如从万全洞送至平山衙门，并劝他进京，但是，两日之后的早晨，田旻如在平山自缢而亡。

清代容美土司田既霖、田甘霖、田舜年、田昞如、田旻如五位司主在乱世中失去了内心认同的大明正统王朝，而让自己陷入国家认同混乱之中。这一错位认同让容美土司在清军来临时仍然收纳明朝遗老、整军防备清军。与清军周旋背后反映的是土司国家认同的稳定性。这一时期的错位式认同真实地反映了土司认同多民族正统国家的真实内涵。

（二）容美土司认同的结构性与策略性

美国人类学家萨林斯对"历史"与"结构"的关系有深刻的理解。他在阐述库克船长的殖民地遭遇时，展现了文化图式与偶然历史事件的关系，他指出，"历史乃是依据事物的意义图式安排的，在不同的社会中，其情形千差万别。也可以倒过来说，文化的图式也是以历史的方式进行安排的，因为它们在实践展演的过程中，其意义或多或少地受到重新估价。在人们进行的创造性行动中，人们依据对文化秩序的既有理解，来组织他们的行动计划，并赋予其行动目标以意义"。③ 萨林斯揭示了人们按一定的文化逻辑认

---

① 《湖广总督臣迈柱奏》，载鹤峰县民族事务委员会编《容美土司史料续编》，内部资料，1993，第14页。
② 《湖广总督臣迈柱奏》，载鹤峰县民族事务委员会编《容美土司史料续编》，内部资料，1993，第15页。
③ 丁苏安：《西方人类学家列传》，黑龙江人民出版社，2016，第200页。

识世界，这一文化逻辑也即"结构"。

法国著名社会学家皮埃尔·布迪厄在"习性""场域""资本"概念基础上建立了实践论，其中"习性"＋"场域"大致相当于"结构"。同时，布迪厄对"结构"与"策略"也有范例式的阐述。他在《单身者舞会》中关注法国农村中的单身问题，在谈到家庭生育时，他将其比喻为打牌，既有规则，又有策略。^① 布迪厄超越了结构主义，而把"结构"与"策略"连到了一起，从而使实践论非常具有解释力。

"结构"偏向于社会静力学，"策略"偏向于社会动力学，两者的结合能让历史的解释显得非常生动。从容美土司看，其国家认同的疆域、文化、政治和身份认同内涵及其经济、学校与社会教育、土司治理、对外交流系统属于社会静力学的分析；而容美土司认同的历史变迁则更多地偏向土司认同的"策略"性。当然，要注意的是"结构"引导和制约着"策略"，"策略"又塑造着"结构"。

从结构上看，至正十年（1350）至雍正十三年（1735）的385年间，容美土司国家认同总体上遵循着一条较好的路线向前发展。若从策略上看，自元代初期的矛盾式认同、元末明初的抵制式认同、"永乐定制"时的依附式认同、明代后期的主体式认同到清代初期的错位式认同，容美土司国家认同的策略不断变迁。在策略的变迁中蕴含着向心向化的国家认同心理。

元至大元年（1308），容美峒仅是溇水河谷的一股以宗族为基础的"土酋"势力。容美峒与周边数十个蛮洞常勾连为乱，祸害周边的长阳、石门等县。此时，容美峒甚至还流传本地语言。^② 容美峒千余名骁勇战士，在鄂西诸"蛮"中还没有什么地位，其势力远不如散毛土司。在对外掠夺中，"土酋"全面接触内地，一方面被内地丰富的物产和繁荣的文化吸引，另一方面又抱着谨慎防备的心理，对内地和中央王朝表现出矛盾式的认同。

---

① 〔法〕皮埃尔·布迪厄：《单身者舞会》，姜志辉译，上海译文出版社，2009，第3页。
② 容美峒早期领袖墨施什用（mɤ35 ʂŋ55 ʂŋ35 juŋ51）、田先什用（thian35 ɕian55 ʂŋ35 juŋ51）在土家语中有其深意。土家语"墨"（mɤ35）有天或肚子的意思，"施"（ʂŋ55）是肥胖的意思，根据其语境，这里的"墨"应取肚子之意，同时根据土家语中"定原则"的语法规则，"墨施"即肥肚子或胖肚子，故"墨施什用"就是胖肚子长官或肥肚子长官。

元末明初，各种势力试图进入溇水河谷。容美峒尽管接受了元、明的封号，但一有机会，容美峒便与周边的原居民勾连为乱。元末明初，容美峒几乎参加了湘鄂边所有大的"土酋"动乱，其抵制式认同表现得十分突出。在1308～1406年近百年间，容美峒逐步成为溇水上游河谷最大的"土酋"。

明永乐四年（1406），天下大定。中央王朝在湘鄂边设立了九溪卫和施州卫两个直接防备湘鄂西高地的卫所。在这种高压之下，中央王朝对湘鄂边高地土司普遍降职，在土司内派遣流官，对土司的管理日益加强。"永乐定制"之后，鄂西南诸土司都附属于容美、忠建、施南、散毛四大宣抚司之下，四大宣抚司又受施州卫所节制。而容美土司田氏也管辖了四个长官司，控制了溇水河谷上游地带。容美土司田氏对大明王朝产生的依附式认同，不仅是因为容美土司的合法性权威来源于中央王朝，也因为土司认可这一制度和势力格局。

明代后期，鄂西南一带屡受各种势力侵扰。容美土司在晚明世变之际，土司主田楚产、田玄父子带领土民在内部整合力量，在外部拓展领地。明天启年间后，容美土司由溇水河谷、百顺河流域进到天池河流域、长乐坪台地、清江南岸，土司管辖的区域面积扩展了约一倍。容美土司成为湘鄂边面积最大、实力最强的土司。在明末乱局之中，容美土司仍然奉明为正朔，收容明遗老遗少，守边勤王，统一司内势力。崇祯十三年（1640），田玄以七千土兵勤王有功，容美晋升为宣慰司。可以说，容美土司在明代的主体式认同让其在湘鄂边取得了巨大的成功。

清代初期，容美土司由于混乱的认同，造成了许多悲剧。田既霖在顺治十三年（1656）率二万土民降清，旋死。其弟田甘霖袭司主，却因其兄降清而遭到农民军的奇袭，司主田甘霖被掳走，被抢金银无数。在残明势力、清兵、"三藩"三种势力中，容美土司没有主心骨，而求随机应变。田甘霖后的新任土司主田舜年就把这一策略运用到极致。他认可"三藩"势力，与南明交好，又奉清朝正朔。这让熟悉司内情况的内奸把其策略报告给地方长官，湖广地方官因此对容美土司并不信任。故湖广各级官吏对容美土司多有参劾，田舜年也最终在武昌应对诉讼时惨死监狱之中。田舜年在多种势力中惨淡经营，他通过武力及联姻控制土司内部各姓家族，建立更为严密的军民一体的土司组织，与周边土司、卫所交好，最终让其屹立于湘鄂边高地之上。只不过,田舜年的惨死在继任土司主田旻如心中埋下了阴影。田旻如对清朝失去了信任,故其策略偏向保守,最终被土民逼死。

　　自元至清,容美土司的族群认同与国家认同既在"中心—边缘"下的土司图式结构之中,又在中华民族多元一体格局的形成、延续和强大的时间结构之中,容美土司的族群认同和国家认同都受到两种"结构"的牵引。从"中心—边缘"下的族群与国家格局看,容美土司处于边缘,但这是与中心紧密相连的边缘,是"向心的边缘"。在这一结构之中,容美土司的族群认同与国家认同策略呈现出阶段性的特点,有的策略是明智的,有些是身不由己的。这也说明边缘族群的国家认同之路并不是平坦的。

第七章
容美土司国家认同效应：
从 "内耗" 到 "共振"

　　鄂西南土司制度实施的过程是土司"国家化"与"地方化"并行的过程，[①] 也是磨合、重整的过程。在这一过程中，国家认同会有"多维共振"或"多维内耗"的不同状态。在疆域认同、文化认同、政治认同、身份认同的国家认同内涵中，"四维共振"是土司国家认同最理想的状态，"四维内耗"则是最糟糕的状态。在容美土司的数百年历程中，其国家认同不是一帆风顺的，而是不断发展、积累、沉淀和升华的，[②] 容美土司国家认同的效应也是在历史的进程中不断显现的。从整体上看，容美土司的国家认同从长时间中呈现从"内耗"到"共振"的结构过程，并在经济文化、政治治理、族群性以及改土归流中展现了土司国家认同的效应。

　　容美土司在地域上邻近中原，属于"内地的边缘"。元明清以来，中央王朝用"土司制度"来经营这一地区，使这一区域族群的"向心力"大大增强。从文化上看，明代以后，容美土司大量吸收和引进汉地社会文化，土司的许多习俗和土人心态已与内地无异，土汉文化频繁交流，土汉文化的结晶日益丰富。容美土舍土目阶层与内地建立的经济文化交流通道，保证了土司经济文化的繁荣。从社会治理来看，随着土司制度的实施向纵深推进，容美土司的社会治理能力不断加强。至清代，容美土司社会已经不断分化，发育成与汉地同等成熟的社会结构。容美土司社会的土舍、土目阶层不断壮大，这一阶层成为土司社会整合的中坚力量。容美土司社会逐渐超越了早期的军民一体社会和武陵地区部分族群的原始民主制社会，等级和社会行业都

---

　　① 岳小国、梁艳麟：《试论土司的"地方化"与"国家化"——以鄂西地区为例》，《青海民族研究》2015 年第 2 期。

　　② 葛政委：《多维视野下的容美土司国家认同内涵研究》，《中南民族大学学报》2017 年第 5 期。

极为复杂。长期以来中央王朝担心的"行政投入高，产出低"的问题也得以缓解。从族群性来看，土民的族群性得到了中央王朝和内地人们的认可。从历史发展来看，明末清初长时间的动乱已让土民厌烦了社会动荡和地方割据，土民期待过上有国家保护的正常生活，从而推动了改土归流的顺利进行。

第一节　文化的繁荣与流传

容美土司的民族文化灿烂，其中又以土司戏曲和诗词文化最具特色。容美土司戏曲与诗词是土汉文化频繁交流的结晶。其中，现存于鹤峰县、五峰县的柳子戏、南剧就从土司时期传承至今；而土司"田氏诗派"的诗作不仅传承下来，还催生出一批土司后裔文学家。

（一）戏曲的繁荣与流传

明代起，鄂西土司就广泛学习内地戏曲，南北上路声腔兼昆、杂小调等多种声腔剧种在土司地区流传。"明隆庆五年（1571），湖广巡抚刘悫曾向皇帝报告，强调土司'赴学观礼'。弘治五年（1492）令土官袭于本卫（施州卫）习礼三月回司礼事"。[1] 至明末清初时，容美土司的戏剧活动十分活跃和繁荣，这表现在三个方面。

一是容美土司戏曲试图融合南北方各路声腔。顾彩受孔尚任所托，曾多次在容美土司观看戏曲表演，其戏曲声腔来自多地。"女优皆十七八好女郎，声色皆佳，初学吴腔，终〔略〕带楚词〔调〕。男优皆秦腔，反可听（所谓梆子腔是也）。丙如自教一部乃苏腔，装饰华美，胜于父优，即在全楚亦称上驷，然秘之不使父知，恐被夺去也（其二女旦皆剃发男装，带刀侍立如小校，丙如之行眷也）。"[2] 北方"梆子腔"、东南"吴腔"、中部"楚腔"集聚容美，并融合创新。如今，在鹤峰流传的柳子戏、南剧、傩戏等戏种都有土司时期戏曲的影子。

二是戏曲在土司各阶层广泛流传。顾彩观察到戏曲在容美土司各阶层盛行。首先，有面向土司各阶层的戏厅、骠戏楼、戏坊、庙楼等。在

---

① 卢海晏主编《南剧资料汇编》，内部资料，1987，第5页。

② 高润身主笔《容美纪游注释》，天津古籍出版社，1991，第45页。

容美土司中府司署堂后侧楼，上多曲房深院，楼之中为戏厅。司署前为平山街，司署坡下槿树园为戏房。在容美土司爵府屏山衙署坡下为戏台。容美土司行署细柳城也有庙楼，关公诞时唱戏。在容美土司关外驻宜沙的天成楼也演戏。然后，土兵、土民热衷于学戏。乾隆元年，鹤峰首任知州毛峻德发布的"禁恶习"文告中曾明确指出，"闺阃之教宜先也。旧日民间子女，缘土弁任意取进学戏，男女混杂，廉耻罔顾，因相沿成俗。今已归流，父兄在家，亟宜振作"。①

三是土司上层戏曲家频出。土司时期，容美土司上层就出现了田甘霖、覃美玉、田舜年、田晒如等戏曲家。其中，覃美玉被称为鹤峰县柳子戏的开创者和代表性人物。覃美玉是容美土司主田甘霖的原配妻子。在鹤峰县仍然保存田氏夫妻的合葬墓碑。"清故王姚诰封一品夫人覃氏之墓，夫人殁于康熙乙巳年（1665）。"② 据说覃美玉原是容美土司一位土目的女儿，也是一名女优。她擅长拉大筒琴，这种琴现在是柳子戏表演最主要的乐器。传说她拉琴时百鸟噤声，百兽伏卧；她唱歌时，云霞飞舞，百兽欢跳。土司田甘霖对她一见钟情，后来二人成为眷属。清初田甘霖被农民军掳走，一些土司土舍便造谣说覃美玉妖惑土王、克夫克子。为了保全家人，她带着大筒琴到铜关山顶上，演奏了一首悲凉的曲子，跳崖而去。后来大家为了纪念她，把她人生中最后表演的这首曲子叫作"铜关调"。在覃美玉去世20年后，田甘霖在与覃美玉共同生活过的陶庄停驻，他写了一首《陶庄行》怀念妻子："寒山之石久墟矣，追忆卧泣牛衣耻；老夫题桥歌玉忆，据鞍驰辔是孙子；陶庄当日美少年，今日微霜点鬓边；溪山应有人琴怨，心情如过酒炉前；射影虫沙安在哉，海市蜃楼瞥眼开；眼中之人吾虽老，陶庄陶冶昔多才；寻问陶庄民，休惊少传来新意，原是陶庄旧醉人。"③ 在《陶庄行·有引》中，田甘霖写道："亡妻覃美玉，同畏谗敛迹，泣卧牛认地也，吾妻捐身，以安夫子，并安舜、庆两子女，覃不谨识字，颇知音律。"④

---

① （清）毛峻德纂修《鹤峰州志》卷下《文告》，乾隆六年（1741）。

② 参见《土司田甘霖夫妇合葬碑》，此碑存于鹤峰县博物馆碑林馆。

③ 田甘霖：《敬简堂诗集》，转引自鹤峰县、五峰县统战部等编《容美土司史料汇编》，内部资料，1984，第185页。

④ 田甘霖：《敬简堂诗集》，转引自鹤峰县、五峰县统战部等编《容美土司史料汇编》，内部资料，1984，第185页。

　　覃美玉的传说至今仍在鹤峰柳子戏班上流传。"传说土司王（主）田甘霖的夫人覃美玉因遭奸人陷害自隘（缢）身亡，其阴魂不散，阎王爷问她有何心愿未了，美玉答道：'我有绝世之音，未传于世，一腔情愫不吐不快，虽为鬼也日夜不安。'阎王爷说：'你是戏瘾还没过足。'于是准许在铜关盖了三间阴房，教授一批山鬼唱柳子戏。有一天一位琴师路过铜关，爬上山顶，天色已暗。见松林中有几间草房，草房的门口有微弱的灯光……走近一看……有七八个二八少女，身着戏装……步履轻盈，点地无声，只见裙带飘飘，如风随影，水袖飞舞，如云似涛，琴师正感惊奇，哪晓得美少妇叫唤'门外琴师，请进房坐吧'……美少妇请他坐好，并要侍女端上茶水之后说：'听说琴师有一把上好的大筒琴？'琴师说：'琴有一把，是紫檀木雕的琴杆，金竹做的琴筒，花蟒蛇的皮箍的琴面，龙须竹做的琴弓，绷上雪花马的马尾，不敢说有何等金贵，但是音色纯正，音律宽厚，我爱如珍宝，从不离身。''可否借我一用？'琴师想：平时我的琴从不轻易借于人，今日奇怪，我的琴在锦袋里自然发出'嗡'声，看来是琴遇到知音。于是打开锦袋，恭敬地将大筒琴递了上去。少妇转轴调弦，众少女垂手云步，随乐声缓缓起舞，少女唱道：'铜关悲诉雁离群，只影惨惨对天鸣，阴阴秋风透骨寒，泣泣相思不了情，夫君儿女多珍重，莫负美玉一片心，傀儡登场莫逐队，豺狼当道难相亲，溪山屈曲今犹在，虎豹雄关何处寻……'歌声凄凉怆惋，琴师大为感动，此琴随我多年从未拉出如此动人乐曲，急拜倒在地，要求少妇传授琴艺，美少妇也不推辞，细心教授。琴师按照美少妇的指点演奏，如痴如醉，不觉天色渐明，忽然发现自己坐在一石凳上拉琴，房屋美女皆不见了，方立身起来，见松柏掩映下原是一座坟园，上前观看乃土司夫人覃氏之墓，才知道自己遇上了覃氏夫人，急忙磕头谢恩，从此后便将所学的曲子叫'铜关调'。"[①]"铜关调"是一种悲腔，主要用于诉说苦情，是一种哭诉，节奏用慢板，表演时由音乐启动，演员很容易进入角色，常常真的流泪，正与清代诗人彭秋潭所说的"歌为曼声甚哀"

---

　　① 赵平国主编《鹤峰民间故事》下集，湖北人民出版社，2011，第547～548页。何为"铜关调"，这里有两种说法。一种观点认为"铜关调"即"新花杨柳"。柳子戏有"老柳子"和"新柳子"之分，"老柳子"用真嗓本腔演唱，"新柳子"先用真嗓吐字，然后用假嗓甩腔。现在流传于鹤峰的柳子戏都以"新柳子"来表演。另一种观点认为"铜关调"是一种音腔，这种音腔是悲情式的。

相同。① 铜关调与正宫调、八字调、悦调、阴调、神仙调、蛤蟆调一起构成柳子戏的唱腔板式。从故事中我们可以看到是覃美玉创造了"铜关调"。

明代初期，容美土司柳子戏已然成熟。土司时期的柳子戏有生、旦、丑角，改土后柳子戏加入了净角，使得柳子戏的表演更为完善。柳子戏与南戏、傩戏相比，更多地吸收了昆曲的营养，在唱词、声腔和身段上都与昆曲有些相似。可见，柳子戏很可能是土司统治阶层从汉地引入的。这种高雅的艺术需要较高文化水平和艺术鉴赏能力的观众，普通的土民是不会引进这种艺术的。明中叶后，容美土司土目和土舍阶层在文化学习和戏剧发展上取得了较大的成就，这为昆曲的引入提供了较好的条件。柳子戏结合了本地原有戏剧腔调和随《桃花扇》引入的昆曲的元素，发展出一种小型高雅的地方剧种。柳子戏的剧目达 100 个以上，既有反映一国之事的大戏剧，常见的剧目有"三打"和"三杀"，分别为《打金银》《打仓救主》《打芦花》《侯七杀母》《曹安杀子》《熊子杀妻》，也有反映社会生活和家庭琐事的小戏剧，如《蠢子拜年》《王木匠打嫁妆》《阴阳扇》《白罗裙》等。丰富的剧目反映了柳子戏的成熟度。

土司改土归流之后，柳子戏在这一地域艰难地传承与传播。鹤峰首任知州毛峻德制定了不利于柳子戏传承的文化政策。政府禁止女优学戏，"旧日民间子女，缘土弁任意取进学戏，男女混杂，廉耻罔顾"。② 政府还禁止傩戏表演，"端公蛊惑愚民，为害最深，合行严禁为此示，仰州属土著居民人等知悉"。③ 艺人纷纷逃至容美土司大隘关关外地区，鹤峰柳子戏也随艺人"沿溇水河进入澧水，流向湖南省的石门、张家界、桑植、永顺等地"。④ 但百姓还是爱好戏剧，乾隆年间又修复了在土司末期毁掉的关庙戏台。之后，随着社会环境的变化，柳子戏艺人又开始回迁鹤峰地区，并培养艺人。现在的鹤峰柳子戏主要流传于鹤峰县南部的五里、走马、铁炉以及与这些地带邻近的湖南石门县泥市、南镇、清官渡一带。张家界一带的阳戏也与鹤峰柳子戏同出一源，在风格上十分类似。

---

① 赵平国、陈鹤城编著《鹤峰柳子戏》，国际文化出版公司，2001，第 17 页。
② （清）毛峻德纂修《鹤峰州志》卷下《文告》，乾隆六年（1741）。
③ （清）毛峻德纂修《鹤峰州志》卷下《文告》，乾隆六年（1741）。
④ 鹤峰县文化馆：《鹤峰柳子戏省级非物质文化遗产申报文本》，2006。

(二) 容美土司后裔文学

改土归流后,容美土司田氏被安插于广东、陕西等地。容美土司田九龄后裔在土司时期就隐居于五峰县长乐坪镇洞口村。田氏土司后裔一方面传承了土司家族文学,另一方面又在洞口村形成了以田泰斗为首的田氏后裔文学群体,其代表人物有以下四位。

田浩如 (1770~1850),字德宏,家在洞口村香炉岩,作为长乐坪田氏后裔的重要人物,他继承家传,成为田氏迁居长乐坪后的首位大教育家。他曾跟从湖北陆城名宿曹桂圃学习,后又入邑庠,被选任湖北竹山县县学训导。他著有《长乐坪洞口问桃桥碑序》《竹山修文庙引》,两文今存于世。

田泰斗 (1818~1862),字子高,家在洞口村杨家坪,他是容美土司田氏后裔中最有名的诗人。他曾作为长乐县向王朝推荐的贡生,可惜没有中举。他的成就主要表现在三个方面:著有《望鹤楼诗钞》;承担《长乐县志》的编写工作;开办学校,发展教育。他的一生,都深深地根植于五峰这片土地,把对家乡的热爱表达在他的诗文和行动中。

田峄南 (1809~1866),字德宏,家在洞口村香炉岩。他是长乐县的重要人物,"创建文庙、考棚、义学与贤馆诸公务,皆君一人为之经理"。他被举荐为直隶州知州,官五品。他著有《醉仙亭诗集》,并存于世。

田福超 (1866~1920),字卓然,号飞鹭,家在洞口村杨家坪。他曾为清末庠生,后又被选为"岁贡"。民国后又任五峰县校校长,他著有《天声录诗集》,并且大部分诗文存于世。

洞口村田氏还保存了容美土司及其田氏家族的珍贵文献。尽管容美土司的核心区在鹤峰,但在清王朝改土归流的形势下,容美土司末代土王一把火把容美土司的地上建筑和文献典籍烧毁,为后世留下了千古遗憾。好在隐逸于长乐坪的这支容美土司田氏后裔保存了容美土司仅有的历史文献。他们主动参与县志编写,把容美土司的大量史实和诗文编入《长乐县志》和《容阳堂田氏族谱》之中,使洞口村成为容美土司历史文献保存的集中地。五峰土家族自治县成立后,洞口村保存的文献终于重见天日,他们是民国《容阳堂田氏族谱》(8册)、田九龄等《紫芝亭楚骚馆田信夫诗集》(合1册)、田玄《秀碧堂诗集》(1册)、田舜年《白鹿堂诗选》(1册)、田霈霖等《镜池阁诗集》《止止亭诗集》《敬简堂诗集》(合1册)、田峄南《醉仙亭诗集》（1 册）、田泰斗《望鹤楼诗钞》（3 册）、田福超《天声录诗集》（3 册）、田道生《率性录诗集》（1 册）。洞口村不仅是土司后裔文学的重要发生地，也是容美土司文学的重要保存地。五峰县长乐坪的田培林搜集整理了其祖人的抄本，并编成十八卷，卷一至卷十二为土司时期田舜年所编的《田氏一家言》抄本，这些诗文后来被《容美土司史料汇编》收录；卷十三至卷十八为改土归流后田氏文人的作品，其成果也蔚为壮观。

除此之外，长乐知县李焕春邀请田泰斗编纂《长乐县志》，故咸丰版《长乐县志》保留了土司时期的大量诗文。田泰斗把容美土司的家族史和文化珍品编入了这本县志。相比之下，清代乾隆、光绪版本的《鹤峰州志》所保存的土司时期的诗文则较少。另外，五峰长乐坪民国版《容阳堂田氏族谱》也保留了土司时期的大量诗文。《田氏一家言》的总序及各卷的序、引、跋都能在这里找到全文。

容美土司后裔文学离不开容美土司田氏后裔。五峰县长乐坪镇洞口村的田氏土司后裔与容美土司田氏族人是田楚庚的后裔。史志和族谱记载："田楚庚，容美土司楚产派也，祖子寿前明万历中长阳县学生员，著有《紫芝亭诗草》，父宗阳，官游击。至楚庚时，长于武艺，为容美左营参将，时西林鄂相国尔泰总制云贵，奏请将滇黔土司改革。楚庚恐容美亦如之，遂迁于今邑之长乐坪而隐居焉，子劝，容美复委以左旗千户职，坚辞不受，至孙瑞霖时，容美果因田明如被湖广督迈柱参劾，遂至改土徙其眷于广东、陕西，而楚庚独享隐居之乐，不与难云。"① 五峰县田氏族人在动荡之年隐逸，改土归流后又积极参与五峰县的地区政治，并继承了家族传统，创作了大量的诗文。在五峰田氏后人中就涌现出贡生田泰斗、庠生田应中、武庠生田景斗、武庠生田华斗、太学生猷寿、庠生田海寿、庠生田盛德等一大批名人名士。可见，容美土司田氏在五峰长乐坪的后裔成为五峰县内的乡绅阶层。田氏后人在社会中处于优势地位，这无疑有利于他们继承家学。

容美土司后裔文学群体中，最著名的就是田泰斗。田泰斗，讳浩如，字子高，号一山，生于嘉庆二十三年（1818），殁于同治元年（1862）。道光

---

① （清）李焕春主修《长乐县志》卷 13《人物》，咸丰二年（1852）；五峰长乐坪民国《容阳堂田氏族谱》卷 5《田楚庚公隐逸》。

年间，长乐知县李焕春在治理县城时曾专门拜访他，并邀请他编修县志，辅助治民。李焕春曾说:"读容美司田舜年所著《一家言》、《世述录》等书，知其家世不专武略，实多文才，心佩服之。继而选拔田君一山名泰斗，自京邸归，来谒。春询其家世，益见磊落英多。越二年，春集邑绅士编修《县志》，泰斗君与焉。有采访其祖义庵公生平行事之大略见示者，春亦既载而传之矣。"① 田泰斗一生经历丰富，成就斐然。他入过县学学习，后成为庠生。他入李焕春的县政府做幕僚，后来又开私塾，在家乡的养心花斋和群山书屋讲学。道光二十一年（1841）至二十四年（1844）又任湖北竹山县县学训导。田泰斗有着惊人的文学成就。他一生写的诗词被收录于《望鹤楼文集》和《望鹤楼诗集》两卷中。经过 100 多年的社会动荡，现在还存有诗 233 题、赋 1 篇、散文叙 1 篇，现抄录于《望鹤楼诗钞》中。也就是说，改土归流 200 年后，容美土司田氏后裔又出了一位可以与先人比肩的大诗人，这绝不是偶然。民国年间其后人在《望鹤楼诗集·跋》中写道:"诗书望族，屡世簪缨，称极盛焉，先生不徒为一时文豪，尤工于诗，于我邑当推为巨擘，自先生始祖子寿公初开诗派之先，代有作者。"② 李焕春在《田泰斗望鹤楼诗集·序》中也写道:"曹子建跨七步之奇，以有孟德之父也；杜子美为诗中之圣，以有审言之祖也；然风雅继美，固在家学渊源，而累叶皆以诗才擅者，自古恒鲜；况其在世守茅土，僻处要荒，非如经生攻习举业，兼通词翰者乎。"③ 可见，家传是田氏后裔"尤工于诗"的重要因素。

田泰斗也曾写诗来表达自己对先人的崇敬、怀恋和感叹:"桃花一曲散斜晖，欲觅风流奈世违；只有表山留数点，至今不逐白云飞；洞口劈开诗世界，骚坛接引诸先生；至今石上潺潺水，应带当年唱和声。"④ 《鹤峰州怀古》一诗反映了诗人对土司先人和社会生活的怀恋，并表示愿意与先人一起唱和。尽管五峰土司田氏后裔在改土时隐逸起来，但是田氏后裔把土司

---

① 五峰长乐坪民国《容阳堂田氏族谱》卷 6《长乐坪田浩如公墓志铭》。
② 五峰长乐坪民国《容阳堂田氏族谱》卷 5《望鹤楼诗集·跋》。
③ 五峰长乐坪民国《容阳堂田氏族谱》卷 5《田泰斗望鹤楼诗集·序》。
④ （清）田泰斗:《望鹤楼诗钞》，田登云编注，内部资料，五峰土家族自治县新华印刷厂，1999，第 14 页。

的许多文化遗产传承下来，这些文化遗产对这些后裔的人生志向产生了积极的影响。田泰斗在继承先人诗学传统的同时，还把目光投向了苦难的百姓，表达百姓的诉求。改土归流后的五峰社会，还会不定时举行诗会，本地诗人与汉地名士的交流互通依然频繁。土司社会的诗学传统在五峰得到延续。在鹤峰县，改革开放后也出现了一大批在文学上取得成就的现代文人，形成了独特的当代鹤峰文学现象。鹤峰诗会现在还在举办，鹤峰的文学气氛浓厚。

土司戏曲与土司后裔文学的繁荣与流传反映了自明代中叶以来传承下来的土司开放和包容的对外文化心态，这一心态的内涵非常丰富，并在改土归流后仍然在土民社会中得到传承，其具体有四个方面的内涵。

首先，土司社会爱慕汉地文化的传统在清代中后期仍然得以延续。改土归流后，容美土司地域的官员和土民把自身定位为文化的后进者，积极引进和学习汉地"先进"文化。从戏曲角度看，五峰和鹤峰两地在改土归流后继续保持大量吸收和保存汉地文化的传统。清代中叶时，堂戏、柳子戏、傩愿戏开始在五峰普遍流传。"清光绪三十年，湖南永顺'之'字班阳戏团在五峰渔洋关表演并传授技艺。"① 因为土司驻地在鹤峰，所以在土司时期鹤峰县的戏曲活动要比五峰县发达。然而，在改土归流后的短时段内，容美土司地域的戏曲活动成为政府打压的对象。尽管如此，容美土司土民热爱戏曲的热情并没有多少改变。清代中叶以后，来自附近汉地和武陵周边民族地区的戏曲活动又重新回到鹤峰地区。土司时期培育起的对汉地文化的审美情趣和态度在后土司社会仍然延续。

其次，土民社会对土司的历史和文化十分包容。数百年所积累的土司文化在改土归流后仍然得到流传。以土司建筑文化为例，尽管众多土司建筑毁于明清之际的战乱，但仍然有一些土司建筑保存下来。改土归流后清政府把鹤峰知州署设在容美土司中府，土司时期的建筑被新任知州修缮和保护起来，与新修的州衙、仓、文庙等共同构成县治功能整体。"知州署在东门内，原为土司署，雍正十三年，知州毛峻德改建。"② 土司时期田氏家庙福

---

① 湖北省五峰土家族自治县地方志编纂委员会编纂《五峰县志》，中国城市出版社，1994，第507页。
② 蔡韫：《鹤峰州志》卷4《营建志》，民国32年（1943）。

田寺、土司招待所百斯庵、关庙等原有建筑都保留下来，其中百斯庵一直是清中后期鹤峰州戏曲表演的场所。另外，土司时期修建的道路和桥梁仍然是改土归流后的主要经济通道。清初田舜年主持修建的九峰桥在中华人民共和国成立后还在发挥作用。这些土司固态文化成为后土司时期文化人士怀恋、凭吊土司历史并进行文化创作的灵感之源。改土归流后民众之所以能对土司文化进行包容，是因为大家认为土司曾"为国守疆"，为国家立下了汗马功劳。这种对土司历史文化的包容心态让容美土司时期的众多文化得以流传。

再次，土民社会积极支持和践行土汉文化交流。在土司时期，土客文化交流随着土司制度的完善不断发展，并形成了土汉文化交流的多条通道。这些文化通道既有制度设定的进贡、征调、入学等正式通道，也有经济活动和私人游学等非正式通道。改土归流之后，地方再无征调与进贡的义务，但土汉交流更为频繁。由于土司制度的限制，土司时期土汉文化交流面较狭窄。改土归流后打破了土客的固定边界，人口流动更为频繁。在这种背景下，土客民间文化交流活动就显得更为方便。改土归流后，土司时所创立的文化交流传统仍然在原土司地域流传。大量汉地官员、教师和军士进入原容美土司地域，这些外地人士带来了汉地文化。同时，大量外地移民也进入原土司地区，土客人民以前所未有的强度进行着文化上的互动。事实上，土司时期土汉互动的传统继续在土民社会延续，但这种文化互动有了新的时代特点。

最后，土民社会愈加看淡土汉之间的文化边界。改土归流后土汉文化边界更为轻淡和模糊。自明代中叶开始，容美土司积极践行"去蛮夷化"。"蛮夷"的标签主要是文化上的，"去蛮夷化"也即努力学习主流文化，不使自己成为异类。改土归流后，清政府在原土司地区进行了大规模的文化改革活动，无论是办学校，让更多民众入学，还是风俗改革，把儒家文化和传统进一步移入土民社会，都是在继续土司时期"去蛮夷化"的故事。在土司制度背景下，土客形成了较为稳定的族群边界，这种族群边界与文化的差别有一定关系。但越是土司后期，土客在文化上的区别越是淡化。改土归流后，土民社会更为看淡土客族群在文化上的差别。改土归流后土客在戏剧演艺和诗词创作活动上很难看到有族群的区分。可见，土司时期培养起的这种文化心态让土民更不在意土客在文化上的区别，反而是努力学习国家主流文化，倡导民族交融，淡化族群的文化边界。

第二节　社会治理能力的加强

从羁縻制度、土司制度至经制州县，中央王朝对边缘地带的社会治理能力不断加强。而土司制度在低生产力水平、交通闭塞、人口稀少的背景下，对于推动边缘地区社会治理具有十分重要的作用。在国家认同的过程中，容美土司社会治理能力不断加强，治理能力和治理水平迅速提高。其中，土司衙门的广泛布局及其运行是关键，土舍阶层的壮大又为土司衙门的有效运行提供了坚实的基础。

（一）衙门治理能力提升

土司衙门在土司社会治理中扮演着关键角色。一方面，土司衙门处理土司内部事务，维护土司社会秩序；另一方面，土司衙门也是王朝国家官僚体系的构成部分。土司衙门体系促进了国家权力的下沉。作为国家权力的地方表达，土司衙门的背后隐含着国家权力。容美土司府治、司署、行署、寨堡等格局、运行模式以及变迁反映了容美土司衙门治理能力的提升。

首先，游动式的土司衙门治理方式拓展了土司治理的广度和深度。这一方式实质上是与容美土司广泛的游耕的生产方式相适应的。从人口上看，尽管容美土司的人口主要集中在平坝和河谷地带，但是还有许多土民散布在大山沟谷之中，实行刀耕火种和游耕的生计方式，这对土司社会治理是一大挑战。在这些山区偏僻之地，土民以小家庭为其生态适应单位，自给自足。容美土司大家族"分火"的盛行，对土司社会治理提出了挑战。鹤峰首任知州毛峻德在乾隆元年发布了禁"分火"的告示："分火之说宜禁也。容美旧俗，凡子孙分出另居，即名分火，自分之后，好货财，私妻子，置祖父母、父母衣食于不问，是禽兽行也，何以为人乎？嗣后，即兄弟各居，祖父母、父母衣食稍有不给，子弟当供奉之。"① "分火"虽然呈现许多不符合道德的习俗，但实质上是把扩大式家庭分解为小家庭，从而适应山区生态，这与瑶族小家庭的生态适应方式是一致的。由此可见在平原地区盛行的里甲基层管

---

① （清）毛峻德纂修《鹤峰州志》卷下《风俗文告》，乾隆六年（1741）。

理制度并不适合于地处山区的容美土司。

容美土司却发展出一套游动式的土司治理方式,竟能把散布于山区的土民管辖起来。这一方式以土司及舍人周期性的迁移为形式,以土司衙门的流动为手段,形成了游动式的土司衙门治理方式。这是一种与土司和土民生计相符合的治理方式,具有一定的针对性和高效性。故顾彩观察到流动的容美土司衙门时说:"九峰性喜迁移,每到一处,不数日又迁而他往。"[①] 实际上,并非田舜年喜迁移,而是迁移是容美土司衙门治理的常态。从自然生态来说,一方面,容美土司地域受垂直气候影响,平坝和山区的气候差别大,这使得两地的物候呈现较大区别;另一方面,容美土司地域山高谷深,交通极为不便。正因为这样,容美土司主对土民的服役和交租必然按照当地农作物的生长周期来安排,以便充分利用土民空闲时间而不干扰土民正常的生产。同时要考虑到土民的日常活动范围是非常狭窄的,土民一般以一天从早出到晚归所能到达的距离半径为活动范围。为了减少对土民日常生活的影响,容美土司设立了大量的司署和衙门,以便更好地管理土民,并为土民提供一般的行政服务。

其次,容美土司衙门格局较为完整、全面和有效。容美土司拥有结构完整的府治、行署、寨堡等衙门来管理地广人稀、山高谷深的土司社会。衙署较为均衡地分布在容美土司的人口聚集点、交通节点和军事要地。容美土司的衙署及派出机构可以分为以下几类:核心衙署有中府,次核心衙署有南府、北府、太平、留驾司、通塔坪、水浕司、天泉寨、石梁,行署有细柳城、云来庄、采花台、九峰桥等,军事衙署有帅府、大岩关、邬阳关、奇峰关、长茂司、百年关、万全洞、情田洞、万人洞等。容美土司设置了大量的司署及派出机构来管理容美土司社会和防御外敌侵袭。这些衙署分工明确,针对性强,是容美土司治理土司社会的基础。

容美土司衙署根据其定位来完善其功能。南府是容美土司对外交往的中心,故其衙署管理着土司南向对外交通要道。从考古发掘来看,南府及连接内外的石头道路宽1~2米,修建有桥梁、客栈等。屏山爵府则被容美土司定位为土司军事中心,其守卫中府的职责十分明显。从屏山爵府遗址看,关

---

① 高润身主笔《容美纪游注释》,天津古籍出版社,1991,第115页。

卡、衙署（大堂、二堂、三堂）、祭祀台等渗透着军事寨堡的性质。中府定位为容美土司行政经济中心。土司在中府修建了大量街道和民房，以供土民服劳役时工作和居住。总的来说，容美土司衙署以自然生态环境和人口分布为基础，以交通主干线为主轴，并向主轴两边点式延伸，形成了容美土司的衙署网络。这一"点—线—面"的衙署网络是容美土司治理水平上升的重要体现。

最后，容美土司的衙门是不断扩展的。土司衙门的扩张性体现在两个方面：一方面，土司衙门不断向基层渗透，即土司衙门治理深度的扩展；另一方面，土司衙门不断向外扩张，即土司衙门治理范围不断扩大。

从时间纵向看，元明清时期，容美土司的衙门治理结构越来越完善。在元代中后期，容美土司的衙门还是寨峒式的，家族治理与土司治理同构，衙门构成简单，军事与行政功能不分。明代以后，容美土司的衙门治理能力大大加强。在中央王朝的治理和周边卫所的影响之下，容美土司模仿内地州县、卫所的衙门设置，建立了中府、南府、爵府等司治、寨堡、行署等，土司衙门治理能力大大加强。明代嘉靖年间，容美土司可以动员三千士兵远赴浙、闽一带抗倭，反映了容美土司较强的动员和管理能力。清代初期，容美土司又进一步加强司治，容美田氏几乎控制了司下的异姓土司，治理范围进一步扩展。

从地域横向看，元明清时期容美土司衙门管理的范围不断扩展。元代中期，容美土司还以"容米洞"的名号在湘鄂边一带活动，土司治理应是大姓与民主制相结合的一种治理方式，并在这一带到处攻略。元至大三年（1310）四月，"容米洞官田墨纠合蛮酋，杀千户及戍卒八十余人，俘掠良民"。[①] 泰定元年（1324）十二月，"夔路容米洞蛮田先什用等九洞为寇，四川行省遣使谕降五洞"。[②] 这一时期"容米洞"的治理范围有限。明代中叶，容美土司稳定其在溇水河谷的治理，夯实其治理基础。明代天启年间之后，随着王朝的动荡，湘鄂西地区逐步陷入混乱。容美土司跨越东部的高岭，进入天池河流域，再进入清江干流地区。容美土司开始任命土司疆域之外的土

---

① （明）宋濂：《元史》卷23《本纪二十三·武宗二》，中华书局，1976。
② （明）宋濂：《元史》卷29《本纪二十九·泰定帝一》，中华书局，1976。

官，这在《容美司给指挥向宗启牌》中有生动体现:"据指挥向宗启、旗长向宗庠禀，本府界在川蜀，所辖军民地方千里。自唐、宋、元、明，官民军丁皆千百年世守之赤子，屡遭逆贼屠掳过半，惟贼头刘体纯营中被掳羁住者，户口万余，降住贼营……本府所属寨龙、田峡口、南里、施州堂、经历堂、五花寨、尹家村、蒲龙、支峒、新龙、柳家村、柘荆寨、尤窝、朱耳、新革里、踏龙、麻石坪、南滩、大湖池、田竹坪、粟谷、寨峒坪、秋木溪、桥头、白岩水、隔潭坝、鱼母等处军民户口尚有万数陷系贼营……牌给本员……凡塘隘关津去处，须先挂号，且功令森严，毋得草率，自取罪戾……右牌给桃符关指挥使向宗启，准此。康熙二年七月初一日吏员李懋英承都督府行。"① 此时，土司衙门的治理广度是前所未有的。容美土司的扩张并不是早期蛮酋掠夺式的，而是通过委任当地土酋，建立衙门的派出机构，加强对扩张地区的基层政权建设，从而实现对土民的有效统治。

(二) 土舍助力土司治理

在土司治理中，必须关注一个群体，即土舍。"土舍即土司子弟及其族人。"② 土司依据土司主与土舍的亲缘关系来确定土舍的职品和分工。土民称峒长曰"都爷"，其妻曰"夫人"，妾曰"某姑娘"，子曰"官儿"，女曰"官姐"，子之任事者曰"总爷"，其次曰"舍人"。土舍在土司中有地位、有一定文化，并见过世面，连接王朝、土司和土民，在土司社会权力结构中扮演着关键角色。明代中叶之后，随着社会的稳定，容美土舍阶层迅速壮大，夯实了土司治理的社会基础。容美土司的舍人分为五种类型。

一是干办舍人。干办舍人是指为土司办事的族人。清代顾彩在游览容美土司时，土司主田舜年派出土舍迎接。康熙四十三年 (1704)，"二月初四日，发枝江署中 (来使一姓覃，其千总;一姓张，其干办舍人，舁行李者三人)"。③ 顾彩还提到"另有主文字及京省走差者，曰干办舍人"。④ 干办舍人没有任职官，但执行土司的重要任务。明朝容美土司曾多次遣土舍朝贡。大明正统二年 (1437)，"湖广容美宣抚司舍人黄隆杰来朝贡马及方物

---

① 《向氏祠堂志》，巴东桃符口邹待清所收藏。
② 成臻铭:《论明清时期的土舍》，《民族研究》2001 年第 3 期。
③ 高润身主笔《容美纪游注释》，天津古籍出版社，1991，第 8 页。
④ 高润身主笔《容美纪游注释》，天津古籍出版社，1991，第 45 页。

赐宴并彩币等物有差"。① 大明天顺三年（1459），"湖广容美宣抚司宣抚田保富遣舍人黄昱等来朝贡马及方物赐钞彩币表里纻丝袭衣等物有差"。② 大明天顺五年（1461），"湖广容美宣抚司水浕源通塔平（坪）长官司舍人唐文宣等来朝贡马及方物赐宴并赐彩币表里等物有差"。③《明实录》所载的舍人黄隆杰、黄昱并非容美土司田姓，也非当地长官司大姓。黄姓很有可能是因为姻亲关系而成为容美土司舍人。唐文宣本就是水浕源通塔坪唐姓长官司的族人，品级较低，却也是土司办事的依靠。

二是土官舍人。土官舍人有一定的职品和职官，地位比干办舍人高。《明实录》对容美土司土官舍人朝贡有所记载。大明正统六年（1441），"湖广容美宣抚司土官舍人黄瑛来朝赐钞绢有差"。④ 大明景泰七年（1456），"湖广容美宣慰司土官舍人唐容来朝贡马赐钞币"。⑤ 大明成化十年（1474），"湖广容美宣抚司并五峰石宝等长官司土官舍人田镇等各来朝贡方物赐彩段绢钞有差"。⑥ 事实上，容美土司的土官舍人大量存在。舍人可因世代承袭和功绩晋升为土官舍人，土官舍人也可能因恶绩而降为舍人。从容美土司实际看，容美土司的职官主要是由舍人担任的。可以说，土官舍人是容美土司社会治理的中流砥柱。

三是护印舍人。护印舍人是指掌控中央王朝颁给土司印信、号纸或符的土舍。护印舍人不是一般的土舍，而是土司中最为权贵的土舍之一。《卯峒土司志》云："照得司内之员，亲莫亲于护印，而权司、总理次之。"⑦ 可见，护印舍人与土司主的关系匪浅。《明实录》载："正德八年（1513），四川容美宣抚司护印土官宣抚舍人田世爵差通事田广等贡马减其赏之半以不由布政司起送违例也。"⑧ 田世爵后世袭为容美土司主。又九溪卫麻寮所《刚一帅夫妇墓碑志》云："湖广容美骠骑将军婿田舜年、掌印夫人女刚

---

① 《明英宗睿皇帝实录》卷 37《正统二年十二月乙丑》。
② 《明英宗睿皇帝实录》卷 305《天顺三年七月辛卯》。
③ 《明英宗睿皇帝实录》卷 326《天顺五年三月丙辰》。
④ 《明英宗睿皇帝实录》卷 76《正统六年二月己巳》。
⑤ 《明英宗睿皇帝实录》卷 264《景泰七年三月丁酉条》。
⑥ 《明宪宗纯皇帝实录》卷 125《成化十年二月己卯条》。
⑦ 康熙《卯峒土司志》卷 6《文艺志》，转引自《卯峒土司志校注》，民族出版社，2001。
⑧ 《明武宗毅皇帝实录》卷 105《正德八年十月丙辰条》。

氏立。"①《刚氏夫妇匾》云："明诰填封宣武将军麻寮所巡捕千户刚一帅庶宜人郑氏，湖广容美骠骑将军婿田舜年、掌印夫人女刚氏。"② 即容美土司主田舜年妻刚氏为掌印舍人。田舜年退位后，其子"田丙如奉旨承袭，另有公署，然印犹在父手，奉调征苗，则丙如行，司中称君曰太都爷，称丙如曰主爷"。③ 原司主田舜年也转化为护印舍人。如前所述，护印舍人田世爵是土司主的儿子，并应袭土舍；刚氏是土司主田舜年的妻子；护印舍人田舜年又是容美土司主田晒如的父亲。可见护印舍人"亲莫亲于护印"的特质。

四是把事舍人。把事舍人是土司私自任命并具有一定管理职权的土舍。《明实录》对容美土司的把事舍人有两条记载。弘治元年（1488），"湖广容美宣抚司、龙潭安抚司、木册长官司并水尽（浕）源通塔平（坪）长官司各遣峒长把事舍人田端等进香赐彩段钞锭有差"。④ 弘治二年（1489），"湖广容美、散毛二宣抚司及大旺安抚司、唐崖长官司土官等各遣把事舍人等来朝贡方物赐彩段钞锭有差"。⑤ 把事舍人无职官和职品，却是土司管理社会的重要工具。

五是普通土舍。普通土舍无职无权，却生来为土司贵族。在恰当情境下，普通土舍易转化为土目。明代中叶，容美土司田玄庶子白俚俾争袭，杀兄弑父，"时本司舍人名麦翁宗者，赴桑植，请兵讨贼"。⑥ 清雍正年间，容美土司与清政府争地，有土舍曾向清政府反映容美土司买管长阳土地之事。"据土舍供称，先年曾用价银一百八十两，契已遗失，有买管印册为□，□经□□□□□得价等语。"⑦ 到清朝初期，容美土司土舍阶层已有一定力量，土舍内有背主投清者。

从各类文献记载可以粗略了解容美土司的土舍阶层。从姓氏来看，容美土司土舍不仅有田姓，也有黄、唐、覃、张、刚等姓。从土舍权力来看，容美土司土舍既有掌握土司全局者之护印土舍，也有掌握土司职权之土官土舍

---

① 此碑存鹤峰县博物馆，原立于鹤峰县走马镇锁坪。

② 此匾存鹤峰县博物馆，发现于鹤峰县走马镇锁坪孟家湾。

③ 高润身主笔《容美纪游注释》，天津古籍出版社，1991，第44页。

④ 《明孝宗敬皇帝实录》卷20《弘治元年十一月壬申条》。

⑤ 《明孝宗敬皇帝实录》卷25《弘治二年四月丙午条》。

⑥ 民国《鹤峰县志》卷1《沿革》。

⑦ 此碑有两块，分别位于湖北五峰竹桥、红渔坪二地，碑文内容一致。

和把事舍人，还有身为土司贵族的无权土舍。土舍与土司主沾亲带故，很容易利用自己的关系而转化为土官，并且容易受土司庇护。

明代以后，容美土司的土舍阶层来源多样化，故土舍阶层不断充实、壮大。这表现在以下三个方面。

一是钦定土司大姓家族的发展壮大充实了土舍阶层。田、张、刘、唐是中央王朝在容美钦定的土司土舍姓氏。明洪武年间，中央王朝在容美土司内置椒山玛瑙长官司、五峰石宝长官司、石梁下峒长官司、水浕源通塔坪长官司四长官司。容美椒山玛瑙刘氏、五峰石宝张氏、石梁下峒唐氏和水浕源通塔坪唐氏又成为钦定的土司姓。明代以后，田、张、刘、唐四大家族人口增加，四姓成为容美土司土舍的主要姓氏。

二是土民因功绩被赐土司姓而晋升为土舍。对于土民来说，因功而进入土舍阶层是他们的理想和追求。在鹤峰县与桑植县交界的红土坪有一支田姓人，自称"也姓田"。他们的进山公公不姓田，而姓范，叫范代祥，土司时期为谋生路而进山落业。他随土司主打仗，屡立战功。土司主为表彰他的忠勇，赐他姓田，这便有了"生姓田，死姓范"的说法。[1] 在鹤峰县中营镇也有一支有着类似经历的田姓。这支田姓的进山公公叫田鸣皋，重庆酉阳人，他本不姓田。明正德年间，他迁入容美，后跟着土司主田世爵做记室。容美田氏土司与宣恩县的忠峒土司结仇。两军在宣恩的歇脚寨对峙，胜负未决，田鸣皋向田世爵献计："渠卑我高，可以水淹。"遂令长官田宏齐以布袋盛沙堵水，水深为湖，时至半夜，决袋放水，水势如万马奔腾，覃土司兵败，今天那里还有布袋溪的地名。田鸣皋因献计而立大功，土司主赐其姓田，视为亲族，并赐以北偏之地供其居住耕种。[2]

三是许多土民因姻亲关系进入土舍阶层。在鹤峰县流传的故事中，土司的"初夜权"是最令人疑惑的。"土司就是田土王，他平时住在洞里，万人洞、万全洞、情田洞都是他住的地方。有些人不姓田，不姓田的人易遭土王杀，所以后来别人问他们姓么子，这些人就回答'也姓田'。后来老百姓们编了个顺口溜：'家姓田，野姓田，请个媒人又姓田，牛栏立在田坎上，肥

---

① 钟以耘、龚光美主编《鹤峰县民族志》，国际文化出版公司，2001，第32页。
② 钟以耘、龚光美主编《鹤峰县民族志》，国际文化出版公司，2001，第33页。

水不流外人田。'老辈说：'田土王缺德，别人接媳妇他要先睡三夜，生了小孩，他要先吃三天毛奶。'"① 这个故事在容美土司屏山爵府民间还有另外一个版本。"田土王在容美司无恶不作，残酷压榨土民。有一代土王，是个好色之徒，到处找寻漂色（亮）姑娘，抢到宫里玩乐。还兴了一个规矩，除了姓田的土家人，外姓只要娶亲，新娘子就要到土王宫让田土王先睡三夜。这规矩一立，一时间闹得容美天翻地不宁，土民们都把乖姑娘偷偷送到外头，躲的躲，藏的藏。平（屏）山有家姓唐的人家，生了个如花似玉的丫头。从小就许配给一家姓覃的为妻。土王的那丧天良的规矩一传来，唐、覃两家都吓得面如土色，唐家丫头也哭死哭活要跳水。两家人哭不得，笑不成，商定在半夜办婚事。还烧香祭白虎神，莫让土王得信。认知送亲的半路上遇到土王巡夜的土兵。土兵就盘查新娘子姓么子。唐家送亲的又惊又怕，只好扯谎说也姓田，土兵这才让过去。唐家的姑娘嫁成，这消息让送亲人传了出去。从此，其他姓都改姓田。姓田的问别个姓么子，别个姓的连忙说也姓田。从此以后，容美司就有了家姓田和野姓田之分。"② 这也说明婚姻是土民转变为土舍的重要途径。

庞大的土舍阶层促进了容美土司的社会治理与国家认同，这表现在以下三个方面。

第一，土舍阶层是土司社会治理的中坚力量。一方面，土司家族化统治特质决定了土司衙门在用人上坚持以血缘和姻亲关系为基础，以亲疏为尺度，把大量土舍安插到土司衙门和基层政治中。另一方面，土舍在土司中的贵族特质决定了土民也愿意把土舍推举为领导和保护他们的领袖。土舍的权势正如我国古代魏晋时期门阀制度下的大姓豪族，他们位居高位，世代掌权。身为土皇帝的左右手，这些大姓往往是其他小姓进行攀附的对象。土舍在基层的作用和绅士在汉区所起的作用极为类似。绅士退出了官僚机构，却与官僚机构保持着割不断的关系。绅士因其掌控的社会资源以及自身的个人魅力往往成为乡村治理中最为重要的角色。绅士一方面是国家的代理人，另一方面要尝试保护乡村利益，从而让国家和乡村达成一种妥协。土舍在土司

---

① 鹤峰县屏山村严贵清（74岁，土家族）讲述。
② 鹤峰县文化馆：《白鹤井：鹤峰民间传说故事集》，鹤峰县国营印刷厂，1982，第15~16页。

社会要么转化为土目，成为土司官僚机构的组成人员和土司政令的执行者；要么无职无权，却利用其"说得上话"的社会关系而被推举为把事、峒长、舍把或头领，成为土司治理的前先锋和土民生活的组织者或保护神。从清代康熙年间容美土司职官表可以看出，土司官僚机构中的绝大多数官员是由土舍转化而来。在容美土司职官背后，还存在数量更为庞大的无职无权的土舍。土官土舍、土目土舍和普通土舍足以在土司社会形成一个土司社会治理的阶层，这个阶层对容美土司的社会治理起着关键作用。容美土司下的土舍成为独立的阶层是国家在容美土区实行土司制度的结果，也是土司社会治理水平提高和国家权力下沉的表现，是土司国家认同的地方性表达。

第二，土舍促进了容美土司对外经济文化交流。明朝洪武年间以后，中央王朝在容美土司周围遍设卫所和巡检司。"土蛮不许出境，汉人不许入峒"的政策是中央王朝为了防止土司侵扰和抢夺而制定的。① 事实上，容美土司对外交流的需求一直存在，不可能因此政策而改变。在这样的背景下，容美土司主苦心经营，打开了容美土司对外交流的多条通道。在这种背景下，土舍成为容美土司对外交流的主要中介。土舍作为容美土司的对外中介有很多优势。他们出自土司家族，对土司内部情况较为了解，熟知本土司的需求，有一定的权限和威望，文化水平比土民高。从历史记载中我们可以看到：土舍是容美土司朝贡的主要执行者；土舍是容美土司与汉区人文雅士交流的主体；土舍是容美土司征调的组织者和土民的头领。元朝中叶后，容美土司土舍逐步走出大山，明初容美土司更多的土舍外出朝贡，明代中叶容美土司土舍在频繁的征调和朝贡机会中大量外出，到达明王朝经济文化最为发达的地区。土舍在对外交流中开阔了视野，增长了知识。明代中叶以来，容美土司应袭宣抚田镇出山朝贡，至田世爵承袭土司主后又屡次遣土舍朝贡，献大木、赴江浙征倭，应袭宣抚田九霄及其弟田九章率领大量土舍出山。明嘉靖年间光禄寺卿章焕曾向皇帝说到征倭土舍和土兵在江浙繁华地带而"杂处市廛，嬉游里巷，百货之所歆艳，侈俗之所浸淫"。② 土舍频繁出山，他们见多识广，这有利于土舍阶层在土司地位和作用的提升，也进一步促进

① 陈丕显主修《长阳县志》卷5《地理五》，民国25年（1936）。
② 《明世宗肃皇帝实录》卷5《嘉靖三十四年十一月辛巳条》。

他们做好土司对外交流的中介。

第三，土舍推动了土司内的文化学习。在土司制度背景下，中央王朝强令应袭土舍学习王朝汉文化，倡导普通土舍学习王朝主流文化。成化十七年（1481），明宪宗"令土官各遣应袭子就学"，[①] 嘉靖元年（1522），贵州巡抚都御史杨沐提议"土官应袭三十以下者，得入学习礼，不由儒学者，不得起送承袭，其族属子弟愿入学者，听补廪科举，与军民武生一体，则可以大变其俗"。[②] 正是在这样的制度下，土司舍人阶层有了学习国家主流文化的外部政策环境。明朝中叶，容美土司自田世爵任土司主以来至清初容美土司改土归流，土舍对王朝主流文化的学习非常热心。从地方志记载中可以看到容美土司可以在附近的枝江县学、长阳县学、华容县学、澧州州学、荆州府学等地方就学。从附近土司设置来看，容美土司也可能设学校以供土民进行文化学习。在主流文化的学习中，土舍是学习的主体。在生产力极低下的土司社会，土民要花费大量的时间组织生计活动。在这种背景下，土民难以形成学习主流文化的动机。土舍的文化学习活动对土民的社会生活具有一定的示范作用。这样，国家主流文化得以在土司地区通过土舍的传承和传播得到表达，这是地方国家认同的重要基础。

第三节　受认可的土民族群性

"族群性是指由于人们所感知的文化独特性而产生的族群认同，从而使该族群成为独特的与众不同的群体。"[③] "族群性（ethnicity）的基础是社会或国家内部的文化相似性和差异性。相似性是对族群内部成员而言；差异性则存在于某一族群与其他族群之间。"[④] 元明清时期，土司制度形塑了土民的族群性。在鄂西高地独特的自然生态环境和土司制度独特的政治制度之下，容美土司土民的形成和传承既不同于内地，又不同于武陵苗、侗分布区的生计组织方式与社会文化，并在这一基础上形成了土民的族群性。在王朝

---

① 《明宪宗纯皇帝实录》卷5《成化十七年二月癸酉条》。

② 《明世宗肃皇帝实录》卷20《嘉靖元年十一月己未条》。

③ 田广、周大鸣编著《工商人类学通论》，中国财政经济出版社，2013，第542页。

④ 〔美〕康拉德·菲利普·科塔克：《人性之窗：简明人类学概论》（第3版），范可等译，上海人民出版社，2014，第395页。

文献的表述中，土民的族群性得到了国家主流文化和王朝国家的认可。

（一）土司制度的形塑

土民族群性的形成是历史长期发展的结果，这里既有民族根基式的原因，也有社会条件方面的因素。在对族群性的研究中有两种基本的观点，第一种观点认为族群性是本体的，它的形成是一种社会继承，即从先祖那里继承了族群的性格，即"原生论"；另一种观点认为族群性是建构的，它的形成是社会建构的结果，即族群为了生存和发展而对社会环境的一种反应，即"工具论"。在中国古代民族族群性的形成和发展中，民族原生因素起了基础性作用，族群策略工具因素起了辅助作用。而以土司制度为代表的政治制度对鄂西一带"蛮酋"的族群性形塑起到了关键性作用。这一形塑有四个方面的内涵。

一是土司的军事特质塑造了土民勇猛善战的族群性。武陵民族走廊诸土司主要是武职土司，实施"军民合一"。作为武职土司，服从中央王朝征调和维护国家稳定是其基本义务，这需要强大的武力。容美土司非常注重军事训练，并且在参加王朝的征调中得到检验。事实证明容美土军勇猛异常。康熙年间，顾彩在容美土司时观察到容美土司土兵的训练："其兵皆素练习，闻角声则聚，无事则各保关寨。盔重十六斤，衬以厚絮，如斗大；甲重三十斤，利箭不能入。火枪打百步。一人搏虎，二十人助之，以必毙为度，纵虎者重罚，猎他兽亦如之，得禽则倍赏当先者。……红黑诸苗闻容美兵至，辄丧胆，诸司兵不及也，其追敌，缘崖逾壁，务必擒之。"[1] 土民亦农亦兵，战斗力强。容美土司兵还多次接受战争的洗礼，并在东南抗倭、平定播州土司叛乱的屡屡战功中得以检视。可以说，正是在土司制度的背景下，土民才变得如此训练有素。

二是土司朝贡与入学形塑了土人奉公乐礼的族群性。容美土司土舍在定期且规模巨大的朝贡活动中走出了大山。他们一方面得以了解汉地的礼仪，另一方面也培养起地方对中央王朝的义务意识。明代还规定土司必须入学才能承袭，并且鼓励土舍们去土司周围的县学。土司阶层学习了中央王朝的主流文化，这对培养他们奉公乐礼的意识起到了极大的促进作用。对于武陵民

---

[1]　高润身主笔《容美纪游注释》，天津古籍出版社，1991，第54～55页。

族走廊地区而言，土司制度并非让这些地方成为国中之国，而是为了让这些地区逐步接纳主流文化并培养地方对中央的向心力。几百年来，中央王朝在武陵民族走廊地区所实施的土司制度是较为完善和有效的，而不是仅仅给一个王朝的虚职。在几百年的历史过程中，容美土司按照土司制度的要求而培养起向心的文化和族群意识。

三是土司的严刑峻法让土民保持了淳直无争的族群性。土司制度并没有对土司司法体系有明确的制度设计，这样土司内部的申诉、审判和服刑较为混乱。从容美土司的社会情况看，其严刑乱判十分普遍。顾彩在容美土司曾多次劝导土司主"少刑罚"，因为他实在不忍心目睹土司的酷刑，"其刑法，重者径斩，当斩者，列五旗于公座后，君先告天，反背以手掣之，掣得他色者皆可保救，惟黑色〔旗〕则无救；次宫刑（刑者即为阉官〔宦〕，入内供役使）；次断一指；次割耳。盖奸者宫，盗者斩，慢客及失期会者割耳，窃物者断指，皆亲决，余罪则发管事人棍责，亦有死杖下者，是以境内懔懔〔凛〕，无敢犯法"。① 正是在这样的法治环境中，"过客遗剑于道，拾者千里追还之"。② 土民与世无争，避入桃源；在桃源中是无可争辩，因为他所面对的统治者并没有严格的法律程序。改土归流后鹤峰知州毛峻德曾说土司时期冤案无数，以至改土归流后仍然延续了"轻生寻死"的生活习俗。

四是土司的生计方式促成了土民朴实无华的族群性。在土司制度背景下，土司内部的土地所有形式是非常复杂的。《永顺府志》载："至于成熟之田，土官多择其肥饶者，自行种收，余复为舍把、头人分占，民间止有零星硗角（确）之地。"③ 容美土司田氏及所属的椒山刘氏、五峰张氏、石梁唐氏、水浕司唐氏占据着容美土司的熟田和熟土，而其他小的土目则占据着次等山坡土地，散落的土民则只能占据最硗确的土地。大部分土民还是依附于土司大姓家族内，要么成为家族强者的佃户，要么自己也有一定的土地。土民除了耕种自己的土地外，还要服役，但土司并不征税。在土司制度背景下，土民的生计系统是非常庞杂的。

---

① 高润身主笔《容美纪游注释》，天津古籍出版社，1991，第 53~54 页。
② 高润身主笔《容美纪游注释》，天津古籍出版社，1991，第 54 页。
③ （清）张天如修《永顺府志》卷首《序二》，乾隆二十八年（1763）。

明代万历《慈利县志》曾记载了山区土民的生计状态:"环慈皆业,山田都逼扼山谷间,导水于高者注之,伐山为业,山高气常蓄聚,不散则成瘴毒,农民往往依崖涧结草为屋,植篱以障内外,临坪之田土膏肥而用力易,其居深山者刀耕火耨,谓之烧畲,又有茶椒漆蜜之利,暇则采茶、采蜜、割漆、捋椒以图贸易,其女人俱以纺织为业,滨河者依渔营生。"① 有学者认为游耕是土司时期土民的主要生计模式,而事实上,土司时期土民的生计方式更为复杂,要考虑当时特定的土地所有制和垂直气候及地形条件。从土民生计上看,土民的生存压力还是很大的。一方面,容美土司土民的生产成本是很高的。山区土地贫瘠,没有高产的农作物品种,土地分散,离居民点远。土民耗费大量劳动,收获却很少。另一方面,土民对土司还承担了义务。除了自带粮食轮番为土司主服役外,还偶尔要自持粮食服征调,远离本土征战。土民多筚路蓝缕,少钱粮积蓄。土民在这样的生存环境中只能过着朴实节俭的生活。

田泰斗在《竹枝词》中描绘了容美土司的族群性:"风无淫靡政无苛,鸡犬桑麻尽太和;问是桃源君信否,出山人少进山多。"② 在田泰斗的心中,容美就如世外桃源。在土司制度背景下,土人发展出独特的生计方式和生活模式,并在此影响下形成了独特的族群性。元明清时期,土司制度的实施强化了土民的"内地"性质,土民不仅更认同内地,也让内地因其族群性更加认同土民。

(二)主流认同的族群性

清代史书对居住在湘鄂西地区的土、客、苗的族群性都做了大量生动的描述,勾画出各个民族的族群性特征,其中,"土"的族群性更被主流文化所认可。清代魏源言:"无君长,不相统属之谓苗,各长其部,割据一方之谓蛮。"③《清史稿》又载:"若粤之僮、之黎,黔、楚之瑶,四川之倮罗、之生番,云南之野人,皆苗之类。……湖广之田、彭,四川之谢、向、冉,广西之岑、韦,贵州之安、杨,云南之刀、思,远者自汉、唐,近亦自宋、元,各君其君,各子其子,根柢深固,族姻互结。假我爵禄,宠之名号,乃

① (明)陈光前纂修《慈利县志》卷6《风俗》,万历元年(1573)。
② (清)李焕春主修《长乐县志》卷12《风俗志》,咸丰二年(1852)。
③ (清)魏源:《圣武记》卷7《雍正西南夷改流记上》,中华书局,1984,第283页。

易为统摄，故奔走惟命，皆蛮之类。"① 在清代文化分野中，居住在容美地域的土民属于"蛮酋"的一种。在中国古代民族观念中，"蛮"不是"非我族类"，而只是教化程度较低。从这个角度讲，"蛮"比"夷""蕃""苗"更亲近主流社会。而"土"又比"蛮"好，"土人"已受教化，只是教化未深。在叙述土人的族群性时，中原士人本身带着族群分类的先入之见。宋代史志中已经出现"土丁""土兵"，实施土司制度后，"汉不入峒，蛮不出境"，中央王朝在政治上建构了土、客的地理、军事和社会边界，土人便成为可以明确其对象的一类人。"土人"不尽是土家族，"土人"是一个历史的不断衍化的概念。"土人"之所以为"土人"，更多的是一种政治建构的结果。相比其他族群，内地人和国家主流文化对"土人"的族群性的评价大多是积极正面的。

一是土民淳朴无争。明朝嘉靖《湖广图经志书》载："施州郡，多杂蛮左，其与夏人杂居者则与诸华不别，其僻居山谷者则言语不通。〈隋志〉载：地僻山深，民杂夷獠，伐木烧畲，以种五谷。外门不闭，盗贼不作；俗尚节俭，犹尽华风；其俗则纯朴不知有主客；好音乐，少愁苦"，"施南，衣裳斑斓，言语侏离，好入山壑，不乐平旷，盗者倍九而偿赃"，"信鬼，重淫祀，少讼寡盗，火耕水耨，以渔猎山伐为业"。② 可见，土司时期施州地区民风淳朴，一些族群深居山中，与世无通。万历《慈利县志》也载："慈俗尚愿朴，民以佃犯猎渔罟为生，而无外慕，衣服俭素。"③ 到了清代，土民的淳朴性仍然延续下来，《长乐县志》载："人民淳厚，罕机械心。"④《永顺府志》载："土人淳直畏法，无苗人悍恶之风，亦无汉人狡诈之习。"⑤《永顺府志》又载："土民柔懦，朴拙，淳直，惧官，怕讼。"⑥ 同治《保靖县志》载："民多朴直，无一点繁华之习；俗虽野陋，有一段天性之良；男勤于耕，野无旷土；女勤于织，户多机声。"⑦ 从明清时期史志可以

---

① （清）赵尔巽等：《清史稿》卷512《土司一·湖广》，中华书局，1977。
② （明）薛刚纂修嘉靖《湖广图经志书》卷20《施州卫》，书目文献出版社，1991。
③ （明）陈光前纂修《慈利县志》卷6《风俗》，万历元年（1573）。
④ （清）李焕春主修《长乐县志》卷12《风俗志》，咸丰二年（1852）。
⑤ （清）张天如修《永顺府志》卷10《风俗》，乾隆二十八年（1763）。
⑥ （清）张天如修《永顺府志》卷10《风土志》，乾隆二十八年（1763）。
⑦ （清）林继钦编纂《保靖县志》卷2《舆地志·建置沿革》，同治十年（1871）。

看出, 王朝主流文化中对 "土人" 的印象与描述更为正面。

二是土民骁勇善战。"土人" 向以骁勇著称。田舜年在《情田洞记》中曾称赞 "土人" 的英勇:"桑植忠峒各土司尝合兵围田舜年于情田洞, 土司有罗文虎者, 素骁勇, 率土兵突围, 赴中府谓援, 敌断其一臂, 犹格杀数十人乃毙; 解围后舜年斩先退土民两人以殉罗葬。"[①] 情田洞是鹤峰县城西太平镇附近的一个山洞, 高三四丈, 可容数百人。田舜年在此遇险, 最后却绝地反击, 获得了胜利。清初有汉地官员谈迁前往永顺土司, 他描述了 "土人" 捕虎的情景:"土人见虎伏草间, 捕者树竹栅围之, 凡三层。层必积低一隅, 俟虎之轶, 候六七日, 虎饥死, 遂告擒以献。"[②] 正因为 "土人" 英勇, 土兵被王朝多次征调。田九霄曾随胡宗宪在江浙一带抗倭,"随父率领苗蛮兵将, 奋勇争先, 追至嵊县三界, 击斩首级五百八十, 获骡马五十二匹"。[③] 土兵勇猛, 在抗倭上为国杀敌, 立下 "东南第一功"。武陵民族走廊土司兵曾为明王朝所倚重, 成为维护国家稳定的重要力量, 这与土司兵的骁勇善战不无关系。

在改土归流后的短时间内, 土司又以 "轻生" 而让治者胆寒。首任知州毛峻德发了《告城隍文》和《禁轻生》两个文告,"今鹤峰州, 一岁之中, 轻生者数闻; 一日之内, 自缢者再报, 非系疾病数奇, 即或口角细故, 何恶俗难变, 可恨可悯, 一至此哉"。[④] 土民投河、投崖、自缢、自刎、上吊者无数。这种 "轻生" 的习俗反映出土司时期土民的心理状态。"轻生" 反过来说就是 "不畏死", 这从另一个角度印证了土民的骁勇善战。在容美地域靠近清江流域的民俗中, 有在亡灵前跳 "撒尔嗬" 的风俗, 其动作夸张、诙谐, 展示着山地民族乐观向上的生命观。

三是土民奉公乐礼。湘鄂边十司地域的土民朴实无华。《鹤峰州志》载:"州民客土杂处, 习尚不一, 然无巨奸大猾, 畏上奉公, 犹为易治, 政教成于上, 风俗清于下。"[⑤]《龙山县志》又云:"土民淳直, 畏长官, 力田

---

① 蔡翊:《鹤峰州志》卷 14《杂述志》, 民国 32 年 (1943)。
② (明末清初) 谈迁:《纪闻上:永顺保靖二司土风》, 载《北游录》, 中华书局, 1981。
③ 五峰长乐坪民国《容阳堂田氏族谱》卷 3《明太史华容严守升撰田氏世家》。
④ (清) 毛峻德纂修《鹤峰州志》卷下《文告》, 乾隆六年 (1741)。
⑤ 蔡翊:《鹤峰州志》卷 6《风俗志》, 民国 32 年 (1943)。

种山而外，鲜逐末，不尚奢华，富者令子弟读书应试，文武两庠，班班辈出。"① 容美地域东部的五峰县土民也同样朴实。"乐邑旧多为长阳、石门等县地风气，近古自明中季近城及水尽（浕）、石梁等处为各土司迁徙地，间杂戎俗。"② 嘉靖《湖广图经志书》云："大田，乐耕稼，尚诗礼。"③ 可见，王朝崇尚土民的族群性。

在湘鄂边高地的山区里，一直传承着"咂酒"的习俗，这一习俗在土司时期就存在。无论是在宴会中，还是走亲串户，常以"咂抹坛酒"为敬。《长阳县志》曾记载这一风俗："谓前客以竿吸酒，以巾拭竿，让后者饮。酒以糯米酿成，封贮坛中，饮客则取置堂荣正中，沃以沸汤，令满；以细竹通节为竿，插透坛底，堂中置案，杂列鸡肉蔬菜，碗用最粗三级，名曰莲花碗，肉以两头盖过碗口为度，谓之过桥；每一坛设桌一，上下两旁各置箸一，而不设座；客至，以次列坐左右毕；主人呼长妇开坛肃客；妇出，欢然随取沸汤一碗，于坛侧就竿一吸毕，注碗水于坛……凡吸歉溢者，皆罚再吸，故酒虽薄，亦多醉者，主宾喧哗，唱蛮歌俚曲，而散。"④ 可见，土司地区拥有特定的民间礼仪习俗，有些习俗在改土设流后延续下来。

若把土人的族群性放到更大的区域环境中，其族群性的受认可度更能得以体现。在武陵民族走廊区域，土、苗、汉三大族群共同生活在这一地区。这三大族群在土司时期文化互动频繁。这种互动并没有让族群边界消失，反而强化了族群的自我认同。土司时期有些汉人进入湘鄂西地区，与当地土、苗生活在一起，变成亦苗亦土的客籍，客籍便成为各族群相处的润滑剂。清代史志对湘鄂西各族群的族群性有详细的记载，对湘鄂西的族群有着精确的分类，即把这一区域的族群分为土籍、客籍、民籍、苗籍、章籍五类（见表7-1）。

土籍的土人是湘鄂西地区的原住之民。对原住之民的确认是与土司制度相关的。土司制度赋予这些原住之民以确定权利和义务，让其与中央政府建立稳定的政治、军事和经济关系。在中央政府视野中，这些土民虽然地处边

---

① （清）洪际清纂《龙山县志》卷7《风俗》，嘉庆二十三年（1818）。
② （清）李焕春主修《长乐县志》卷12《风俗志》，咸丰二年（1852）。
③ （明）薛刚纂修嘉靖《湖广图经志书》卷20《施州卫》，书目文献出版社，1991。
④ 陈丕显主修《长阳县志》卷7《风俗》，民国25年（1936）。

缘，但与中央王朝并无什么不可化解的历史矛盾，所以只要发挥好土民的长处就有利于国家的统一和稳定。土人所体现的淳直质朴、骁勇好礼等族群性对中央来说有利。

客籍者和民籍者都是在土籍者之后进入土司地区的。客籍者和民籍者不一定都是汉人，但以汉人为主。这些人盘活了土司地区的经济和文化，是区内民族互动的中介和润滑剂。客籍者多从事商业和手工业，而民籍者显然已经逐步融入土司区的社会文化生活，变成如"藏回""回藏"等互动整合化后的新族群，民籍者亦苗亦汉、亦土亦汉，民籍者内部性情和文化习惯差别较大，以致无法把民籍者纳入任何一个固定的族群。民籍者的共同点是他们都是民族间互动和融合的产物（见表 7 - 1）。

表 7 - 1　清代湘鄂西民族的族群性

族群分类	族群来源	族群性特征
土籍	原住之民，其土司社（舍）把之遗泽未忘	土人重耕农，男女合作，喜渔猎，食膻信巫；虽轻生好斗，而朴拙淳直，稼穑而外，不事商贾
客籍	后土籍先民籍，与土、苗相习，久而自成风气，亦民亦土	客籍习于苗者，杂用苗语，习于土者，杂用土语，于章小然，于民亦然。其性情嗜好，各以其习近者为性情嗜好。客籍之来此土，在民籍先，在章籍后，其于土，若加亲焉，其于民，若先导焉。其性喜随人，使天下共见焉
民籍	从汉地迁入之商贾、士人、手工艺者，久居却未入土籍	民性勤俭，不喜奢侈，为善之民也。其性情嗜好，往往习于民俗，亦安静自营生业，相处于无事之福。民籍视己为土也；客籍视民籍为客也；民籍视客籍，则客籍土民籍客也；土籍视客籍，客籍客而土籍也；章籍视民籍客籍皆客而己土也
章籍	熟苗矣，传宋时有江西章姓兄弟居泸溪上大章、小章等处	章籍人或以熟苗呼之，其实民也，非苗也。亦无苗寨打冤家恶习。其人八九岁辄学鸟枪铁匠，皆自传习，制创甚精。性好小利，升粟分文必争，又尚气不相下，睚眦必报，故鼠牙雀角之狱，不绝于庭云。稍结恩信，辄出死力相助
苗籍	生苗矣，唐虞之世，三苗国境，为声教所不及者	红苗众而黑苗强，独难驯，客亦未尝夺主。强染健斗者或能见官府讲客话者，则寨中畏之，共推为寨长。若寨中又出此一户一人，则又各自结党，故统辖易变也。习鸟枪、打石等技

资料来源：（清）董鸿勋编修《古丈坪厅志》卷 10《民族》，光绪三十三年（1907）。

苗籍和章籍者即"生苗"与"熟苗"。在苗族的历史记忆中,苗民不断被强者所驱赶。苗族的历史也被建构为悲情的历史。在史志的记载中,苗族也被丑化为"狡诈无常、睚眦必报"的族群。苗族传统社会往往以原始民主制为社会基石,无大君长和复杂的社会等级,社会尚未能深入地分化。以村寨为基本单位的社会运作让苗民形成了强烈的自我保护意识。这种把自己封闭和孤立起来的社会生存策略是得不到中央王朝支持的。有一些地理条件较好,且邻近土、汉的苗族在周边族群的影响下不断接受王朝的统治,但还是延续了长期历史积累的族群性。一旦社会动荡,族群反抗王朝成为常态。而生苗则更加注重自己的族群文化,凝聚族群的高度认同,强化族内团结,以此对抗中央的统治。土司制度在湘鄂西苗族地区未能有效实施,这些地区也未能形成有影响的土司制度,这样苗族"文化化之"的水平及与中央王朝的亲密关系不如"土籍者"。

改土归流后,地广人稀的容美地域迎接从外地迁入的大量客民,土、客会聚。容美地域北侧的景阳河谷的百姓把当地人民分为"搬家子"和"土蛮子",姓氏、语言和地域成为区分符号。景阳所在的清江河谷曾长时间被容美土司控制,土客很早就在此碰撞。改土归流后,土、客的长期交往慢慢淡化了族群的边界。清王朝治理这一边地,既试图让这些土民消解过去对土司的认同,又试图让容美土司建构对王朝国家的认同。

第四节 改土归流的顺利实施

中央王朝实施"改土归流",实质上就是废除土司制度,并实施如内地一样的行政管理制度。与土官的世袭不同,流官任免、升迁、调遣均由王朝决定。"清王朝在鄂西实行改土归流,是指雍正十年(1732)开始,十三年(1735)结束,前后经历了四年。"[①] 清王朝先是将鄂西的东乡、忠建、施南土司拟罪改流,然后以拟罪和威胁的方式对容美土司改土归流,最后其他土司主动呈请改土归流。鄂西南土司改土归流,"惟容美稍用兵"。

(一)改流的历史背景

清雍正年间,中央王朝对容美土司"稍用兵",但王朝与土司之间并未

---

① 胡挠、刘东海:《鄂西土司社会概略》,四川民族出版社,1993,第94页。

发生任何战斗。清朝对容美土司的改流还算顺利。在容美土司改流中，既有与西南诸土司改流一样的历史背景，又有其地方特殊背景。

一是改土归流是清王朝的国家战略，不可阻挡。1722年，对容美土司较为宽厚的康熙帝离世，"精严刻薄""跷辩多变"的雍正皇帝继位。雍正帝在康熙皇帝打下的坚实基础之上，推行改土归流，加强中央集权。在鄂尔泰等大臣的谋划之下，雍正帝继位后就开始了这一宏大的事业。而"鄂尔泰督云贵，建策改土归流，迈柱亦行之于湖广"。① 从国家层面来说，此时清王朝已平定天下，又被社会普遍奉为正统。中央王朝完全有实力对容美土司进行改流。从地缘上来看，容美土司地处内地边缘，邻近两湖平原，与汉地核心地区接近，国家完全有必要把这一地区纳入王朝的直接统治。因此，从国家层面来看，改土归流并不是针对容美土司的。清朝大臣鄂尔泰直接主持了大西南的改土归流。在谈及改土归流的原因时，鄂尔泰奏言："三藩之乱，重啖土司兵为助，及叛藩戡定，余威震于殊俗。"② "云贵大患，莫如苗蛮，欲安民，必先制夷，欲制夷，必先改土归流。"③ 在谈及改土归流的策略时，鄂尔泰说："其改流之法，计擒为上，兵剿次之，令其自首为上，勒献次之，惟制夷必先练兵，练兵必先选将，诚能赏罚严明，将士用命，先治内，后攘外，必能所向奏效。"④ 从鄂尔泰所言可看出，进一步平定西南地区并加强对该地区的统治是清政府实行改土归流的主要原因。

二是土司时期中央对容美土司的国家认同建设为其顺利改流做了铺垫。从土司社会看，中央王朝在容美地域实施土司制度，促进了土司社会的分化和治理。元朝初年，容美地域社会还处在以自然村寨和家族为基本自治单位的社会治理状态，"蛮酋"很可能通过宗族或原始民主制来进行社会管理，社会分化程度不深。而在改土归流前夕，容美土司社会已高度分化，以土舍为代表的文化阶层已有一定力量。土司社会出现了士、农、工、商、艺等各类职业人群。从文化教育上看，土司时期中央王朝注重对

---

① 胡挠、刘东海：《鄂西土司社会概略》，四川民族出版社，1993，第94页。迈柱，时任湖广总督。
② （清）魏源：《圣武记》卷7《雍正西南夷改流记上》，中华书局，1984，第283页。
③ （清）魏源：《圣武记》卷7《雍正西南夷改流记上》，中华书局，1984，第284页。
④ （清）魏源：《圣武记》卷7《雍正西南夷改流记上》，中华书局，1984，第285页。

容美土司的文化教育。闲下来的土舍阶层成为土司学习、传承和传播汉地文化的主要群体。可以说，正是因为土司制度的实施，容美土司培育了一个有欲望、有条件学习内地文化的庞大阶层。从土民心态上看，改土归流前夕，容美土司广大民众有较强的国家正朔、正统观念。正是因为土司制度在湘鄂边高地的实施，容美土司积累了丰富的国家认同要素，从而为改土归流奠定了基础。

三是容美土司确实到了改土归流的时刻。从周边形势上看，雍正十年（1732），东乡安抚司拟罪改流，其地并入恩施、宣恩两县。雍正十一年（1733），忠建宣抚司改流，其地并入宣恩县。而这两个土司与容美土司接壤，来往密切，两土司的改流对容美土司的触动极大。故容美土司在这一大势之下，也危如累卵。从容美土司本身来说，明末清初，这一地带频繁的战乱也耗尽了容美土司的财力。改土归流前夕，容美土司早已外强中干。从社会发展来看，土司制度的设置限制了土司地区与汉地人口和物资的流动，土司希望消除这一桎梏。从这一点看，改土归流并不是对土司社会的完全颠覆。改土后里甲社会的众多乡绅仍然来源于土司社会时期的土舍、土目阶层。正是土司的社会建设，使土司社会分化出知识和精英阶层，其成为里甲社会治理的力量。从很大程度上讲，改土归流也有继承土司社会特质的一面。

自雍正元年（1723）至雍正十三年（1735），容美土司与雍正王朝多次交锋，演绎了容美土司改土归流的曲折画卷。从有关大臣奏折、皇帝批示、土司申诉等的档案以及史志记载中可以观察到容美土司改土归流的历史过程。

在雍正继位之前，容美土司屡受地方大臣参奏其罪，但康熙宽仁，不许大臣生事。在"田舜年案"中，容美土司曾受到十多次参劾。康熙四十五年（1706），湖广总督等地方大臣参劾田舜年，在京大臣附议，而康熙皇帝曰："今此事虽小，断不可生事。"[①] 田舜年曾觐见康熙皇帝，深受其恩。康熙皇帝又十分宽仁，认为地方大臣可能生事，故对容美土司态度较软。而雍

---

① 《田舜年案》，载《康熙起居注》第3册，转引自鹤峰县民族事务委员会编《容美土司史料续编》，内部资料，1993，第2～4页。

正继位之后，对容美土司并不信任，其与地方官员重治容美土司的态度日趋一致。

雍正元年（1723）四月二十日，湖广总督杨宗仁奏报雍正帝不法事宜，如制硝、合操、设誓、征徭、侵边等。此时，雍正皇帝刚刚继位，不宜大动干戈，故朱批曰："田明（旻）如之心迹，朕所悉知，方将感恩戴德不暇，岂尚有不法之行为？此皆不知大体，武臣起好大喜功之念，复贪羡容美富庶，而怀图利之心，所以议论纷纷，何得轻信，妄生事端耶？朕谕总督迈柱之旨甚悉，汝但一听迈柱指挥而行，不必稍动多事之想。"①

雍正二年（1724）九月，田旻如向雍正帝奏请赏赐御翎折。他向皇帝呈述了理由："复念容美一司有统辖五营副总兵、四安抚、四长官、土知州、经历等十八司，最为紧要，特加臣父左都督职衔，颁给敕书，以便弹压……近见内外臣工蒙皇上殊恩，赏赐御翎，为本朝之异典，而臣司地方介在土属，更为希世之所罕觏，叩恳圣主天恩，俯怜边外微臣，倘蒙恩加格外，得邀非常荣宠，俾臣可以朝夕顶戴，不啻日觐天颜，而弹压苗众，咸知咫尺天威矣；则区区犬马微衷，亦得少伸恋主之诚，感激天恩将更无涯矣！"② 当然，雍正皇帝并没有理会这一诉求。

雍正五年（1727），长阳县丞谭一豫奏告容美土司侵占长阳县地，请国家在原边界地立界碑。容美土司与汉地的汉土疆界案集中爆发。在湖广总督、荆州府、长阳县及容美土司的多次协商之下，这一案件了结。雍正帝很高兴，他批示说："谭一豫曾条奏此事，朕拟欲发与汝等。因近者乌蒙、凉山、普雄、犵苗等事，件件整理，况皆尔邻省，湖南又有谢录正一案，恐人议朕多事，好大喜功，所以迟疑未定，然心中每念及此，今览此奏，朕深为慰悦。"③ 而这一批示背后也展现出雍正的宏图大志。

雍正五年七月，在湖北地方官傅敏、布兰泰合呈奏陈改土归流折中，明显就可看到雍正皇帝改流湘鄂西土司的决心："再查桑植、保靖二司若行改

① 《湖广总督杨宗仁奏》，载《雍正朝汉文朱批奏折汇编》第1册，转引自鹤峰县民族事务委员会编《容美土司史料续编》，内部资料，1993，第9页。
② 《湖广容美宣慰使田旻如奏请赏赐御翎折》，载《雍正朝汉文朱批奏折汇编》第3册，转引自鹤峰县民族事务委员会编《容美土司史料续编》，内部资料，1993，第12页。
③ 《署湖北总督傅敏等奏议覆谭一豫条陈容美土司事宜折》，载《雍正朝汉文朱批奏折汇编》第9册，转引自鹤峰县民族事务委员会编《容美土司史料续编》，内部资料，1993，第14页。

流，则容美清查疆界一事。未便一时并举，应俟缓图合并陈明。"① 并以密
饬彝陵镇总兵官整饬营伍冶大雄防患容美土司抗争。冶大雄任该镇总兵之
前，与容美土司有隙，恨容美田氏。"相传彝陵镇总兵冶大雄微时，贩马至
容美司，为峒主所窘辱。"② "冶大雄者，山东人，曾贩马于容美。土司令女
优演桃花扇曲本。伊往看，为土司所辱。后投充军营，迁官至彝陵镇，报复
之。"③ 故冶大雄也乐于罗织容美土司罪名，伺机报复私仇。

雍正六年（1728）二月，湖广总督迈柱上任。迈柱一上任便参劾容美
土司田旻如"素常猖悍"，有"煽惑之技"，容美为"参劾治罪不法之土
司"。迈柱深知皇帝有裁撤湘鄂土司的意图，故罗列土司罪名，讨好皇帝。
雍正皇帝深知其意，也不反对，故批示："尔从缓之见是。王柔似一实心效
力之员，俟其旋楚与之筹计。尔甫经莅任，朕又远隔数千里之外，率意措
置，或恐未当，百凡慎重为第要著。再者闻各土司俱有耳目腹心，布于督抚
左右，须当谨防，而一切事尤宜缜密料理，毋稍疏忽。"④ 此时，雍正皇帝
已决心改流容美土司。

雍正六年二月，湖北巡抚马会伯查桑植土司向国栋，查到"容美土司
昔年掳去桑植人民千有余口，该土司自应遵照护送回籍，未便任其饬措，应
请严檄饬查等因到臣，臣理应严饬该土司即查人口送归桑植，以安戢边
氓"。⑤ 此时，巡抚想传唤容美土司主田旻如，说明事由，商量措施。只是
田旻如可能受其父田舜年案子的影响，反复支吾延缓。雍正皇帝则认为：
"田旻如受朕恩深厚，料必知改悔从前之过，断不敢支吾延缓也。"⑥

雍正七年（1729）四月，四川提督黄廷桂等奏，四川建始县与容美土
司接壤，县境内的向氏与容美田氏土司互通款曲，"查向仲乾等系川东民

---

① 《署湖北总督傅敏奏陈土司情形请旨改土归流折》，载《雍正朝汉文朱批奏折汇编》第 9
　册，转引自鹤峰县民族事务委员会编《容美土司史料续编》，内部资料，1993，第 19 页。
② （清）吉钟颖等纂修《鹤峰州志》卷 14《杂述志》，道光二年（1822）。
③ （清）李焕春主修《长乐县志》卷 4《沿革志》，咸丰二年（1852）。
④ 《湖广总督迈柱奏》，载《朱批谕旨》第 53 册，转引自鹤峰县民族事务委员会编《容美土
　司史料续编》，内部资料，1993，第 23 页。
⑤ 《湖北巡抚马会伯奏》，载《朱批谕旨》第 12 册，转引自鹤峰县民族事务委员会编《容美
　土司史料续编》，内部资料，1993，第 24 页。
⑥ 《湖北巡抚马会伯奏》，载《朱批谕旨》第 12 册，转引自鹤峰县民族事务委员会编《容美
　土司史料续编》，内部资料，1993，第 24 页。

人,容美系湖北土司,隔省私相授受夷职,均干法律,况该土司仰沐皇恩深重,分宜谨饬安静,何得越界苛敛,骚扰居民,种种多事,中怀叵测。臣等再四商酌,盖缘容美土司田旻如为人狡猾,富强甲于诸夷"。① 雍正皇帝迅即批示:"楚蜀各土司中,惟容美最为富强。缘自前明官吏,玩愒弛纵,遂致越分僭礼,相沿成习,迄今尚未改也。地方大吏,应晓以大义。渐令革除。若据滥给委牌,科敛丝花等款,即坐以狂悖之罪,似属太过。已密谕楚督迈柱,令其严饬田旻如矣。汝等虑其疑畏,不遽根究之意甚是。"②

雍正七年七月,湖广总督迈柱连上三折,参劾容美土司。特别是在汉土疆界一案中,容美土司派出了土舍唐遇世前往武昌打听消息,没想到被抓。"转据武昌府审讯唐遇世供认:原系田土司差伊至省,打听事情,有布政司兵房周士元、方思义通信,云司详已投督院,免督院稿房换班书办黄堂做稿申辩,即用土官所给空白印文写就,交铺司投递等情。臣即拿稿书黄堂,锁押赴武昌府,严行究讯。该府亦即拿到藩司书吏周士元等,现今确审得赃作弊各实情。俟招拟到日,将容美土司田旻如私给空白印文,差令舍把至省作弊职名,疏题参奏外,合将察出舞文玩法情由,先行奏闻。"③ 迈柱又根据以往情由,罗列了容美土司的诸多罪名。雍正皇帝也认真做了批示,其主要意思还是要大臣谨慎,以免酿成事端。

雍正八年(1730)四月,湖广总督迈柱又上一折,继续参劾容美土司:"据湖北忠峒宣抚土司田光祖详称,为万难容隐据实密陈事。窃照职司附近容美,时遭田旻如侵凌暴虐,俱已隐忍。近来行止愈乖,谋为不轨。新造鼓楼三层,拱门三洞,上设龙凤鼓、景阳钟。门内凿沼一道,清流环绕,名曰玉带河。架石桥三拱,名为月宫桥。住居九重,厅房五重,僭称为九五居。更于私垣建筑观星台,著令门客异人,昼夜观望星斗。尤可异者,本年正月十五日,密差太监一名侯有之至职司地方。查取脱回被拘女口,时经舍目田邦华回报前来,旋据土妇韦氏禀报,伊子罩连,于雍正二年被容美司拿去,

① 《黄廷桂、宪德奏》,载《朱批谕旨》第59册,转引自鹤峰县民族事务委员会编《容美土司史料续编》,内部资料,1993,第28页。
② 《黄廷桂、宪德奏》,载《朱批谕旨》第59册,转引自鹤峰县民族事务委员会编《容美土司史料续编》,内部资料,1993,第28页。
③ 《湖广总督迈柱奏》,载《朱批谕旨》第54册,转引自鹤峰县民族事务委员会编《容美土司史料续编》,内部资料,1993,第31~32页。

改名三星，割做太监。适才听说，现在宫内，乞恩取回等情。又据土民庚生儿禀称，小的儿子田玉美也被容美司拿去，割做太监。职司随唤候有之查询，据称：'现在宫内伺候的太监有二三十个，田玉美、三星亦在其内'等语。"① 雍正皇帝旋即批示："此事若言已奏于朕，则国法不容稍缓矣。另有命大学士密传之旨，汝其遵行施行可也。"② 此时，雍正帝已着手实施对容美土司的改流。

雍正十一年（1733），雍正皇帝开始对容美土司下手。湖广总督迈柱参劾容美土司："窃照容美土司田旻如，素性犷悍，制度僭越，种种恶迹，经臣节次奏明，按其狂悖行事，实干不赦之条，蒙皇上念其先世微劳，不即诛戮，亦不罢斥，天地之包容，无以逾此。讵旻如身受皇恩，不知感激，口称改悔，仍然奸恶。其所恃者，以众土司作羽翼，众土司以田旻如为领袖。从前土司之构怨兴兵，皆听命于容美；现在土汉之犯法奸民，多潜藏于容美，是以各土司积案累累，终难完结。田旻如实为土司之罪魁，土民之大害，此官一日不除，众土民一日不得安枕。"③ 雍正十一年十一月，雍正皇帝令迈柱暂停革职审拟，着田旻如赴京陛见。迈柱即委令彝陵镇中营守备韩岳前往该土司伴送田旻如进京。可是田旻如可能因其父及其东乡土司姻亲的"前车之鉴"而假捏水灾等理由，拒不出司。④ 雍正十一年十二月十一日，田旻如众叛亲离，自缢于屏山爵府之下的万全洞。

雍正十二年（1734）四月，鸿胪寺卿归宣光奉命前往清查田氏遗产，"闻得容美四路已经安设塘卡，追出土司头人所藏鸟枪、大炮、盔甲、火药等项，并太监三十五名、逆犯吴金枝之妻子等一并解送督臣衙门。又查出土官骡子八十头、马五十匹、牛五十余只，内有大青骡一头，日行八、九百里。土官置买长阳民田十余石，仓谷四百余石。田旻如妻妾使女一百二十余

---

① 《湖广总督迈柱奏》，载《朱批谕旨》第54册，转引自鹤峰县民族事务委员会编《容美土司史料续编》，内部资料，1993，第34~35页。

② 《湖广总督迈柱奏》，载《朱批谕旨》第54册，转引自鹤峰县民族事务委员会编《容美土司史料续编》，内部资料，1993，第35页。

③ 《湖广总督迈柱奏》，载《朱批谕旨》第54册，转引自鹤峰县民族事务委员会编《容美土司史料续编》，内部资料，1993，第36页。

④ 田旻如其父田舜年客死武昌，事实不明。加上此时与容美土司交好的东乡土司覃楚昭被判死刑，田旻如决心抗拒。

口。妻妾发平山暂住,使女俱著亲属领回。土官家产,土民抢去甚多。有土官之妻赴按察司开出真珠、玛瑙、珊瑚、器皿、金银等物件甚多。闻新设渔洋阳塘卡,盘诘得贸易民人私带出银壶、金镶、玉杯等物件。土民向因法令严刻,此时俱安静守法,并不多事"。① 在清查财物后,田旻如父子的田园入官田,田旻如妻妾子女及麾下向日芳等人在赦免之后安插于陕西。② 同年,鄂省的其他土司相继废除。雍正十三年(1735),中央王朝在容美土司核心区设立鹤峰州,在容美土司东部区域并长阳部分设立长乐县。

(二)改土归流的叙述

容美土司改土归流不仅存于宫中秘档,也流传于改土归流后的土、客民以及地方官员之中。尽管改土归流已近300年,但有关改土归流的故事仍然在民间传播。尽管这些故事与事实真相相差甚远,但其展示的故事结构、逻辑及其背后的历史心态十分真实、有趣。

在五峰土家族自治县采花台③,就流传了一个"清朝公主招驸马"的故事:"话说当年清朝皇帝的女儿生得丑陋,一直长到18岁都没人提亲,这可把皇帝急坏了。皇帝便下了一道诏令,命一心腹大将带领20万兵马护送公主出城到全国各地招驸马,并承诺若是谁娶了公主,就划两个专区送给公主做陪嫁。且说这大队人马浩浩荡荡从京城出发,每到一处便到处搜罗漂亮小伙子,然后把他们送到公主殿前供她选择。这些小伙子一听说是公主选驸马,个个吓得哆嗦,对公主敬而远之。公主很气愤,把这些小伙子都推出去斩了。公主选驸马杀人的事一传十,十传百,传得人心惶惶。只要有漂亮小伙的人家都把自己的儿子送出去躲避去了。这天五峰水浕司的生意人田九峰正在宜都买金货,听见隔壁有哭声,细细打听后才知道原来隔壁房主老板有一个独子名叫陈长春,要被拉去选驸马。谁都知道这选驸马是有去无回,凶多吉少,陈长春的父母也因此伤心欲绝。田九峰走南闯北,见过大世面。他也知道公主选驸马的事。思考了一下,田九峰就上前对陈家说:'让我替你

---

① 李荣村:《元明清容美土司兴亡史(1308~1734)》,载《蒙藏学术会议论文集》,台北:"中国文化大学"出版社,1988。
② 据最新消息,这一支人安插在陕西省汉中市,其情况还有待查实。
③ 五峰土家族自治县采花乡是笔者两大主要的田野调查地之一。采花台原来是土司行署所在地,采花台上不远就是分水岭。分水岭是清江支流泗洋河与澧水支流百顺河的分界点。明天启年间,容美土司田氏跨过分水岭,势力向清江下游地区渗透。

儿子去吧。'陈老板一听，喜出望外，但又担心田九峰的安危，只有嘱咐他多加小心。田九峰胸有成竹地说：'没事的。'田九峰见到公主，先行了一个大礼，然后请公主把陪侍的丫鬟退出去。田九峰大胆地撩开公主面前的面纱，同公主谈天说地，共商国是，公主满心欢喜。公主便立马决定回京，见过皇帝后，择日便与田九峰完婚。皇上没有食言，把五峰的大部分地方和鹤峰县全部给了田九峰。田九峰成了土司王，开始到处选地方建帅府。田九峰在回鹤峰的路上，听说一个叫留驾司的地方有100个山包，是块风水宝地，适合建王城。大队人马到了留驾司后，田九峰便开始数山包，数来数去，结果只数到99个山包，他把脚下那个山包给数漏了，所以田九峰认为这个地方不能建城池，便策马回到了容美镇，选择了一险要地方，建起了土司王城。田九峰统治容美土司，在这方圆数百里的地方，他说一不二，拥有无上的权力。时间一长，田九峰开始变得骄横起来。当哪个姑娘要出嫁了，都要送给土司王享受初夜权，睡头三夜。过了些年，土匪头子冶大雄进攻容美土司，摆起了空心阵，最终在万全洞这个地方将田九峰杀死了。"[①] 这个故事的基本情节是"容美土司主田舜年为了拯救百姓而与丑陋的清朝公主结婚了"。这个故事竟然把容美土司与清廷的心态描述得如此准确。对改土归流前夜的容美土司来说，清政府是容美土司不愿意打交道但又不得不打交道的对象。土司主为了维持对容美土司的统治不得不与这个大家都不愿意看到的清朝公主结了婚，最后得以保全自身。

而有关容美土司覆亡还有两则故事。

一则是"冶大雄战田土王"："有一年，容美司风调雨顺，土王田明如，坐堂议事。为了庆祝年岁顺心，派人到外面请戏班子来鹤峰唱戏，戏台搭在西街头上的福田寺内。福田寺是最有名气的寺观庙宇，又是田土王的家庙，庙内供奉着三尊一丈四五尺高的铜佛爷菩萨，求神拜佛、装香叩头的人多得很。这庙门前，是一排三间的圆拱门，门上一个斗大的佛字，进得门去是个院坝，靠东边一排连五间的吊脚楼戏台，离台四五丈远的廊场，一个大抱厅雕梁画栋，坝子上站得下四五百人，土王的座位安在坝子中间。戏已经开台唱了半个多月，看戏的人来人往，挑担子做小生意的多得很。在台前面的一

---

① 五峰土家族自治县采花乡采花台人李太甫（1931 年生，土家族）讲述。

块廊场，坐的尽是大户人家的姑姑娘娘，把院子挤得满满的，连个插脚的廊场都没得。台上正唱着《关云长走麦城》，土王也看得规矩。正在这时候，只见前面的人往两边分浪，一个身材高大，好像半截翻杆的人挡到土王的前头。土王很生气，叫土兵把那个人拉开些。土兵走上前指着大个子的鼻子说：'逮！你长眼睛没，站在土王的前头看戏，好大的胆子，跟我站开些！'只见那个人把手一扬，两只眼睛鼓得圆溜溜地说：'我不晓得么得土王不土王，老子看戏就是看戏。'两个人就你一句过去我一句过来地吵起架来。台下一吵架，台上的锣鼓也停了家伙。演戏的人退到出马门上悄悄儿看到，土王气得发了怒，叫土兵用棒把那个人打出去。土兵一见土王下令，都一涌上来，木棒像下雨一样打在大个子身上。大个子一面招架，一面吼了起来：'我野大熊（即冶大雄）除非不做官，要是做了大官，硬要报这个仇。'原来这人就是野大熊，他是四川夔府人，是个骡马贩子。这回从贵州的凯里、剑河赶来十几匹骡马，到宜昌府贩卖，从容美司过路，听说福田寺唱戏热闹，跑来看戏，不想得罪了土王，挨了棒打。心中气得没法，一气之下，便宜卖了骡马，跑到宜昌府当兵打仗去了。一晃就是三年，野大熊一心想报仇，打仗时不要命，又巴结官儿，被提升为宜昌镇守使。野大熊准备要来报仇，报复土王。一日野大熊从宜昌带来好多兵，在容美司没见到土王，打听土王只身躲藏在南村。野大熊布置好容美兵力，独个儿赶着几百只羊子来到南村对面的柘鸡山。到了晚上，他把几百只羊头上全挂上灯笼，从山上赶下南村。南村老百姓见满山到处都是亮，急忙告知土王。土王出门一看，满山遍野都是灯笼火把，知是野大熊带兵报仇来了，自己又无兵在身边，料难敌过野大熊。于是带了几个跟班背着苞谷花儿、火把蜡烛等，从南村的乌龟岩旁钻了山洞。"①

　　另一则是"冶大雄吓死了田土王"。在鹤峰县屏山爵府所在地广泛地流传这一故事。"田土王是被冶大雄吓死的。传说冶大雄是宜昌的，他们在一起看戏，冶大雄身体大，把田土王挡住了，田土王叫他偏一下，把冶大雄得罪了。于是冶大雄就从八峰山上弄来100只羊，每只羊的两个角上都挂着两个灯笼，田土王以为是许多敌军侵袭，所以被吓死了。现在也没人知道田土

---

① 鹤峰县文化馆：《白鹤井：鹤峰民间传说故事集》，鹤峰县国营印刷厂，1982，第16～18页。

王葬在哪里。田土王对葬他的人说:'我有好多金银,你们把弄饭的人打死了,你们就可以得这些金银。'田土王又对弄饭的人说:'我有好多金银,你们把下葬的人下药弄死了,你们就可以得这些金银'。结果给田土王下葬的和弄饭的人都死了,所以现在没人晓得田土王葬哪里了。"①

《长乐县志》载:"迨至容美强暴已极,而大吏揭之,或曰:冶大雄者,山东人,曾贩马于容美,土司令女优演《桃花扇》曲本。伊往看,为土司所辱,后投充军营,迁官至彝陵镇,报复之。"② 冶大雄在宜昌投兵之后,很快就升任夷陵镇总兵官,成为雍正皇帝改流容美土司的急先锋。雍正十一年(1733),冶大雄曾上折于清廷,为报私仇,参劾了容美末代土司田旻如。

与民间模糊的认知不同,地方官员对改土归流又是另外一套话语。乾隆六年(1741),鹤峰首任知州毛峻德撰写了《容美司改土记略》。作为一个地方官员,他熟知改土归流的过程,又熟悉鹤峰土民的生活与愿望。毛峻德既是改土归流的一位客位观察者,他所持有的观点是王朝和正统的;又是鹤峰本地的官员,他要站在土司地方人民的立场来审视改土归流。

首先,他认为容美土司改土归流是田旻如个人造成的。他说:"至于改土设流之故,缘土弁田旻如者,自康熙肆拾伍年(1706),由通州州同改调承袭土职以来,阻险自雄,内地人民少通,居设九间五层,坐向子午,私割阉人,妄制炮位,构怨邻司,忠峒、桑植屡受抢掳之害,袒护二婿,楚昭、禹鼎均罹大辟之诛。至于所隶土职土民,专擅予夺,紊乱袭替,私派滥罚,酷敛淫刑。"③ 这显然与历史真相不同。改土归流作为王朝战略,势不可当,容美土司只能是顺应而已。其次,他认为对容美土司进行改流是人心所向。他在《容美司改土记略》中列举了两个事例进行说明。第一个事件是土民逃亡事件。雍正十一年(1733),田旻如令土民在邬阳关、奇峰关、大崖关等地守关筑城,但令田旻如没有想到的是,"适筑土城之众,已将奉委督催之金爪打死,各率男女于邬阳关逃出,集于巴东县之红砂堡地方,投诚向化,恳讨安插矣"。④ 这一批从土司区逃往经制州县的土民达五百余人,这

---

① 鹤峰县屏山村田远德(1943年生,土家族)讲述。
② (清)李焕春主修《长乐县志》卷4《沿革》,咸丰二年(1852)。
③ (清)毛峻德纂修《鹤峰州志》卷上《沿革》,乾隆六年(1741)。
④ (清)毛峻德纂修《鹤峰州志》卷上《沿革》,乾隆六年(1741)。

对只有数万人口的容美土司来说并非一个小的数字。第二个事件是土众叛乱事件。雍正十一年十二月十一日，田旻如在屏山爵府万全洞自缢身亡。此时，容美土司"土众见旻如已故，思登祍席，齐将现拿之助恶党羽田畅如、琰如、向日芳、向虎、田安南及阉人刘冒、仁寿、史东东、史西西，同旻如之子田祚南、雅南、思南等，并部印十八颗于十二月二十四日先后押解抵荆，公恳改土设流"。① 从这两个事例来看，容美土司改流并非清政府强制，而是土司内部自发的。最后，他还认为改土归流的措施是得当有效的。雍正十三年（1735），清政府正式对容美土司进行改土归流，此时容美土司已经没有抵抗的力量。在这一过渡时期，清政府采取了一系列安抚措施。其一，清政府对原容美土司统治阶级进行了安抚。"我世宗宪皇帝犹曲赐生全，特免田旻如戮尸，其妻妾子女父母祖孙兄弟，并田畅如以及阉人刘冒等均得免死，照例分发陕西、广东、河南三省安插，且均赏给家资，以资养瞻（赡）。"② 其二，减税或免税。乾隆元年（1736），清政府在容美土司设鹤峰、长乐两县，并按亩征税。按照惯例，两县应征收秋粮税九十六两。清政府免除了雍正十二年、十三年和乾隆元年的税赋，乾隆后又承诺永不加赋。这一收买人心之策得到了土民的支持。其三，清政府加强了对土司地方的社会管理。"若夫劝课农桑、捐设义学、分乡设里，稽保甲以清盗源，平易道路，去险隘而通商贾，此任斯土者应时时尽心之务。"③ 可见，在改土归流后，清政府所代表的国家权力较为顺利地下沉到地方，这与清政府安抚地方的民族政策相关。康熙五十三年（1714），云南曾有一位土官言及土司的弊端："钱粮不过三百余两，取于下者百倍，一年四小派，三年一大派，小派计钱，大派计两；土司一取子妇，土民三载不敢婚；土民有罪被杀，其亲族尚出垫刀数十金。"④ 土司这种有如分封制的地方割据制度严重冲击了中央集权，并给土司内民众造成了沉重的负担，土民也有了一定的改流愿望。在明末清初时期，容美土司为了应对日益强大的威胁，积极加强军备，消耗了土司的大量财富，土司对土民的盘剥更为厉害。从长时段的历史来看，容美

---

① （清）毛峻德纂修《鹤峰州志》卷上《沿革》，乾隆六年（1741）。
② （清）毛峻德纂修《鹤峰州志》卷上《沿革》，乾隆六年（1741）。
③ （清）毛峻德纂修《鹤峰州志》卷上《沿革》，乾隆六年（1741）。
④ （清）魏源：《圣武记》卷7《雍正西南夷改流记上》，中华书局，1984，第284页。

土司改土归流并非孤立的单一事件,而是中央王朝长期建设的结果。

　　《长乐县志》载:"乐邑改土后衣冠文物均与通都大邑等,故有教化而后有人心,有人心而后有风俗,长民者,因势而利导之,相与明诗书礼乐,讲伦理纪纲常,而风俗以同之休哉。"①《鹤峰州志》也载:"鹤峰故容美地,汉唐以前书缺有间,历宋元明,至我朝始翕然向化,改土归流于雍正十三年,设州牧以治之,闻今八十余年,沐浴圣泽,土地辟,学校兴,教养之深仁,已并洽于中土。"②《永顺府志》载:"土人历受土司之困,改土后尽除苛政,渐成乐郊;然其性愚且穷苦,故教养之外,宜加抚恤;礼义廉耻,所以教之也,勤力节力,所以富之也。"③ 可见,清王朝建设与内地同轨社会的努力取得了相当的成功。土司制度在容美地域逐步实施和完善,通过数百年的酝酿和发酵,容美地域社会终于迎来了全面"内化"的时刻。

---

① (清)李焕春主修《长乐县志》卷12《风俗志》,咸丰二年(1852)。

② 蔡韫:《鹤峰州志·序》,民国32年(1943)。

③ (清)张天如修《永顺府志》卷4《户口》,乾隆二十八年(1763)。

第八章
国家认同： 容美土司大遗址的价值

2012 年以来，在土司遗址申遗的推动下，土司遗产的"地方族群民族文化传承和国家认同方面的人类价值观交流"逐渐得到世人认可。自 2013 年 5 月始，容美土司大遗址纳入国家"'十二五'大遗址保护规划"，其中鹤峰县遗址规划面积就达 5.5 平方公里，① 涉及鹤峰县城区、蛟蟬溪、旋栗湾、小堂坪、两河口、覃家湾、赵家湾、彭家垭村、坪山、新寨村、向家坪、王家坡、彭家湾、张家坪、西柳城村、王家坪、潘溪、贯湾、茶园湾、新村、唐家村、肖家坪、太平镇、百顺桥、桃子口、肖家坪、董家坪、南村、水田坝、卵子山、水泉垭、家乡湾等 30 余处。而实际上，在五峰土家族自治县、石门县、长阳土家族自治县也保存有大量容美土司遗址。在"坚守本来、吸收外来、面向未来"的文化遗产理念之下，容美土司大遗址仍然需凝练其核心价值，并向公众阐述与表达，既让公众了解容美土司的历史与文化，也让公众能把握容美土司遗址的核心价值。

表 8–1　中国已知的与土司相关的遗存统计（2013 年）

单位：处

保护级别	土司城/官寨	土司衙署建筑群/庄园	土司墓葬（群）	单独建筑	其他	合计
国家级	9	7	1	2	0	19
省级	3	7	7	2	1	20
县市级	7	36	15	2	2	62
合计	19	50	23	6	3	101

资料来源：中华人民共和国文物局《土司遗址申报文本》，内部资料，2014，第 196 页。

湖南、湖北、四川、云南、贵州、广西等我国实施土司制度的区域，土司遗产分布广泛，这就需要用"大遗址"的视野去审视。"大遗址"概念最

---

① 湖北省古建筑保护中心编制《容美土司文物遗址保护纲要（2016—2030）》，2017 年 7 月，第 1 页。

早是由文物工作者苏秉琦在 20 世纪 80 年代提出来的,"专指文化遗产中规模大、文化价值特别突出的古代文化遗址"。① "土司大遗址"遗产价值高、体量庞大、类型丰富、数量众多、影响深远。容美土司大遗址很早就列入国家文物保护单位,之后又列入"十二五、十三五大遗址保护规划"。当前,容美土司部分大遗址已在建设考古遗址公园,个别遗产点已纳入万里茶道申报世界文化遗产的重点推荐点。鹤峰县和五峰土家族自治县还成立了文化遗产局,加强了对容美土司遗产的保护。可以说,容美土司大遗址将与国内其他土司遗址一起,展示土司遗产国家认同的价值。

第一节　容美土司"大遗址"

在改土归流数百年之后,容美土司大遗址保护取得了长足的发展。在当地政府、考古人员、专业学者、古建筑保护机构、地方文化人士等多方的努力之下,容美土司大遗址的面貌逐渐清晰起来。

(一) 曲折的"大遗址"保护之路

在容美土司改土归流前夕,末代土司主田旻如听信风水先生之言,"几把火"烧掉了容美土司大部分土司建筑和手稿文献。田旻如自是后悔,但大错已铸,无法挽回。田旻如在《保善楼记》中写道:"余不肖,妄听行家之言,己未岁,因拆而毁之,数年隐忍在心。余守有成者,何自承绪来,所毁者难以枚举,细柳城、平山、云来庄、万全洞、万人洞,此数处俱紧要地,尚且毁之,他如南府、北府、帅府、天泉等处,则不必过问矣。"② 改土归流后,毛峻德在中府原址修建鹤峰州署,现土司衙基面目全非。但还是有许多遗址存续下来了。

20 世纪 80 年代初,鹤峰土家族自治县成立。在民族识别的任务下,鹤峰县干部祝光强、郭景春、李传发、向绍安等对鹤峰县容美土司的部分遗迹遗存进行了初步调查、保护和研究。祝光强等查阅了《明史》《容美纪游》

---

① 单霁翔:《大遗址保护及策略》,《建筑创作》2009 年第 6 期。"大遗址"是指对某种规模宏大、主题一致、构成复杂、保护困难的文物工作对象的一种描述。实际上,近年来,强调人与自然和谐价值的"文化景观遗产"和强调大尺度区域间文化价值观交流的"文化线路遗产"等新兴文化遗产类型都属于"大遗址"的范畴。

② "丕承堂·保善楼记"碑,1983 年春出土于鹤峰县容美镇,现存于鹤峰县博物馆。

《鹤峰州志》等地方史志，翻阅了土司族谱等资料，对容美土司、麻寮千户所、水浕源通塔坪长官司等源流进行考证、梳理，并对土司遗存进行了实地考察，完成了《关于我县民族历史的若干问题》的报告。[①] 1981 年，祝光强、向国平、龚光美、张才生等对容美土司的万全洞、万人洞、情田洞、屏山爵府、百顺桥、荣阳寨、天泉山等容美土司重要遗址进行了详细调查，并对少量遗存进行了清理。他们调查了屏山爵府衙署格局（衙署三堂、前街后街、小昆仑、戏台、杀人台、地牢、龙泉），发掘了容美土司前营副总兵向文宪以及他的儿子——官管爵府内外大小事务的前营副总兵向日芳的墓地，发现了价值极高的《向文宪墓志铭》碑[②]、《向文宪墓》碑、河图洛书砖等土司重要文物，探查了云来庄下的万人洞遗址，发现并清理出基石上的《万人洞记》石刻。他们还找到了已经损毁一半的《万全洞记》碑。之后，他们又组织人力清理了万全洞内的石门、城墙、炮台、就月轩、爱日亭、大士阁、魏博楼、廊檐、台阶、水池等遗址。可以说，鹤峰本地的文化专家孜孜以求，抢救和保护了容美土司的诸多古迹。1986 年 8 月，屏山爵府、万全洞等容美土司遗址纳入鹤峰县第一批文物保护单位名录。1989 年，恩施州博物馆的王晓宁又对容美土司屏山爵府进行了系统的考察，并撰写了《容美土司平山爵府遗迹调查》的考古报告，对屏山关隘、建筑遗址、洞穴、墓葬等进行了详细的描述、归纳与分析。[③] 20 世纪 80 年代至 90 年代初，在祝光强、龚光美、向国平、高润身、王晓宁、张华、向绍安等的推动下，容美土司文献梳理和土司遗址的发掘、整理、保护工作卓有成效，并在桃源之地惊现容美

---

① 鹤峰县民族志编写组《鹤峰县民族工作资料汇编》，内部资料，1985，第 271～276 页。

② 碑铭文："大凡古今之为将者，当有幸有不幸焉。故关内之捭也，名既全矣，而身不保，石头之据也；身既保矣，而名不全，九江梁邑之授符也。功既显矣，而身与名俱丧。英雄豪杰之士，多出不幸之为。若公之起自布衣，无尺寸之阶，由百总而至旗长，营镇至掌印信。圣主拔擢之典，可谓隆矣。且肖子贤孙环绕庭膝，历年六十以寿考终，是人之大不幸者，而公无下幸也。公生平素果敢，冲锋犯刃不少退避，为士卒先。箪食壶浆，不敢自私，与士卒同。诸邻闻其名而惊。况其立心戆直，无机巧诅诈之智，故人多感服焉。逮丁丑二月二十九日终于正寝。亲戚交游，道路闻者，莫不叹息，泣数行下也。公讳文宪，字胜先，长子日旭，现授小彪之职，三子日芳以千总任事，次子幼子俱各成立。及其葬也，为公卜兆予平山，厝于大母覃氏墓之右侧，艮脉癸山丁向，其葬之吉，系丁丑年十二月二十七日也。公之为人，昭昭在耳目间，固不俟文而著也，或因文而愈著，是为之铭曰：忠直性成，奋迹戎伍，披坚执锐，如哮如虎，国典优崇，继嗣绳武。"

③ 王晓宁：《容美土司平山爵府遗迹调查》，《中南民族学院学报》1989 年第 5 期。

土司遗存调查与容美土司研究的一个高潮。

21世纪之后，容美土司大遗址保护逐渐纳入文物保护体系。2002年，容美土司遗址成为恩施州第三批文物保护单位。2006年5月，鹤峰容美土司遗址列入第六批国家重点文物保护单位，屏山爵府、南府、百顺桥碑等一大批容美土司遗址纳入其中。2011年起，国家文物局和湖北省文物局组织专业队伍对容美土司遗址进行调查，对容美土司屏山爵府进行勘探、清理和逐步发掘，并建设屏山爵府国家考古遗址公园。①

表8-2　近年来屏山爵府遗址片区考古实施情况

年份	工作方式	工作对象	工作量	工作成果
2011	调查	爵府（司署）遗址与周围环境	面积约20万平方米	初步弄清屏山爵府遗址片区包括爵府（司署）遗址、小昆仑、鸣虎山及戏楼—关夫子庙等
	勘探	爵府（司署）遗址及周边	面积11400平方米	初步了解爵府（司署）遗址的分布范围与地层堆积情况
	清理发掘	爵府（司署）遗址主体建筑平台	发掘探方27个,探沟3条,清理面积1300平方米	初步掌握爵府（司署）遗址的分布范围与文化内涵、建筑布局以及房屋结构等情况
2013	清理	爵府（司署）遗址及周边的全面清理	约1000平方米	确定爵府（司署）遗址自上而下由大小不等的保坎组成的16个平台构成;建筑遗迹可分为基础设施、道路系统、防御系统三大类
	发掘	爵府（司署）遗址的第一平台中部和第四平台东部以及前街	约150平方米	深入了解爵府（司署）遗址的分布范围、建筑布局以及建筑结构
2016	调查清理	万全洞遗址	约800平方米	初步了解万全洞遗址的主要构成和分布范围
2017	清理发掘	紫云宫遗址	约900平方米	确定紫云宫遗址的基本构成,包含第一和第二台地,道路、城门、城墙等遗迹。其中第二台地是建筑核心区,房屋布局呈四合院式

资料来源：湖北省古建筑保护中心编制《容美土司文物遗址保护纲要（2016—2030）》，2017年7月。

———————

① 北京建工建筑设计研究院：《容美土司—屏山爵府考古遗址公园建设项目计划书》，内部资料，2017年7月，第76页。

2012 年 12 月，容美土司遗址被列入中国世界文化遗产预备名单。2013 年 2 月，国家文物局副局长童明康率国家文物局文物保护与考古司，国家文物局世界遗产处、考古处，中国文化遗产研究院等单位负责人在考察鹤峰县容美土司遗址之后发现容美土司遗址点具有分布范围大、不集中的特性，要待条件成熟后再申报世界文化遗产。2013 年 5 月，容美土司大遗址又列入国家文物局《大遗址保护"十二五"专项规划》，并要求对其进行严格保护。2015 年 3 月，国家文物局批准对屏山爵府遗址进行发掘，同年 10 月，又对爵府、小昆仑、鸣虎山、戏楼以及它们的登山小道进行了全方位的三维扫描，并对爵府和小昆仑遗址进行了三维现场虚拟复原。2016 年 11 月，容美土司遗址又列入国家文物局《大遗址保护"十三五"专项规划》，并于2017 年 6 月成功列入国家考古遗址公园建设名录。2016 年 11 月，容美土司"南府土司衙署—连三坡古茶道"成功列入万里茶道申报世界文化遗产的中国境内的 45 个极力推荐遗产点之一。目前，《容美土司遗址总体保护规划纲要》《容美土司—屏山爵府遗址保护规划》《容美土司—屏山爵府考古遗址公园规划》已经编制完成，土司屏山爵府核心区的考古工作基本完成，容美土司屏山爵府国家考古遗址公园建设有序推进。容美土司南府土司衙署考古工作已在进行，相关遗产点申报万里茶道世界文化遗产按计划进行。

容美土司大遗址保护的曲折历程也反映了其遗产保护的动力的变迁。20 世纪 80 年代，在民族区域自治的动力之下，一些地方官员和文人为发掘土家族地区的民族文化而开展工作。20 世纪 90 年代，一些专业学者及地方人士热爱本土文化，并加强了对容美土司文化遗产的研究。21 世纪之后，土司遗产的价值得到政府和社会的高度认可，故各种力量主动研究和保护土司大遗址。"以前靠政令，现在靠情怀"，容美土司遗产逐渐为众人所认识。

（二）"大遗址"的遗产类型与构成

在土司遗址申报世界文化遗产的过程中，从选址、格局、遗存要素、可移动文物四个方面来描述遗产的构成，[①] 并注重从整体、主题、动态来呈现。与唐崖土司、永顺土司相对集中的土司遗址相比，容美土司大遗址的构

---

① 中华人民共和国文物局：《土司遗址申报文本》，内部资料，2014，第 66 ~ 106 页。

成更加复杂。容美土司作为湖广四大土司之一,影响甚大,容美土司遗迹遗存也较多。容美土司遗址是鄂西最大的土司遗址,容美土司为加强统治,在不同时期、不同区域设置不同功能和形态的治所,数量丰富,分布广泛。土司遗产主要包括三个类型。一是土司衙署及聚落。包括容美土司中府、屏山爵府、南府以及帅府等。二是容美土司洞府遗址,包括情田洞、万全洞、万人洞。三是行署等遗址,包括百顺河片区、大屋场片区、天泉山关寨片区等。这三类遗产的存续情况也不一样。中府及聚落遗址大多面目全非,除非通过考古发掘,才能让土司衙署格局得以呈现。随着考古工作的推进,容美土司屏山爵府的格局已完全呈现。洞府遗址大多保护良好。这可能是由于这些洞穴较为偏僻,无人问津,故洞内格局基本完整,洞府内的碑刻也大多能得到保存。行署类型遗址存续不一。总的来说,容美土司大遗址应该包括9个片区。① 一是位于鹤峰县城及附近的中府遗址片区。中府是容美田氏土司的治所,其遗址包括中府遗址、细柳城遗址、九峰桥遗址、水寨遗址、土司家族墓地、万人洞遗址等。② 二是鹤峰县城东北部的屏山爵府遗址片区。爵府遗址是容美土司的军事堡垒,与播州海龙囤遗产类似,其遗址包括爵府遗址群、万全洞遗址群、古城墙、平步桥遗址群、紫云宫遗址群等。三是鹤峰

---

① 由湖北省古建筑保护中心编制的《容美土司文物遗址保护纲要 (2016—2030)》把容美土司遗址分为中府、屏山、南府、情田洞、天泉山关寨、大屋场、百顺桥七个片区,这应是出于文化遗产保护工作的需要,而非从学理出发。

② 《关于将我县万人洞等容美土司遗址群作为省级重点文物保护单位的请示报告》(鹤峰县人民政府鹤政报〔1985〕5号)中对万人洞、九峰桥或官坟园、细柳城和万全洞四处遗址列入省级文物保护单位做了描述和申请。报告中说道:"一、万人洞,俗称玉泉洞、寨洞,距县城以东五公里。洞口高三十五米,呈椭圆形,支洞繁多。田舜年袭职后,重建城寨,于康熙三十七日菊月二十三日撰书刻于城门右侧之上,命为万人洞。并与保靖土司结盟于此。根据实地调查,迄今仍保存有城门、城垣、毛石台阶、水牢杀人台、岩碓、清代陶瓷及铜铁碎片,发掘了铁制箭头三件,生铸油灯一件。二、官坟园和九峰桥。官坟园系容美土司田舜年先祖的墓葬处,墓前三十米处的牌楼已毁坏,但仍有石柱、石狮、石马残件。有一向氏石匾保存完好。墓于牌楼之间立有奉天诰命碑三座,二座保存完好。左碑立于康熙二十三年,右碑立于崇祯二年。官坟园东百余米处为九峰桥,建于康熙二十五年,以田舜年的号名'九峰'为名。三、细柳城。始建于土司先祖,面积二万平方米。有东南西北四门,城外有护城河,宽四米,能过小舟。河上建有石拱桥,城门口有'金山银山'。西门石拱桥及大慈阁天井四周的石条、荷花堰尚存。四、万全洞,又名何家洞。高六十余米,深五十余米,宽四十余米,洞口呈圆形。洞门在崖壁沿上,用巨石砌成的台基。"从这一文件就可以看到20世纪80年代鹤峰文化工作者对中府片区的土司遗址进行了调查和初步清理。

县五里乡的容美土司南府遗址片区。南府是容美土司的对外交往的中心，其遗址包括南府土司衙署遗址、张桓侯庙遗址、燕喜洞遗址、荣阳寨遗址等。四是位于鹤峰县北部下坪乡的天泉山关寨遗址片区。天泉是容美土司重要的军事寨堡。明末清初，"自夏云伯与先少傅两任间流贼窜扰，岁岁用兵，皆以天泉为根本"。① 五是位于鹤峰、五峰交界地区的水泙源通塔坪遗址片区，包括百顺桥遗址、通塔坪衙门遗址、唐氏土司家族坟园、新改荒路碑等。六是位于五峰县老县城附近的水泙司—白溢寨遗址片区，包括水泙司土司衙署遗址、唐氏家族坟地、白溢寨土司帅府遗址、汉土疆界碑等。七是位于五峰县采花乡的长茅关覃氏土司遗址片区，包括长茅关老衙门遗址、贞节牌坊、覃家老屋、采花台土司衙门遗址等。八是位于鹤峰县走马镇及石门县壶瓶山镇的容美土司关外遗址片区，包括所街遗址、天成楼等。九是容美土司关口遗址，包括邬阳关遗址、奇峰关遗址、百年关遗址和大崖关遗址。另外，还有不少散落的遗址点在片区之外。当然，容美土司大遗址片区内的文化遗存数量和类型是非常丰富的。②

"作为容美土司'一主四附'统治体系中的重要区域中心治所，屏山爵府遗址片区具有完整的功能体系，体现了强烈的军事防御性质，反映了少数民族山居社会形态与中央皇权思想的结合。"③ 容美土司屏山爵府遗址片区包括爵府司署遗址、小昆仑遗址、万全洞遗址、紫云宫遗址等多处遗迹，遗迹分布面积总计约为 4 万平方米。

表 8-3 容美土司屏山爵府遗址构成

编号	名称	类型	年代	规模	现状
1	爵府（司署）遗址	古遗址	明、清	30000 平方米	保存完好
2	戏楼—关夫子庙遗址	古遗址	明、清	500 平方米	保存较好
3	鸣虎山遗址	古遗址	明、清	1800 平方米	保存较好
4	小昆仑遗址	古遗址	明、清	500 平方米	局部破坏

---

① 田舜年：《平山万全洞碑记》，载（清）吉钟颖等纂修《鹤峰州志》卷 13《艺文》，道光二年（1822）。

② 鹤峰县人民政府：《湖北省鹤峰县容美土司—屏山爵府考古遗址公园国家考古公园立项申请书》，内部资料，2017 年 7 月，第 11 页。

③ 《容美土司—屏山爵府考古遗址公园规划（2017—2035）》，汇报材料，2017 年 7 月。

续表

编号	名称	类型	年代	规模	现状
5	爵府井古遗址	古遗址	清	18 平方米	保存完好
6	向氏家族墓地	古墓葬	清	200 平方米	较完整
7	紫云宫遗址	古遗址	明、清	700 平方米	局部破坏
8	万全洞遗址	洞府遗址	明、清	1000 平方米	较完整
9	古城墙遗址	古遗址	明、清	800 平方米	局部损毁
10	躲避峡平步桥遗址	古遗址	清	10 平方米	局部损毁
11	天牢遗址	古遗址	清	60 平方米	损毁严重
12	大屋场遗址	古遗址	清	1000 平方米	损毁严重
13	辕门保旗旗长杜将墓	古墓葬	清	18 平方米	保存完好

资料来源:湖北省古建筑保护中心编制《容美土司文物遗址保护纲要（2016—2030）》,2017 年 7 月。

附属文物也是容美土司大遗址保护的重要构成部分。鹤峰县是容美土司的核心地带,目前从这一地域发现或发掘的代表性文物也能彰显土司与中央王朝、内地的紧密关系。现存于鹤峰县博物馆的明崇祯和清康熙年间的两块"奉天诰命"碑就展示了中央王朝与容美土司的互动关系,表达了容美土司的国家认同情感。容美宣慰司元帅府经历司印则印证了中央王朝在土司派遣流官的事实,反映出中央王朝加强了对土司地区的管理。百顺桥碑则反映了土司通过修建较大桥梁,打通土司与内地交通,建立更紧密关系的实践。河图洛书砖则展现了容美土司学习内地文化和习俗的现实,体现了土司与内地文化的交流与融合。

表 8 - 4 容美土司大遗址（鹤峰县）附属文物

编号	名称	年代	数量	遗产描述
1	"万全洞石"石刻	清	1	刻有"万全洞记",正楷阴刻,宽 62 厘米
2	"万全洞记"碑刻	清	1	碑身竖立在一自生石状的石背上,毁坏严重
3	铁索桥碑	清	3	屏山考古遗址公园戏楼南侧,记载建桥经过及捐款人
4	"山高水长"石刻	清	1	戏楼巨石上,引人注目
5	"万人洞记"石刻	清	1	万人洞城门墙上,长 103 厘米,宽 54.5 厘米

续表

编号	名称	年代	数量	遗产描述
6	"九峰桥"碑	清	1	九峰桥北，长 148 厘米，宽 58.5 厘米，厚 31 厘米
7	"彪炳千秋"碑	清	1	情田洞口外侧石壁上，高 134 厘米，宽 54.5 厘米
8	"情田洞记""捷音者序"石刻	清	1	情田洞口外侧石壁上，容美土司主田舜年撰写
9	"保善楼记"碑刻	清	1	碑长 1.23 米，宽 0.62 米，因刊于墙，厚达 0.31 米
10	"奉天诰命"碑	明、清	2	两碑均高 3.1 米，宽 0.94 米，厚 0.26 米，碑下各有一石质龟座，长 1.5 米，宽 0.94 米，迁存至县博物馆
11	"百顺桥"碑	清	1	碑高 1.9 米，宽 0.58 米，厚 0.22 米。上为圆弧形，碑文阴刻。迁存至县博物馆
12	向文宪墓志铭碑	清	1	屏山向文宪墓中出土，陶质
13	河图洛书砖	清	1	屏山向文宪墓中出土，石质，一级文物
14	铜镜	清	1	大屋场聚落遗址出土，二级文物
15	容美宣慰司元帅府经历司印	明	1	大屋场聚落遗址出土，铜质，二级文物

资料来源：湖北省古建筑保护中心编制《容美土司文物遗址保护纲要（2016—2030）》，2017 年 7 月。

　　大遗址保护也离不开人类口头与非物质文化遗产。鹤峰县和五峰县共有 5 项国家级、11 项省级非物质文化遗产名录项目。这里的许多非物质文化遗产在土司时期已经存在，另一些则是在改土归流之后由中原地区流入山区并传承下来的。

表 8－5　鹤峰、五峰县省级以上非物质文化遗产名录

序号	各级编号	项目名称	分布区域	非物质文化遗产级别
1	Ⅱ－27	薅草锣鼓	五峰县湾潭镇、五峰镇	第一批国家级扩展
2	Ⅱ－54	土家族打溜子	五峰县仁和坪镇、鹤峰县五里乡、走马镇	第一批国家级扩展
3	Ⅴ－71	南曲	五峰县长乐坪镇、五峰镇	第二批国家级
4	Ⅲ－18	撒叶儿嗬	五峰县采花乡	第四批国家级扩展

续表

序号	各级编号	项目名称	分布区域	非物质文化遗产级别
5	Ⅳ-89	傩戏	鹤峰县走马镇、燕子镇	第一批国家级扩展
6	Ⅹ-1	告祖礼仪	五峰县采花乡	第一批省级
7	Ⅷ-17	采花毛尖茶传统制作技艺	五峰县采花乡	第二批省级
8	Ⅲ-20	五峰土家花鼓子	五峰县傅家堰乡	第二批省级
9	Ⅱ-51	五峰民间吹打乐	五峰县仁和坪镇、渔洋关镇	第三批省级
10	Ⅱ-41	星岩坪山歌	五峰县采花乡	第三批省级
11	Ⅰ-47	长乐坪民间故事	五峰县长乐坪镇	第五批省级
12	Ⅴ-12	满堂音	鹤峰县五里乡	第一批省级
13	Ⅱ-21	围鼓	鹤峰县走马镇	第一批省级
14	Ⅳ-13	柳子戏	鹤峰县容美镇	第一批省级
15	Ⅱ-49	鹤峰山歌	鹤峰县中营镇、邬阳乡	第三批省级
16	Ⅲ-25	花鼓灯	鹤峰县走马镇	第四批省级

资料来源:《鹤峰县文化生态保护实验区规划》（2017年），《五峰土家族自治县文化生态保护实验区规划》（2017年）。

　　鹤峰县的傩戏和柳子戏在土司时期就存在了。土司诗人田圭在《澧阳口号》中就写下了"山鬼参差选里歌，家家罗邦截身魔。夜深响彻呜呜号，争说邻家唱大傩"的诗句。《山羊隘沿革纪略》也记载:"其俗信巫尚鬼，事向王公安等神，以宿晨傩愿为要务，敬巫师赛神愿，吹牛角跳丈鼓，语笑喧哗者多矣，识字知文者鲜焉。"[1] 鹤峰傩戏在容美土司地区广泛流传。明末清初，柳子戏也在土司区盛行。更多非物质文化遗产是改土归流后由内地传入并继承下来，土民大量接受内地民间文化，融入华夏，展现着国家主体性认同的自信。

　　由此可见，容美土司大遗址由三大部分构成。一是土司遗址与建筑，包括土司衙署、土司行署、军事寨堡、洞穴、关口、寺庙、关帝庙、庄园、桥

---

[1]　《山羊隘沿革纪略》，载《甄氏族谱》，转引自鹤峰县、五峰县统战部等编《容美土司史料汇编》，内部资料，1984，第491页。

梁、古道等。二是可移动文物或遗存，如 2014 年湖北省考古队在屏山爵府司署遗址的第一平台中部和第四平台东部 150 平方米处发掘出 45 件瓷器、2件陶器、2 件釉陶，有瓷碗、盏、杯、盘四种器形。三是非物质文化遗产，既包括土司时期传承下来的非物质文化遗产，又包括改土归流后土民与客民融合传承的非物质文化遗产。

容美土司大遗址有以下特点。一是容美土司大遗址中的碑铭文化遗产极富特色。鹤峰县博物馆保存了 30 多块土司时期的刻碑。除此之外，散落在鹤峰、五峰两县民间的碑刻还有许多。容美土司文化发达，诗文颇多，故石刻中多有展现。情田洞中有碑铭"情田洞记""捷音者序"，万人洞有碑刻"万人洞记"，万全洞有碑铭"万全洞记"，百顺河边有"百顺桥记"，湾潭树屏营有"新改荒路记"，泗洋河流域有"后荒记"，屏山有"向氏墓志铭"，都是佳作。奉天诰命碑、向文宪墓志铭碑、福田寺碑、紫云宫碑、汉土疆界碑、百顺桥碑、九峰桥碑、"保善楼记"碑、"新改荒路记"摩崖石刻等都极有特点。试想，在文化不发达的土司，怎会出现如此多高质量的碑铭。二是洞穴多，保存好。容美土司对洞穴的利用堪称一绝，占洞、筑洞、守洞、用洞，无所不包，无所不用。情田洞、万人洞、万全洞、燕喜洞，洞洞称奇。屏山爵府万全洞中建设了大士阁、爱日亭、就月轩、魏博楼等建筑，后毁坏，现在还保留有栈道、城墙、石门、炮台、水井等遗存。土司南府边的燕喜洞曲折幽深，现仍存洞门等遗迹。在 2006 年，四洞入选国家重点文物保护单位。容美地域属于喀斯特地貌，溶洞多，容美土司根据功能定位选择了少量洞穴作为"军事屯守之所""休闲疗养之地"，形成了极具特色的土司洞穴文化。三是非物质文化遗产丰富，且许多展示了土司、土民与内地频繁的文化交流、融合与发展情况。容美土司时期体现族群文化特点的傩戏、向王信仰，体现土汉融合的柳子戏、南戏、民间文学，体现汉地文化的满堂音、《田氏一家言》等无形文化遗产仍然在容美地域上流传。这些活态文化的存在可以大大地增强土司物质遗存的解释力。四是衙署体系文化。容美土司衙门治理并不是单一的司治，而是一个体系。容美土司洞穴遗址、中府遗址、天泉寨遗址、麻寮所遗址、南府遗址、屏山爵府遗址、白溢寨土司北府遗址、土司西府遗址、水泬源通塔坪土司遗址、"四关四口"遗址等，展示了一个庞

大的容美土司治理体系。容美土司大遗址的特点体现出典型的土司国家认
同价值。

第二节　容美土司大遗址的价值内涵与表达

容美土司大遗址的国家认同价值有丰富的内涵。国家认同在疆域守护、
文化交流、社会治理、身份塑造方面的丰富信息都能在大遗址中体现。容美
土司在守护边疆、维护国家利益、推动文化发展等方面的历史更要通过大遗
址来进行阐释与表达,从而让容美土司丰富的文化遗产在今天仍然发挥其巨
大价值。

(一)"大遗址"的价值构成与体系

文化遗产的价值是指文化遗产满足人类或民族认知、教育、审美等需要
的作用。大遗址的价值构成是一个体系,包括人类突出普遍价值、专项价
值、比较价值和地方性价值四个方面。容美土司大遗址的价值是以"国家
认同"为核心并统领其他价值的一个体系。

文化遗产的人类突出普遍价值"是指其文化或自然价值之高超越了同
界;对全人类而言,无论是现在还是未来,均产生了广泛的、重要的影响。
因此,对该项遗产的永久性保护对于全世界都具有至高无上的意义"。① 世
界文化遗产价值中的"杰出范例""突出例证""天才杰作""特殊见证"
等表述都在呈现人类突出普遍价值。容美土司大遗址的人类突出普遍价值展
现在两个方面,即国家认同价值和族群文化传承价值。容美土司大遗址区反
映了16~18世纪中国土司制度实施的历史,见证了多民族统一国家的中央
政权秉承"齐政修教,因俗而治"的治理理念对边疆少数民族进行统治,
展示了维护国家一统,又促进文化多样性传承的边缘社会管理智慧。土司世
界遗产的国家认同价值也得到了人类的普遍认同。

专项价值是指文化遗产在历史、文化、科技、社会、政治、军事、艺术
等方面的价值。容美土司大遗址的专项价值非常丰富。容美土司屏山爵府遗
址、细柳城遗址、南府遗址见证了土司时期该区域社会发展的各个方面,包
括城镇建筑技术、军事和防御技艺、文化艺术以及民风民俗等。从历史价值

---

① 《实施世界遗产公约的操作指南》,杨爱英、王毅、刘霖雨译,文物出版社,2014,第12页。

看，容美土司是西南诸土司中土司制度实施最为彻底的土司之一，其土司制度十分完备，容美土司遗址的历史见证价值巨大。容美土司大遗址的衙署格局与风格也展现了土司与内地交流和融合的历史。从文化价值看，从土司时期传承至今的文化遗产蕴含着丰富的文化信息。例如柳子戏的戏曲传承谱系从土司时期延续至今。从科技上看，容美土司的建筑、食物加工等技术仍然值得称道。康熙年间，容美土司修建的百顺桥地跨百顺河，跨度超过 20 米，跨高超过 6 米。这一桥梁可以说是鄂西古代石桥修建的技术高峰。而土司时期的茶叶制作技艺在今天仍得到传承。从军事上看，屏山爵府遗址片区、"四关四口"的规划选址和格局特征，特别是"一府一洞"的规划模式以及因地制宜、利用地形的规划方式，反映了土家族人民在特殊的地理环境中所形成的独特的军事防御性质的规划思想。

比较价值是指土司遗产相较于同类或他类遗产的价值。早在 1949 年，美国人类学家默多克（George Murdock）就开始建立人类区域关系档案库（Human Relation Area Files），把非洲、环地中海、东亚、太平洋岛屿、北美和南美 6 类地区 88 大类 617 小类的文化资料输入由电脑控制的 HRAF 系统之中。① 人类区域关系档案库的核心功能在于"文化的比较"。从同类遗产来看，不同类型土司遗产共同构成了土司的价值体系。与西南诸土司遗产相比，容美土司文化遗产的比较价值体现在四个方面。一是容美土司大遗址展示了土司制度的完备内容。容美土司遗址所展现的土司制度内涵丰富和完整。二是容美土司大遗址蕴含着不同级别土司遗产的内涵。容美土司田氏在明末为宣慰司，更长时段为宣抚司。容美所属的五峰司、水浕司、椒山司、石梁司大多数时段为长官司，也曾为安抚司。不同级别的土司治所的规模、格局也有区别。三是容美土司文学艺术遗产独树一帜。容美土司出现了田氏文学世家，并且一些田氏文学家也是戏曲家，容美土司发达的文学艺术在西南诸土司中影响甚大。四是容美土司的洞穴与碑刻文化是其重要特色。容美土司大遗址属于历史文化类遗产，其内容主要是土司制度。这与文化景观、文化线路、自然与文化双重遗产等都有区别。因此，与其他遗产相比，其展示的土司制度的内涵是独一无二的。

---

① 章立明：《个人、社会与转变：社会文化人类学视野》，知识产权出版社，2016，第 236 页。

　　地方性价值是指土司遗产之于地方社会或群体的价值。地方社群才是土司遗产的真正拥有者。土司遗产对地方社群影响甚大,对其具有多方面的价值。一是历史认同价值。土司历史既是地域的乡土历史,也是家族的历史。以鹤峰县为例,其主打"三大文化",即红色文化、土司文化和生态文化。土司文化是鹤峰县的主要乡土文化。而容美土司下的土民田氏、唐氏、覃氏、向氏等,其家族史都可以追溯到土司时期。对地方社群而言,土司历史是其中的历史文化认同符号。二是文化传承价值。土司时期是容美地域族群文化形塑的重要时期,许多文化在这一时期定形并传承下来。三是文化资源价值。土司文化遗产是发展旅游业、文化产业的重要资源。目前,鹤峰县和五峰土家族自治县都非常注重保护与利用土司文化遗产,为其经济建设服务。四是社会政治价值。容美土司所经历的 400 余年,也是鄂西高地族群融入中华、构筑中华民族多元一体的重要时段。容美土司的爱国历史及丰富的实践是促进国家认同的重要依据。

(二)"大遗址"的阐释与表达

　　容美土司大遗址的价值需要用最新的遗产理念来进行阐释和表达。根据土司遗产的价值体系来建筑保护与阐释体系,在传承中创新,在坚守中开放,从而建构最为全面、先进、有效的文化遗产阐释与表达体系,让古老的容美土司大遗址完成华丽的蜕变。近些年来,在各方的努力之下,容美土司大遗址完美的阐释和表达体系正在建立。

　　主题化的阐释与表达。大遗址保护要去表达一个整体的意义,并且这一整体意义要超越遗址各部分意义相加之和。我们应在尊重遗产的每个独立要素固有价值的同时,强调独立要素作为一个整体的组成部分来评估其价值,并进行阐释与表达。我们知道,在土司遗产申报世界文化遗产的过程中,专家们总结出"在土司制度'齐政修教,因俗而治'的管理智慧下,中央政权与地方族群在民族文化传承和国家认同方面的人类价值观交流"的价值。[①] 这是土司遗产的最高和核心价值,在土司遗产的阐释与表达中应首先强调。历史上容美土司以其维护国家疆域的整体性、积极吸收国家主流文化、对王朝国家的忠诚而著称。容美土司大遗址的阐释与表达就要以"国

---

① 中华人民共和国文物局:《土司遗址申报文本》,内部资料,2014,第 196 页。

家认同和族群文化传承"这一价值主题为指引，在遗址中加强对这一主题要旨的表达。以容美土司疆域展示为例，我们首先要认识到疆域认同是容美土司国家认同的重要内涵，其要旨体现在维护疆域稳定、守卫国家统一等方面。在遗产表达上，可以选择田楚产和田九龙铭碑、汉土疆界碑、屏山爵府、天泉山关寨等遗产场景来讲述容美土司为国守土、抗击倭寇、守卫边疆的历史真相，展示土司土兵能征善战、维护地方安全和国家疆域整体性的奉献精神。

主题化的表达也不是单一的。近几年来在万里茶道申遗中，鹤峰、五峰两县的古道及土司衙署遗产点也被纳入进来。鹤峰县的南府土司衙署及连三坡古茶道、五峰土家族自治县的采花古茶园及村落、汉阳桥及梯儿岩古茶道三个与土司有关的文化遗产点被作为万里茶道 45 个重要推荐点纳入万里茶道申遗范围之内。茶叶进贡之路成为万里茶道这一线路文化遗产的重要内涵。容美土司大遗址中的许多遗产点也可以纳入这一主题化的表述之中。南府土司衙署及连三坡古茶道蕴含的"土司对茶叶贸易的管理"成为这一遗产点所需要表达的内容。其中包括南府区域茶叶的生产、粗加工、运输与集散等具体内容。故在这一主题之下，鹤峰县把古茶树、古茶园、古茶道、茶商或茶号、茶厂、土司衙署等进行组合，表达了"朝贡之路"这一主题。而古茶道又包括石板路、古石桥梁、古渡口、路边古水井、古客栈、古道路碑或摩崖石刻、道路标志古树木等要素。以茶叶为物质载体的茶叶朝贡之路的主题化阐释与表达为容美土司大遗址的阐释与表达提供了一种新思路。

综合化的阐释与表达。要从系统性的角度来阐释和表达容美土司大遗址。可从容美土司治理体系来对大遗址进行综合性的阐释与表达。从中府、南府、爵府、西府、北府构成的"一主四附"以及其他行署、治所、关口所塑造的容美土司的整体性上去理解土司制度的实施过程中国家权力和治理能力在地方上的提升。综合化的阐述与表达需要从整体上去理解容美土司，而不是展示土司的某一个方面。目前在容美土司考古遗址公园的建设及大遗址保护中存在一个很大的问题，就是只展示遗产点本身的格局，而不去理会容美土司的整体性。若不从容美土司的整体性去理解这些遗产点，就容易将土司遗产的阐述与表达引向误区。游客在参观屏山爵府遗址的时候，若不能了解容美土司的相关背景知识，就容易把屏山爵府当成土司行政中心，而无法理解土司衙署的系统性。实际上，屏山爵府的修建时间远远迟于中府和南府。田舜年撰写的《万全洞记》载："先祖太初公造厅事数楹于桥之东偏。至大伯双云公，时值闯、献肆讧，不信文相国之谋，以于予者张皇远避。及事后，始痛定思痛，而大修其城，即今东关之新城也。"① 若不从明末战乱去理解容美土司修建屏山爵府的初衷，就无法理解容美土司府治的整体性。

人文与生态融合一体的阐释与表达。大遗址是"自然和人类的共同作品""自然与人联合的工程"。② 世界文化遗产中的"文化景观"类别给我们提供了一个审视土司大遗址的新视角。从文化景观角度可以很好地理解土司衙署。具体来说，对土司遗址选址及格局的关注，更多是考虑土司遗址及其与自然人文环境的关系。从选址上看，容美土司屏山爵府遗址、帅府遗址、南府遗址都是人与自然浑然天成的杰作。作为军事寨堡的屏山爵府，背靠中屏山，西为溇水挂板岩，东邻躲避峡，俯瞰以中府为中心的溇水河谷，视野开阔、地形险绝，在风水上是"藏龙卧凤"之地，为修建军事寨堡的天然宝地。康熙四十三年，顾彩游览屏山时曾感慨："呜呼！蜀道难其难，未必如屏山！"20 世纪 80 年代始，鹤峰县当地文化工作者就开始对屏山文化进行保护，故屏山考古遗址公园也建立在数代人的工作基础之上。但是，因为遗产理念的落后，在 20 世纪 90 年代，修建屏山村级公路严重破坏了遗址的部分自然环境和屏山爵府作为"文化景观"的意义。公路沿着屏山爵府前的险坡蜿蜒而上，不仅破坏了屏山爵府前的生态环境，而且让军事寨堡的险峻性大大下降。当前，容美土司大遗址保护已吸取这一教训，在遗址的保护过程中，也注重对周边生态环境的保护。从遗产阐释与表达上讲，大遗址保护仍然需要突破。

活态的阐释与表达。大遗址的活态阐释与表达包括两层含义：一是要让文物说话，二是要注重非物质文化遗产在大遗址保护中的融合。在大遗址的活态表达中，非物质文化遗产可以扮演很好的角色。鹤峰县在成立文化遗产

---

① （清）田舜年：《平山万全洞碑记》，载（清）吉钟颖等纂修《鹤峰州志》卷 13《艺文》，道光二年（1822）。"太初公"即容美土司首任宣抚使田光宝，"双云公"即明末清初被"川东十三家"农民军掳走的土司主田沛霖。

② 《实施〈保护世界文化与自然遗产公约〉的操作指南》（2015 年版）中第 47 条专门对文化遗产类型中的文化景观下了定义，强调文化景观属于文化财产，代表着"自然与人联合的工程"。

局之后，① 也加强了这一实践。容美土司大遗址完全可以把土司时期传承下来的柳子戏、南戏、傩戏和民间文学等纳入大遗址的展示体系之中。在大遗址的活态表达中，数字科技也可助力。2015 年 2 月 15 日，习近平在考察西安小雁塔博物馆时说道："加强研究和利用，让历史说话，让文物说话。"②近年来，文物工作从文物收藏、保护、研究发展到公众教育和公众服务，静态展示已无法满足人们对文化遗产鉴赏和理解的需要。在容美土司屏山爵府国家考古遗址公园的建设中，计划按原状展示、模拟展示、标识展示、陈列展示、动态考古展示、数字化展示六种方式来对土司遗址进行全方位的展示。③ 考古遗址公园的动态阐释与表达的探索将大大增强土司遗址的魅力。运用数字技术进行动态的阐释与表达能增强"身临其境"感，让游客更为震撼。

对土司遗产与当地人们关系的生动阐释与表达。大遗址因为其体量大、分布广，保护难度大。2016 年，鹤峰县专职文物保护人员仅有 9 人。而鹤峰县文化遗产丰富，这些人力无法支持大规模的文化遗产保护，必须依靠当地民众。由此可见，一方面，大遗址保护依赖当地民众；另一方面，对大遗址的利用应促进民生改善。建立土司遗产与当地人们和善的关系是非常必要的。容美土司大遗址需要表达一种遗产与民众相互支持的关系。在土司遗产的保护利用中，有必要发动群众，让他们在文化遗产保护的过程中受益，并自觉地参与到文化遗产保护之中。在实践中，鹤峰县博物馆在考古发掘、遗址整治与管护的过程中，尽量吸引遗址地附近的居民参与，让他们从遗址保护中受益。当地百姓不仅获得了报酬，更重要的是增强了文化遗产保护意识和以当地文化为傲的文化自信，这又反过来促进他们更自觉地去保护当地文化遗产。目前，容美土司大遗址保护与民生改善还只是鹤峰县出于工作便利

---

① 2017 年 4 月，鹤峰县政协主席张真炎一行来三峡大学交流，笔者提出了在县级建立文化遗产局的建议。他们高度重视，回去立即打报告，只花了 4 个月的时间，恩施土家族苗族自治州批准设立全国第一个正科级文化遗产局。受其影响，2018 年五峰土家族自治县也成立了正科级文化遗产局。文化遗产局设立后，也在探索非物质文化遗产与文物保护的融合问题。

② 石鹏琦：《让历史说话　让文物说话》，《陕西日报》2015 年 4 月 11 日，第 2 版。

③ 鹤峰县人民政府：《容美土司—屏山爵府考古遗址公园规划》，内部资料，2017 年 7 月，第 30 ~ 31 页。

的一种做法，还没让遗产保护与改善民生形成一种机制。无论是"容美土司大遗址保护规划"，还是"屏山爵府国家考古遗址公园规划"，都没有设计遗址地居民参与遗产保护的机制。在容美土司大遗址保护、考古遗产公园建设、博物馆展览、文化线路保护、文化景观维护等方面，应尽量去表达和阐释遗产与人民和善的关系。

"国家认同"是容美土司大遗址的最高和核心价值，需要在中观和微观价值层面得到展现。容美土司大遗址的专项价值展示了土、客频繁交流背景下容美土司在各方面取得的成就，这本身就是容美土司国家认同的内容及成效。容美土司遗产的比较价值则展示了容美土司国家认同各方面的特色。容美土司的地方性价值更体现了容美土司国家认同深远的历史影响。可以说，"国家认同"价值统领着容美土司大遗址的一切！

结语
认同的力量与效应

作为世界上最为壮观的历史文化与命运共同体，中国的凝聚力量让世界惊叹。从"边缘"与"中心"的关系来审视这一力量的产生、存续机制，就可以深刻地理解中华民族历史传承为何能延绵数千年而不中断。自上而下地看，《礼记》勾勒的"天下"图式在历朝历代不断衍化，逐步形成了整合边缘的国家政治文化体系，并逐步把"边缘"纳入王朝秩序体系之中，建设和经营一个"向心的边缘"。在中国悠久的历史中，我们看到尽管"边缘"也时常挑战"中心"，但"边缘"大多逃不脱"中心"建构的"天下"图式和国家政治文化体系。元明清时期，中央王朝在西南地区设置"新月形"土司，这一实践将广大的西南地区纳入王朝统一管理。自下而上地看，大多数边缘族群正是在"去蛮夷化"或"内化"的历史进程中，逐步进入"华夏中心"。我们看到"天下观"及政治文化体系中国家认同的结构性力量，又看到"边缘"对"中心"的主体性认同与策略性力量，同时，我们还可以看到数千年延绵不绝的国家认同的沉积性力量。在王朝国家在场的背景下，容美土司因邻近中原及对王朝正统的认同，其土司制度实施得最为彻底，土汉文化融合最为有效，是"边缘"与"中心"关系和谐发展的典范。笔者抛弃了传统的制度/政策史研究，而从社会动力学的视野来审视土司与国家的动态关系，以主体性角度来观察容美土司国家认同的内涵、过程、动力及效应，从而展示边缘族群认同传统中国的力量，提出了国家认同的多个理论观点，驳斥西方学者的"殖民论"，展示传统中国"边缘"与"中心"和谐相处的智慧。

一 国家认同的内涵及其关系

容美土司国家认同包括疆域、文化、政治与身份四个维度的认同，其中疆域认同是国家认同的情境性前提，文化认同是国家认同的基础，政治认同是国家认同的目标，身份认同是国家认同的核心，这些共同构成一个有机的国家认同内涵体系。

疆域认同为"祖国"（country）层面的国家认同。在疆域认同上，容美土司逐步认识到土司疆域的"王土"性质，守卫"土疆"，也是守卫"王土"。明代以后，容美土司深入认识到"土疆"在防卫西南动乱、保卫中原中的"屏翰"价值，这让容美土司在国家层面找到了疆域的更高位置，从"守土"到"卫国"，不再停留在"家乡认同"这一层面，而上升到具有丰富内涵的疆域认同。明代后期到清代初期，天下大乱，容美土司田氏翻越五峰土家族自治县西部的独岭山脉，进入清江支流泗洋河流域、天池河流域以及五峰土家族自治县东部的长乐坪台地，修筑关口，加强治理，使得容美土司的疆域迅速扩大。在战乱时期，容美土司与农民军、清军、南明军等建立了足够大的军事缓冲地带。从明代就屡发的"汉土疆界案"延续到清代，表面上是"汉土争边"，实际上是"汉土融合"。在清代"汉土疆界案"中，容美土司大多是被动的，并不愿意与汉地区隔。王朝中央的"汉不入峒，蛮不出境"在实践中只是阻碍，未能阻断"土疆"与内地的联系。

文化认同为"国族"（nationality）层面的国家认同，是历史时期容美土司对中华民族历史文化命运共同体的认同。容美土司在民间信仰、家族文学、戏曲艺术等方面展现土、汉文化的高度融合、繁荣，以及其背后崇尚国家主流的土司文化政策。这蕴含了国家认同的"文化"层面的丰富内涵，展现了文化认同在国家认同中的基础性地位。在文化认同上，容美土司在明代争袭惨案中形成文化自觉。土司主认识到文化落后导致土司惨案，认为只有学习文化才能让土司土民"明大义"。明代中期以后，容美土司在土司框架之下，以多种渠道和方式学习国家主流文化，其文化迅速繁荣。国家权力也通过文化的网络在土司内部传播、传承与沉淀。汉地信仰在土司地区普遍流传，儒学成为土司的主流文化意识形态，文学与戏曲艺术逐渐繁荣。在土、客文化的交流中，容美土司的主动性和策略性特征十分明显。

政治认同为"政权"（states）层面的国家认同，这表现在容美土司对"王朝"的认同上，既有征调、朝贡等国家认同的直接行动，又有不断强化土司内部治理的间接行动。在动乱之时，容美土司对王朝正统的政治认同得以检视。在政治认同上，在明代儒学意识形态的影响之下，容美土司认同

"王朝正朔"或"王朝正统"。容美土司对明王朝非常认同，但对清王朝的正统性存疑。明代中后期，容美土司参与了王朝的多次征调，在水西土司叛乱、播州土司叛乱、倭寇侵犯、农民军流寇入川等事件中，容美土司极力维护国家正统。明末清初，"川东十三家"、南明军、吴三桂、清军、土司五方势力在容美交织，容美土司在政治认同上表现出相当的策略性，试图在夹缝中求生存。在和平时期，容美土司通过朝贡与征调来表达对王朝正统的认同。而在明末清初的动乱时期，容美土司则与周围多方势力周旋，但因其心底对明王朝的认同，而仅在表面上表达对清王朝的认同。正是因为心理与表面的不一致，容美土司与清王朝相互不信任，最终酿成悲剧。

身份认同是主体置身于国家合理位置的理解与认可，这既是国家认同的结果，也是国家认同的核心。容美土司深受区域族群关系、政治制度和资源竞争诸因素影响，在族群分类、家族认同、资源竞争中，容美土司试图重塑历史叙事来表达自己在国家中的合理位置。武陵民族走廊北部为土家族聚居区，南部为苗侗聚居区，而其中汉人也不少。明代以后，武陵民族走廊诸土司较为认同中央王朝，而南部除了"熟苗"之外，还有不少"生苗"盘踞山中，实行原始民主制，王朝力量难以到达。正是在这一背景之下，容美土司开始改写家族历史、建构家族英雄史诗，从身份角度强化对国家的认同。

在多维的国家认同内涵中，其关系也值得思考。国家认同的疆域认同、文化认同、政治认同和身份认同四个维度构成一个有机的体系。当国家认同的不同维度朝着一个方向前进时，"多维共振"，边缘族群的国家认同达到理想状态；当国家认同的不同维度朝着不同方向前进时，"多维互耗"，边缘族群的国家认同处在内耗之中。

二 国家认同的结构性和策略性

国家认同的"多维体系论"回答了"容美土司的国家认同是什么"的问题，却没有回答"容美土司国家认同何以可能"的问题。"国家认同何以可能"的问题也就是"国家认同如何再生产"的问题。"容美土司国家认同的结构性"可以回答这一问题。庞大的土司经济、文化、政治和对外交往的结构体系是支持容美土司的国家认同的长期性、稳定性力量。具体到湘鄂边高地的容美土司，除王朝的制度性结构之外，还涉及区域文化结构、区域族群关系结构、地缘政治结构、山区自然生态与经济结构、土司治理与对外交往结构等。

从文化结构上看，与大西南许多土司相比，两湖西三角高地诸土司邻近中原，被多个区域文化中心包裹。在这样的文化态势下，中央王朝对这一地带的经营和影响比西南偏远地区要容易得多。在中央王朝的引导和土司的自主追求下，容美土司逐步建立了自己的学校和社会教育系统。学校教育系统仅针对土司和土舍，更具有土司"私学"的性质，培育了沟通土司内外的土舍阶层。社会教育则主要面向广大土民。通过政治仪式、入世类信仰等社会教育形式，土司也可以教化土民群体。经过长时间的磨合，容美土司形成了稳定的土司与内地文化交流结构，从而支持了土司土民的儒学教育及"王朝正朔"的国家意识和国家观念。

从区域族群和地缘政治结构上看，先秦时期，王朝国家就开始对这一地带认真经营，到唐宋时期，湘鄂边一带的"蛮"就已是"熟蛮"了。若不是看中这一地带"藩镇西南，屏翰中原"的地缘价值，这一地带早已"州县化"了。土司制度在这一地带的实施，实际上是针对当地族群结构与地缘结构而做出的有利于王朝国家的制度抉择。这一区域的族群与地缘结构成为土司国家认同行动的原生动力之一。

从山区自然生态与经济结构上看，经济系统是支持容美土司国家认同的物质基础。容美土司依据当地低生产力水平、人口稀少分散、喀斯特自然生态的特点，发展出一套适应当地情况的经济运行系统。这一系统，以灵活的土地所有制为基础，发展农耕经济，满足粮食需求，发展茶叶、药材等采集业及硫黄等采矿业，开展对外经济贸易。又因为鄂西山区离不开平原的盐、棉、铁、金银等战略资源，平原也需要高地的药材、茶叶、木材、兽皮等，所以这一互补性结构支持了土司与内地的互动与交流，促进了国家认同。

从土司治理与对外交流结构看，随着土司制度实施的深入，容美土司衙门广布，土司编户日益严格，土舍阶层不断壮大，土司治理能力大大增强。容美土司逐步克服了山大人稀、交通不便、生产力低下等诸多困难，建立了全面、有效、稳定的土司治理系统，能迅速、有效地组织土民，这为土司国家认同提供了结构性支撑。正是因为有效的地方治理，土司能够加强对地方的统治，守护一方水土，稳定社会秩序，发展地方经济，崇尚主流文化，培育向化之心。当然，完善的对外交流系统也是土司治理能力提升的应有之义。一方面，容美土司需要修建陆水一体的对外交通网络体系；另一方面，容美土司要破除"汉不入境，蛮不出峒"的禁令，化解与卫所的矛盾，发展对外商贸体系。容美土司的对外经济文化交流以及进贡、征调，都得益于这一日益完善的体系。

认同的结构性力量成为维持土司运转和国家认同的持续性力量。在这一结构性力量的基础之上，土司的国家认同的策略得到发挥。因此，容美土司国家认同的策略又必然构筑在经济、文化、政治与对外交往体系的基础之上。为支持国家认同行动，容美土司就需要夯实土司的家底。在经济上，容美土司发展了一套适应山地的游耕制度，提倡种植茶叶等经济作物，从而为土司治理提供了扎实的经济基础。在文化上，容美土司提倡对外文化交流，并崇尚儒学，土汉文化逐步融合、发展和繁荣。在政治上，容美土司内部治理能力不断加强，逐步适应了对山高谷深、地广人稀的高地山区的管理。在外交上，容美土司与周边的卫所和州县交好，修筑南向和东向对外交流通道，土司对外进贡、征调以及与内地的贸易更加频繁。容美土司经济、文化、政治、社会策略受土司结构性的制约，又反过来塑造这一结构。

故容美土司国家认同既受普遍性的结构因素影响，又受许多特殊性的结构因素影响。容美土司的国家认同既在中央王朝土司制度的结构之中，土司的疆土、职官、承袭、税赋、纳贡、征调、文化教育等都受这一结构所规制，又受到特殊性的结构性因素影响，使得中央王朝更加倚重、信任和认同容美土司。容美土司既要作为王朝富庶的两湖地区及中原的屏翰，又间接凝聚着西南更为偏远的地域和族群。可以说，这些结构性力量是容美土司国家认同的动力之源。

从长时段看，国家认同的结构性力量也是沉积性力量，并且策略性力量会不断地更新、丰富结构性力量，结构性力量又规制着策略性力量。而结构性力量不断沉积，变成支撑国家认同的稳定力量。在"边缘"与"中心"的良性互动中，"向心的因子"不断沉积，并不断转化为容美土司国家认同的沉积性力量。在国家认同的牵引下，土司内部各种力量"内耗"越来越少，"共振"越来越多。

三　国家认同的沉淀与效应

从历史上看，容美土司国家认同因子是随着时间的推移而不断沉积的。从元代至明初的矛盾式认同、明代前中期的依附式认同、明代中后期的主体式认同到清代初期的错位式认同，容美土司国家认同曲折向前的过程展示了边缘凝聚于中心的曲折性、长期性、积淀性。这说明了容美土司的每个历史阶段国家认同形式受到前一阶段国家认同形式的影响，并呈现累积性发展。若从土司中后期来看，容美土司国家认同的效应体现在多个方面。

首先，容美土司重塑和积淀了新的族群历史。明代容美土司全面使用汉文来起人名，修订族谱，把家族祖先追溯到华夏中心的陕西，把与王朝交往并受得王朝封赏的家族重大事件写入族谱。容美土司去了有关"蛮"的记忆，增加了"文明"的记忆。容美土司田氏把自己定位为华夏英雄徙边的后裔，并让其成为家族的集体记忆。这些因素成为土司对王朝原生认同的材料和依据，从根本上培育了容美边缘族群对王朝国家的原生认同情感。

其次，容美土司重构了族群文化。明代中叶以后，容美土司全面引入了汉地的文学、戏剧、工艺、信仰、音乐等文化，这些文化被引入之后逐步与土司社会相融合，并不断地实践其"地方化"的进程。汉地文化在土司落地后，又生根发芽，生长出具有地方特质的族群文化，以关公信仰、唐宋诗词为代表的汉地文化在容美土司落地后融合发展。容美土司在文化上建构了边缘族群与华夏的文化关联性和"亲亲性"。

再次，容美土司重塑了族群社会。土司时期，容美土司打破了土、客的地域边界，土、客之间人口流动频繁。大量的僧人、技人、文人、艺人、官员进入容美土司；土司土舍土民又因贸易、征调、进贡、战争进入汉地。人口的流动和迁徙促进了土、客间的通婚、商贸，进而促进了土、客不可分割的社会关系的形成。土司社会又模仿汉地治理结构，特别是卫所进行社会治理。到土司中后期，土司的社会治理能力明显提高，土司的社会动员能力甚至高于内地。土、客社会互动提升了边缘对中心的"向心力"。

最后，容美土司的族群认同意识与国家认同意识逐步统一。容美土司逐步从狭隘的族群认同意识里走出来。在与王朝的互动中，容美土司的族群认同意识逐步升华为国家认同意识，并在族谱、诗文、戏剧中得到多彩的体现。边缘族群对王朝国家的认同不再停留在行动上，而凝聚成一种忠于多民族王朝国家的集体意识，这一意识成为土司国家认同中的稳定因素。

从容美土司主体来看，在国家认同不断强化的过程中，容美土司与中原文化交流频繁，土司文学艺术繁荣。土司衙署体系的完善及土舍阶层的壮大，让土司治理能力大大加强。土民的族群性不仅为内地所认可，更为王朝所认同。容美土司长期的国家认同建设还促成了改土归流的顺利进行。

从国家视野来看，可以说，除了天然的"边缘性"之外，中央王朝成功地在湘鄂边高地增构了某种人为的"边缘性"。其基本逻辑应该是这样的：一方面，消解这一地域族群不利于王朝中心和王朝统一的"边缘性"；另一方面，建构有利于王朝统一和整合的"边缘性"。前者即中央王朝通过教化边缘族群来整合国家，增强国家凝聚力；后者即中央王朝通过建构两湖西三角土司的这个新"边缘"来凝聚更广阔的西南地区。这样，多种有利于国家认同的因子得以沉淀、积累。

四 容美土司国家认同的启示

在传统的中国，"大中心"与"大边缘"一直存在，"大中心"象征着"华夏""文明""王朝""正统"，"大边缘"象征着"蛮荒""化外""蛮夷"。在儒学的传播下，边缘族群开始历代传承"天下观""正统观"等文化理念，这还是一套套凝聚中华的制度体系与实践。土司制度在继承早期土官制度、唐宋羁縻制度的基础上，发展出一套更为成熟的"大中心"凝聚"大边缘"的政治制度，进一步丰富和坚定了中华民族凝聚的结构性力量。元明清时期，大西南"新月形"土司带将西南边缘族群纳入王朝国家官僚体系之中，让西南诸族群与华夏结成了更为紧密的结构性关系。作为西南地区国家认同的典型性、代表性土司，容美土司展示了诸多值得思考和借鉴的历史智慧。

首先，边缘族群只有认同国家才能获得更大的发展空间。历史上既有少数民族，也有华夏中心的汉族，为了躲避灾难或拓展生存空间而不断地向华夏边缘迁徙，避居山野。这些边缘族群大大拓展了中华民族的发展空间，促进了中华民族的壮大。当强大的中央王朝出现后，边缘族群只有在王朝国家中争取自己的生存和发展空间，才能促进本族群的发展，逃避绝不是边缘族群的最佳选择。容美土司本被限制在狭小的鄂西山地之中，但它不断向外开拓，从疆土开拓到在王朝国家中争取自我发展空间，为族群提供了极大的发展空间。

其次，边缘族群对国家主体民族的认同是其国家认同的必然内容。国家主体民族构成国家的主体，并承载着国家主要的物质和文化财富。只有对国家主体民族认同，并与其结成亲密的族际关系，边缘族群才有可能分享国家的主要物质和文化财富，边缘族群才能在与主体民族共享资源的过程中走向繁荣和发展。容美土司之所以取得文治武功上的巨大成就，与土、汉亲密的族际关系是分不开的。

再次，边缘族群稳定的国家认同需要长时间的磨合、积累、沉积而不断升华。容美土司国家认同并不是一蹴而就的，而是经历了"矛盾式认同""依附式认同""主体式认同""错位式认同"的曲折、艰难、反复的过程。从主体性看，容美土司国家认同更多是自己族群选择的结果。在结构性力量的基础之上和偶发事件的推动之下，容美土司不断与内地、王朝磨合，逐步形成了土司与内地、土司与王朝国家互动的、稳定的、共享的、互惠的关系，反过来支持着土司的国家认同。

最后，需要通过科学的土司遗产保护与利用来展现土司遗产的当代价值。容美土司大遗址的国家认同价值是一个庞大的体系，包括人类突出普遍价值、专项价值、比较价值和地方性价值四大内容。以"国家认同"来统领容美土司大遗址的价值，指导土司文化遗产的保护、利用，推进土司遗址的综合化、主题化、动态化保护与利用，全方位展示容美土司大遗址的国家认同价值。

通过对容美土司国家认同的内涵、基础、策略、变迁、特点、价值、启示进行系统的研究，论题展现了容美土司这样一个"边缘土司"与王朝国家良性互动的生动历史景象。在对容美土司这一经典范例的解剖中，提出了"国家认同多维一体论"、"多维共振论"与"多维互耗论"、"国家认同结构支撑论"与"结构沉积论"、"国家认同类型论"与"变迁论"、"共享繁荣论"、"国家认同价值体系论"等史论观点，揭开了西方汉学人类学"解构认同"的伪善面具，回应了西方某些"解构中国"的论述，展现了一个"向心的边缘"，彰显了中华民族历史文化和命运共同体的形成智慧和历史积淀。

参考文献

一　正史、政书、笔记、文集

（清）张廷玉：《明史》，中华书局，1974。

（明）宋濂：《元史》，中华书局，1976。

《明实录》，台北中研院历史语言研究所校印，1962。

（清）赵尔巽等：《清史稿》，中华书局，1977。

《清实录》，中华书局影印本，1986。

（南朝宋）范晔：《后汉书》，中华书局，1965。

（唐）魏征、令狐德棻：《隋书》，中华书局，1973。

（明）申时行：《明会典》，中华书局，1989。

（清）拖津等：《清会典》，中华书局，1991。

（宋）司马光：《资治通鉴》，中华书局，2011。

（清）魏源：《圣武记》，中华书局，1984。

（清）顾祖禹：《读史方舆纪要》，中华书局，2005。

（清）毛奇龄：《蛮司合志》，四川民族出版社，1998。

（明）顾炎武：《天下郡国利病书》，上海古籍出版社，2012。

（明）薛刚纂修嘉靖《湖广图经志书》，书目文献出版社，1991。

高润身主笔《容美纪游注释》，天津古籍出版社，1991。

向禹九编《长阳文艺搜存集》，陈金祥校注，云南人民出版社，2008。

（明）田九龄：《田子寿诗集校注》，贝锦三夫校注，中国文史出版社，2016。

（清）田泰斗：《望鹤楼诗钞》，田登云编注，五峰土家族自治县新华印刷厂，1999。

（明）张岳：《小山类稿》，林海权点校，福建人民出版社，1999。

（清）谈迁：《北游录》，中华书局，1981。

二 地方史志、志书

（清）李焕春等编纂《长乐县志》，咸丰二年（1852）。

（清）毛峻德纂修《鹤峰州志》，乾隆六年（1741）。

（清）吉钟颖等纂修《鹤峰州志》，道光二年（1822）。

蔡韫：《鹤峰县志》，民国12年（1923）。

陈丕显主修《长阳县志》，民国25年（1936）。

（清）袁景晖纂修《建始县志》，道光二十一年（1841）。

（清）齐祖望纂修《巴东县志》，康熙二十二年（1683）。

（清）廖恩树修《巴东县志》，同治五年（1866）修，光绪六年重刊本。

（清）张金澜等纂修《宣恩县志》，同治二年（1863）刻本。

（清）多寿、罗凌汉纂修《恩施县志》，民国26年（1937）重印。

张文琴主纂《永顺县志》，民国19年（1930）。

（清）顾奎光编纂《桑植县志》，乾隆二十九年（1764）。

（清）林继钦编纂《保靖县志》，同治十年（1871）。

（明）陈光前纂修《慈利县志》，万历元年（1573）。

（清）洪际清纂《龙山县志》，嘉庆二十三年（1818）。

（清）董鸿勋：《古丈坪厅志》，光绪三十三年（1907）。

（清）罗德昆纂修，王协梦协修《施南府志》，道光十四年（1834）。

（清）聂光銮等修《宜昌府志》，同治五年（1866）。

（清）张天如修《永顺府志》，乾隆二十八年（1763）。

（清）杨显德纂修《九溪卫志》，北京图书馆藏康熙年间版。

（明）刘大谟、王珩纂修嘉靖《四川总志》，北京图书馆古籍珍本丛刊，1942。

（晋）常璩：《华阳国志》，巴蜀书社，1985。

湖北省五峰土家族自治县地方志编纂委员会编纂《五峰县志》，中国城市出版社，1994。

湖北省鹤峰县史志编纂委员会编《鹤峰县志》，湖北人民出版社，1990。

钟以耘、龚光美主编《鹤峰县民族志》，国际文化出版公司，2001。

向子均、周益顺、张兴文主编《来凤县民族志》，民族出版社，2003。

湖北省地方志编纂委员会办公室编民国《湖北通志》，湖北人民出版社，2010。

三 族谱、碑铭、资料汇编、档案

五峰土家族自治县长乐坪镇民国《容阳堂田氏族谱》。

五峰土家族自治县采花乡长茂司村《蹇氏族谱》，乾隆七年毛草氏版。

五峰土家族自治县湾潭镇乾隆五十七年《唐氏三山族谱》，又名《麻寮所唐氏家乘》。

五峰土家族自治县五峰镇道光《清河堂张氏族谱》。

五峰土家族自治县采花乡前坪村《覃氏武德堂四修清查谱》，民国 15 年（1926）。

覃建军、覃远照、覃士才：《中华覃氏志·五峰卷》，内部资料，乙未年桂月。

鹤峰县走马镇同治七年《晋阳堂唐氏族谱》。

巴东县桃符口《向氏祠堂志》。

五峰土家族自治县湾潭镇《新改荒路记》碑文。

鹤峰县燕子镇百顺村《百顺桥碑记》碑文。

五峰土家族自治县采花乡《晓谷记》碑文。

五峰土家族自治县采花乡《架屋辩》碑文。

五峰县土家族自治县采花乡漂水岩《汉土疆界碑》碑文。

鹤峰县太平镇的情田洞康熙庚申（1680）仲秋壁刻《晴田峒记》碑文。

鹤峰县城郊新庄屏山村《向文宪墓志铭》碑文。

鹤峰县博物馆存《保善楼记》碑文。

鹤峰县屏山村万全洞《平山万全洞记》碑文。

鹤峰县屏山村戏台《高山流水》石刻文。

鹤峰县、五峰县统战部等编《容美土司史料汇编》，内部资料，1984。

鹤峰县民族事务委员会编《容美土司史料续编》，内部资料，1993。

杨小华：《〈明实录〉鄂西史料辑注》，鹤峰县民族事务委员会编，1993。

鄂西土家族苗族自治州民族事务委员会编《鄂西少数民族史料辑录》，

1986。

卢海晏主编《南剧资料汇编》，内部资料，1987。

北京建工建筑设计院：《第六批全国重点文物保护单位湖北省鹤峰县容美土司遗址南府遗址片区保护规划立项报告》，2016年10月9日。

鹤峰县人民政府：《湖北省鹤峰县容美土司—屏山爵府考古遗址公园国家考古公园立项申请书》，内部资料，2017年7月。

北京建工建筑设计研究院：《容美土司—屏山爵府考古遗址公园建设项目计划书》，内部资料，2017年7月。

湖北省古建筑保护中心编制《容美土司文物遗址保护纲要（2016—2030）》，2017年7月。

《关于将我县万人洞等容美土司遗址群作为省级重点文物保护单位的请示报告》（鹤峰县人民政府鹤政报〔1985〕5号），1985。

鹤峰县人民政府：《容美土司—屏山爵府考古遗址公园规划》，内部资料，2017年7月。

鹤峰县文化馆：《鹤峰柳子戏省级非物质文化遗产申报文本》，2006。

四　中文专著

中华人民共和国文物局：《土司遗址申报文本》，内部资料，2014。

佘贻泽：《中国土司制度》，正中书局，1944。

江应樑：《明代云南境内的土官与土司》，云南人民出版社，1958。

龚荫：《中国土司制度》，云南民族出版社，1992。

吴永章：《中国土司制度渊源与发展史》，四川民族出版社，1988。

李世愉：《清代土司制度论考》，中国社会科学出版社，1998。

成臻铭：《清代土司研究——一种政治文化的历史人类学观察》，中国社会科学出版社，2008。

李良品：《土司时期西南地区土兵制度与军事战争研究》，重庆出版社，2013。

李良品：《中国土司学导论》，中国社会科学出版社，2017。

田敏：《土家族土司兴亡史》，民族出版社，2000。

王承尧：《土家族土司史录》，岳麓书社，1991。

王承尧、罗午：《土家族土司简史》，中央民族学院出版社，1991。

胡挠、刘东海:《鄂西土司社会概略》,四川民族出版社,1993。

祝光强、向国平:《容美土司概观》,湖北人民出版社,2006。

吴雪梅:《回归边缘:清代一个土家族乡村社会秩序的重构》,中国社会科学出版社,2009。

温春来:《从"异域"到"旧疆":宋至清贵州西北部地区的制度、开发与认同》,生活·读书·新知三联书店,2008。

王明珂:《英雄祖先与弟兄民族:根基历史的文本与情境》,中华书局,2009。

刘凤云、刘文鹏:《清朝的国家认同:"新清史研究与争鸣"》,中国人民大学出版社,2010。

郑振满、陈春声主编《民间信仰与社会空间》,福建人民出版社,2002。

〔美〕柯文:《在中国发现历史:中国中心观在美国的兴起》,中华书局,2002。

〔英〕莫里斯·弗里德曼:《中国东南的宗族组织》,刘晓春译,上海人民出版社,2000。

〔美〕曼纽尔·卡斯特:《认同的力量》,社会科学文献出版社,2003。

〔美〕南希·麦克威廉斯:《精神分析诊断:理解人格结构》,鲁小华、郑诚等译,中国轻工业出版社,2015。

〔美〕本尼迪克特·安德森:《想象的共同体——民族主义的起源与散布》,吴叡人译,上海人民出版社,2011。

〔美〕弗里德里克·沃特金斯:《西方政治传统——现代自由主义发展研究》,黄辉、杨健译,吉林人民出版社,2001。

〔法〕埃曼纽·勒华拉杜里:《蒙大犹:1294～1324年奥克西坦尼的一个山村》,许明龙译,麦田出版社,2001。

〔法〕费尔南·布罗代尔:《论历史》,刘北成、周立红译,北京大学出版社,2008。

〔美〕马歇尔·萨林斯:《历史之岛》,蓝达居、张宏明、黄向春、刘永华译,上海人民出版社,2003。

〔日〕尾形勇:《中国古代的"家"与国家》,中华书局,2010。

〔美〕乔纳森·弗里德曼:《文化认同与全球性过程》,郭建如译,商务印书馆,2003。

〔英〕基思·福克斯：《政治社会学》，陈崎等译，华夏出版社，2008。

〔美〕杜赞奇：《文化、权力与国家：1900—1942年的华北农村》，王福明译，江苏人民出版社，2008。

〔英〕C. W. 沃特森：《多元文化主义》，叶兴艺译，吉林人民出版社，2005。

〔美〕康拉德·菲利普·科塔克：《人性之窗：简明人类学概论》（第3版），范可等译，上海人民出版社，2014。

〔英〕E. 霍布斯鲍姆、T. 兰格：《传统的发明》，顾杭、庞冠群译，译林出版社，2004。

〔英〕特德·C. 卢埃林：《政治人类学导论》，朱伦译，中央民族大学出版社，2009。

〔美〕伊曼纽尔·沃勒斯坦：《现代世界体系》（第1、2、3卷），高等教育出版社，1998。

〔德〕安德烈·冈德·弗兰克：《依附性积累与不发达》，译林出版社，1999。

〔法〕皮埃尔·布迪厄：《单身者舞会》，姜志辉译，上海译文出版社，2009。

马戎编《西方民族社会学的理论与方法》，天津人民出版社，1997。

马戎编著《民族社会学——社会学的族群关系研究》，北京大学出版社，2004。

丁苏安：《西方人类学家列传》，黑龙江人民出版社，2016。

张岂之主编《中国历史·元明清卷》，高等教育出版社，2001。

刘成纪、杨云香主编《中原文化与中华民族》，河南人民出版社，2012。

钱穆：《文化与民族》，台北：东大图书股份有限公司，1989。

任裕海：《全球化、身份认同与超文化能力》，南京大学出版社，2015。

李克建：《儒家民族观的形成与发展》，民族出版社，2016。

纳日碧力戈：《现代背景下的族群建构》，云南教育出版社，2000。

陈国强主编《简明文化人类学词典》，浙江人民出版社，1990。

章立明：《个人、社会与转变：社会文化人类学视野》，知识产权出版社，2016。

《实施世界遗产公约的操作指南》，杨爱英、王毅、刘霖雨译，文物出版社，2014。

李天元：《古人类研究》，武汉大学出版社，1990。

邓辉：《土家族区域的考古文化》，中央民族大学出版社，1999。

陶文钊编选《费正清集》，天津人民出版社，1992。

高文德主编《中国少数民族史大辞典》，吉林教育出版社，1995。

中国历史研究社编《倭变事略》，上海书店，1982。

陈懋恒：《明代倭寇考略》，人民出版社，1957。

蔡东洲、文廷海：《关羽崇拜研究》，巴蜀书社，2001。

赵国平、陈鹤城编著《鹤峰柳子戏》，国际文化出版公司，2001。

鹤峰县文化馆：《白鹤井：鹤峰民间传说故事集》，鹤峰县国营印刷厂，1982。

田虞德编著《〈田氏一家言〉解读》，湖北人民出版社，2011。

邓斌、向国平：《远去的诗魂——中国土家族"田氏诗派"初探》，湖北人民出版社，2003。

陈湘峰、赵平略注《〈田氏一家言〉诗评注》，中央民族大学出版社，1999。

《田国华诗集校注》，周西之、李诗选校注，中国文史出版社，2017。

（明）田九龄、田宗文、田玄、田圭：《紫芝亭诗集》，李德成等编注，五峰县民族宗教事务委员会，2000。

（清）孔尚任：《桃花扇·桃花扇小识》，人民文学出版社，1982。

徐振贵主编《孔尚任全集辑校注评》，齐鲁书社，2004。

汪蔚林编《孔尚任诗文集》，中华书局，1962。

（清）孔尚任等：《长留集·燕台杂兴十七首》，海王郡古籍丛刊，中国书店出版社，1991。

（清）孔尚任：《桃花扇·桃花扇本末》，人民文学出版社，1982。

赵平国主编《鹤峰民间故事集》（下集），湖北人民出版社，2011。

白庚胜主编《中国民间故事全书·湖北长阳卷》，知识产权出版社，2007。

五 期刊、学位论文和论文集

金太军、姚虎：《国家认同：全球化视野下的结构性分析》，《中国社会科学》2014 年第 6 期。

周光辉、李虎：《领土认同：国家认同的基础——构建一种更完备的国家认同理论》，《中国社会科学》2016 年第 7 期。

梅新林：《文学世家的历史还原》，《中国社会科学》2011 年第 1 期。

李世愉：《关于构建"土司学"的几个问题》，《云南师范大学学报》2011 年第 2 期。

李世愉：《深化土司研究的几点思考》，《辽宁大学学报》2015 年第 4 期。

李世愉：《研究土司制度应重视对清代档案资料的利用》，《青海民族研究》2013 年第 1 期。

商传：《从土官与夷官之别看明代土司的界定》，《云南师范大学学报》2014 年第 1 期。

李良品、李思睿：《构建"土司学"的几点思考》，《青海民族研究》2014 年第 2 期。

成臻铭：《论土司与土司学——兼及土司文化及其研究价值》，《青海民族研究》2001 年第 1 期。

邹建达：《土司研究应避免碎片化》，《遵义师范学院学报》2015 年第 3 期。

彭福荣：《国家认同：土司研究的新视角》，《广西民族研究》2012 年第 3 期。

李荣村：《元明清容美土司兴亡史（1308～1734）》，载蒙藏学术研究中心编《蒙藏学术会议论文集》，台北："中国文化大学"出版社，1988。

胡绍华：《论容美土司文学的国家认同意识》，《三峡大学学报》2011 年第 6 期。

胡绍华：《论容美土司文学与民族文化融合》，《民族文学研究》2012 年第 1 期。

葛政委：《多维视野下的容美土司国家认同内涵研究》，《中南民族大学学报》2017 年第 5 期。

葛政委：《影响容美土司国家认同的因素分析》，《三峡大学学报》2014

年第 3 期。

葛政委、黄柏权:《论民族走廊的形成机理》,《广西民族大学学报》 2013 年第 2 期。

葛政委、黄天一:《向心的凝聚:容美土司国家认同研究》,《广西民族 研究》2014 年第 5 期。

葛政委:《祖先再造与国家认同——容美土司〈田氏族谱〉和〈塞氏族 谱〉的人类学解读》,《三峡论坛》2013 年第 6 期。

黄柏权、葛政委:《关公信仰在容美土司的"地方化"及其诠释》,《广 西民族大学学报》2014 年第 3 期。

黄柏权:《武陵民族走廊及其主要通道》,《三峡大学学报》2007 年第 6 期。

黄柏权:《秦汉至唐宋时期"武陵民族走廊"的民族格局》,《中南民族 大学学报》2008 年第 2 期。

黄柏权:《先秦时期"武陵民族走廊"的民族格局》,《思想战线》 2008 年第 3 期。

黄柏权:《元明清时期武陵民族走廊的民族格局》,《三峡大学学报》 2009 年第 1 期。

赵秀丽:《论"文学世家"容美田氏家族成因》,《民族文学研究》 2012 年第 6 期。

赵秀丽:《明清时期田氏土司对容美地区的社会控制力研究》,《中南民 族大学学报》2014 年第 1 期。

赵秀丽:《明清时期武陵地区土司与下属交往策略:以容美田氏为例》, 《西南民族大学学报》2015 年第 3 期。

赵秀丽:《明清易代之际西南土家族土司政治抉择之比较》,《青海民族 研究》2017 年第 4 期。

段超:《宋代土家族地区的"土军"初论》,《中央民族大学学报》 2001 年第 6 期。

段超:《古代土家族地区开发简论》,《江汉论坛》2001 年第 11 期。

岳小国:《武陵民族走廊土司宗族文化研究——以容美土司为例》,《贵 州民族研究》2011 年第 6 期。

岳小国：《清代鄂西与川边改土归流之比较研究——以容美土司与德格土司为例》，《湖北民族学院学报》2010年第5期。

岳小国、梁艳麟：《试论土司的"地方化"与"国家化"——以鄂西地区为例》，《青海民族研究》2015年第2期。

田敏：《从〈容美纪游〉看容美土司的社会经济结构》，《民族论坛》1997年第3期。

成臻铭：《清代湖广土司自署职官系统运行状态初探——主要以容美土司康熙42年事为基础》，《湖北民族学院学报》2002年第6期。

谭志满、霍晓丽：《土司时期少数民族社会治理过程中的文化策略——以鄂西南地区容美土司为例》，《中南民族大学学报》2013年第3期。

瞿州莲：《从〈容美纪游〉看容美土司的对外策略》，《中南民族大学学报》2011年第1期。

王晓宁：《容美土司平山爵府遗迹调查》，《中南民族学院学报》1989年第5期。

范植清：《容美改土归流新议》，《中央民族学院学报》1990年第6期。

张捷夫：《容美土司案发生的背景及其经过》，《历史档案》1989年第4期。

夏国康：《容美土司的戏剧活动与南戏的形成》，《鄂西大学学报》1988年第S1期。

王峰：《〈田氏一家言〉背景分析》，《江汉论坛》2002年第11期。

祝光强、向国平：《试论容美土司王的反清复明思想》，《湖北少数民族》1986年第3期。

高润身：《田舜年与〈桃花扇〉新议》，《中南民族学院学报》1990年第4期。

黄纯艳：《中国古代朝贡体系研究的回顾与前瞻》，《中国史研究动态》2013年第1期。

黄开华：《明代土司制度设施与西南开发》，载《明史论丛之五：明代土司制度》，台北：台湾学生书局，1968。

张雄：《汉魏以来"武陵五溪蛮"的活动地域及民族成分述考》，《中南民族学院学报》1985年第1期。

凌纯声：《中国边政之土司制度（上）》，《边政公论》第2卷第11~12

期，1943 年。

单霁翔：《大遗址保护及策略》，《建筑创作》2009 年第 6 期。

谢晓辉：《联姻结盟与谱系传承：明代湘西苗疆土司的变迁》，《中国社会历史评论》，2012 年。

曹大明：《武陵山区："内地的边缘"》，《中国民族报》（理论版）2012年 4 月 13 日，第 7 版。

常建华：《国家认同：清史研究的新视角》，《清史研究》2010 年第 4 期。

何炳棣：《论清代在中国历史上的重要性》，《亚洲研究杂志》1967 年第 2 期。

侯德仁：《美国学者柯娇燕：我对"新清史"研究的保留意见》，《中国社会科学报》2014 年第 641 期。

刘凤云：《理论与方法的推陈出新：清史研究三十年》，《史学月刊》2013 年第 1 期。

费孝通：《武陵行》，《瞭望周刊》1992 年第 3、4、5 期。

潘光旦：《湘西北的"土家"与古代巴人》，载中央民族学院研究部编《中国民族问题研究集刊》第 4 辑，1955。

张华、祝锋：《从百顺桥碑文上的地名看容美土司的疆域》，《湖北少数民族志》1984 年第 1 期。

张锋：《解构朝贡体系》，《国际政治科学》2010 年第 2 期。

李翘宏：《土王的子民：中国土家族的历史文化研究》，博士学位论文，新竹清华大学，2007。

李金花：《士人与土司——从清代游记〈容美纪游〉看人类学的他者观》，博士学位论文，中央民族大学，2010。

谢晓辉：《延续的边缘：宋至清湘西开发中的制度、族类划分与礼仪》，博士学位论文，香港中文大学，2007。

鹤峰县民族事务委员会：《容美土司研究文集》，内部资料，1991。

祝锋：《容美散论》，中国文史出版社，2003。

六　外文著作

Pamela Kyle Crossley, Helen F. Siu, and Donald S. Sutton, *Empire at the*

Margins Culture, *Ethnicity*, *and Frontier in Early Modern China* (University of California Press, 2006).

Anthony D. Smith, *Myths and Memories of the Nation* (Oxford University Press, 1999).

Thomas Hylland Eriksen, *Ethnicity and Nationalism*: *Anthropological Perspectives* (London/Chicago, Illinois: Pluto Press, 1993).

Fredrik Barth, *Ethnic Groups and Boundaries*: *The Social Organization of Culture Difference* (Boston, M. A.: Little Brown, 1969).

Dru C. Gladney, *Ethnic Identity in China*: *The Making of a Muslim Minority Nationality* (Fort Worth, T. X.: Harcourt Brace College Publishers, 1998).

J. Hutchinson and A. D. Smith, *Ethnicity* (Oxford: Oxford University Press, 1996).

James C. Scott, *The Art of Not Being Being Governed*: *An Anarchist Hitory of Upland Southeast Asia* (New Haven: Yale University Press, 2009).

Laura Hostetler, *Qing Colonial Enterprise*: *Ethnography and Cartography in Early Modern China* (University of Chicago Press, 2001).

Nathan Glazer and Daniel P. Moynihan, *Ethnicity—Theory and Experience* (Harvard University Press, 1975).

跋

　　站在三峡大学云祥小区家中 23 楼阳台上，向前远望，鄂西延绵逶迤、巍峨壮阔的大山清晰地呈现在我眼前。住在宜昌这座山水之城，让我对"边缘"与"中心"的关系有了更多的感悟。处在平原尽头、山区前沿的宜昌，背靠大巴山、荆山、巫山、武陵山，面向江汉平原、洞庭湖平原，长江从大山之间的峡谷中流出，向东流向大海。住在宜昌能清晰地感觉到山区的人想出去、平原的人想进来。这一初心，或许是"向心的边缘"形成的原初动力！

　　自 2010 年进入中南民族大学攻读博士学位始，至书稿出版，十年时间，弹指一挥间。人与山川有知遇，人与人更有知遇。求学道路中，在与这片秀美的山水结下一生之缘的同时，又遇到名师，得其指点、关爱。我时常感叹：自己何其幸也！

　　关注容美土司这一对象，得益于湖北大学历史文化学院院长黄柏权先生。他从著名学者费孝通先生那里获得灵感，创造性地提出"武陵民族走廊"的概念。我在参与黄柏权先生的课题研究过程中，产生了一种强烈的做一个不再以"单一对象"，而应以"关系"为审视视野的个案研究的想法。在中南民族大学求学路上，导师段超先生对武陵的深入研究及宏大视野，深深地吸引我继续对这一区域进行思考。2012 年 9 月的某天凌晨 2 点，在南湖睡梦中正思考博士学位论文的我突然醒来，一个以"国家认同"为研究主题以及"容美土司国家认同"的论述框架浮现在脑海之中。我立即起床，把睡梦中的思考记入电脑，直到上午 9 点钟，感到困乏，倒头又睡下了。之后，困扰研究的最大障碍得以清除。我在前期收集资料的基础上，于 2012 年的最后 4 个月写成了博士学位论文的初稿，并申报了国家社科基金项目。2013 年 6 月博士毕业后，我进入三峡大学工作。同月，国家社科基金项目"容美土司国家认同研究"获批。与此同时，中国土司申报世界文化遗产的工作也如火如荼地进行。我在黄柏权先生的带领下，参与了唐崖土司申报世界文化遗产学术研究项目。2016 年后，我又参与了万里茶道宜红片区申报世界文化遗产工作，并主持了本区域 3 个县（区）的文化生态保护区规划和重大校地合作项目"万里茶道鹤峰茶源地遗产综合研究项目"。在各种有利条件下，我几乎自驾车跑遍了容美土司地域的山山水水，在收获大量新的文献资料和田野调查一手资料的同时，也对博士学位论文所述框架和内容进行了全新的思考。按照国家社科基金结题的要求，我重拟了框架，重写了书稿，并于 2018 年向全国哲学社科办提交了书稿，获得良好等次。

拙作是我十年学术之路的结晶，凝聚的不是我一人的心血。我要特别感谢我的学术引路人、人生导师段超先生和黄柏权先生，没有这两位著名的土家学人的帮助和指点，我的学术梦想就不能实现。我要特别感谢我在云南大学和中南民族大学求学路上的老师们，他们是昆明的何耀华、何大勇、何明、方铁、王文光、瞿明安、杨慧、郭家骥、李志农、李晓斌、张实和武汉的雷振扬、田敏、柏贵喜、许宪隆、李吉和等先生。还要感谢我在鹤峰、五峰、石门、长阳一带进行田野调查时，为我提供许多便利的人，他们是张真炎、夏德术、向端生、向国平、龚光美、向宏艳、田学江、柳洪涛、龙西斌、李诗选、陈延斌、文牧、张定乔、覃远歆等先生。我还要感谢段门李然、崔瑢、莫代山、马旭、向丽诸师兄、师姐以及我的博士同学们。感谢在论文答辩和课题研究中给予指点的周大鸣、高永久、董建辉、管彦波、侯红蕊等先生以及我的好兄弟三峡大学曹大明教授。我还要特别感谢编辑赵晨、郭锡超，他们扎实的学术功底和认真负责的态度，让人敬佩。当然，我还要感谢家人对我学术事业的支持，我想把拙作作为礼物送给我的两个儿子葛谦川、葛晋鸣。

历史的车轮滚滚，普通人大多会消失在车轮之后的烟尘之中。知识的生产和传承不同于一般的事业，它会超越我们自存时空的局限，衍生更加恒大、恒久的意义。教书育人，著书立说，永远是天底下最有意义的事业之一。2019 年，我站在井冈山上、红岩村前，前人的思绪在我脑海中浮现；2020 年，新冠肺炎疫情暴发，我在老家与宜昌隔离，我的思绪变得更加清晰。我回想起本书的初衷，也明白了作为一名老师、一位后学的初心！

2020 年 5 月 20 日于三峡大学云祥小区

图书在版编目（CIP）数据

向心的边缘：容美土司国家认同研究 / 葛政委著
. -- 北京：社会科学文献出版社，2023.6
（武陵文库. 民族学研究系列. 第二辑）
ISBN 978 - 7 - 5228 - 1892 - 4

Ⅰ. ①向… Ⅱ. ①葛… Ⅲ. ①土司制度 - 研究 - 中国
Ⅳ. ①D691.4

中国国家版本馆 CIP 数据核字（2023）第 098296 号

武陵文库·民族学研究系列（第二辑）
向心的边缘：容美土司国家认同研究

著　　者／葛政委

出 版 人／王利民
责任编辑／赵　晨
文稿编辑／郭锡超
责任印制／王京美

出　　版／社会科学文献出版社·历史学分社（010）59367256
　　　　　地址：北京市北三环中路甲29号院华龙大厦　邮编：100029
　　　　　网址：www. ssap. com. cn
发　　行／社会科学文献出版社（010）59367028
印　　装／三河市东方印刷有限公司

规　　格／开　本：787mm × 1092mm　1/16
　　　　　印　张：21.5　字　数：342千字
版　　次／2023 年 6 月第 1 版　2023 年 6 月第 1 次印刷
书　　号／ISBN 978 - 7 - 5228 - 1892 - 4
定　　价／158.00 元

读者服务电话：4008918866